하늘의 소리 Ⅱ 사람의 말씀

天聲人語

Preface

이 책은 저자의 두 번째 종교적 체험에 대한 나눔의 장이다. 첫 번째 저서《하늘의 소리 사람의 말씀天聲人語》은 요한 복음서를 공부하면서 배우고 느낀 점들을 모은 것이었다. 처음 써보는 글이라 서툴고 부족한 점이 많았음에도 불구하고 주위의 많은 사람들로부터 분에 넘치는 격려와 찬사를 받았다. 더 나이 들기 전에 용기를 내서 마태오 복음서를 공부한 내용을 모아 두 번째 저서를 내기로 했다.《하늘의 소리 사람의 말씀天聲人語 II》는 마태오 복음서를 공부하면서 배우고 느낀 점들을 하나하나 모은 것들이다.

마태오의 복음서공동번역, 마태오 복음서가톨릭, 마태복음개신교은 기독교 신약성서의 첫 권이며, 세 개의 공관복음서共觀福音書, 마태오 마르코 루카 복음서들 중 하나이다. 마태오의 복음서는 4복음서마태오 마르코 루카 요한 복음서 가운데 인지도가 가장 높은 복음서이다. 12사도 가운데 한 사람인 마태오가 집필한 것으로 되어 있다. 이스라엘의 메시아가 어떻게 이스라엘에서 거부당하고 처형당했으며, 어떻게 이스라엘과 그 지도자에 대한 예언을 남겼고, 어떻게 이방인들의 구원자가 되었는지에 대한 책이다. 이 책의 본문에서는 가톨릭에서 부르는 마태오 복음서라고 표기하기로 한다.

유대교의 전통이나 계율, 풍습 등에 대해서는 설명이 없는 점을 보아 유대교와 그리스도교 간의 갈등이 시작된 시기에 쓰였다고 추정되며, 이 시기에 그리스도인에게 예수의 행적을 제시함으로써 공동체 성원들의 믿음을 견고히 하고자 작성된 것이다. 특히 마태오 복음서는 그리스도교로 개종한 유대인을 위해 쓰인 것으로 보인다. 마태오 복음서 1장에 '아브라함과 다윗의 자손 예수 그리스도의 계보' 운운하며 장황하게 예수가 다윗의 자손이라는 것을 강조한 것도, 유대인이 중시하는 구약성경의 예언이 성취되었다는 것을 보여주기 위한 것이다. 다른 어떤 복음서보다도 구약과 신약이 밀접하게 연결되어 있으며, 구약성경을 빈번하게 인용하기도 했다. 예수의 인격과 삶, 가르침이 구약의 성취로서 가장 분명히 설명되어 있는 것도 그 증거로 들 수 있다.

가장 오래된 완전한 성경사본은 4세기경 쓰인 것으로 추정되는 코덱스 바티카누스와 코덱스 시나이티쿠스이다. 이 외에도 성경의 일부 구절을 담은 사본은 더 오래된 것들도 발견되는데, 마태오의 복음서는 104번 파피루스와 67번 파피루스가 참고할 만하다. 이 둘은 사본의 사본으로, 지역마다 사본 제작 문화가 어떻게 발전되었으며 교정작업이 어떻게 이루어졌는지 보여준다. 현대의 본문 비평가들은 교부들의 인용문을 포함해 현존하는 모든 사본들을 모아 사라진 단락들을 찾는 작업을 계속하고 있다.

초대교회 교부들은 사도 가운데 한 사람인 마태오가 히브리어로 집필하였고, 후대의 어느 누군가가 그것을 그리스어로 번역하였다고 추정했다. 이 가설은 2세기 리용의 주교이자 교부인 이레나이우스, 교회사학자 에우세비오스유세비우스의 영향을 받은 것이다. 현재도 일부 성서 연구자들은 마태오의 복음서 9장 9절에 나오는 세리 마태오가 복음서를 집필했다고 주장하기도 한다. 하지만 성서비평학이 도입되면서 이러한 주장들에 대한 비판적 견해가 등장한다.

저술 시기는 기원후 80년에서 기원후 90년 사이에 쓰인 것으로 보는 시각이 있다. 이 시각에서는 24장의 성전 파괴 예언이 기원후 70년에 이루어졌기 때문에 저자가 예수께서 예루살렘 성전 파괴를 예언하셨다는 전승을 삽입하였다고 본다. 기원후 65년에서 기원후 75년 사이에 쓰인 것으로 보는 시각도 있다. 이 시각에서는 마르코의 복음서보다도 마태오의 복음서가 먼저 쓰였거나, 아니면 Q문서와 마르코의 복음서를 참고하여 쓰였다고 본다. 여러 가설이 있으나 정확한 저술 시기를 추정하기는 매우 어렵다.

마태오의 복음서는 구조적으로 구별되는 네 가지 부분으로 구분할 수 있는데, 첫 번째와 두 번째 부분은 도입 부분이며, 세 번째 부분은 다시 다섯 부분으로 나눌 수 있는 주요 부분과 마지막으로 고난과 부활로 이루어진 부분으로 되어 있다. 공관복음서, 즉 예수에 대한 관점이 같은 복음서라는 복음서 이해에서 보면 마르코 복음서의 90퍼센트 이상의 구절들이 마태오 복음서에도 발견되고, 루카 복음서의 40퍼센트 정도가 마태오 복음서에서도 발견된다. 이는 최초의 복음서인 마르코 복음서를 루카와 마태오가 참조하고, 루카 복음서를 마태오가 참조했기 때문이다.

마태오 복음서에는 구약성서의 많은 절들을 예수를 예언하는 것으로 인용하고 있다. 마태오 복음서에는 65개 이상의 구약성서에 대한 언급이 있으며, 이 중 43개는 직접 구절을 인용한 것으로서 다른 복음서의 양을 훨씬 능가하고 있다.

성서학자들은 마태오가 예수의 탄생 이야기를 쓰면서 예수가 모세처럼 위대한 분임을 주장하려 한 것으로 보기도 한다모세 유형론. 즉, 파라오를 피해 미디안으로 달아난 모세처럼 아기 예수도 헤로데의 손길을 피해 이집트로 달아났다고 주장함으로써 예수를 모세와 대비시키는 것이다. 물론 예수와 모세를 비교하는 마태오의 편집 방식은 모세에 대해 친숙함을 갖고 있는 유대인 디아스포라들을 염두에 둔 것이다.

마태오 복음서에서는 가난한 이들과 나누는 삶을 중요하게 생각한다. 마태오 복음서 25장에 나오는 세상의 마지막 날 이야기는 가난한 이들과 삶을 나누었는지가 심판과 구원을 정하고 있다. 마태오 복음서 20장에 나오는 포도원 노동자 비유는 하느님의 나라를 포도원 주인이 노동의 양과 관계없이 1데나리온을 일용직 노동자들에게 일급으로 주는 이야기이다. 당시 일자리를 구하기 어려웠고, 구한다고 해도 꾸준히 일할 수 없던 노동자들에게 포도원 주인은 당시 노동자들의 하루 임금인 1데나리온을 일을 일찍 시작한 사람이나 늦게 시작한 사람이나 똑같이 주고 있다. 가난한 이들을 배려하는 사회가 하느님 나라임을 예수는 주장한다. 하지만 마태오 복음서 20장은 나중된 자 먼저 되고 먼저된 자 나중된 자라는 만족과 번영을 이야기하고 있다. 가난한 이들과 나눔이 아닌 누가 더 어떠한 처지에서 만족을 누리고 만족과 번영을 덜 누리는가의 내용이다.

마태오 복음서는 예수님께서 하느님의 백성 이스라엘을 완성하셨음을 전하는 복음서로서, 교회의 뿌리가 그 본원本源의 전통 속에 내려져 있음을 밝힌다. 교회는 '새 이스라엘'이 아니라 '참이스라엘'이다. 교회는 이스라엘을 계승하는 것이 아니라, 예수님께 귀의하지 않은 이스라엘이 이제라도 자신을 완성하기 위하여 나아가야 할 방향을 가리킨다. 교회는 바로 이 이스라엘 안에서 자기의 뿌리를 알아보아야 하는 것이다.

마태오는 교회를 하늘 나라와 동일시하지 않음으로써, 오늘날의 교회에 그 참 모습을 상기시킨다. 예수님의 공동체가 생존하려면 의심의 여지 없이 제도가 필요하다. 그러나 그것은 임시적인 성격을 지닌다. 하느님의 나라만이 교회에 의미를 부여한다. 이 하느님의 나라 또는 그분의 통치가 인간 역사 안에서 작용하면서, 교회가 하느님과 예수님에 대하여 어떠한 위치에 있고 또 있어야 하는지를 가르쳐 준다.

마태오 복음서 저자는 오늘날의 그리스도인들에게 예수님 시대의 제자들의 자세를 본받으라고 권면한다. 오늘날의 그리스도인은 바로 이들과 함께 자기의 전능하신 주님을 알아보고, 때로는 자기의 약한 믿음을 나무라시는 그분의 소리를 듣기도 하며, 또 '기쁜 소식'을 세상 끝까지 전파하라는 사명을 받기도 한다. 이렇게 하여 믿는 이와 그의 주님이신 예수님 사이의 관계가 활발해진다.

부활하신 분께서는 변천하는 세상 속에 당신의 현존을 드러내시면서, 당신께서 지상 생활을 하실 때에 내리신 가르침으로 신앙인들이 끊임없이 되돌아갈 것을 촉구하신다. 부활하신 이 그리스도께서 바로 복음서가 서술하는 나자렛 예수님과 동일한 분이시라는 것, 이것이 마태오가 전하는 증언의 핵심이다.

이 책이 나오기까지는 주위의 많은 분들의 격려와 도움이 있었다. 이 자리를 빌어 감사의 말씀을 드린다. 성당의 신부님들, 수녀님들 그리고 주변의 많은 일가친척과 교우님들은 저자를 하느님의 집에 안내해 주셨다. 집필과정에서는 저자의 대학원 스승이신 경기대학교 노형진 명예교수님의 조언과 격려에 힘입은 바 크다. 마지막으로 이 책의 출판에 많은 도움을 주신 한올출판사 임순재 사장님 이하 관계자 여러분의 노고에 깊은 감사의 말씀을 드린다.

2023년 3월

저자 **김청자 마리아**

Contents

Vox populi, vox Dei.

하늘의 소리 사람의 말씀 II

마태오 복음서 1장

天聲

예수 그리스도의 족보 루카 3,23-38

1 다윗의 자손이시며 아브라함의 자손이신 예수 그리스도의 족보.
2 아브라함은 이사악을 낳고 이사악은 야곱을 낳았으며 야곱은 유다와 그 형제들을
낳았다.
3 유다는 타마르에게서 페레츠와 제라를 낳고 페레츠는 헤츠론을 낳았으며 헤츠론
은 람을 낳았다.
4 람은 암미나답을 낳고 암미나답은 나흐손을 낳았으며 나흐손은 살몬을 낳았다.
5 살몬은 라합에게서 보아즈를 낳고 보아즈는 룻에게서 오벳을 낳았다. 오벳은 이사
이를 낳고
6 이사이는 다윗 임금을 낳았다. 다윗은 우리야의 아내에게서 솔로몬을 낳고,
7 솔로몬은 르하브암을 낳았으며 르하브암은 아비야를 낳고 아비야는 아삽을 낳
았다.
8 아삽은 여호사팟을 낳고 여호사팟은 여호람을 낳았으며 여호람은 우찌야를 낳
았다.
9 우찌야는 요탐을 낳고 요탐은 아하즈를 낳았으며 아하즈는 히즈키야를 낳았다.
10 히즈키야는 므나쎄를 낳고 므나쎄는 아몬을 낳았으며 아몬은 요시야를 낳았다.
11 요시야는 바빌론 유배 때에 여호야킨과 그 동생들을 낳았다.
12 바빌론 유배 뒤에 여호야킨은 스알티엘을 낳고 스알티엘은 즈루빠벨을 낳았다.
13 즈루빠벨은 아비훗을 낳고 아비훗은 엘야킴을 낳았으며 엘야킴은 아조르를 낳
았다.
14 아조르는 차독을 낳고 차독은 아킴을 낳았으며 아킴은 엘리웃을 낳았다.

15 엘리웃은 엘아자르를 낳고 엘아자르는 마탄을 낳았으며 마탄은 야곱을 낳았다.
16 야곱은 마리아의 남편 요셉을 낳았는데, 마리아에게서 그리스도라고 불리는 예수
님께서 태어나셨다.
17 그리하여 이 모든 세대의 수는 아브라함부터 다윗까지가 십사 대이고, 다윗부터
바빌론 유배까지가 십사 대이며, 바빌론 유배부터 그리스도까지가 십사 대이다.

예수 그리스도의 탄생 루카 2,1-7

18 예수 그리스도께서는 이렇게 탄생하셨다. 그분의 어머니 마리아가 요셉과 약혼하
였는데, 그들이 같이 살기 전에 마리아가 성령으로 말미암아 잉태한 사실이 드러
났다.
19 마리아의 남편 요셉은 의로운 사람이었고 또 마리아의 일을 세상에 드러내고 싶
지 않았으므로, 남모르게 마리아와 파혼하기로 작정하였다.
20 요셉이 그렇게 하기로 생각을 굳혔을 때, 꿈에 주님의 천사가 나타나 말하였다. "다
윗의 자손 요셉아, 두려워하지 말고 마리아를 아내로 맞아들여라. 그 몸에 잉태된
아기는 성령으로 말미암은 것이다.
21 마리아가 아들을 낳으리니 그 이름을 예수라고 하여라. 그분께서 당신 백성을 죄
에서 구원하실 것이다."
22 주님께서 예언자를 통하여 하신 말씀이 이루어지려고 이 모든 일이 일어났다. 곧
23 "보아라, 동정녀가 잉태하여 아들을 낳으리니 그 이름을 임마누엘이라고 하리라."
하신 말씀이다. 임마누엘은 번역하면 '하느님께서 우리와 함께 계시다.'는 뜻이다.
24 잠에서 깨어난 요셉은 주님의 천사가 명령한 대로 아내를 맞아들였다.
25 그러나 아내가 아들을 낳을 때까지 잠자리를 같이하지 않았다. 그리고 아들의 이
름을 예수라고 하였다.

1 A record of the genealogy of Jesus Christ the son of David, the son of
Abraham:
2 Abraham was the father of Isaac, Isaac the father of Jacob, Jacob the fa-

ther of Judah and his brothers,

3 Judah the father of Perez and Zerah, whose mother was Tamar, Perez the
father of Hezron, Hezron the father of Ram,

4 Ram the father of Amminadab, Amminadab the father of Nahshon,
Nahshon the father of Salmon,

5 Salmon the father of Boaz, whose mother was Rahab, Boaz the father of
Obed, whose mother was Ruth, Obed the father of Jesse,

6 and Jesse the father of King David. David was the father of Solomon,
whose mother had been Uriah's wife,

7 Solomon the father of Rehoboam, Rehoboam the father of Abijah, Abijah
the father of Asa,

8 Asa the father of Jehoshaphat, Jehoshaphat the father of Jehoram, Je-
horam the father of Uzziah,

9 Uzziah the father of Jotham, Jotham the father of Ahaz, Ahaz the father
of Hezekiah,

10 Hezekiah the father of Manasseh, Manasseh the father of Amon, Amon
the father of Josiah,

11 and Josiah the father of Jeconiah and his brothers at the time of the exile
to Babylon.

12 After the exile to Babylon: Jeconiah was the father of Shealtiel, Shealtiel
the father of Zerubbabel,

13 Zerubbabel the father of Abiud, Abiud the father of Eliakim, Eliakim the
father of Azor,

14 Azor the father of Zadok, Zadok the father of Akim, Akim the father of
Eliud,

15 Eliud the father of Eleazar, Eleazar the father of Matthan, Matthan the fa-
ther of Jacob,

16 and Jacob the father of Joseph, the husband of Mary, of whom was born
Jesus, who is called Christ.

17 Thus there were fourteen generations in all from Abraham to David, fourteen from David to the exile to Babylon, and fourteen from the exile to the Christ.

18 This is how the birth of Jesus Christ came about: His mother Mary was pledged to be married to Joseph, but before they came together, she was found to be with child through the Holy Spirit.

19 Because Joseph her husband was a righteous man and did not want to expose her to public disgrace, he had in mind to divorce her quietly.

20 But after he had considered this, an angel of the Lord appeared to him in a dream and said, "Joseph son of David, do not be afraid to take Mary home as your wife, because what is conceived in her is from the Holy Spirit.

21 She will give birth to a son, and you are to give him the name Jesus, because he will save his people from their sins."

22 All this took place to fulfill what the Lord had said through the prophet:

23 "The virgin will be with child and will give birth to a son, and they will call him Immanuel"--which means, "God with us."

24 When Joseph woke up, he did what the angel of the Lord had commanded him and took Mary home as his wife.

25 But he had no union with her until she gave birth to a son. And he gave him the name Jesus.

〈복음사가 성 마태오와 천사〉 귀도 레니, 천사가 알려주는 대로 복음서를 기록하고 있는 성 마태오 복음사가

자료 : 우리들의 신앙생활

人語

마태오 복음서 입문

타락한 유대교에 도전하는 복음서

마태오 복음서는 바리사이파와 율법학자들의 위선, 타락, 횡포, 탐욕, 무절제 등을 조직적으로 비판하고 있다. 그리고 지도자들 외에도 백성 전체가 비판을 받는다.

> "하느님께서는 너희에게서 하느님의 나라를 빼앗아"[21,43] "하느님 나라의 상속자들은 바깥 어둠 속으로 쫓겨나, 거기서 울며 이를 갈 것이다."[8,12]

그렇다면 마태오 복음서가 유대교에 대하여 온전히 부정적인 자세만 취하고 있는가? 복음 사가의 목표가 논쟁에만 있는 것은 아니다. 그는 그리스도교의 고유한 법규들을 제시하면서 이 그리스도교 공동체를 가르치고 내적 생활로 인도하는 데 전념하고 있다. 마태오는 유대교도들에게 던져진 똑같은 말로써 가라지와 같은 악한 그리스도교 신자들을 신랄하게 꾸짖고 있으며[7,5; 24,51], 또한 똑같은 징벌로써 경고하고 있다[7,19.21-23; 18,23-35; 25,14-30].

유대교는 왜 예수를 그리스도라 부르지 않을까?

자료 : 네이버 블로그

이방인들을 향해 열려 있는 복음서

마태오가 속한 교회 공동체는 처음에는 자기 자신, 교계 제도, 성사 제도, 윤리적 활력, 그리고 적대 세력에 대항하여 살아남기 위한 일에만 몰두해 왔던 것으로 보인다. 그런데 이 공동체는 이방인들에 대하여 깊은 관심을 가지고 있었으며 복음서가 증언하고 있는 바와 같이 이들을 공동체 구성원으로 받아들였다. 예수님을 경배하러 왔던 첫 사람들은 동방박사들이었고2,1-12, 초대된 이들은 길거리의 모든 사람들22,9과 세상의 모든 민족들24,14; 26,13이었다.

사실 많은 사람들이 하늘나라 자녀의 자리를 차지하기 위하여 동쪽과 서쪽에서 모여들 것이다8,11. 예수님을 따르는 사람들은 '수많은 군중'마태오 복음서에서 40회 언급이 있었으며, 복음서는 이방인들의 집단적인 입교4,25, 그리고 신앙을 고백하는 로마인 백인대장이나 가나안 여인8,5-13; 15,21-28처럼 또는 십자가 아래서 예수님을 지키고 있던 백인대장이나 그와 함께 있던 사람들처럼 개별 입교27,54를 우리에게 전해준다.

마태오 복음은 오늘날의 우리들을 위한 복음서이다

오늘 우리에게 마태오는 무엇을 말하고 있는가? 우선 마태오 복음서는 교회를 위해 고군분투하는 복음이라고 말할 수 있다. 교회는 좋은 평판을 많이 상실했다. 대중매체는 대부분 교회의 부정적인 뉴스에만 관심을 보인다.

증오와 적대감과 폭력이 난무하는 세상 안에서, 마태오 복음은 적대감이 사랑으로 극복되고, 폭력이 비폭력에 의해 정복되는 길을 우리에게 보여준다. 교회는 자기 자신 안에서만 갇혀 있어서는 안 되고, 세상을 위한 누룩이며 빛과 소금이 되어야 한다.

교회가 마태오 복음서의 지침을 따르고 예수님께서 말씀하신 가르침을 따르기 위해 노력한다면, 교회는 이 세상에 평화가 가능하다는 희망의 징표가 될 것이다. 예수님은 오늘날에도 교회를 통해 활동하고자 하신다. 이것이 초대교회의 복음이었다. 예수님은 그분을 따르는 그리스도인들을 통해서 세상을 변모시키고 치유하고자 하신다.

성 마태오

자료 : orthodoxincheon.or.kr

사도 마태오

자료 : ko.wikipedia.org

독자 및 저술시기

마태오 복음서는 누구를 위하여 저술되었는가? 일차적으로 저자 자신이 속해 있던 북 팔레스티나와 시리아 지방의 그리스도교 공동체들을 위하여 저술되었음이 분명하다. 마지막 편집 과정에서 저자는 공동체들이 되풀이하여 전승시켜 준 예수님 생애에 대한 설화들을 수집하고 정리하고 종합해 나간다.

마태오 복음서는 성서학자에 따라 저술시기를 다르게 추정하고 있는데 70~80년경에 저술된 것으로 보는 것이 일반적이다.

저자 마태오

마태오는 고등교육을 받은 유대계 그리스도인이었을 것으로 추정된다. 신약성경에 전해진 모든 사도 명단에는 '마태오'라는 이름이 항상 나온다마태 10,3; 마르 3,18;

루카 6,15. 마태오는 '세리'라는 별명으로 불리기도 하고10,3, 세관에 앉아 있다가 사도로 불림을 받은 사람으로 나타나기도 한다마태 9,9.

반면 사도로 불림을 받은 이 세리를 '레위'라고 부르기도 한다마르 2,14; 루카 5,27. 이 사실로 보아 마태오는 '마태오 레위'라는 이중의 이름을 갖고 있었던 것 같다. 그렇지 않으면 시몬이 사도로 불린 다음 '게파', 즉 '반석'이라는 이름을 받은 것과 마찬가지로 마태오도 사도가 된 다음에야 비로소 '마태오', 즉 '하느님의 선물'이라는 별명을 받았을지도 모른다.

신약성경에서 마태오가 전에 세리였다는 것을 말해주고 있는 것은 마태오 복음서뿐이고 다른 복음서들은 이 점에 있어서 시종 침묵을 지키고 있다.

각 절 해석[1]

1절 "아브라함과 다윗의 자손 예수 그리스도"라는 말은 구약성경과 신약성경의 연결고리로서 예수 그리스도께서 구약성경에 예언되고 약속된 메시아이시라는 뜻이다. 하느님께서는 아브라함에게 "네 씨로 말미암아 천하만민이 복을 얻으리라"라고 약속하셨고, 또 다윗에게 그의 몸에서 날 자식으로 그 나라의 위位를 영원히 견고케 하리라고 약속하셨다. 하느님께서 아브라함과 다윗에게 하신 약속들은 메시아에 대한 약속이었다고 보인다. 이사야, 예레미야, 에스겔, 호세아는 장차 오실 메시아를 '다윗의 왕위에 앉을 자', '다윗의 의로운 가지', '내 종 다윗', '그 왕 다윗'이라고 불렀다.

예수께서 구약성경에 약속된 메시아이시라는 사실은 세 가지 진리를 보여준다. 첫째로, 하느님께서 하시는 일에는 때가 있다. 모든 일에는 때가 있다. 하느님의 때는 때때로 긴 세월이 필요하다. 아브라함은 기원전 2천 년경의 인물이고, 다윗은 기원전 1천 년경의 인물이다. 많은 세월이 흘러서 하느님의 정하신 때가 되었다.

1 김효성 목사, 마태복음 강해, 2019년 11월 27일 수정.

Vox populi, vox Dei.

아브라함과 다윗의 자손 예수 그리스도

자료 : facebook.com

하나님께서는 결코 조급하지 않으신다. 그에게는 천년이 하루 같으시다.

둘째로, 하나님께서는 약속을 지키신 분이시다. 그는 아브라함의 씨를 통하여 천하만민이 복을 받게 하시겠다는 약속과, 다윗의 자손으로 영원한 왕위를 얻게 하시겠다는 약속을 지키셨다. 사람은 심령의 정직함과 진실함이 없어서 혹은 약속을 지킬 여건이 되지 못해서 약속을 어긴다. 시간 약속을 어기고 빌린 돈을 갚겠다는 약속을 어긴다. 약속을 어기는 것은 죄이다. 그러나 하나님께서는 약속을 지키시는 분이시다. 그는 약속대로 메시아를 보내주셨다.

셋째로, 하나님께서는 약속을 지키실 수 있는 능력을 가진 분이시다. 그는 세상의 모든 일을 만세 전에 계획하시며 그것을 이루시는 주권자이시다. 사람은 자신의 능력의 한계성 때문에 약속을 못 지킬 경우가 있으나 하나님께서는 그렇지 않으시다.

2-3절 마태오가 증거하는 예수 그리스도의 족보에는 특별한 이름들이 있다. 그것들은 다 하나님의 특별한 은혜를 입은 죄인들의 이름이다. 실상, 마태오 복음서를 쓴 마태오 자신도 과거에 죄인이었다. 그는 당시의 사람들이 비난하고 정죄했던 세리, 즉 세관공무원이었다. 그런 그가 하나님의 은혜를 받아 예수님의 열두 제자 중의 한 사람이 되었고 신약성경 27권 중 한 권을 쓴 성경 기록자가

세리 마태오를 부르신 예수님, 영화(선 오브 갓) 화면 캡처

자료 : m.dangdangnews.com

된 것이었다.

마태오가 예수님의 족보 속에 쓴 특별한 이름들 중 하나는 다말이다. 다말은 유다의 며느리였다. 유다는 아내가 죽은 후 외롭게 지내다가 창녀라고 생각한 한 여자에게 들어갔는데, 그가 바로 다말이었다. 다말은 남편이 죽은 후 시아버지가 옛날 풍습대로 시동생을 남편으로 주지 않기 때문에 의도적으로 그런 일을 저질렀었다. 이것은 유다에게 부끄러운 실수였고 다말에게도 악한 일이었다. 하느님께서는 모든 사람이 죄인임을 아셨기 때문에 예수 그리스도를 보내주셨고, 그로 말미암아 그들의 수치스런 죄악들을 깨끗하게 하시기를 원하셨다.

4-5절 예수 그리스도의 족보에 기록된 또 다른 특별한 이름은 라합과 룻이다. 라합은 여리고 성의 창녀였고, 룻은 모압 여인이었다. 그 둘은 다 이방인이었다. 한 사람은 부도덕하고 천한 신분의 이방 여인이었고, 다른 한 사람은 젊어서 과부가 된 불행했던 이방 여인이었다. 그러나 이 둘의 공통점은 그들이 다 이방인이었으나 하느님을 경외하게 되었다는 점이다. 라합은 천한 죄인이 존귀한

성도가 된 경우였고, 룻은 불행한 이방인이 복된 선민이 된 경우였다. 이것은 신약시대에 이방인들이 은혜로 구원받을 것을 예시한 것이 분명하다.

6절 예수 그리스도의 족보에는 우리야의 아내라는 여인도 언급되었다. 우리야는 다윗의 충성스런 신하였다. 그러나 다윗은 그의 아내를 범하고 그 죄를 은닉하기 위해 그 남편 우리야를 고의로 전장戰場에 내세워 죽게 하였다. 그것은 다윗의 생애에 지울 수 없는 큰 오점汚點이며 죄였다. 그러므로 다윗은 하느님의 엄한 징계를 받아야 했다. 우리야의 아내 밧세바가 낳은 첫아기는 죽었고 다윗은 자기 집에 칼이 영영히 떠나지 않는 벌을 받았다. 그러나 이런 실수 외에는 다윗은 역사상 보기 드문 경건하고 의로운 사람이었다.

7-11절 예수 그리스도의 족보에는 악한 남자들도 많이 들어 있다. 다윗의 자손들인 유다의 왕들은 대부분 악한 자들이었다. 솔로몬은 노년에 우상숭배에 떨어졌다. 그의 아들 르호보암은 교만한 자였다. 아사는 경건하였으나 말년에 발에 병이 있었을 때 하느님께 구하지 않고 의사에게 구하였다. 여호사밧도 경건했으나 악한 왕 아합과 교제를 끊지 않음으로 그의 자녀들의 타락과 부패의

다윗이 밧세바를 탐하다.

자료 : m.blog.naver.com

길을 닦았다. 요람[여호람]은 아합의 딸을 취함으로 북방 이스라엘의 우상숭배를 본받았고 말년에는 하느님께서 치시므로 창자에 고치지 못할 병이 들어 아끼는 자 없이 세상을 떠났다. 유다 왕들의 명단에 아하시야, 요아스, 아마샤의 이름이 생략되어 있으나, 그들도 다 악한 자들이었다.

그다음, 웃시야는 교만해져 제사장의 일을 하려 하다가 나병이 들어 여생을 마쳤다. 므낫세는 가장 악한 왕이었다. 그의 많은 우상숭배로 유다 왕국은 결국 멸망에 이르렀다. 아몬, 여고냐여호야긴 등도 악하였다. 마침내 유다 왕국은 멸망했고 70년간의 바벨론 포로생활로 이어진다. 구약시대의 역사 전체가 그러하지만, 이스라엘과 유다 열왕들의 역사는 사람의 연약함과 죄악됨을 증거했다. 그러나 메시아의 족보는 그런 연약한 사람들을 통해 흘러 내려왔다. 사람들의 많은 부족과 연약과 실패에도 불구하고, 하느님께서는 그의 구원 계획을 이루어 오셨다. 그는 주권자시요, 그의 크신 긍휼은 죄인들을 능히 구원할 구주를 보내셨고 또 그들을 실제로 구원하셨다.

솔로몬

자료 : ko.wikipedia.org

Vox populi, vox Dei.

12-17절 마태오 복음서 1장의 족보는 루카 복음서 3장의 것과 좀 다른데, 그 차이는 다음 몇 가지로 설명될 수 있을 것이다. 첫째로, 옛 시대에는 오늘날처럼 한 사람이 두 가지 이상의 이름을 가지고 있는 일이 종종 있었다. 둘째로, 옛 시대에도 입양入養 제도가 있었고, 또 형이 죽으면 동생이 형수와 결혼하여 형의 후손이 끊어지지 않게 하는 수혼嫂婚 제도가 있었다. 셋째로, 루카 복음서 3장의 족보는 마리아의 족보일지도 모른다. 비록 우리가 마태오 복음서와 루카 복음서의 족보들 간의 차이에 대한 정확한 이유를 알지 못하지만, 우리는 성경의 진실성과 권위를 믿기 때문에 그 두 족보가 다 진실하고 정확함을 믿는다.

18-25절 본문은 몇 가지 사실을 증거한다. 첫째로, 본문은 예수 그리스도께서 다윗의 자손으로 오셨음을 증거한다. 예수께서는 요셉과 약혼한 마리아에게서 나셨는데, 요셉은 다윗의 자손으로 불리었다20절. 1절, "다윗의 자손이시며 아브라함의 자손이신 예수 그리스도의 족보." 16절, "야곱은 마리아의 남편 요셉을 낳았는데, 마리아에게서 그리스도라고 불리는 예수님께서 태어나셨다." 루카 복음서 1:27, "다윗 집안의 요셉이라는 사람과 약혼한 처녀를 찾아가게 하셨다. 그 처녀의 이름은 마리아였다."

구약성경은 메시아께서 다윗의 자손으로 오실 것을 예언하였다. 이사야 11:1, "이새의 줄기에서 한 싹이 나며 그 뿌리에서 한 가지가 나서 결실할 것이요." 예레미야 23:5, "보라, 때가 이르리니 내가 다윗에게 한 의로운 가지를 일으킬 것이라." 에스겔 34:24, "나 여호와는 그들의 하느님이 되고 내 종 다윗은 그들 중에 왕이 되리라."

둘째로, 본문은 예수 그리스도께서 성령의 능력으로 마리아에게 잉태되어 탄생하셨다고 증거한다. ① 마리아는 요셉과 약혼하였고 동거하기 전에 ② 성령으로 잉태된 것이 나타났다18절. ③ 그 남편 요셉은 의로운 사람이었고 자기 약혼녀의 임신 사실을 드러내지 않고 가만히 끊고자 하였다19절. 예수님의 법적 부친인 요셉은 경건하고 의롭고 착한 사람이었다. ④ 그때 하느님의 천사가 꿈에 나타나 "다윗의 자손 요셉아, 두려워하지 말고 마리아를 아내로 맞아들여라. 그 몸에 잉

마리아가 아들을 낳으리니 그 이름을 예수라고 하여라. 그분께서 당신 백성을 죄에서 구원하실 것이다(21절).

자료 : m.blog.naver.com

태된 아기는 성령으로 말미암은 것이다."라고 말했다20절. ⑤ 또 그는 이것이 구약 성경의 예언을 성취한 것이라고 말하였다. 이것은 이사야 7:14의 말씀이었다. "보라, 처녀가 잉태하여 아들을 낳을 것이요 그 이름은 임마누엘이라 하리라." 자유주의자들이 '처녀'라는 원어알마를 '젊은 여자'로 번역하려 했지만, 그 말은 성경에서 사용된 용례로 볼 때 '결혼한 젊은 여자'를 가리키지 않고 '처녀로 간주되는 젊은 여자, 즉 소녀'를 가리킨다. 그러므로 고대 헬라어 70인역은 이 단어를 '처녀'파르데노스라고 번역하였다. ⑥ 요셉은 잠을 깨어 일어나 주의 천사의 지시대로 행하여 그의 아내를 데려왔으나 그 여자의 맏아들을 낳기까지 동침치 않았다24-26절. 예수님의 법적 부친인 요셉은 절제심도 있는 사람이었다.

예수 그리스도께서는 성령의 능력으로 처녀 마리아의 몸을 통해 탄생하셨다. 그는 마리아의 맏아들이셨다. 하느님의 영원하신 아들 예수께서 이렇게 사람이 되신 것은 그의 신성神性과 무죄성無罪性에 합당했다. 그는 요셉과 마리아의 관계에서 보통 사람들의 출생 방법으로 나지 않으셨다. 루카 복음서 1:35, "그러므로 태어날 아기는 거룩하신 분, 하느님의 아드님이라고 불릴 것이다."

예수 그리스도께서는 단지 한 훌륭한 종교적 인물이 아니셨다. 우리는 단지 그의 사상이나 인격을 본받는 자들이 아니다. 물론, 그는 우리의 모범이시다. 그러나 그는 우리의 모범 이상이시다. 그는 우리의 찬송과 경배의 대상이시다. 신약성경은 그에게 신적 명칭, 신적 속성, 신적 사역, 신적 영광을 돌린다. 특히 그의 모든

Vox populi, vox Dei.

기적들은 그의 신적 인격을 증거한다. 우리는 예수 그리스도의 신성神性의 영광을 믿는다. 우리는 그가 하나님과 본질적으로 동일하시고 동등하신 분이심을 믿는다.

셋째로, 본문은 예수께서 죄인의 구주이심을 증거한다. 21절, "마리아가 아들을 낳으리니 그 이름을 예수라고 하여라. 그분께서 당신 백성을 죄에서 구원하실 것이다." '예수'라는 헬라어는 '여호수아'라는 히브리어와 같은데, '구원'이라는 뜻이다. 메시아의 하시는 일은 구원의 일이시다. 그는 죄인들을 구원하시는 구주로 이 세상에 오셨다.

구원은 단지 육신의 질병이나 경제적 가난이나 환경적 재해로부터의 구원이 아니고, 죄로부터의 구원이다. 죄가 인간의 근본적인 문제요, 그 외의 것들은 죄로부터 파생된 문제들일 뿐이다. 메시아께서는 죄인을 불러 회개시키러 오셨다. 마태오 복음서 9:13, "너희는 가서 '내가 바라는 것은 희생 제물이 아니라 자비다.' 하신 말씀이 무슨 뜻인지 배워라. 사실 나는 의인이 아니라 죄인을 부르러 왔다." 마태오 복음서 20:28, "사람의 아들도 섬김을 받으러 온 것이 아니라 섬기러 왔고, 또 많은 이들의 몸값으로 자기 목숨을 바치러 왔다." 디모데전서 1:15, "이 말은 확실하여 그대로 받아들일 가치가 있습니다. 그리스도 예수님께서 죄인들을 구원하시려고 이 세상에 오셨다는 것입니다. 나는 그 가운데에서 첫째가는 죄인입니다."

예수 그리스도께서는 엄격히 말해 '당신 백성'21절, 즉 하나님께서 세상에서 택하신 자들을 구원하시기 위해 오셨다. 성경은 선택의 진리를 가르친다. 주께서는 "아버지께서 나에게 주신 사람들"이라는 표현을 사용하셨다요 6:37, 39. 사도 바오로는 하나님께서 만세 전에 자기 백성을 택하셨다고 증거하였다. 예수 그리스도께서는 바로 그들을 위해 대속 제물이 되기 위해 오셨고 그들을 구원하신다.

예수 그리스도께서는 오늘도 죄인을 구원하시는 일을 계속하신다. 그 일은 지금 참 교회들을 통해 이루어지고 있다. 전도는 교회의 첫 번째 임무, 곧 교회의 사명이다. 그러므로 참 교회들에 속한 성도들은 하나님의 뜻을 깨닫고 하나님의 구원 사역을 위해 그들의 몸과 시간과 물질을 거룩하게, 즐거이 드려야 한다.

하늘의 소리 사람의 말씀 II

마태오 복음서 2장

天聲

동방박사들의 방문

1 예수님께서는 헤로데 임금 때에 유다 베들레헴에서 태어나셨다. 그러자 동방에서
박사들이 예루살렘에 와서,
2 "유다인들의 임금으로 태어나신 분이 어디 계십니까? 우리는 동방에서 그분의 별
을 보고 그분께 경배하러 왔습니다." 하고 말하였다.
3 이 말을 듣고 헤로데 임금을 비롯하여 온 예루살렘이 깜짝 놀랐다.
4 헤로데는 백성의 수석 사제들과 율법 학자들을 모두 모아 놓고, 메시아가 태어날
곳이 어디인지 물어보았다.
5 그들이 헤로데에게 말하였다. "유다 베들레헴입니다. 사실 예언자가 이렇게 기록해
놓았습니다.
6 '유다 땅 베들레헴아 너는 유다의 주요 고을 가운데 결코 가장 작은 고을이 아니
다. 너에게서 통치자가 나와 내 백성 이스라엘을 보살피리라.'"
7 그때에 헤로데는 박사들을 몰래 불러 별이 나타난 시간을 정확히 알아내고서는,
8 그들을 베들레헴으로 보내면서 말하였다. "가서 그 아기에 관하여 잘 알아보시오.
그리고 그 아기를 찾거든 나에게 알려 주시오. 나도 가서 경배하겠소."
9 그들은 임금의 말을 듣고 길을 떠났다. 그러자 동방에서 본 별이 그들을 앞서 가
다가, 아기가 있는 곳 위에 이르러 멈추었다.
10 그들은 그 별을 보고 더없이 기뻐하였다.
11 그리고 그 집에 들어가 어머니 마리아와 함께 있는 아기를 보고 땅에 엎드려 경
배하였다. 또 보물 상자를 열고 아기에게 황금과 유향과 몰약을 예물로 드렸다.

12 그들은 꿈에 헤로데에게 돌아가지 말라는 지시를 받고, 다른 길로 자기 고장에 돌
아갔다.

이집트로 피신하시다

13 박사들이 돌아간 뒤, 꿈에 주님의 천사가 요셉에게 나타나서 말하였다. "일어나 아
기와 그 어머니를 데리고 이집트로 피신하여, 내가 너에게 일러 줄 때까지 거기에
있어라. 헤로데가 아기를 찾아 없애 버리려고 한다."
14 요셉은 일어나 밤에 아기와 그 어머니를 데리고 이집트로 가서,
15 헤로데가 죽을 때까지 거기에 있었다. 주님께서 예언자를 통하여, "내가 내 아들을
이집트에서 불러내었다." 하신 말씀이 이루어지려고 그리된 것이다.

헤로데가 아기들을 학살하다

16 그때에 헤로데는 박사들에게 속은 것을 알고 크게 화를 내었다. 그리고 사람들을
보내어, 박사들에게서 정확히 알아낸 시간을 기준으로, 베들레헴과 그 온 일대에
사는 두 살 이하의 사내아이들을 모조리 죽여 버렸다.
17 그리하여 예레미야 예언자를 통하여 하신 말씀이 이루어졌다.
18 "라마에서 소리가 들린다. 울음소리와 애끊는 통곡 소리. 라헬이 자식들을 잃고
운다. 자식들이 없으니 위로도 마다한다."

이집트에서 돌아오시다

19 헤로데가 죽자, 꿈에 주님의 천사가 이집트에 있는 요셉에게 나타나서 말하였다.
20 "일어나 아기와 그 어머니를 데리고 이스라엘 땅으로 가거라. 아기의 목숨을 노리
던 자들이 죽었다."
21 요셉은 일어나 아기와 그 어머니를 데리고 이스라엘 땅으로 들어갔다.
22 그러나 아르켈라오스가 아버지 헤로데를 이어 유다를 다스린다는 말을 듣고, 그
곳으로 가기를 두려워하였다. 그러다가 꿈에 지시를 받고 갈릴래아 지방으로
떠나,

23 나자렛이라고 하는 고을로 가서 자리를 잡았다. 이로써 예언자들을 통하여 "그는
나자렛 사람이라고 불릴 것이다." 하신 말씀이 이루어졌다.

1 After Jesus was born in Bethlehem in Judea, during the time of King Herod, Magi from the east came to Jerusalem

2 and asked, "Where is the one who has been born king of the Jews? We saw his star in the east and have come to worship him."

3 When King Herod heard this he was disturbed, and all Jerusalem with him.

4 When he had called together all the people's chief priests and teachers of the law, he asked them where the Christ was to be born.

5 "In Bethlehem in Judea," they replied, "for this is what the prophet has written:

6 "'But you, Bethlehem, in the land of Judah, are by no means least among the rulers of Judah; for out of you will come a ruler who will be the shepherd of my people Israel.'"

7 Then Herod called the Magi secretly and found out from them the exact time the star had appeared.

8 He sent them to Bethlehem and said, "Go and make a careful search for the child. As soon as you find him, report to me, so that I too may go and worship him."

9 After they had heard the king, they went on their way, and the star they had seen in the east went ahead of them until it stopped over the place where the child was.

10 When they saw the star, they were overjoyed.

11 On coming to the house, they saw the child with his mother Mary, and they bowed down and worshiped him. Then they opened their treasures and presented him with gifts of gold and of incense and of myrrh.

Vox populi, vox Dei.

12 And having been warned in a dream not to go back to Herod, they re-
turned to their country by another route.
13 When they had gone, an angel of the Lord appeared to Joseph in a
dream. "Get up," he said, "take the child and his mother and escape to
Egypt. Stay there until I tell you, for Herod is going to search for the child
to kill him."
14 So he got up, took the child and his mother during the night and left for
Egypt,
15 where he stayed until the death of Herod. And so was fulfilled what the
Lord had said through the prophet: "Out of Egypt I called my son."
16 When Herod realized that he had been outwitted by the Magi, he was
furious, and he gave orders to kill all the boys in Bethlehem and its vi-
cinity who were two years old and under, in accordance with the time
he had learned from the Magi.
17 Then what was said through the prophet Jeremiah was fulfilled:
18 "A voice is heard in Ramah, weeping and great mourning, Rachel weep-
ing for her children and refusing to be comforted, because they are no
more."
19 After Herod died, an angel of the Lord appeared in a dream to Joseph in
Egypt
20 and said, "Get up, take the child and his mother and go to the land of Is-
rael, for those who were trying to take the child's life are dead."
21 So he got up, took the child and his mother and went to the land of Isra-
el.
22 But when he heard that Archelaus was reigning in Judea in place of his
father Herod, he was afraid to go there. Having been warned in a dream,
he withdrew to the district of Galilee,
23 and he went and lived in a town called Nazareth. So was fulfilled what
was said through the prophets: "He will be called a Nazarene."

人語

마태오 복음서 2장 요약[1]

마태오 복음서 2장은 예수님의 탄생과 동방박사들의 경배 이야기가 나와 있다. 루카 복음서에는 목자들의 경배가 있지만 왕으로서의 예수님을 드러내고 싶은 마태오는 동방에서 온 현자들의 경배를 받으시는 분으로 그려낸다. 이방인들에 의해 경배를 받으시는 예수님은 모든 열방 가운데 높이심을 받아야 할 하느님을 강조한다.

가짜 왕 헤롯의 통치 시대

예수님께서 탄생하실 때 헤롯 왕이 통치했다. 그는 이두매인으로 진정한 이스라엘의 왕이 아니었다. 돈을 주고 왕의 자리를 산 헤롯의 후손이다. 헤롯 대제로 불리는 왕의 시작은 로마의 수하처럼 활동했던 악한 자였다. 그는 왕처럼 보이지만 가짜 왕이었다. 동방의 박사들이 찾아와 유대인의 왕을 찾자 깜짝 놀랐다. 소동했다는 말은 정신없이 날뛰었다는 뜻이다. 큰 소란이 일어난 것이다. 왕이 여기 있는데 감히 누가 왕이란 말인가? 헤롯은 분노했다.

율법사들을 불러 물으니 베들레헴에서 메시아가 탄생한다는 전설이 있었다. 유대인들이 가진 전설은 미카서 5:2이다. 모든 이스라엘 사람들은 그것을 잘 알았다.

1 그일라, [요약설교] 마태복음 2장 동방박사들의 경배, 2020년 1월 30일.

헤롯 왕이 그려져 있다(왼쪽). Sano di Pietro의 '순진한 자들의 학살', 1470. Buyenlarge/Getty 이미지

자료 : ko.ndu.ac

하지만 누구도 그를 경배하지 않았다. 가짜 왕은 놀라 은밀하게 죽일 계획을 세웠다. 만약 그 왕을 찾으면 자신도 경배할 테니 알려 달라고 말했다.

예언의 성취

헤롯이 소란으로 인해 예수님은 미카 선지자가 예언한 그 메시아인 것을 확인할 수 있다. 이것은 모든 사람들로 하여금 예수님은 그냥 전설이 아니라 진짜 이스라엘의 왕인 것을 선포한 것과 다름없다. 과연 예수님은 구약의 선지자들이 예언하고 기다린 그 메시아였던 것이다.

동방박사들의 경배

동방박사들은 별을 따라갔고, 그곳에서 아기 예수님을 만났다. 그들은 가져온 선물을 드렸다. 황금과 유향과 몰약이다. 황금은 왕을 상징하고, 유향은 신성을, 몰약은 부활을 상징한다.

결론과 적용

동방박사들은 이방인들이었다. 그런데 어떻게 이들이 예배할 수 있을까? 놀랍

렘브란트 〈동박박사의 경배〉

자료 : m.blog.naver.com

Vox populi, vox Dei.

게도 유대인들은 아무도 예배하지 않았다. 이로 인해 아기 예수님은 이방인들에게 경배를 받게 된다. 이것은 앞으로 도래할 새 언약의 시대에 유대인들이 버림을 당할 것을 예시적으로 보여준다.

각 절 해석[2]

1-3절 기원전 40년부터 기원전 4년까지 로마 제국의 지배 아래서 유다 땅을 다스렸던 헤롯 왕헤롯 대왕 때에, 예수께서는 유대 베들레헴에서 탄생하셨다. 그가 탄생하셨을 때 동방으로부터 박사들은 유대인 왕의 탄생을 축하하고 그에게 경배하기 위해 그의 별을 보고 예루살렘에 왔고 헤롯 왕과 온 예루살렘은

2 김효성 목사, 마태복음 강해, 2019년 11월 27일 수정.

예수 그리스도의 탄생 모습

자료 : 크리스찬투데이

그들의 말을 듣고 소동했다.

예수께서는 유대인의 왕으로 탄생하셨다. 이것은 구약 예언들의 성취였다. 구약성경은 메시아께서 다윗의 왕위를 잇는 왕으로 오실 것이라고 예언하였다. 이사야 9:6, "다윗의 왕좌와 그의 왕국 위에 놓인 그 왕권은 강대하고 그 평화는 끝이 없으리이다. 그는 이제부터 영원까지 공정과 정의로 그 왕국을 굳게 세우고 지켜 가리이다. 만군의 주님의 열정이 이를 이루시리이다." 예레미야 23:5, "보라, 그날이 온다! 주님의 말씀이다. 내가 다윗을 위하여 의로운 싹을 돋아나게 하리라. 그 싹은 임금이 되어 다스리고 슬기롭게 일을 처리하며 세상에 공정과 정의를 이루리라." 에스겔 34:24, "나의 종 다윗은 그들 가운데에서 제후가 될 것이다." 호세아 3:5, "이스라엘 자손들이 돌아와 주 저희 하느님과 저희 임금 다윗을 찾을 것이다. 그 마지막 날에 이스라엘 자손들은 두려워하며, 주님과 그분께서 베푸시는 좋은 것을 향해 돌아올 것이다."

4-8절 헤롯 왕이 모든 대제사장과 백성의 서기관들을 모아 그리스도께서 어디서 나겠느냐고 묻자, 그들은 미카서 5:2로 대답했다. 거기에는 유대 땅에 베들레헴이라는 마을에서 한 다스리는 자가 나와서 하느님의 백성 이스라엘의 목자가 될 것이라고 예언되어 있다.

모든 대제사장들과 서기관들은 메시아의 출생지에 대한 성경 예언을 잘 알고 있었으나, 동방박사들과 함께 그리스도께 경배하러 간 것 같지 않다. 그들의 지식은 생명이 없는 지식이었다. 참믿음은 단순한 지식이 아니고 마음의 순종이다. 하느님을 믿는 자는 그를 사랑하고 사모하며 그의 뜻에 순종해야 한다.

헤롯은 가만히 박사들을 불러 별이 나타난 때를 자세히 묻고 베들레헴으로 보내며 말했다. "가서 아기에 대하여 자세히 알아보고 찾거든 내게 고하여 나도 가서 그에게 경배하게 하라." 그러나 헤롯의 속마음은 그렇지 않았다. 그는 성경에 약속된 메시아를 경배하려 한 것이 아니고 오히려 그를 죽이려는 마음을 품고 있었다고 보인다.

9-12절 동방에서 보던 별은 박사들을 앞서 인도하였고 아기 있는 곳 위에 머물러 섰다. 그들은 별을 보고 심히 크게 기뻐하였고 집에 들어가 아기와 그의 모친 마리아가 함께 있는 것을 보고 엎드려 아기께 경배하고 보배합을 열어 황금과 유향과 몰약을 예물로 드렸다. 아기 예수님은 아마 마굿간의 구유에서 집으로 옮겨졌던 것 같다.

베들레헴 전경

자료 : penews.co.kr

Vox populi, vox Dei.

동방박사들은 하느님의 특별한 은혜를 받은 자들이었다. 그들은 '동방' 곧 먼 이방나라에서 왔다. 그들은 믿음의 환경에서 자란 자들이 아니었다. 그들은 단지 별에 대한 적은 지식을 가지고 하느님께서 주신 계시의 별에 이끌리어 먼 길을 여행하였고 아기 메시아를 찾는 열심을 나타내었다. 그들은 그의 모친과 함께 한 집에 계신 아기께 경배하였고 준비한 황금과 유향과 몰약의 귀한 예물도 드렸다.

이스라엘 나라 지도자들은 경건한 전통에도 불구하고 죽은 형식적 종교를 가지고 있었으나, 동방박사들에게는 하느님을 경외하는 진지한 열심이 있었다. 그들이 어떻게 그런 경건과 열심을 가지고 그렇게 먼 길을 왔는지 우리는 알지 못한다. 그저 하느님께서 하신 기이한 일에 놀랄 뿐이다. 그들은 꿈에 헤롯에게로 돌아가지 말라는 지시를 받아 다른 길로 고국에 돌아갔다.

13-15절 동방박사들이 떠난 후에 주의 사자가 요셉에게 꿈에 나타나 "헤롯이 아기를 찾아 죽이려 하니 일어나 아기와 그의 모친을 데리고 애굽으로 피하여 내가 네게 이르기까지 거기 있으라"라고 말했다. 요셉은 일어나서 밤에 아기와 그의 모친을 데리고 애굽으로 떠나가 헤롯이 죽기까지 거기 있었다. 이는 주께서 선지자로 말씀하신 바 애굽으로부터 내 아들을 불렀다 함을 이루려 하심이

애굽으로의 피난

자료 : m.blog.naver.com

었다.

하느님께서는 옛 시대에 꿈을 사용하여 그의 뜻을 알리셨다. 요셉이 마리아와 조용히 절교하려고 생각하였을 때에 주의 사자는 꿈에 나타나 마리아에게 잉태된 자는 성령으로 된 것이니 그를 데려오라고 말했었다. 주의 사자는 꿈에 동방박사들에게 헤롯에게 돌아가지 말라고 지시했었다. 그는 또 꿈에 요셉에게 나타나 일어나 애굽으로 피난하라고 하였다. 또 그는 헤롯이 죽은 후에 꿈에 나타나 이스라엘 땅으로 돌아가라고 지시하였고, 또 꿈에 요셉 가족이 나사렛 동네에 거주하도록 지시하였다.

하느님께서는 법적 부친인 요셉으로 하여금 아기 예수님과 그의 모친을 위한 보호자의 역할을 하게 하셨다. 동방박사들이 드린 황금 예물은 요셉 가족의 도피생활을 위해 유용했을 것이다. 실상, 세상의 모든 은금의 주인은 하느님이시다.

16-18절 헤롯은 박사들에게 속은 줄을 알고 심히 노하여 사람들을 보내어 베들레헴과 그 모든 지경 안에 있는 남자아이들을 박사들에게 자세히 알아

헤롯은 베들레헴 부근의 2살 이하 남자아이들을 모두 죽이는 큰 악을 노골적으로 저질렀다.

자료 : m.blog.naver.com

본 때를 표준하여 두 살부터 그 아래로 다 죽였다. 그래서 선지자 예레미야로 말씀하신 바 라마에서베들레헴에서 15킬로미터 이상 떨어진 곳까지 슬퍼하며 크게 통곡하는 소리가 들리니 라헬이 그 자식을 위하여 애곡하는 것이라는 말씀이 이루어졌다.

헤롯이 박사들에게 "가서 아기에 대하여 자세히 알아보고 찾거든 내게 고하여 나도 가서 그에게 경배하게 하라"라고 한 말은 거짓말이었다. 그는 유대인의 왕인 메시아가 자기 아들들의 왕위를 위태하게 한다고 생각하여 그를 죽이려 했던 것 같다. 그러나 박사들이 그에게 알려주지 않음으로 그의 은밀한 계획이 실패했을 때, 그는 베들레헴 부근의 2살 이하 남자아이들을 모두 죽이는 큰 악을 노골적으로 저질렀다. 사람은 참으로 악하다. 그의 통치연대가 기원전 4년에 끝나는 것을 보면, 헤롯은 이런 악을 행한 후에 죽은 것 같다.

19-23절 헤롯이 죽은 후에 주의 사자가 애굽에서 또 요셉에게 꿈에 나타나서 "일어나 아기와 그 모친을 데리고 이스라엘 땅으로 가라. 아기의 목숨을 찾던 자들이 죽었느니라"라고 말했다. 요셉은 일어나 아기와 그 모친을 데리고 이스라엘 땅으로 들어왔다. 그러나 아켈라오헤롯 아켈라오, 기원전 4년-기원후 6년가 그 부친 헤롯을 이어 유대의 임금 됨을 듣고 거기로 가기를 무서워했고 꿈에 지시하심을 받아 갈릴리 지방으로 떠나가 나사렛이란 동네에 와서 살았다. 이것은 선지자로 하신 말씀에 나사렛 사람이라 칭하리라 하심을 이루려 함이었다.

나사렛나조라이오스은 구약성경의 나실인히브리어 네지르, 헬라어 나지르나 나제이라이온, '바쳐진 자, 구별된 자'이나 '가지'히브리어 네체르와 관련이 있는 것 같다. 예수 그리스도께서는 나실인 중에 나실인이시며, 이새의 뿌리에서 난 한 '가지'이시다.

나사렛 마을은 시골 벽촌이었다. 예수님은 시골 사람이셨다. 그는 어린 시절과 청소년 시절을 시골에서 보내셨다. 거기서 그는 약 30년을 사셨다. J. C. 라일의 말과 같이, "하느님 앞에서는 사람이 어디에 사느냐보다 그가 어떠한 사람이냐가 더 중요하다." 사람의 환경보다 중요한 것은 사람의 됨됨이이다.

하늘의 소리 사람의 말씀 II

Vox populi, vox Dei.

마태오 복음서
3장

天聲

세례자 요한의 설교 마르 1,1-8;루카 3,1-9;루카 3,15-18;요한 1,19-28

1 그 무렵에 세례자 요한이 나타나 유다 광야에서 이렇게 선포하였다.

2 "회개하여라. 하늘 나라가 가까이 왔다."

3 요한은 이사야 예언자가 말한 바로 그 사람이다. 이사야는 이렇게 말하였다. "광야에서 외치는 이의 소리. '너희는 주님의 길을 마련하여라. 그분의 길을 곧게 내어라.'"

4 요한은 낙타 털로 된 옷을 입고 허리에 가죽 띠를 둘렀다. 그의 음식은 메뚜기와 들꿀이었다.

5 그때에 예루살렘과 온 유다와 요르단 부근 지방의 모든 사람이 그에게 나아가,

6 자기 죄를 고백하며 요르단 강에서 그에게 세례를 받았다.

7 그러나 요한은 많은 바리사이와 사두가이가 자기에게 세례를 받으러 오는 것을 보고, 그들에게 말하였다. "독사의 자식들아, 다가오는 진노를 피하라고 누가 너희에게 일러 주더냐?

8 회개에 합당한 열매를 맺어라.

9 그리고 '우리는 아브라함을 조상으로 모시고 있다.'고 말할 생각일랑 하지 마라. 내가 너희에게 말하는데, 하느님께서는 이 돌들로도 아브라함의 자녀들을 만드실 수 있다.

10 도끼가 이미 나무뿌리에 닿아 있다. 좋은 열매를 맺지 않는 나무는 모두 찍혀서 불 속에 던져진다.

11 나는 너희를 회개시키려고 물로 세례를 준다. 그러나 내 뒤에 오시는 분은 나보
다 더 큰 능력을 지니신 분이시다. 나는 그분의 신발을 들고 다닐 자격조차 없다.
그분께서는 너희에게 성령과 불로 세례를 주실 것이다.
12 또 손에 키를 드시고 당신의 타작마당을 깨끗이 하시어, 알곡은 곳간에 모아들이
시고 쭉정이는 꺼지지 않는 불에 태워 버리실 것이다."

세례를 받으시다 마르 1,9-11;루카 3,21-22

13 그때에 예수님께서는 요한에게 세례를 받으시려고 갈릴래아에서 요르단으로 그를
찾아가셨다.
14 그러나 요한은 "제가 선생님께 세례를 받아야 할 터인데 선생님께서 저에게 오시
다니요?" 하면서 그분을 말렸다.
15 예수님께서는 "지금은 이대로 하십시오. 우리는 이렇게 해서 마땅히 모든 의로움
을 이루어야 합니다." 하고 대답하셨다. 그제야 요한이 예수님의 뜻을 받아들였다.
16 예수님께서는 세례를 받으시고 곧 물에서 올라오셨다. 그때 그분께 하늘이 열렸
다. 그분께서는 하느님의 영이 비둘기처럼 당신 위로 내려오시는 것을 보셨다.
17 그리고 하늘에서 이렇게 말하는 소리가 들려왔다. "이는 내가 사랑하는 아들, 내
마음에 드는 아들이다."

1 In those days John the Baptist came, preaching in the Desert of Judea
2 and saying, "Repent, for the kingdom of heaven is near."
3 This is he who was spoken of through the prophet Isaiah: "A voice of
one calling in the desert, 'Prepare the way for the Lord, make straight
paths for him.'"
4 John's clothes were made of camel's hair, and he had a leather belt
around his waist. His food was locusts and wild honey.
5 People went out to him from Jerusalem and all Judea and the whole re-
gion of the Jordan.

6 Confessing their sins, they were baptized by him in the Jordan River.

7 But when he saw many of the Pharisees and Sadducees coming to where
he was baptizing, he said to them: "You brood of vipers! Who warned
you to flee from the coming wrath?

8 Produce fruit in keeping with repentance.

9 And do not think you can say to yourselves, 'We have Abraham as our
father.' I tell you that out of these stones God can raise up children for
Abraham.

10 The ax is already at the root of the trees, and every tree that does not
produce good fruit will be cut down and thrown into the fire.

11 "I baptize you with water for repentance. But after me will come one
who is more powerful than I, whose sandals I am not fit to carry. He will
baptize you with the Holy Spirit and with fire.

12 His winnowing fork is in his hand, and he will clear his threshing floor,
gathering his wheat into the barn and burning up the chaff with un-
quenchable fire."

13 Then Jesus came from Galilee to the Jordan to be baptized by John.

14 But John tried to deter him, saying, "I need to be baptized by you, and
do you come to me?"

15 Jesus replied, "Let it be so now; it is proper for us to do this to fulfill all
righteousness." Then John consented.

16 As soon as Jesus was baptized, he went up out of the water. At that mo-
ment heaven was opened, and he saw the Spirit of God descending like
a dove and lighting on him.

17 And a voice from heaven said, "This is my Son, whom I love; with him I
am well pleased."

Vox populi, vox Dei.

人語

마태오 복음서 3장 요약

세례 요한이 “회개하라 천국이 가까이 왔다”고 유대 광야에서 외치며 주님이 오실 길을 예비할 것을 사람들에게 외친다. 심판의 도끼가 이미 나무 뿌리에 놓였으니 입술이 아닌 하느님의 믿음과 삶의 열매를 맺을 것을 강력히 촉구한다. 그리고 예수님은 요단강에 오셔서 요한에게 하느님의 의로움을 이루기 위해 세례를 받는다. 그 순간 하늘에서 소리가 나기를 “이는 내 사랑하는 아들이요 내 기뻐하는 자”라고 하늘 아버지께서 말씀하신다. 그리스도께서 이 세상에 약속의 말씀을 좇아 오심 자체가 하느님이 만세 전에 준비하신 놀라운 복음이고 영광이다.

그 무렵에 세례자 요한이 나타나 유다 광야에서 이렇게 선포하였다. “회개하여라. 하늘 나라가 가까이 왔다.” 요한은 이사야 예언자가 말한 바로 그 사람이다. 이사야는 이렇게 말하였다. “광야에서 외치는 이의 소리. ‘너희는 주님의 길을 마련하여라. 그분의 길을 곧게 내어라.’”마태 3:1-3

도끼가 이미 나무뿌리에 닿아 있다. 좋은 열매를 맺지 않는 나무는 모두 찍혀서 불 속에 던져진다.마태 3:10

예수님께서는 세례를 받으시고 곧 물에서 올라오셨다. 그때 그분께 하늘이 열렸다. 그분께서는 하느님의 영이 비둘기처럼 당신 위로 내려오시는 것을 보셨다. 그리고 하늘에서 이렇게 말하는 소리가 들려왔다. “이는 내가 사랑하는 아들, 내 마음에 드는 아들이다.”마태 3:16-17

3장은 예수님의 길을 예비하기 위해 먼저 태어난 세례 요한의 이야기와 회개 선포와 세례 베푸는 이야기가 나온다. 예수님도 요한에게 오셔서 세례를 받으신

예수님과 세례 요한

자료 : godalmightypraiseyou.home.blog

다. 예수님께 감히 세례를 베풀지 못하겠다고 하는 요한에게 예수님께서 "우리는 이렇게 해서 마땅히 모든 의로움을 이루어야 합니다."라고 하셨다.

각 절 해석[1]

1-3절 유대 광야에서 전도한 세례 요한은 예수 그리스도보다 앞서 와서 그의 길을 예비한 자였다. 그가 외친 내용은 회개하라는 것이었다. 회개는 죄를 인정하고 그것을 미워하고 그것을 청산할 결심을 하는 것이다. 회개는 하나님의 뜻이다. 예수께서도 회개하라고 전파하셨고 자신이 죄인을 불러 회개시키기 위해 오셨다고 말씀하셨다. 또 그는 사람이 멸망치 않으려면 반드시 회개해야 한다고 말씀하셨고 하나님께서 죄인 한 명이 회개하고 돌아오는 것을 의인 아흔 아홉 명보다 더 기뻐하신다고 말씀하셨다.

1 김효성 목사, 마태복음 강해, 2019년 11월 27일 수정.

Vox populi, vox Dei.

4절 세례 요한은 제사장 가정에서 태어났으므로 제사장의 귀한 의복과 생활 환경을 가질 수 있었으나, 모든 것을 버리고 광야 생활을 선택하였다. 그의 복장은 검소하였고 그의 음식도 검소했다.

5-6절 많은 사람들이 죄를 자복하고 요단강에서 그에게 세례를 받았다. 사람들의 회개와 구원은 하느님의 전적인 긍휼에 달려 있다.

7-10절 바리새인들은 경건하고 보수적인 자들이었고 사두개인들은 주로 부유한 제사장들이었다고 한다. 그들은 회개하였기 때문에 온 것 같지 않다. 요한이 그들을 '독사의 자식들'이라고 부른 것은 모든 죄인이 다 마귀의 자식이지만 그들이 특히 남을 죽이는 독을 품은 자들이었기 때문일 것이다. 요한은 그들에게 하느님의 임박한 진노를 선포하였다. 또 그는 그들의 헛된 확신을 지적했다. 그들은 아브라함의 자손이라는 자부심과 함께 헛된 소망을 가지고 있었다. 그러나 그들이 죄를 회개치 않는다면 아브라함의 자손이라는 사실은 그들에게 아무런 의미가 없고 헛된 소망에 불과하다.

그러므로 세례 요한은 그들에게 회개에 합당한 열매를 맺으라고 말하였다. 회

세례 요한

자료 : churchofgod.wiki

개는 죄에서 돌이키는 것이다. 참된 회개는 의지적 결단이 수반되어야 한다. 이전의 죄악된 생활을 청산하고 그것으로부터 돌이키는 결심이 있어야 한다. 죄 가운데 머물면서 구원을 말하는 것은 잘못이다. 왜냐하면 구원은 죄로부터의 구원이기 때문이다. 그러므로 회개는 열매로 나타난다. 신앙생활은 인격과 삶으로 증거된다.

11-12절 세례 요한은 특히 자기 뒤에 오실 메시아에 대해 증거하였다. 그는 메시아께서 자기보다 능력이 많으시며 자기는 그의 신을 들기도 감당치 못할 것이라고 말하였다. 과연 메시아께서는 요한과 비교할 수 없이 능력이 많으시다. 그는 단순히 사람이 아니고 하느님의 아들이시다.

세례 요한은 메시아의 사역에 대해 두 가지로 증거하였다. 첫째로, 메시아께서는 성령으로 세례 주시는 분이시다. 성령과 불의 세례는 죄를 씻으시는 성령의 중생 사역을 가리킨다. 세례는 죄씻음을 상징하며 불은 더러운 죄악을 태워 깨끗하게 하는 것을 상징한다. 요한은 죄씻음을 상징하는 물세례를 베풀고 있었으나, 메시아께서는 실제로 죄씻음을 주는 성령의 세례를 베푸실 것이다. 예수님을 믿는 자들은 이미 성령의 세례, 즉 중생과 죄씻음을 받았다.

둘째로, 메시아께서는 불로 심판하시는 분이시다. 알곡과 쭉정이가 나뉘듯이 마지막 심판 때에 의인과 악인이 나뉠 것이다. 의인은 천국에 들이고, 악인은 지

군중에게 세례를 주는 세례 요한

자료 : mutualart.com

Vox populi, vox Dei.

성령이 비둘기같이 내려와

자료 : m.blog.naver.com

옥에 던져질 것이다. 메시아께서는 심판자이시며, 그의 심판은 악인들에게 꺼지지 않는 지옥 불이다. 지옥의 교리는 예수께서 친히 말씀하신 교리이다.

13-17절 죄가 없으신 하나님의 아들께서 요한에게 세례를 받으시는 것이 합당치 않으나, 예수께서는 모든 의로움을 이루기 위해 세례를 받으셨다. 모든 의로움을 이룬다는 말은 그가 세례 제도에 순종하심과 모든 택함 받은 자들의 모든 죄를 담당한 자로서 죄사함의 세례를 받으심과, 또 그럼으로써 삼위 하나님의 증거를 받으심을 의미하였다고 본다.

예수께서 세례를 받으시고 곧 물에서 올라오실 때 하늘이 그에게 열리고 하나님의 성령이 비둘기같이 내려 자기 위에 오심을 보셨다. 그때 하늘로부터 "이는 내가 사랑하는 아들, 내 마음에 드는 아들이다."라는 소리가 있었다. 여기에 삼위 하나님의 나타나심이 있었다. 하느님의 아들께서 세례를 받으시고 성령께서 비둘기같이 내려오시고 아버지께서 하늘에서 친 음성으로 증거하셨다.

본장의 교훈은 무엇인가? 첫째로, 우리는 회개해야 하고 또 회개의 증거를 나타내어야 한다. 세례 요한은 "회개하여라. 하늘 나라가 가까이 왔다."라고 전파했다. 후에 예수께서도 같은 내용을 전하셨다.마태 4:17 하느님의 뜻은 사람이 죄악된 삶을 떠나는 것이다. 예수께서는 "그리고 예루살렘에서부터 시작하여, 죄의 용서를 위한 회개가 그의 이름으로 모든 민족들에게 선포되어야 한다."라고 말씀하셨다루카 24:47. 바오로도 자신의 전도 사역을 "회개하여 하느님께 돌아오고 우리 주 예수님을 믿어야 한다고 증언하였습니다."라고 요약하였다사도 20:21. 모든 사람은 회개하고 죄악된 삶을 청산해야 하고 그 회개는 실제로 변화된 인격과 삶으로 증거되어야 한다.

둘째로, 우리의 복장과 음식은 검소해야 한다. 세례 요한의 복장과 음식이 검소하였다. 성경은 값진 옷이나 호화로운 단장을 금한다. 또 성경은 검소한 식생활을 교훈한다. 장차 올 천국을 소망하는 성도들, 이 세상에서는 전도와 구제를 사명과 임무로 여기는 그들은 검소한 복장과 식생활을 할 것이다.

셋째로, 우리는 예수님을 바로 알고 믿어야 한다. 세례 요한은 메시아께서 성령으로 세례 주시는 자이시며 또 장차 불로 심판하실 자이심을 증거하였다. 성령의 세례는 중생重生의 은혜를 가리키며, 이것이 주께서 주시는 구원이다. 또 주께서

예수님의 세례

자료 : m.mariasarang.net

Vox populi, vox Dei.

천주교 난곡동성당에서 영세를 받고 있는 저자(2021년 9월 12일)

는 마지막 날 의인과 악인을 나누시며 천국과 지옥으로 이끄실 것이다. 또 하느님께서는 친 음성으로 예수께서 하느님의 아들이심을 증거하셨다. 예수께서 세례 요한에게 세례를 받으시고 물에서 올라오실 때 성령께서는 비둘기같이 그에게 임하셨고 하느님 아버지께서는 하늘로부터 친 음성으로 그를 증거하셨다. 그는 친히 예수께서 하느님의 아들 그리스도이심을 증거하셨다. 우리는 예수님을 바로 알고 믿고 사랑하며 사모하고 따라야 한다.

Vox populi, vox Dei.

마태오 복음서
4장

天聲

광야에서 유혹을 받으시다마르 1,12-13;루카 4,1-13

1 그때에 예수님께서는 성령의 인도로 광야에 나가시어, 악마에게 유혹을 받으셨다.
2 그분께서는 사십 일을 밤낮으로 단식하신 뒤라 시장하셨다.
3 그런데 유혹자가 그분께 다가와, "당신이 하느님의 아들이라면 이 돌들에게 빵이
되라고 해 보시오." 하고 말하였다.
4 예수님께서 대답하셨다. "성경에 기록되어 있다. '사람은 빵만으로 살지 않고 하느
님의 입에서 나오는 모든 말씀으로 산다.'"
5 그러자 악마는 예수님을 데리고 거룩한 도성으로 가서 성전 꼭대기에 세운 다음,
6 그분께 말하였다. "당신이 하느님의 아들이라면 밑으로 몸을 던져 보시오. 성경에
이렇게 기록되어 있지 않소? '그분께서는 너를 위해 당신 천사들에게 명령하시리
라.' '행여 네 발이 돌에 차일세라 그들이 손으로 너를 받쳐 주리라.'"
7 예수님께서는 그에게 이르셨다. "성경에 이렇게도 기록되어 있다. '주 너의 하느님
을 시험하지 마라.'"
8 악마는 다시 그분을 매우 높은 산으로 데리고 가서, 세상의 모든 나라와 그 영광
을 보여 주며,
9 "당신이 땅에 엎드려 나에게 경배하면 저 모든 것을 당신에게 주겠소." 하고 말하
였다.
10 그때에 예수님께서 그에게 말씀하셨다. "사탄아, 물러가라. 성경에 기록되어 있다.
'주 너의 하느님께 경배하고 그분만을 섬겨라.'"
11 그러자 악마는 그분을 떠나가고, 천사들이 다가와 그분의 시중을 들었다.

Vox populi, vox Dei.

갈릴래아 전도를 시작하시다 마르 1,14-15;루카 4,14-15

12 예수님께서는 요한이 잡혔다는 말을 들으시고 갈릴래아로 물러가셨다.
13 그리고 나자렛을 떠나 즈불룬과 납탈리 지방 호숫가에 있는 카파르나움으로 가시
어 자리를 잡으셨다.
14 이사야 예언자를 통하여 하신 말씀이 이루어지려고 그리된 것이다.
15 "즈불룬 땅과 납탈리 땅 바다로 가는 길, 요르단 건너편 이민족들의 갈릴래아,
16 어둠 속에 앉아 있는 백성이 큰 빛을 보았다. 죽음의 그림자가 드리운 고장에 앉
아 있는 이들에게 빛이 떠올랐다."
17 그때부터 예수님께서는 "회개하여라. 하늘 나라가 가까이 왔다." 하고 선포하기 시
작하셨다.

어부 네 사람을 제자로 부르시다 마르 1,16-20;루카 5,1-11

18 예수님께서는 갈릴래아 호숫가를 지나가시다가 두 형제, 곧 베드로라는 시몬과 그
의 동생 안드레아가 호수에 어망을 던지는 것을 보셨다. 그들은 어부였다.
19 예수님께서 그들에게 이르셨다. "나를 따라오너라. 내가 너희를 사람 낚는 어부로
만들겠다."
20 그러자 그들은 곧바로 그물을 버리고 예수님을 따랐다.
21 거기에서 더 가시다가 예수님께서 다른 두 형제, 곧 제베대오의 아들 야고보와 그
의 동생 요한이 배에서 아버지 제베대오와 함께 그물을 손질하는 것을 보시고 그
들을 부르셨다.
22 그들은 곧바로 배와 아버지를 버려두고 그분을 따랐다.

예수님과 군중 루카 6,17-19

23 예수님께서는 온 갈릴래아를 두루 다니시며 회당에서 가르치시고 하늘 나라의 복
음을 선포하시며, 백성 가운데에서 병자와 허약한 이들을 모두 고쳐 주셨다.
24 그분의 소문이 온 시리아에 퍼졌다. 그리하여 사람들이 갖가지 질병과 고통에 시

달리는 환자들과 마귀 들린 이들, 간질 병자들과 중풍 병자들을 그분께 데려왔다.
예수님께서는 그들을 고쳐 주셨다.

25 그러자 갈릴래아, 데카폴리스, 예루살렘, 유다, 그리고 요르단 건너편에서 온 많은
군중이 그분을 따랐다.

1 Then Jesus was led by the Spirit into the desert to be tempted by the devil.

2 After fasting forty days and forty nights, he was hungry.

3 The tempter came to him and said, "If you are the Son of God, tell these stones to become bread."

4 Jesus answered, "It is written: 'Man does not live on bread alone, but on every word that comes from the mouth of God.'"

5 Then the devil took him to the holy city and had him stand on the highest point of the temple.

6 "If you are the Son of God," he said, "throw yourself down. For it is written: 'He will command his angels concerning you, and they will lift you up in their hands, so that you will not strike your foot against a stone.'"

7 Jesus answered him, "It is also written: 'Do not put the Lord your God to the test.'"

8 Again, the devil took him to a very high mountain and showed him all the kingdoms of the world and their splendor.

9 "All this I will give you," he said, "if you will bow down and worship me."

10 Jesus said to him, "Away from me, Satan! For it is written: 'Worship the Lord your God, and serve him only.'"

11 Then the devil left him, and angels came and attended him.

12 When Jesus heard that John had been put in prison, he returned to Galilee.

13 Leaving Nazareth, he went and lived in Capernaum, which was by the
lake in the area of Zebulun and Naphtali--
14 to fulfill what was said through the prophet Isaiah:
15 "Land of Zebulun and land of Naphtali, the way to the sea, along the Jor-
dan, Galilee of the Gentiles--
16 the people living in darkness have seen a great light; on those living in
the land of the shadow of death a light has dawned."
17 From that time on Jesus began to preach, "Repent, for the kingdom of
heaven is near."
18 As Jesus was walking beside the Sea of Galilee, he saw two brothers,
Simon called Peter and his brother Andrew. They were casting a net into
the lake, for they were fishermen.
19 "Come, follow me," Jesus said, "and I will make you fishers of men."
20 At once they left their nets and followed him.
21 Going on from there, he saw two other brothers, James son of Zebedee
and his brother John. They were in a boat with their father Zebedee, pre-
paring their nets. Jesus called them,
22 and immediately they left the boat and their father and followed him.
23 Jesus went throughout Galilee, teaching in their synagogues, preaching
the good news of the kingdom, and healing every disease and sickness
among the people.
24 News about him spread all over Syria, and people brought to him all
who were ill with various diseases, those suffering severe pain, the de-
mon-possessed, those having seizures, and the paralyzed, and he healed
them.
25 Large crowds from Galilee, the Decapolis, Jerusalem, Judea and the re-
gion across the Jordan followed him.

人語

마태오 복음서 4장 요약

예수님은 성령님에게 이끌리어 광야로 나가 사탄에게 시험을 당한다. 그곳에서 사십 일을 단식한다. 시험하는 자 곧 사탄이 와서 주님을 세 번 시험한다.

첫 번째 시험 – 굶주린 예수님께 마귀가 유혹하기를, 네가 하느님의 아들이 맞으면 돌들을 떡으로 바꿔 먹으라고 한다. 예수님은 신명기 8장 3절 "그분께서는 너희를 낮추시고 굶주리게 하신 다음, 너희도 모르고 너희 조상들도 몰랐던 만나를 먹게 해 주셨다. 그것은 사람이 빵만으로 살지 않고, 주님의 입에서 나오는 모든 말씀으로 산다는 것을 너희가 알게 하시려는 것이었다."라는 말씀으로 물리치신다.

두 번째 시험 – 그러자 마귀가 예수님을 거룩한 성전 꼭대기에 세우고 네가 하느님의 아들이면 뛰어내리라. 그가 너를 위해 천사를 명하여 발이 돌에 부딪히지 않게 하리라, 라면서 시편 91편 11, 12절 말씀을 인용하며 유혹한다. 이에 예수님은 "너희가 마싸에서 주 너희 하느님을 시험한 것처럼, 그분을 시험해서는 안 된다."라고 기록된 신명기 6장 16절과 출애굽기 17:1-17을 인용하여 물리치신다.

세 번째 시험 – 예수님을 높은 산으로 데리고 가서 천하만국과 영광을 보여주며 자신에게 엎드려 경배하면 이 모든 것을 주겠다고 한다. 다시 예수님은 사탄아 물러가라 기록되었으되 주 너의 하느님께 경배하고 다만 그를 섬기라는 신명기 6장 13절의 말씀으로 물리치신다. 시험을 다 이기시고 마귀는 떠나고 천사들이 나와 시중든다.

예수님께서 이사야서에 예언된 대로 스불론, 납달리, 가버나움 지역에 가셔서 사신다. 이곳에서 복음을 선포하시며 제자들을 부르신다. 이 지역들은 이방에 짓

마귀의 시험

자료 : m.blog.naver.com

밝혀 이방의 문화와 통치로 고통과 흑암의 세월을 보내던 곳이었지만, 그곳에 빛이신 예수님이 오셔서 거하시고 그들에게 복음을 전하시며 병을 고치심으로 그곳이 큰 빛을 보았고 사망의 땅과 그늘에 앉은 자들이 빛이 비치었다고 하셨다.

예수님은 온 갈릴리에 두루 다니시며 회당에서 두루마리 성경구약의 예언을 가지고 가르치시며, 천국복음예수님을 통해 구원이 이뤄지며 천국이 임하며 영생이 있음을을 전파하시며, 모든 병과 약한 것을 고치신다. 각종 병에 걸려 고통받는 자, 귀신 들린 자, 간질

중풍 병자를 고치신 예수님

자료 : m1.daumcdn.net

하는 자, 중풍환자를 고치셨다.

주님은 갈릴리 해변에서 어부 출신 베드로, 안드레 그리고 야고보와 요한을 부르시고 자신을 따를 것을 요구한다. 이에 그들은 배와 그물과 아버지를 버려두고 주님을 따라 나선다. 그리스도메시아이신 예수님은 하느님의 말씀을 성취하기 위해 갈릴리로 다니며 하느님의 나라를 선포하고 병자들을 고치고 치유한다.

우리도 부지런히 하느님의 말씀인 성경을 읽고 암송하여 시험이 오고 어려울 때 말씀으로 물리치고 기도하면 시험이 물러간다. 우리는 또한 예수님을 믿어 구원되어 영생을 얻었으며, 영육의 병고침 은혜를 누리게 된다.

각 절 해석[1]

1절 예수께서는 성령의 이끌림을 받아 광야에서 마귀의 시험을 받으셨다. 인류 역사의 실패는 첫 사람 아담과 하와가 마귀의 시험에 넘어짐으로부터 시작되었다. 그러므로 이제 인류를 구원하실 메시아의 사역이 마귀의 시험을 이기심으로 시작되는 것은 합당하였다.

2-4절 예수께서는 40일을 밤낮 단식하신 후 주리셨는데, 그때 마귀가 그에게 와서 "당신이 하느님의 아들이라면 이 돌들에게 빵이 되라고 해 보시오." 라고 말하였다. 예수께서 하느님의 아들이시므로 돌에게 명하여 그것이 떡덩이가 되게 하는 것은 불가능하지 않았다. 그러나 예수께서는 "성경에 기록되어 있다. '사람은 빵만으로 살지 않고 하느님의 입에서 나오는 모든 말씀으로 산다.'"고 대답하셨다.

예수께서는 마귀의 시험을 물리치실 때 성경 말씀을 사용하셨다. 그는 세 번이나 "기록되어 있다"라고 말씀하시며 구약성경을 인용하셨다. 그는 자신의 신적

1 김효성 목사, 마태복음 강해, 2019년 11월 27일 수정.

사탄의 시험

자료 : m.blog.naver.com

권위 대신 성경을 사용하셨다. 성경은 하나님의 말씀이며 우리의 신앙생활의 정확무오한 규칙이다. 또 에베소서 6:17의 표현대로, 성경은 '성령의 칼'이다. 그것은 마귀의 시험을 물리칠 수 있는 무기이며 마귀의 시험에 대한 최선의 대책이다.

예수께서는 자신의 능력을 사용하셔서 돌로 떡을 만드시지 않으셨다. 그 까닭은 떡이 인생의 삶에 본질적 문제가 아니기 때문이다. 떡이 없으면 사람이 죽지만 그것은 육신의 죽음일 뿐이다. 많은 사람이 돈에 큰 가치를 두고 산다. 그러나 주께서는 부자가 천국에 들어가기 매우 어렵다고 말씀하셨고, 사도 바오로도 돈을 사랑함이 일만 악의 뿌리가 된다고 말했다. 실상, 돈보다 더 중요한 것은 우리에게 구원과 영생을 주는 하나님의 말씀이다.

5-7절 마귀는 두 번째로 예수님을 거룩한 성으로 데려다가 성전 꼭대기에 세우고 "당신이 하나님의 아들이라면 밑으로 몸을 던져 보시오. 성경에 이렇게 기록되어 있지 않소? '그분께서는 너를 위해 당신 천사들에게 명령하시리라.' '행여 네 발이 돌에 차일세라 그들이 손으로 너를 받쳐 주리라.'"고 말했다.

사탄의 시험을 받으시는 예수님

자료 : m1.daumcdn.net

마귀도 성경을 어느 정도 알지만 바르게 해석하고 적용하지 못한다. 오늘날도 마귀의 종된 많은 이단들과 거짓 목사들이 성경을 인용하지만, 그것을 바르게 해석하지 못하고 그것을 바르게 적용하지 못한다.

예수께서는 "성경에 이렇게도 기록되어 있다. '주 너의 하느님을 시험하지 마라.'"고 말씀하셨다. 마귀가 성경을 잘못 인용하고 적용할 때 성경의 다른 말씀에 의해 반박하는 것이 필요하다. 모든 성경은 하느님의 감동으로 기록되었다. 성경의 참 저자는 하느님이시므로 성경에는 통일성이 있다. 그러므로 우리는 성경의 전체적 빛 아래서 부분들을 이해해야 하고 명확한 교훈의 빛 아래서 불명확한 문제들을 이해해야 한다. 그러므로 우리는 일단 성경을 많이 통독해야 한다.

"주 너의 하느님을 시험하지 마라"는 말씀은 성도가 어떤 상황에서도 성전 꼭대기에서 뛰어내리는 것같이 주를 시험하는 행위를 해서는 안 됨을 보인다. 기적을 추구하는 것은 하느님을 시험하는 것이므로 옳지 않고 경계해야 한다. 정상적인 신앙생활은 사람이 할 수 있는 일들을 충실히 하는 것이다. 신앙생활은 신비적 경험을 추구하는 것이 아니고, 배고플 때에 먹고 피곤할 때에 쉬고 돈이 필요할 때에 일하는 지극히 정상적인 생활이다. 또 기적을 추구하는 것은 자신의 신앙적 교만과 자랑과 명예심에서 나오기 쉽다. 기적을 행한다고 말하는 자들은

물러가라 사탄아

자료 : m.mariasarang.net

자신을 내세우고 자랑하며 허풍과 과장이 심하다. 우리는 기적주의를 경계해야 한다.

8-11절 마귀는 세 번째로 예수님을 지극히 높은 산으로 데리고 가서 천하만국과 그 영광을 보여주며 "당신이 땅에 엎드려 나에게 경배하면 저 모든 것을 당신에게 주겠소."라고 말했다. 그때 예수께서는 그에게 "사탄아, 물러가라. 성경에 기록되어 있다. '주 너의 하느님께 경배하고 그분만을 섬겨라.'"라고 대답하셨다.

우리는 하느님만 섬겨야 한다.

자료 : ko.wikipedia.org

천하만국과 그 영광은 사람이 이 세상 사는 동안만 가치가 있고 마지막 심판 때에 다 불타버릴 허무한 것들이다. 마귀가 세상 권세와 영광을 누구에게 줄 권한을 받았다 할지라도, 하느님의 아들 예수께서 마귀에게 엎드려 절할 수는 없다. 우리는 어떤 상황에서도 마귀에게 절해서는 안 된다. 십계명의 1, 2계명의 명령대로, 우리의 경배 대상은 하느님 한 분뿐이다. 우리는 성경이 증거하는 삼위일체 하느님 한 분 외에 다른 신을 섬기지 말아야 한다. 하느님 아닌 것을 하느님으로 섬기고 그에게 절하는 것은 가장 큰 죄악이다.

12-17절 예수께서는 세례 요한의 잡힘을 들으시고 이사야의 예언대로 갈릴리 지방에서 그의 전도사역을 시작하셨다. 이로써 죄와 슬픔의 흑암에 앉은 백성이 큰 빛을 보게 되었다. 예수께서는 "회개하여라. 하늘 나라가 가까이 왔다."라고 말씀하셨다. 그가 전하신 말씀은 세례 요한의 전한 내용과 동일하였다.

'가까이 왔다'는 말은 완료시제로서 '이미 가까이 와 있다'는 뜻이다. 천국은 이미 시작되었다는 뜻이다. 구약성경 다니엘서에는 메시아의 시대에 하느님의 영원

고야(Francisco Goya, 1746-1826), 〈사도 베드로의 회개〉, 1823-25년경

자료 : andrewlee52.tistory.com

Vox populi, vox Dei.

한 나라가 건설될 것이 예언되어 있다. 이 나라가 예수 그리스도께서 오셔서 전도하심으로 시작되었다.

천국이 가까웠다는 데에 회개의 절박성도 있다. 죄인이 회개하고 예수 그리스도를 영접하는 것이 천국에 들어가는 길이며 회개치 않고 죄 가운데 사는 것이 천국에서 제외되는 일이기 때문이다.

회개는 하느님을 섬기지 않고 하느님의 뜻과 상관없이 살던 사람들, 곧 불경건하고 부도덕하던 자들이 하느님께로 돌아오는 것이다. 하느님 없이 사는 것이 죽음이요 불행이었고, 하느님께로 돌아오는 것이 생명이요 행복이다. 회개는 죄인이 그 불경건과 부도덕의 죄를 깨닫고 그 죄를 미워하고 그 죄로부터 돌이키기로 결심하는 것이다. 모든 사람은 회개하고 구원과 영생을 구하여야 한다.

18-22절 예수께서는 갈릴리 해변에 다니시다가 시몬 베드로와 그의 형제 안드레, 또 세베대의 아들 야고보와 그의 형제 요한을 제자로 부르셨다. 그들은 다 어부들이었고 그 일터에서 부르심을 받았다.

주께서 공적 사역을 시작하시면서 하신 첫 번째 주요한 일은 제자를 삼는 일, 곧 전도자를 부르신 일이었다. 전도는 예수 그리스도의 사명이었고 그는 자신이 전도하기 위해 왔다고 말씀하셨다. 그는 자신이 전도하실 뿐만 아니라 전도할 자들을 제자로 부르셨다. 전도의 일은 중요하며 전도자를 부르는 일도 중요하다.

예수께서는 전도자를 '사람을 낚는 어부'라고 표현하셨다. 그것은 그 어부들이 이해하기 쉬운 표현이었다. 사람을 낚는다는 말은 사람을 구원한다는 뜻이다. 죄인의 구원이 전도자의 임무요 목표다.

주께서는 '나를 따르라'는 초청의 말로 전도자를 부르셨다. 전도자는 주의 부르심을 통해 세워진다. 오늘날도 그는 전도자들을 부르신다. '나를 따르라'는 말씀은 단순한 초청 이상이다. 그것은 주의 하시는 일을 보고 배우라는 뜻도 내포되어 있다. 전도자는 주님을 따르는 자, 즉 주님의 발자취를 보고 배우며 준비되고 훈련되는 자이다.

부르심을 받은 그들은 즉시 모든 것을 버리고 주를 따랐다. 20절, "그들은 곧바

네 제자가 사람을 낚는 어부가 되다.

자료 : jw.org/ko

로 그물을 버리고 예수님을 따랐다." 22절, "그들은 곧바로 배와 아버지를 버려두고 그분을 따랐다." 부르시는 그가 누구이신지, 또 부르신 그 일이 무엇인지 안다면 그렇게 응답하지 않을 자가 없을 것이다. 그는 전도하는 일을 위해 그의 몸과 마음을 바치며 시간과 재능과 돈과 자기 생명까지도 바칠 것이다.

23-25절 예수께서는 온 갈릴리에 두루 다니시며 세 가지 일을 하셨다. 첫째로, 그는 회당에서 하느님의 모든 진리들을 가르치셨다. 둘째로, 그는 천국 복음을 전파하셨다. 그것은 그가 "회개하여라. 하늘 나라가 가까이 왔다."라고 전하신 것을 포함할 것이다. 셋째로, 그는 백성 중에 모든 병과 모든 약한 것을 고치셨다. 그에게는 병자들을 고치는 능력이 있으셨고 또 그들을 불쌍히 여기는 마음이 있으셨으므로, 그는 병자들을 그냥 지나치지 않으셨고 다 고쳐 주신 것이다. 그의 소문은 온 수리아에 퍼졌다. 갈릴리와 데가볼리뿐 아니라, 예루살렘과 유대와 요단강 건너편에서도 허다한 무리가 그를 따랐다. 사람들은 모든 앓는 자 곧 갖가지 질병과 고통에 걸린 자, 귀신 들린 자, 간질하는 자, 중풍환자들을 데려왔고 그는 그들을 다 고쳐 주셨다.

예수님의 3대 사역마태 4:23, 9:35

1 가르치는 일Teaching

자료 : blog.daum.net

2 전파하는 일Preaching

자료 : pmj3025.tistory.com

3 병을 고치는 사역Healing

자료 : pmj3025.tistory.com

마태오 복음서
5장

天聲

산상설교 5-7장

1 예수님께서는 그 군중을 보시고 산으로 오르셨다. 그분께서 자리에 앉으시자 제자
들이 그분께 다가왔다.
2 예수님께서 입을 여시어 그들을 이렇게 가르치셨다.

참행복 루카 6,20-23

3 "행복하여라, 마음이 가난한 사람들! 하늘 나라가 그들의 것이다.
4 행복하여라, 슬퍼하는 사람들! 그들은 위로를 받을 것이다.
5 행복하여라, 온유한 사람들! 그들은 땅을 차지할 것이다.
6 행복하여라, 의로움에 주리고 목마른 사람들! 그들은 흡족해질 것이다.
7 행복하여라, 자비로운 사람들! 그들은 자비를 입을 것이다.
8 행복하여라, 마음이 깨끗한 사람들! 그들은 하느님을 볼 것이다.
9 행복하여라, 평화를 이루는 사람들! 그들은 하느님의 자녀라 불릴 것이다.
10 행복하여라, 의로움 때문에 박해를 받는 사람들! 하늘 나라가 그들의 것이다.
11 사람들이 나 때문에 너희를 모욕하고 박해하며, 너희를 거슬러 거짓으로 온갖 사
악한 말을 하면, 너희는 행복하다!
12 기뻐하고 즐거워하여라. 너희가 하늘에서 받을 상이 크다. 사실 너희에 앞서 예언
자들도 그렇게 박해를 받았다."

세상의 소금과 빛 마르 9,49-50;루카 14,34-35

13 "너희는 세상의 소금이다. 그러나 소금이 제 맛을 잃으면 무엇으로 다시 짜게 할 수 있겠느냐? 아무 쓸모가 없으니 밖에 버려져 사람들에게 짓밟힐 따름이다.

14 너희는 세상의 빛이다. 산 위에 자리 잡은 고을은 감추어질 수 없다.

15 등불은 켜서 함지 속이 아니라 등경 위에 놓는다. 그렇게 하여 집 안에 있는 모든 사람을 비춘다.

16 이와 같이 너희의 빛이 사람들 앞을 비추어, 그들이 너희의 착한 행실을 보고 하늘에 계신 너희 아버지를 찬양하게 하여라."

예수님과 율법

17 "내가 율법이나 예언서들을 폐지하러 온 줄로 생각하지 마라. 폐지하러 온 것이 아니라 오히려 완성하러 왔다.

18 내가 진실로 너희에게 말한다. 하늘과 땅이 없어지기 전에는, 모든 것이 이루어질 때까지 율법에서 한 자 한 획도 없어지지 않을 것이다.

19 그러므로 이 계명들 가운데에서 가장 작은 것 하나라도 어기고 또 사람들을 그렇게 가르치는 자는 하늘 나라에서 가장 작은 자라고 불릴 것이다. 그러나 스스로 지키고 또 그렇게 가르치는 이는 하늘 나라에서 큰사람이라고 불릴 것이다.

20 내가 너희에게 말한다. 너희의 의로움이 율법 학자들과 바리사이들의 의로움을 능가하지 않으면, 결코 하늘 나라에 들어가지 못할 것이다."

화해하여라

21 "'살인해서는 안 된다. 살인한 자는 재판에 넘겨진다.'고 옛사람들에게 이르신 말씀을 너희는 들었다.

22 그러나 나는 너희에게 말한다. 자기 형제에게 성을 내는 자는 누구나 재판에 넘겨질 것이다. 그리고 자기 형제에게 '바보!'라고 하는 자는 최고 의회에 넘겨지고, '멍청이!'라고 하는 자는 불붙는 지옥에 넘겨질 것이다.

23 그러므로 네가 제단에 예물을 바치려고 하다가, 거기에서 형제가 너에게 원망을
품고 있는 것이 생각나거든,
24 예물을 거기 제단 앞에 놓아두고 물러가 먼저 그 형제와 화해하여라. 그런 다음
에 돌아와서 예물을 바쳐라.
25 너를 고소한 자와 함께 법정으로 가는 도중에 얼른 타협하여라. 그러지 않으면 고
소한 자가 너를 재판관에게 넘기고 재판관은 너를 형리에게 넘겨, 네가 감옥에 갇
힐 것이다.
26 내가 진실로 너에게 말한다. 네가 마지막 한 닢까지 갚기 전에는 결코 거기에서 나
오지 못할 것이다."

극기하여라

27 "'간음해서는 안 된다.'고 이르신 말씀을 너희는 들었다.
28 그러나 나는 너희에게 말한다. 음욕을 품고 여자를 바라보는 자는 누구나 이미 마
음으로 그 여자와 간음한 것이다.
29 네 오른 눈이 너를 죄짓게 하거든 그것을 빼어 던져 버려라. 온몸이 지옥에 던져
지는 것보다 지체 하나를 잃는 것이 낫다.
30 또 네 오른손이 너를 죄짓게 하거든 그것을 잘라 던져 버려라. 온몸이 지옥에 던
져지는 것보다 지체 하나를 잃는 것이 낫다."

아내를 버려서는 안 된다 마르 10,11-12;루카 16,18

31 "'자기 아내를 버리는 자는 그 여자에게 이혼장을 써 주어라.' 하신 말씀이 있다.
32 그러나 나는 너희에게 말한다. 불륜을 저지른 경우를 제외하고 아내를 버리는 자
는 누구나 그 여자가 간음하게 만드는 것이다. 또 버림받은 여자와 혼인하는 자
도 간음하는 것이다."

정직하여라

33 "'거짓 맹세를 해서는 안 된다. 네가 맹세한 대로 주님께 해 드려라.' 하고 옛사람들
에게 이르신 말씀을 너희는 또 들었다.

Vox populi, vox Dei.

34 그러나 나는 너희에게 말한다. 아예 맹세하지 마라. 하늘을 두고도 맹세하지 마
라. 하느님의 옥좌이기 때문이다.
35 땅을 두고도 맹세하지 마라. 그분의 발판이기 때문이다. 예루살렘을 두고도 맹세
하지 마라. 위대하신 임금님의 도성이기 때문이다.
36 네 머리를 두고도 맹세하지 마라. 네가 머리카락 하나라도 희거나 검게 할 수 없
기 때문이다.
37 너희는 말할 때에 '예.' 할 것은 '예.' 하고, '아니요.' 할 것은 '아니요.'라고만 하여라.
그 이상의 것은 악에서 나오는 것이다."

폭력을 포기하여라 루카 6,29-30

38 "'눈은 눈으로, 이는 이로.' 하고 이르신 말씀을 너희는 들었다.
39 그러나 나는 너희에게 말한다. 악인에게 맞서지 마라. 오히려 누가 네 오른뺨을 치
거든 다른 뺨마저 돌려 대어라.
40 또 너를 재판에 걸어 네 속옷을 가지려는 자에게는 겉옷까지 내주어라.
41 누가 너에게 천 걸음을 가자고 강요하거든, 그와 함께 이천 걸음을 가 주어라.
42 달라는 자에게 주고 꾸려는 자를 물리치지 마라."

원수를 사랑하여라 루카 6,27-28;루카 6,32-36

43 "'네 이웃을 사랑해야 한다. 그리고 네 원수는 미워해야 한다.'고 이르신 말씀을 너
희는 들었다.
44 그러나 나는 너희에게 말한다. 너희는 원수를 사랑하여라. 그리고 너희를 박해하
는 자들을 위하여 기도하여라.
45 그래야 너희가 하늘에 계신 너희 아버지의 자녀가 될 수 있다. 그분께서는 악인에
게나 선인에게나 당신의 해가 떠오르게 하시고, 의로운 이에게나 불의한 이에게나
비를 내려 주신다.
46 사실 너희가 자기를 사랑하는 이들만 사랑한다면 무슨 상을 받겠느냐? 그것은 세
리들도 하지 않느냐?

47 그리고 너희가 자기 형제들에게만 인사한다면, 너희가 남보다 잘하는 것이 무엇이
겠느냐? 그런 것은 다른 민족 사람들도 하지 않느냐?
48 그러므로 하늘의 너희 아버지께서 완전하신 것처럼 너희도 완전한 사람이 되어야
한다."

1 Now when he saw the crowds, he went up on a mountainside and sat
down. His disciples came to him,
2 and he began to teach them saying:
3 "Blessed are the poor in spirit, for theirs is the kingdom of heaven.
4 Blessed are those who mourn, for they will be comforted.
5 Blessed are the meek, for they will inherit the earth.
6 Blessed are those who hunger and thirst for righteousness, for they will
be filled.
7 Blessed are the merciful, for they will be shown mercy.
8 Blessed are the pure in heart, for they will see God.
9 Blessed are the peacemakers, for they will be called sons of God.
10 Blessed are those who are persecuted because of righteousness, for theirs
is the kingdom of heaven.
11 "Blessed are you when people insult you, persecute you and falsely say
all kinds of evil against you because of me.
12 Rejoice and be glad, because great is your reward in heaven, for in the
same way they persecuted the prophets who were before you.
13 "You are the salt of the earth. But if the salt loses its saltiness, how can
it be made salty again? It is no longer good for anything, except to be
thrown out and trampled by men.
14 "You are the light of the world. A city on a hill cannot be hidden.

15 Neither do people light a lamp and put it under a bowl. Instead they put
it on its stand, and it gives light to everyone in the house.
16 In the same way, let your light shine before men, that they may see your
good deeds and praise your Father in heaven.
17 "Do not think that I have come to abolish the Law or the Prophets; I
have not come to abolish them but to fulfill them.
18 I tell you the truth, until heaven and earth disappear, not the smallest
letter, not the least stroke of a pen, will by any means disappear from the
Law until everything is accomplished.
19 Anyone who breaks one of the least of these commandments and teach-
es others to do the same will be called least in the kingdom of heaven,
but whoever practices and teaches these commands will be called great
in the kingdom of heaven.
20 For I tell you that unless your righteousness surpasses that of the Phari-
sees and the teachers of the law, you will certainly not enter the kingdom
of heaven.
21 "You have heard that it was said to the people long ago, 'Do not murder,
and anyone who murders will be subject to judgment.'
22 But I tell you that anyone who is angry with his brotherwill be subject to
judgment. Again, anyone who says to his brother, 'Raca,' is answerable to
the Sanhedrin. But anyone who says, 'You fool!' will be in danger of the
fire of hell.
23 "Therefore, if you are offering your gift at the altar and there remember
that your brother has something against you,
24 leave your gift there in front of the altar. First go and be reconciled to
your brother; then come and offer your gift.
25 "Settle matters quickly with your adversary who is taking you to court.
Do it while you are still with him on the way, or he may hand you over
to the judge, and the judge may hand you over to the officer, and you
may be thrown into prison.

26 I tell you the truth, you will not get out until you have paid the last pen-
ny.
27 "You have heard that it was said, 'Do not commit adultery.'
28 But I tell you that anyone who looks at a woman lustfully has already
committed adultery with her in his heart.
29 If your right eye causes you to sin, gouge it out and throw it away. It is
better for you to lose one part of your body than for your whole body to
be thrown into hell.
30 And if your right hand causes you to sin, cut it off and throw it away. It is
better for you to lose one part of your body than for your whole body to
go into hell.
31 "It has been said, 'Anyone who divorces his wife must give her a certifi-
cate of divorce.'
32 But I tell you that anyone who divorces his wife, except for marital un-
faithfulness, causes her to become an adulteress, and anyone who mar-
ries the divorced woman commits adultery.
33 "Again, you have heard that it was said to the people long ago, 'Do not
break your oath, but keep the oaths you have made to the Lord.'
34 But I tell you, Do not swear at all: either by heaven, for it is God's throne;
35 or by the earth, for it is his footstool; or by Jerusalem, for it is the city of
the Great King.
36 And do not swear by your head, for you cannot make even one hair
white or black.
37 Simply let your 'Yes' be 'Yes,' and your 'No,' 'No'; anything beyond this
comes from the evil one.
38 "You have heard that it was said, 'Eye for eye, and tooth for tooth.'
39 But I tell you, Do not resist an evil person. If someone strikes you on the
right cheek, turn to him the other also.

40 And if someone wants to sue you and take your tunic, let him have your cloak as well.

41 If someone forces you to go one mile, go with him two miles.

42 Give to the one who asks you, and do not turn away from the one who wants to borrow from you.

43 "You have heard that it was said, 'Love your neighbor and hate your enemy.'

44 But I tell you: Love your enemies and pray for those who persecute you,

45 that you may be sons of your Father in heaven. He causes his sun to rise on the evil and the good, and sends rain on the righteous and the unrighteous.

46 If you love those who love you, what reward will you get? Are not even the tax collectors doing that?

47 And if you greet only your brothers, what are you doing more than others? Do not even pagans do that?

48 Be perfect, therefore, as your heavenly Father is perfect.

저자의 성경 공부 노트

人語

마태오 복음서 5장 요약

5장부터 7장까지 예수님께서 산에 모인 무리들과 제자들에게 산에서 복음을 가르치셨다 하여 산상복음 산상수훈 산상설교라고 한다. 이는 구약의 율법을 진정한 복음으로 해석하시고 가르치신 가장 완벽한 율법, 즉 복음이 된다.

1-16절은 팔복으로, 산상설교 전체의 주제를 요약하고 있을 뿐 아니라 천국 시민의 대헌장이라고 할 수 있다. 여기서 주님은 천국 시민의 요건특징과 그에 대한 상급을 약속하고 있다. 이어 모세 율법의 몇 가지 특징적인 규례들살인, 간음, 이혼, 맹세 등이 언급되며 이에 대한 주님의 새로운 해석과 명령이 제시되고 있다. 우리는 여기서, 구약 율법을 철폐하지 않으면서도율법의 연속성 율법의 완성자로서 주님의 모습을 발견할 수 있다.

구약 율법의 핵심이 십계명에 있다면 신약의 핵심은 산상수훈의 팔복이라고 생각할 만큼 중요하다. 팔복은 여덟 가지 복에 대해서 말씀을 나누고 있다. 그런데 이 복은 세상에서 말하는 복하고 다르다. 세상에서의 복은 이렇게 말한다. 특별히 사전에서는, 운수가 좋거나 행운이 좋은 것을 복good luck, good fortune이라고 말한다. 그래서 복 받는 것을 이렇게 생각한다. 내가 남보다 잘되고, 자식이 잘되고, 부자가 되고, 성공하는 것, 그것을 복이라고 생각할 수 있다.

그래서 우리나라 사람들도 이런 복을 받는 것을 좋아한다. 예로부터 우리의 선조들은 대문 손잡이로부터, 문갑, 은수저, 옷의 무늬, 베게 모, 방석 등에 복福 자를 새겨 넣었다. 따라서 옛날 가구들이나 침구에서 복 자를 찾아보는 것은 그리 어려운 일이 아니다. 그런데 중국 사람들은 복 자를 더 좋아한다. 중국 사람들은 복 자를 일부러 거꾸로 대문이나 벽에 붙여넣는 경우가 있다. 왜냐하면 그렇게 하면 복이 쏟아져 많이 받을 수 있다고 생각하기 때문이다.

여기에서 말하는 복은 일반적으로 아주 실제적물질적이고 매우 현실적인 복을 의미한다. 그런데 재미있는 것은 예수님께서 산상수훈에서 말하는 팔복은 세상에서 말하는 것과 다르다. 예수님은 팔복에 대해 이렇게 말씀하신다.

예수님이 말씀하시는 팔복

1. 마음이 가난한 사람들! 하늘 나라가 그들의 것이다.
2. 슬퍼하는 사람들! 그들은 위로를 받을 것이다.
3. 온유한 사람들! 그들은 땅을 차지할 것이다.
4. 의로움에 주리고 목마른 사람들! 그들은 흡족해질 것이다.
5. 자비로운 사람들! 그들은 자비를 입을 것이다.
6. 마음이 깨끗한 사람들! 그들은 하느님을 볼 것이다.
7. 평화를 이루는 사람들! 그들은 하느님의 자녀라 불릴 것이다.
8. 의로움 때문에 박해를 받는 사람들! 하늘 나라가 그들의 것이다.

마태오 복음서 5장 줄거리

1. 그리스도가 산상 설교를 시작함.

3. 팔복을 선포함.

13. 세상의 소금.

14. 세상의 빛, 산 위에 있는 동네.

15. 등불.

17. 율법을 완전케 하려고 오심.

21. 살인.

27. 간음.

33. 맹세.

38. 악에 대해 인내하라고 권고함.
44. 원수까지도 사랑하라고 권고함.
48. 온전을 추구하라고 권고함.

각 절 해석[1]

1-2절 마태오는 무리와 제자들을 구별한다. '무리'는 이런 혹은 저런 동기로 예수께 나온 자들이며, '제자들'은 예수님을 알고 그의 말씀을 배우고 그를 본받고 그의 교훈을 행하려는 자들을 가리킨다. 오늘날도 교회에 나온 사람들 중에 두 부류가 있을 것이다.

예수께서는 입을 열어 가르치셨다. 그가 산 위에서 가르치신 보배로운 교훈이라고 하여 '산상보훈山上寶訓'이라고 부른다. 그 대상은 제자들이었다. 예수께서는 먼저 여덟 부류의 복된 자들을 언급하셨다. 흔히 '팔복八福'이라고 불린다. 처음 네 가지 복은 구원을 위한 준비이고, 나머지 네 가지 복은 구원받은 자의 덕이라고 본다.

3절 심령이 부유한 자는 자신이 지혜와 지식, 의로움과 힘이 있다고 생각하여 하느님을 찾지 않고 구원의 필요를 느끼지 않는 자이며, 심령이 가난한 자는 자신이 지혜와 지식, 의로움과 힘이 없음을 깨달아 하느님을 찾고 구원의 필요를 느끼는 겸손한 자이다.

불신앙과 불순종은 교만과 함께 간다. 교만은 하느님 대신 자신을 높이고 신뢰하는 것이기 때문이다. 그러나 자기라는 것과, 또 자기가 의뢰하는 돈이나 세상의 것들은 환난 날에 자기를 구원하지 못하며 영생을 보장하지 못하며 지옥에서 자기를 구원하지도 못한다.

믿음은 가난한 심령에서 시작된다. 겸손한 자만이 하느님을 두려워하고 그를

1 김효성 목사, 마태복음 강해, 2019년 11월 27일 수정.

산상보훈

자료 : m.blog.naver.com

믿고 그를 따를 수 있다. 심령이 가난하지 않으면 아무도 믿음의 길에 들어설 수 없다. 심령의 가난 자체가 하느님의 은혜이며 은혜받은 자의 모습이다.

심령이 가난한 자는 천국이 그의 소유가 될 것이다. 성경에 증거된 대로 사람은 회개하고 예수님을 믿어 구원을 받음으로 천국에 들어간다. 그러므로 주께서 하신 말씀은 사람이 회개하고 예수님을 믿고 구원을 얻으려면 우선 자신의 빈곤을 알아야 한다는 뜻이라고 본다. 우리는 겸손하게 우리 자신이 지혜와 지식이 부족하고 의로움이 없고 힘이 없는 존재라는 것을 깨달아야 믿음의 길에 들어설 수 있다.

4절 사람에게 복이 되는 애통은 회개의 애통뿐이다. 죄인은 하느님 앞에서 자신의 죄를 깨달아야 하고 자신의 죄의 심각함, 즉 하느님께서 죄를 미워하시고 노하신다는 사실을 깨달아야 하고 자신의 부족과 죄로 인해 애통해야 한다. 그런 자는 복이 있다.

예수께서 한 동네에 들어가셨을 때 죄인인 한 여자가 향유 담은 옥합을 가지고 그의 뒤로 와 그 발 곁에 서서 울며 눈물로 그 발을 적시고 자기 머리털로 씻고 그 발에 입맞추고 향유를 부었다. 그것은 회개의 눈물이었다고 본다.

자신의 죄 때문에 애통하는 자는 위로를 받을 것이다. 그것은 죄 문제의 해결을 통해, 즉 죄사함을 통해 이루어질 것이다. 애통하는 자는 위로를 받을 것이다.

온유한 사람이 되어 여호와를 기쁘게 해 드리자. 모세는 미리암에게 내리신 처벌을 거두어 달라고 여호와께 간청했다.

자료 : wol.jw.org

죄의 용서는 지극히 크고 놀라운 하느님의 은총이다. 왜냐하면 그 무엇으로도 씻을 수 없고 하느님의 공의의 진노를 피할 수 없는 우리의 더러운 죄가 구주 예수 그리스도의 피로 단번에 깨끗하게 되기 때문이다.

5절 온유하다는 말은 겸손하다는 말과 비슷하다. 그것은 교만함, 완고함, 패역함, 목이 곧음과 반대된다. 교만한 마음은 불신앙과 불순종으로 나아가지만, 겸손하고 온유한 마음은 믿음과 순종으로 나아간다. 온유는 믿음의 성품이다. 믿는 자와 믿으려 하는 자는 심령이 온유해야 한다. 사람은 온유하고 겸손한 마음을 가져야 하느님과 주 예수님을 믿고 그의 모든 교훈을 받아들이고 거기에 순종할 수 있다.

온유한 사람은 땅을 기업으로 받는 복을 얻는다. 여기의 '땅'은 이 세상에서 땅을 얻는 것을 의미하지 않고 새 하늘과 새 땅 곧 천국에 들어가는 것을 말한다. 세상에서는 강한 자나 힘센 자가 땅을 차지하겠지만, 천국은 다르다. 천국은 온유한 자가 얻는다. 온유한 자만 주 예수 그리스도를 영접하고 믿을 것이기 때문이다. 온유하고 겸손한 사람은 주 예수 그리스도를 믿고 구원받아 천국에 들어갈 것이다.

구원받은 자들도 여전히 온유해야 한다. 온유는 예수 그리스도의 성품이다.

6절 의로움은 하느님의 계명에 일치하는 것, 즉 그 계명대로 사는 것이다. 그것은 경건과 도덕성이다. 의로움에 주리고 목마른 것은 자신에게 의로움이 없고 죄만 많다는 것을 깨닫는 것을 말한다. 자신이 의로움이 없는 죄인임을 깨닫지 못하는 자는 구원을 얻을 수 없다. 그러나 의로움에 주리고 목마른 자는 구원의 문 앞에 서 있다. 그는 의로움을 풍성히 얻을 것이다. 그 의로움이란 예수 그리스도를 믿음으로 얻는 완전한 의로움을 말한다.

7절 두 번째 네 가지 복은 구원받은 자의 덕이라고 본다. 첫째는 긍휼히 여기는 것이다. 긍휼은 우리를 구원하신 하느님의 성품이다. 예정도, 속죄도, 중생도 하느님의 긍휼에서 시작되고 완성된다. 우리의 우리된 것은 오직 하느님의 긍휼로 말미암은 것이다. 그러므로 남을 긍휼히 여기는 것은 구원받은 성도의 당연한 태도여야 한다.

긍휼히 여기는 자는 긍휼히 여김을 받을 것이다. 마지막 심판 때에 하느님께서는 긍휼히 여긴 자들을 긍휼히 여기실 것이며, 긍휼히 여기지 않은 자들을 긍휼없이 대하실 것이다. 하느님의 크신 긍휼과 은혜로 구원받은 우리는 남을 긍휼히 여겨야 마땅하다.

8절 아담이 범죄한 후, 사람의 마음은 태어날 때부터 매우 부패되어 있다. 사람의 마음이 더러운 것은 물욕, 정욕, 명예욕 같은 욕심 때문이다. 사람의 욕심은 사람으로 죄를 짓게 한다. 마음이 청결한 자는 모든 욕심을 다 버리고 죄 씻음을 받은 자를 가리킨다. 우리는 깨끗한 마음을 지켜야 한다. 그래야 거룩하신 하느님을 감히 섬길 수 있다.

마음이 청결한 자는 하느님을 볼 것이다. 그것은 장차 천국에서 그의 영광을 보는 것을 말할 것이다. 하느님께서는 거룩하신 영이시므로 마음이 더러운 자, 곧 죄와 탐욕으로 더러운 자는 하느님의 나라에 들어갈 수 없고 하느님의 영광을 볼 수 없다. 그러나 마음이 청결한 자는 하느님의 영광을 볼 것이다. 하느님께서는 영이시므로, 우리가 그를 우리의 육신의 눈으로 볼 수 없으나, 우리는 하느님을 알고 그의 나라에 들어갈 수 있고 그의 영광을 볼 수 있고 거기에서 그의 영광의 형상인 우리 주 예수 그리스도를 뵈올 수 있을 것이다.

9절 '평화를 이룬다'는 말은 두 가지 의미를 가진다고 본다. 첫째로, 그것은 하느님과 화목하게 한다는 뜻이라고 본다. 사람은 죄 때문에 하느님과 원수가 되었으나 우리는 예수 그리스도의 십자가 속죄사역으로 평화롭게 되었다.

그러므로 하느님과 평화를 이룬다는 것은 복음 전도로 영혼을 구원하는 일이다. 구원받지 못한 자는 하느님과 원수 관계에 있지만, 구원받은 자마다 하느님과 평화롭게 되는 것이다. 그러므로 사도 바오로는 하느님께서 그리스도로 말미암아 우리를 자기와 평화롭게 하시고 또 우리에게 평화롭게 하는 직무를 주셨다고 말하였다.

둘째로, 평화를 이룬다는 말은 사람들 간의 화목도 의미한다고 본다. 하느님과 화목한 자들은 서로 간에도 화목하기를 힘쓸 것이다. 서로 화목하는 것은 구원받은 성도들의 마땅한 행위이다.

평화를 이루는 자가 하느님의 아들이라 불리는 것은, 하느님의 아들 예수 그리스도께서 하느님과 사람들 간의 불화를 제거하시고 화목하게 하셨기 때문에, 평화를 이루는 성도도 하느님의 아들이라고 불리기에 합당하다는 뜻이다. 성도다운 행위, 즉 거룩하고 선한 행위는 구원의 표요 확증이다. 특히 죄인들을 하느님과 평화를 이루는 전도의 일과 하느님 안에서 서로를 평화롭게 하는 일은 성도다운 선한 일이다.

10-12절 팔복의 처음 네 번째는 의로움에 주리고 목마름인데, 다음 네 번째는 의로움을 위해 핍박을 받음이다. 사람은 심령이 가난하고 죄를 애통하고 온유하고 의로움에 주리고 목마름으로 하느님께로 나오고 구원을 받지만, 구원받은 후 그가 남을 긍휼히 여기고 마음이 깨끗하고 평화롭게 하고 심지어 의로움을 위하여 핍박까지 받는다면 그는 성도다운 사람이 될 것이다.

의로움은 하느님의 계명에 일치하는 것이다. '의로움을 위하여'라는 말은 '의로움 때문에'라는 뜻이다. 의로움 때문에 핍박을 받은 자는 복이 있다. 즉, 하느님의 계명대로 산 것 때문에 핍박을 받은 자는 복이 있다. 왜냐하면 천국이 그들의 것이기 때문이다. 그들은 확실히 천국 백성이다. 의로움을 행하는 것이 구원받은

Vox populi, vox Dei.

의로움 때문에 박해를 받는 사람들! 하늘나라가 그들의 것이다.

자료 : gnpnews.org

천국 백성의 표라면, 의로움 때문에 핍박을 받는 것은 더욱 그러하다. 사람은 의로움을 사모하고 예수님으로 말미암아 의롭다 하심의 구원을 받아야 하고, 구원받은 자는 그 의로움을 위해 살고 의로움을 전파하고 의로움을 위해 고난과 핍박과 순교도 당해야 한다.

예수 그리스도를 믿고 따르는 것은 평탄한 길이 아니다. 그것은 자기를 부정하고 자기 십자가를 지는 길이다. 그것은 핍박받을 것도 예상되는 길이다. 마귀는 예수님 믿는 자를 미워하고 세상을 충동하여 성도를 핍박하게 한다. 그래서 세상 사람들은 예수님 믿는 자를 욕하고 핍박하며 거짓으로 모든 악한 말로 비난할 것이다.

그러나 주의 제자들은 핍박을 받을 때 기뻐하고 즐거워해야 한다. 왜냐하면 하늘에서 그들의 상이 크기 때문이다. 주께서는 상을 말씀하시며 핍박받을 제자들을 격려하셨다. 이 구절은 또한 천국에서의 상급의 차등을 보인다. 마지막 심판 때에 사람의 죄악에 대한 형벌에 차등이 있듯이, 선행에 대한 상급에도 차등이 있을 것이다.

역사상 참 선지자들은 많은 핍박을 받았다. 그 이유는 단지 그들이 바른 말을 했기 때문이고, 그 바른 말이 회개치 않는 사람들에게는 참을 수 없는 고통이 되었기 때문이다. 오늘날도 회개치 않는 자들은 참된 신부들을 미워하고 핍박하고 비난할 것이다. 그러나 하느님께서는 마지막 날 사람들을 공의로 보응하실 것이며 악인들의 악행에 대해 공의로 징벌하실 것이다.

예수 그리스도를 믿는 믿음 때문에, 의로움 때문에 핍박을 받는다는 것은 구원받은 성도들의 삶에서 가장 복된 일이다. 그것은 참으로 주를 믿고 따르며 섬기는 표가 되며 큰 상이 있기 때문이다. 예수 그리스도 때문에 핍박을 당하는 것은 결코 불행이 아니고 오히려 행복이다. 그러므로 우리는 의로움 때문에, 예수 그리스도 때문에 받는 핍박을 두려워하거나 부끄러워하지 말고, 오직 하느님의 뜻대로 바르게 살지 못한 것을 뉘우쳐야 한다. 어떤 고난과 핍박이 닥쳐와도 예수 그리스도와 그의 복음을 위해, 교회를 위해 바르게, 충성되게 살아야 한다.

예수께서 말씀하신 팔복의 처음 네 가지는 구원을 위한 준비를 보인 것이라고 보며 그다음 네 가지는 구원받은 자들의 덕을 보인다고 본다. 심령의 가난함, 자신의 죄로 인해 애통함, 마음의 온유함, 의로움에 주리고 목마름은 사람으로 하여금 죄를 회개하고 예수 그리스도를 믿어 구원을 얻게 할 것이다. 그들은 참으로 복되다. 구원의 복은 가장 큰 복이다. 이제 구원받은 우리는 다른 사람의 부족과 실수와 연약을 볼 때 멸시하지 말고 그를 긍휼히 여겨야 하고, 이 죄악된 세상 속에서 죄성을 가진 우리들이지만 물욕과 정욕과 명예욕으로부터 마음을 깨끗하게 해야 하고, 다른 이들에게 전도하여 그들로 하여금 하느님과 화목하게 하고 또 서로 간에도 화목하게 해야 하며, 또 이제는 의로움을 위해 또 예수 그리스도를 위해 핍박받을 각오를 하며 살고 실제로 고난도 받아야 한다.

13절 '너희'는 예수님을 따르는 제자들을 가리킨다. 그들은 예수님 믿고 그의 말씀을 배우고 그를 본받고 그의 말씀대로 살아보고자 하는 자들이다. '세상'은 하느님을 모르고 그를 섬기지 않는 자들을 가리킨다. 그들은 예수님도 모르고 그를 믿지 않는 자들이며 성경 말씀도 모르고 그 말씀을 믿지 않고 지키지 않는 자들이다.

예수께서는 그의 제자들이 세상의 소금이라고 말씀하셨다. 소금의 역할은 두 가지다. 하나는 짠맛이고, 다른 하나는 부패 방지이다.

소금의 첫 번째 역할은 짠맛이다. 소금은 모든 음식에 필수적이다. 만일 소금이

"너희는 세상의 소금이다. 너희는 세상의 빛이다."

자료 : ghdsd.or.kr

없다면, 우리는 맛있는 음식을 만들지 못할 것이다. 소금은 맛있는 음식에 필수적이다. 너무 짜게 먹는 것은 건강에 안 좋다고 하지만, 음식은 간이 적당할 때 가장 좋은 맛을 낸다.

영적으로도, 인생의 최고의 맛은 삶의 의미와 가치와 목적을 알고 거기에 맞게 사는 것이다. 삶의 의미가 없고 목적이 없고 허무하고 부도덕한 삶은 맛이 없는 삶과 같다. 사람의 의미와 가치와 목적은 바로 경건과 도덕성에 있다. 거기에 기쁨과 평안도 있다.

소금의 두 번째 역할은 부패 방지이다. 이것은 짠맛의 부수적 역할이다. 냉장고가 없던 시절에 상하기 쉬운 식품을 오랫동안 보관하는 한 방법은 소금에 절이는 것이다. 그것은 오늘날에도 사용되는 중요한 방법이다. 소금은 식품의 부패를 방지한다.

영적으로도, 예수님 믿는 자들은 사회의 부패와 악화를 억제하는 역할을 한다. 그들은 늘 개인적으로 성경을 읽고 교회에 모여 성경적 교훈을 받는다. 하느님의 바른 교훈을 받는 자들만 악을 떠날 것이다. 그들이 그 교훈대로 산다면 세상이 급격히 타락하지는 않을 것이다. 그리스도인들은 죄악된 이 세상에서 도덕성의 최후의 보루이다.

그러나 주의 말씀대로, 만일 그들이 짠맛 곧 경건과 도덕성을 잃어버리면 아무 쓸데 없어 다만 밖에 버려져 사람들에게 밟힐 뿐일 것이다. 경건과 도덕성을 상실한 교인들은 세상에 아무 유익이 없고 세상 사람들은 그런 사람들을 무시하고 짓밟을 것이다.

14-16절 성경에서 '빛'은 지식, 의로움과 진실, 기쁨과 행복, 생명을 상징한다. 그러나 반대로, 어두움은 무지, 불의와 거짓, 슬픔과 불행, 죽음을 상징한다. 세상은 어두운 세상이다. 세상에는 하느님과 사람에 대한 참된 지식이 없고 의로움과 진실이 없고 기쁨과 행복도 없고 영원한 생명도 없다. 그런데 하느님께서는 우리에게 참된 지식과 의로움과 기쁨과 생명을 주셨다. 그것이 구원이다. 교회는 이제 세상을 밝히는 빛이 되었다.

주께서는 제자들을 '산 위에 자리 잡은 고을'이라고 부르셨다. 신자에게는 하느님의 백성이라는 표가 있다. 기독교는 은밀한 교훈을 주고받는 밀교密敎가 아니다. 기독교회의 모임은 공개된 모임이다. 그리스도인들은 사도 시대로부터 교회로 모이며 예배를 드렸고 설교들은 다 공개되어 있다. 그리스도인들의 삶은 다 공개되어 있다.

우리의 삶은 세상 앞에 예例가 된다. 그것은 좋은 예나 나쁜 예가 된다. 그것은 주로 인간관계, 대인관계에서 나타난다. 물론, 사상적으로 적그리스도적인 자들이 있다. 또 기독교를 오해해서 기독교를 비방하는 자들도 있다. 또 진리의 지식의 차이 때문에, 기본적인 혹은 중요한 생각의 차이 때문에 부득이 헤어지는 경우도 있다. 그러나 우리는 범사에 정당하게, 의롭게, 선하게, 진실하게 행해야 한다. 우리는 어떤 경우에서도 기독교인들이 사랑이 없다든지 악하다든지 거짓되다든지 하는 말을 들어서는 안 된다.

주께서는 특히 우리의 착한 행실을 강조하셨다. 우리는 사람들 앞에서 선하게 살아야 하고 우리의 선한 행실이 사람들 앞에 증거가 되게 해야 한다. 성경은 이웃을 사랑하라고 교훈한다. 기본적으로, 우리는 선하고 덕스러운 말을 해야 한다. 또 이웃을 사랑하는 것은 특히 가난한 자나 외로운 자나 병든 자를 돌아보는 것을 의미한다. 성경은 구제 행위를 강조한다. 굶주리는 자에게 먹을 것을 주고 헐벗은 자에게 입을 것을 주는 것은 하느님의 뜻이다.

주께서는 서로 사랑하라는 새 계명을 남겨주셨다. 서로 사랑함은 서로 친절히 대하고 서로 용서하는 것이다. 사랑은 오래 참고 온유하며 자기 유익을 구하지 않으며 악한 것을 생각하지 않고 불의를 기뻐하지 않는다.

아내는 자기 남편에게 복종해야 하며 남편은 자기 아내를 사랑해야 한다. 자녀는 부모를 공경하고 순종해야 하며 아버지는 자녀들을 노엽게 하지 말고 오직 주의 교양과 훈계로 양육해야 한다. 종들은 두려운 마음을 가지고 주인들에게 순종해야 하고, 주인들은 종들에게 위협하지 말아야 한다.

욥은 선하게 살았다. 그는 가난한 자와 과부와 고아에게 먹을 것과 입을 것 나누기를 아까워하지 않았다. 그는 어려운 사람들에게 고기도 배부르게 먹게 하였고, 우거할 곳이 없는 나그네에게 방도 제공하였다.

우리가 잘하면 하느님께 영광이 되고 잘못하면 하느님께 욕이 돌아간다. 사람은 다 죄성이 있기 때문에 조심해야 한다. 우리는 인간관계에 있어서 바르고 선해야 하고 금전관계에 있어서도 깨끗하고 선해야 한다. 마귀는 우리의 약점을 주목하며 틈을 노린다. 그러므로 성도는 항상 깨어 의로움과 선을 행해야 한다.

17절 '율법이나 예언서'는 구약성경을 가리킨다. 모세가 쓴 처음 다섯 권의 책들은 모세의 율법이라고 불리며 그것이 구약성경의 핵심이다. 예수님 당시에 어떤 이들은 예수 그리스도의 가르침이 구약시대의 율법을 폐지하는 것이라고 생각한 것 같다. 그러므로 예수께서는 "내가 율법이나 예언서들을 폐지하

모세의 율법

자료 : av1611.net

러 온 줄로 생각하지 마라. 폐지하러 온 것이 아니라 오히려 완성하러 왔다."라고 말씀하셨다.

예수 그리스도께서는 도덕법을 성취하셨다. 즉, 도덕법이 요구하는 의義를 이루셨다. 예레미야는 장차 다윗에게 한 의로운 가지가 일어날 것이며 그 이름은 여호와 우리의 의로움이라고 불리리라고 예언했고 다니엘은 메시아의 때에 죄악이 영원히 속량되며 영원한 의로움이 드러날 것을 예언하였다. 과연 예수 그리스도께서 오셔서 도덕법의 의로움을 이루셨다.

예수 그리스도께서는 의식법도 성취하셨다. 그는 구약의 상징적 의식들, 제사제도, 성막 제도, 절기 등의 실체로 오셨다. 구약의 의식법들은 특히 예수 그리스도의 속죄사역을 상징하였다. 예수 그리스도께서 오셔서 친히 십자가에 죽으심으로 속죄사역을 이루셨다. 그러므로 사도 바오로는 "그러므로 먹거나 마시는 일로, 또는 축제나 초하룻날이나 안식일 문제로 아무도 그런 것들은 앞으로 올 것들의 그림자일 뿐이고 실체는 그리스도께 있습니다."라고 말했다.콜로 2:16-17

18절 본문의 '율법'이라는 말은 구약성경 중의 모세 5경뿐 아니라, 구약성경 전체를 가리켰다고 보인다. 주께서는 이 말씀에서 구약성경의 신적, 절대적 권위를 증거하셨다. '율법에서 한 자 한 획도'라는 표현은 성경의 지극히 작은 부분까지도 신적 권위를 가짐을 증거한다. 이 말씀은 성경의 축자逐字 영감[단어 영감]을 증거한다. 아니, 단지 축자 영감 정도가 아니고, 축점逐點 영감, 축획逐劃 영감을 보이는 것이다. 도덕법이나 성경은 결코 폐지되지 않고 남김없이 성취되어야 할 성격의 것이다. 예수 그리스도께서는 그것을 다 이루셨다.

19절 마태오 복음서에서 '하늘 나라'는 두 가지 뜻을 가진다. 첫째로, 하늘 나라는 신약교회를 가리킨다. 하늘 나라는 이미 신약교회로 시작되었다. 하늘 나라는 좋은 씨처럼, 겨자씨처럼, 누룩처럼 이미 뿌려졌고 심어졌다. 둘째로, 하늘 나라는 장차 영광스럽게 임할 것이다. 그 영광의 하늘 나라는 예수 그리스도의 재림으로 이루어질 것이다.

Vox populi, vox Dei.

세상에서 하나님 백성의 신앙생활 정도는 각기 다르다. 어떤 이는 성경을 다 믿고 힘써 지키는가 하면, 다른 이는 그렇지 못하다. 그러한 차이가 내세 하늘 나라에서의 인격의 차등을 만드는지에 대해서는 분명치 않으나, 성경은 상급의 차등은 분명히 가르친다. 우리는 예수 그리스도의 대속 사역으로 말미암은 구원의 완전성, 즉 영화에 이르게 하실 것을 믿는다. 그러나 교회에서는 성화된 정도의 차등이 있다. 하나님의 계명을 다 지키는 자는 교회 안에서 확실히 큰 자이며 다 지키지 못하는 자는 확실히 작은 자이다. 그러므로 도덕법의 온전한 순종, 작은 부분까지의 순종은 모든 신자에게 요청된다.

20절 율법 학자들과 바리사이들의 의는 상당한 수준의 의로움처럼 보였다. 그것은 외적으로 별로 흠잡을 데 없어 보이는 의였다. 그들은 안식일을 지켰고 소득의 십일조를 바치는 것 등 율법을 준수하는 것 같았다. 그러나 주께서는 그들의 마음이 하나님과 거리가 멀고 온갖 탐심과 거짓으로 차 있다고 지적하셨다.

주께서는 하늘 나라에 들어갈 자들이 율법 학자들과 바리사이들의 의로움보다 더 나은 의로움을 가져야 한다고 말씀하셨다. '율법 학자들과 바리사이들의 의로움보다 더 나은 의로움'이 무엇인가? 주께서는 두 가지의 내용을 염두에 두셨다고 본다. 첫째는, 주께서 장차 십자가 죽음의 대속 사역으로 이루실 완전한 의로움을 가리켰다고 본다. 예수 그리스도께서는 우리의 의로움이 되셨다. 우리는 예수 그리스도를 믿음으로 의롭다 하심을 얻었다. 주 예수를 믿음으로 얻은 그 의로움만 천국에 들어갈 자격이 된다.

둘째는, 성심의 율법 준행을 가리키셨다고 본다. 우리가 성심으로 율법을 준행할 때 우리의 의로움은 율법 학자들과 바리사이들의 의로움보다 나을 것이다. 성도는 율법을 행하되 단지 외적으로가 아니고 마음에서 우러나와서, 성심으로 해야 한다. 그것은 외적 행위보다 더 나은 행위가 될 것이다. 그러나 신약성경 로마서와 갈라디아서에서 밝히 증거된 이신칭의以信稱義, 오직 믿음의 복음에 비추어 보면, 이 성심의 율법 준행은 하늘 나라에 들어갈 조건이 되는 것은 아니다. 만일 이것

〈율법학자들 가운데 선 예수〉, 알브레히트 뒤러의 작품(1506년)

자료 : catholicnews.co.kr

이 조건이 된다면, 우리는 행함으로 구원받는다는 말이 될 것이다. 그것은 복음의 부정이 되며 사도 바오로가 갈라디아서에서 경고한 대로 저주받을 이단이 된다. 성심의 율법 준행은 참된 믿음의 증거로서 필요할 뿐이다. 우리의 의로움은 이것뿐 예수님의 피밖에 없다. 그러나 예수 그리스도의 십자가 대속의 복음을 참으로 깨달은 자는 율법을 성심으로 행할 것이다.

21절 하느님께서는 모세와 이스라엘 백성에게 주신 십계명에서 "살인해서는 안 된다."고 말씀하셨다. 살인은 죄악이다. 침략 전쟁이나 대량 학살은 큰 죄악이다. 출산하기 전의 태아를 죽이는 낙태도 살인이며, 자기 목숨을 끊는 자살도 일종의 살인이다. 불법적 폭력 시위나 자살 폭탄 테러나 음주 운전도 일종의 살인 행위이다.

22절 "나는 너희에게 말한다."라는 말씀은 그의 율법 해석의 권위를 나타낸다. 주께서는 두 가지를 말씀하셨다. 하나는 형제에게 까닭 없이 노하지 말라는 것이고 둘째는 형제에게 욕하지 말라는 것이다.

주께서는 형제에게 까닭 없이 노하지 말라고 말씀하셨다. '성을 내는 자는 누구

Vox populi, vox Dei.

라가(raca): '속이 빈', '쓸모없는' 이라는 뜻을 가진 아람어 욕(辱)

자료 :freepik.com/

나'라는 구절은 전통본문에 '까닭 없이 노하는 자마다'라고 되어 있다. 화는 정당한 경우에 낼 수 있겠지만, 까닭 없이 내어서는 안 된다는 뜻이다. 까닭 없이 성질내는 것은 형제를 미워하는 표이며 형제를 미워하는 것은 살인하는 것과 같다.

주께서는 또 형제에게 욕하지 말라고 말씀하셨다. '라가'라는 아람어는 '바보, 빈 머리'라는 뜻으로 남을 경멸하는 욕이다. 우리는 형제에게 '바보, 빈 머리, 미련한 놈' 등의 욕을 해서는 안 된다. 사도 바오로는 후욕하는[욕하는] 자는 하느님의 나라를 유업으로 받지 못하리라고 말했다. 욕하는 것은 남을 무시하고 멸시하는 것이며, 그것은 사랑이 없는 것이며 남을 미워하는 행위이다. 남을 미워하는 것은 살인하는 것과 같다.

주께서는 형제에게 까닭 없이 노하는 자나 형제에게 바보나 미련한 놈이라고 욕하는 자는 심판을 받게 되고 공회 즉 법정에 잡혀가게 되고 지옥불에 들어가게 되리라고 말씀하셨다. 형제에게 까닭 없이 노하거나 욕하는 것은 다 형제를 미워하는 살인죄요 하느님의 심판을 받고 지옥 불에 들어갈 죄이다.

23-24절 주께서는 하느님께 경배하고 예물을 드리는 것보다 형제에게 원망들을 만한 일을 먼저 해결하는 것이 중요하고 그 후에 하느님께 예물을 드리라고 교훈하셨다. 사랑을 실천하고 화목하는 것이 예배보다 더 중요하다고 교훈

하신 것이다. 예배 행위보다 우리의 실생활이 더 중요하다. 성경은 순종이 제사보다 낫다고 말했다.

형제를 미워하는 것은 살인하는 것이다. 우리가 그런 죄 가운데 있다면 우리는 아직 구원받지 못한 자일 것이다. 구원받은 자의 표는 의로움을 행하고 서로 사랑하는 것이다. 선한 삶은 다른 사람들과 화목하는 인간관계에서 나타난다.

25-26절 하느님의 마지막 심판은 엄격하고 철저할 것이다. 우리는 아직 우리를 송사하는 자와 함께 길을 가고 있는 자와 같다. 우리가 하느님의 심판대 앞에 서면 엄격하고 철저한 심판을 받게 될 것이다. 그러므로 인간관계의 죄는 우리가 사는 세상에서 해결해야 한다.

하느님의 뜻은 서로 사랑하는 것이다. 사랑하는 자는 선한 마음을 품고 살며 남을 존중하며 서로 화목할 것이다. 선한 삶은 성도의 삶의 목표이다. 사랑은 오래 참고 사랑은 온유하며 투기하는 자가 되지 아니하며 사랑은 자랑하지 아니하며 교만하지 아니하며 무례히 행치 아니하며 자기의 유익을 구하지 아니하며 성내지 아니하며 악한 것을 생각지 아니한다.

27-28절 '간음'adultery은 결혼한 사람이 자기 배우자가 아닌 자와 성관계를 가지는 것을 가리키며, '음행'fornication은 결혼관계가 아닌 두 사람 사이에 합

마음의 간음, Olympia, Edouard Manet, 1863

자료 : ecumenian.com

Vox populi, vox Dei.

의적 성관계를 가리킨다. 간음치 말라는 계명은 부부관계 외의 성행위, 즉 간음, 음행, 근친상간, 강간, 매춘, 동성애, 수간獸姦 등을 정죄하는 뜻이 포함되어 있다.

'여자를 바라보는'이라는 말은 우리가 보는 것을 조심해야 함을 말한다. 사람은 보는 데서 감정적 충동이나 소유의 충동을 가진다. 아이들은 마트에서 장난감을 보면 가지고 싶어 한다. 사람은 좋은 옷이나 먹음직한 음식을 보면 사고 싶어 하고 먹고 싶어 한다. 그러므로 그런 충동을 가지지 않으려면 안 보는 것이 상책이다.

주께서는 여자를 보고 그에 대해 음욕을 품는 자마다 마음에 이미 그와 간음했다고 말씀하셨다. 마음에 미움을 품고 까닭 없이 노하고 또 형제를 욕하는 것이 살인에 해당하는 큰 죄악이듯이, 마음에 음욕을 품는 것은 간음에 해당하는 큰 죄악이다. 사람을 죽여야만 살인이 아니고, 간음해야만 간음이 아니다. 마음에 미움을 품는 것도 살인이요, 마음에 음욕을 품는 것도 간음이다. 그것들은 다 큰 죄악이다.

29-30절 지옥은 실재하며 범죄하는 자는 지옥에 던져질 수밖에 없고 그러므로 불구자로 성결하게 살 수 있다면 온전한 몸으로 범죄하며 사는 것보다 낫다. 두 눈으로 범죄한다면 한 눈으로만 보는 자나 장님이 더 낫고, 두 손으로 범죄한다면 한 손이 없거나 못 쓰는 자가 더 낫다. 건강한 몸보다 불구나 장애가 더 유익할 수 있다. 사람에게 두 눈이 건강한가, 두 손이 튼튼한가 하는 문제보다 더 중요한 것은 그가 그 눈과 그 손으로 바르게 사는가 아니면 범죄하는가 하는 것이다.

또 이 말씀은 범죄하지 않는 것이 얼마나 큰 복인지를 보인다. 건강한 몸보다 더 복된 것은 깨끗한 인격이다. 건강한 몸이 있어도 범죄하는 자는 영원한 지옥 형벌을 받을 것이다. 그러나 장애가 있어도 범죄하지 않는 자는 지옥에 던져지지 않고 천국에 들어갈 것이다. 그러므로 우리는 죄를 회개하며 범죄를 저지르지 않기를 힘써야 한다.

우리의 몸은 죄짓는 도구가 아니라 하나님의 의로움을 행하는 도구가 되어야 한다. 우리의 눈은 성경을 읽는 눈이 되고, 우리의 귀는 하나님의 말씀을 듣는 귀가 되며, 우리의 손은 선한 봉사를 하는 손이 되고, 우리의 입은 주를 찬송하고 기도하고 전도하는 입이 되고, 우리의 발은 전도와 봉사의 선한 일을 하는 발이 되어야 한다.

31-32절 주께서는 또 이혼에 관해 "불륜을 저지른 경우를 제외하고 아내를 버리는 자는 누구나 그 여자가 간음하게 만드는 것이다."라고 말씀하셨다. "불륜을 저지른 경우를 제외하고"라는 말씀은 불륜이 이혼의 정당한 이유가 됨을 보인다. 불륜을 저지른 경우 외에도, 신앙적 이유로 상대가 분리하기를 원하는 경우나 고의적으로 배우자를 버린 경우도 불가피한 이혼의 경우라고 보이며, 또 구타나 학대 등 심히 비인간적인 고통을 당하는 경우나 전쟁으로 인해 오랫동안 분리된 경우도 부득이한 경우가 아닐까 생각된다. 그러나 이혼은 극히 삼가야 할 일이다.

주께서는 또 "버림받은 여자와 혼인하는 자도 간음하는 것이다."라고 말씀하셨다. 부당한 이혼이 옳지 않듯이, 부당한 재혼, 예컨대 부당한 이혼자와의 결혼도 옳지 않다. 하느님께서는 부당한 이혼이나 부당한 재혼을 다 인정치 않으신다. 그러므로 교회도 그러해야 할 것이다. 교회가 하느님보다 더 너그러워서는 안 될 것이다.

33-36절 맹세는 하느님의 이름을 부르며 무엇을 엄숙히 증거하는 것을 말한다. 참된 맹세는 하느님을 인정하고 경외하는 표시이며 그런 자만 할 수 있다.

예수께서 '아예 맹세하지 마라.'고 말씀하신 것은 하늘로나 땅으로나 예루살렘으로나 네 머리로 맹세하지 말라는 뜻이요, 모든 맹세를 다 부정하신 것은 아니라고 본다. 진실한 맹세는 오늘날도 가능하다.

그러므로 웨스트민스터 신앙고백 22:2는 다음과 같이 진술하였다: "오직 하느님의 이름으로 맹세해야 하며, 모든 거룩한 두려움과 존경을 다하여 그 이름을

Vox populi, vox Dei.

마태 26,57-66, '살아 계신 하느님 앞에서 맹세를 하고 당신이 하느님의 아들 메시아인지 밝히시오.' 율법학자들과 원로들은 계획대로 카야파 대사제의 저택에서 모여 기다리고 있었다. 예수님의 주위에는 당신을 도와줄 이가 아무도 없다. 오직 하나, 베드로만 멀찍이 떨어져서 잡혀가는 예수님을 따라가고 있었다.

자료 : singthelord.tistory.com

사용해야 한다. 그러므로 영광스럽고 두려운 이름으로 헛되이 경솔하게 맹세하는 것이나, 그밖에 다른 무엇에 맹세하는 것은 죄를 짓는 일이고, 증오해야 하는 일이다. 하지만 중요한 문제에 관한 맹세가 구약뿐만 아니라 신약 아래서도 하느님의 말씀에 인정되어 있는 것처럼, 그런 문제들에 대하여 합법적인 권세에 의해 부과된 합법적인 맹세도 할 의무가 있다."

37절 우리는 맹세할 때 예와 아니오를 명확히 말해야 한다. 우리는 결코 자기가 잘 알지 못하는 일을 하느님 앞에서 또 그의 이름으로 주장하거나 증거해서는 안 되고 또 자기가 할 수 없는 일 즉 자신의 능력 밖에 있는 일을 하느님 앞에서 또 그의 이름으로 성급하게 약속해서도 안 된다. 우리는 우리가 아는 것을 주장하고 증거하고, 우리가 할 수 있는 것을 약속해야 한다. 우리는 하느님 앞에서 옳다고 생각되는 것을 옳다고 말하고, 아니라고 생각되는 것을 아니라고 말해야 한다.

38-42절 너희의 의로움이 율법 학자들과 바리사이들의 의로움을 능가하지 않으면, 결코 하늘 나라에 들어가지 못할 것이다5:20. 예수 그리스도께서는 우리의 완전한 의로움이시다. 그 의로움을 받은 자는 또한 완전한 의로움의 삶을 살아야 한다.

'눈은 눈으로, 이는 이로'라는 율법은 철저한 공의의 보응을 가르친 말씀이다. 이 공의는 마지막 하느님의 심판에서 나타날 것이다. 그러나 예수께서는 악한 자를 대적하지 말고 우리의 오른편 뺨을 치는 자에게 왼편도 돌려대며 우리를 고소하여 속옷을 가지고자 하는 자에게 겉옷까지도 가지게 하며, 우리를 억지로 5리를 가게 하는 자에게 10리를 동행하고 우리에게 구하는 자에게 주고 꾸고자 하는 자에게 거절하지 말라고 말씀하셨다. 주께서 공의의 법을 부정하실 수 없으므로, 이 말씀의 뜻은 좀 더 깊은 데 있다고 본다.

엄격한 공의의 법에 의하면, 우리는 영원한 지옥 형벌을 받아야 하는 악한 자들이었다. 그러나 하느님께서는 우리를 긍휼히 여기셨고 예수께서는 죄인들을 위하여 죽으셨고 우리는 그를 믿음으로 죄씻음과 의롭다 하심을 얻었다. 이와 같이 하느님께서 우리에게 공의로 벌하지 않고 선대하셨기 때문에, 우리는 우리에게 악을 행하는 자들에게 공의로 보복하지 말고 선대하라는 것이다.

그러나 이 말씀은 나라에 경찰력이나 사형법이나 군대나 합법적 전쟁을 부정하는 것으로 이해되어서는 안 될 것이다. 로마서 13:4는, 국가 위정자들이 하느님의 사자들로서 악을 행하는 자들을 보응하기 위하여 '칼'을 가지고 있다고 말했다. 경찰이나 사형, 군대나 전쟁은 사회의 질서와 국가의 안녕을 위해 불가피하다고 본다. 그런 것들이 없다면 사회와 국가와 세상은 더욱 혼란스러워질 것이다.

43-44절 루카 복음서 6:27-28도 비슷하다. "내 말을 듣고 있는 너희에게 내가 말한다. 너희는 원수를 사랑하여라. 너희를 미워하는 자들에게 잘해 주고, 너희를 저주하는 자들에게 축복하며, 너희를 학대하는 자들을 위하여 기도하여라." 이것은 "너희는 동포에게 앙갚음하거나 앙심을 품어서는 안 된다."라는 레위기 19:18을 좀 더 설명하며 강조하신 것이다. 사람이 원수를 갚는 것은 하느

님의 공의의 법에서 보면 잘못된 일은 아니지만, 우리가 원수 같은 우리를 사랑하신 하느님의 크신 사랑과 은혜를 받았기 때문에 우리도 원수를 불쌍히 여기고 그가 회개하고 하느님께로 돌아오기를 기도해야 한다는 뜻이다. 우리는 원수를 우리 스스로 갚으려 하지 말고 도리어 그를 사랑하고 그를 축복하고 그에게 선을 베풀고 그를 위해 기도해야 한다.

45-47절 "그래야 너희가 하늘에 계신 너희 아버지의 자녀가 될 수 있다."는 말씀은 원수 사랑의 행위로 하느님의 아들이 된다는 행위구원론을 가르치신 것이 아니고, 원수 사랑의 행위가 하느님의 자녀답고 하느님의 자녀의 표시가 된다는 것을 강조하신 것이다. 우리가 그렇게 이해해야 하는 까닭은 예수님의 산상보훈의 가르치심이 사도 바오로가 로마서와 갈라디아서에서 밝히 증거한 복음 진리와 충돌하지 않는다고 확신하기 때문이다. 왜냐하면 사도 바오로의 복음은 예수 그리스도의 직접적 계시로 된 것이며 또 열두 사도들의 복음 이해와 일치했기 때문이다.

원수를 사랑하는 행위가 하느님의 자녀다운 것은 하느님께서 먼저 죄인인 우리를 사랑하셨기 때문이다. 우리가 하느님과 원수되었을 때 하느님의 아들 예수 그리스도께서 우리를 위해 십자가에 죽으셨다. 그것은 원수 사랑의 행위이셨다. 그러므로 우리가 이제 하느님의 자녀가 되었다면 그의 사랑을 본받아야 할 것이다.

우리가 우리를 사랑하는 자를 사랑하고 친한 사람과만 인사하고 대화한다면, 우리는 세상 사람들보다 나은 것이 없다. 우리가 교회에 나온 모든 이들에게 친절하지 않다면, 우리는 세상 사람들보다 나은 것이 없다. 도둑들도 자기들끼리는 서로 친하며 서로 위하기도 할 것이다. 하느님의 자녀들은 그들보다 나아야 한다.

48절 "그러므로 하늘의 너희 아버지께서 완전하신 것처럼 너희도 완전한 사람이 되어야 한다." 이 말씀은 하느님처럼 완전자가 되라는 뜻은 아니다. 창조자이신 하느님께서는 무한하시고 영원하시고 완전하신 자이시고, 피조물인 우리는 유한하고 시작이 있고 불완전한 존재이다. 창조주와 피조물 간에는 혼동될

골고다 언덕에서 십자가형을 당한 예수는 자신에게 못질한 이들을 향해서도 "저들을 용서하라"는 메시지를 남겼다. 제임스 티소의 작품.

자료 : joongang.co.kr

수 없고 없앨 수 없는 본질적인 차이가 있다. 피조물인 사람은 아무리 영적으로 성장해도 신이 될 수 없다.

본문의 '너희 아버지께서 완전하신 것'은 도덕적 완전을 의미한다. 그것은 친한 사람들에게뿐만 아니라, 친하지 않은 사람들, 심지어 원수들에게까지도 선을 베푸는 긍휼과 자비와 사랑의 성품을 가리키는 것이다. 사람은 본래 하느님의 형상대로 지음을 받았으므로 하느님의 도덕적 속성을 본받아야 한다. 우리는 특히 하느님께서 해와 비를 의인과 악인에게 똑같이 주시는 것과 같이 모든 사람들에 대해 선하고 친절하고 너그러운 마음을 가져야 한다.

마태오 복음서
6장

天聲

Vox populi, vox Dei.

올바른 자선

1 “너희는 사람들에게 보이려고 그들 앞에서 의로운 일을 하지 않도록 조심하여라. 그러지 않으면 하늘에 계신 너희 아버지에게서 상을 받지 못한다.

2 그러므로 네가 자선을 베풀 때에는, 위선자들이 사람들에게 칭찬을 받으려고 회당과 거리에서 하듯이, 스스로 나팔을 불지 마라. 내가 진실로 너희에게 말한다. 그들은 자기들이 받을 상을 이미 받았다.

3 네가 자선을 베풀 때에는 오른손이 하는 일을 왼손이 모르게 하여라.

4 그렇게 하여 네 자선을 숨겨 두어라. 그러면 숨은 일도 보시는 네 아버지께서 너에게 갚아 주실 것이다.”

올바른 기도

5 “너희는 기도할 때에 위선자들처럼 해서는 안 된다. 그들은 사람들에게 드러내 보이려고 회당과 한길 모퉁이에 서서 기도하기를 좋아한다. 내가 진실로 너희에게 말한다. 그들은 자기들이 받을 상을 이미 받았다.

6 너는 기도할 때 골방에 들어가 문을 닫은 다음, 숨어 계신 네 아버지께 기도하여라. 그러면 숨은 일도 보시는 네 아버지께서 너에게 갚아 주실 것이다.

7 너희는 기도할 때에 다른 민족 사람들처럼 빈말을 되풀이하지 마라. 그들은 말을 많이 해야 들어 주시는 줄로 생각한다.

8 그러니 그들을 닮지 마라. 너희 아버지께서는 너희가 청하기도 전에 무엇이 필요한지 알고 계신다.”

주님의 기도 루카 11,2-4

9 "그러므로 너희는 이렇게 기도하여라. '하늘에 계신 저희 아버지 아버지의 이름을
거룩히 드러내시며
10 아버지의 나라가 오게 하시며 아버지의 뜻이 하늘에서와 같이 땅에서도 이루어지
게 하소서.
11 오늘 저희에게 일용할 양식을 주시고
12 저희에게 잘못한 이를 저희도 용서하였듯이 저희 잘못을 용서하시고
13 저희를 유혹에 빠지지 않게 하시고 저희를 악에서 구하소서.'
14 너희가 다른 사람들의 허물을 용서하면, 하늘의 너희 아버지께서도 너희를 용서
하실 것이다.
15 그러나 너희가 다른 사람들을 용서하지 않으면, 아버지께서도 너희의 허물을 용
서하지 않으실 것이다."

올바른 단식

16 "너희는 단식할 때에 위선자들처럼 침통한 표정을 짓지 마라. 그들은 단식한다는
것을 사람들에게 드러내 보이려고 얼굴을 찌푸린다. 내가 진실로 너희에게 말한
다. 그들은 자기들이 받을 상을 이미 받았다.
17 너는 단식할 때 머리에 기름을 바르고 얼굴을 씻어라.
18 그리하여 네가 단식한다는 것을 사람들에게 드러내 보이지 말고, 숨어 계신 네 아
버지께 보여라. 그러면 숨은 일도 보시는 네 아버지께서 너에게 갚아 주실 것이다."

보물을 하늘에 쌓아라 루카 12,33-34

19 "너희는 자신을 위하여 보물을 땅에 쌓아 두지 마라. 땅에서는 좀과 녹이 망가뜨
리고 도둑들이 뚫고 들어와 훔쳐 간다.
20 그러므로 하늘에 보물을 쌓아라. 거기에서는 좀도 녹도 망가뜨리지 못하고, 도둑

들이 뚫고 들어오지도 못하며 훔쳐 가지도 못한다.
21 사실 너의 보물이 있는 곳에 너의 마음도 있다."

눈은 몸의 등불루카 11,34-36

22 "눈은 몸의 등불이다. 그러므로 네 눈이 맑으면 온몸도 환하고,
23 네 눈이 성하지 못하면 온몸도 어두울 것이다. 그러니 네 안에 있는 빛이 어둠이
면 그 어둠이 얼마나 짙겠느냐?"

하느님이냐, 재물이냐루카 16,13

24 "아무도 두 주인을 섬길 수 없다. 한쪽은 미워하고 다른 쪽은 사랑하며, 한쪽은 떠
받들고 다른 쪽은 업신여기게 된다. 너희는 하느님과 재물을 함께 섬길 수 없다."

세상 걱정과 하느님의 나라루카 12,22-32

25 "그러므로 내가 너희에게 말한다. 목숨을 부지하려고 무엇을 먹을까, 무엇을 마실
까, 또 몸을 보호하려고 무엇을 입을까 걱정하지 마라. 목숨이 음식보다 소중하
고 몸이 옷보다 소중하지 않으냐?
26 하늘의 새들을 눈여겨보아라. 그것들은 씨를 뿌리지도 않고 거두지도 않을 뿐만
아니라 곳간에 모아들이지도 않는다. 그러나 하늘의 너희 아버지께서는 그것들을
먹여 주신다. 너희는 그것들보다 더 귀하지 않으냐?
27 너희 가운데 누가 걱정한다고 해서 자기 수명을 조금이라도 늘릴 수 있느냐?
28 그리고 너희는 왜 옷 걱정을 하느냐? 들에 핀 나리꽃들이 어떻게 자라는지 지켜
보아라. 그것들은 애쓰지도 않고 길쌈도 하지 않는다.
29 그러나 내가 너희에게 말한다. 솔로몬도 그 온갖 영화 속에서 이 꽃 하나만큼 차
려입지 못하였다.
30 오늘 서 있다가도 내일이면 아궁이에 던져질 들풀까지 하느님께서 이처럼 입히시
거든, 너희야 훨씬 더 잘 입히시지 않겠느냐? 이 믿음이 약한 자들아!

Vox populi, vox Dei.

31 그러므로 너희는 '무엇을 먹을까?', '무엇을 마실까?', '무엇을 차려입을까?' 하며 걱정 하지 마라.

32 이런 것들은 모두 다른 민족들이 애써 찾는 것이다. 하늘의 너희 아버지께서는 이 모든 것이 너희에게 필요함을 아신다.

33 너희는 먼저 하느님의 나라와 그분의 의로움을 찾아라. 그러면 이 모든 것도 곁들여 받게 될 것이다.

34 그러므로 내일을 걱정하지 마라. 내일 걱정은 내일이 할 것이다. 그날 고생은 그날로 충분하다."

1 "Be careful not to do your 'acts of righteousness' before men, to be seen by them. If you do, you will have no reward from your Father in heaven.

2 "So when you give to the needy, do not announce it with trumpets, as the hypocrites do in the synagogues and on the streets, to be honored by men. I tell you the truth, they have received their reward in full.

3 But when you give to the needy, do not let your left hand know what your right hand is doing,

4 so that your giving may be in secret. Then your Father, who sees what is done in secret, will reward you.

5 "And when you pray, do not be like the hypocrites, for they love to pray standing in the synagogues and on the street corners to be seen by men. I tell you the truth, they have received their reward in full.

6 But when you pray, go into your room, close the door and pray to your Father, who is unseen. Then your Father, who sees what is done in secret, will reward you.

7 And when you pray, do not keep on babbling like pagans, for they think they will be heard because of their many words.

8 Do not be like them, for your Father knows what you need before you ask him.

9 “This, then, is how you should pray: ” ‘Our Father in heaven, hallowed
be your name,
10 your kingdom come, your will be done on earth as it is in heaven.
11 Give us today our daily bread.
12 Forgive us our debts, as we also have forgiven our debtors.
13 And lead us not into temptation, but deliver us from the evil one.’
14 For if you forgive men when they sin against you, your heavenly Father
will also forgive you.
15 But if you do not forgive men their sins, your Father will not forgive your
sins.
16 “When you fast, do not look somber as the hypocrites do, for they dis-
figure their faces to show men they are fasting. I tell you the truth, they
have received their reward in full.
17 But when you fast, put oil on your head and wash your face,
18 so that it will not be obvious to men that you are fasting, but only to your
Father, who is unseen; and your Father, who sees what is done in secret,
will reward you.
19 “Do not store up for yourselves treasures on earth, where moth and rust
destroy, and where thieves break in and steal.
20 But store up for yourselves treasures in heaven, where moth and rust do
not destroy, and where thieves do not break in and steal.
21 For where your treasure is, there your heart will be also.
22 “The eye is the lamp of the body. If your eyes are good, your whole
body will be full of light.
23 But if your eyes are bad, your whole body will be full of darkness. If
then the light within you is darkness, how great is that darkness!
24 “No one can serve two masters. Either he will hate the one and love the
other, or he will be devoted to the one and despise the other. You can-
not serve both God and Money.

25 "Therefore I tell you, do not worry about your life, what you will eat or drink; or about your body, what you will wear. Is not life more important than food, and the body more important than clothes?

26 Look at the birds of the air; they do not sow or reap or store away in barns, and yet your heavenly Father feeds them. Are you not much more valuable than they?

27 Who of you by worrying can add a single hour to his life?

28 "And why do you worry about clothes? See how the lilies of the field grow. They do not labor or spin.

29 Yet I tell you that not even Solomon in all his splendor was dressed like one of these.

30 If that is how God clothes the grass of the field, which is here today and tomorrow is thrown into the fire, will he not much more clothe you, O you of little faith?

31 So do not worry, saying, 'What shall we eat?' or 'What shall we d rink?' or 'What shall we wear?'

32 For the pagans run after all these things, and your heavenly Father knows that you need them.

33 But seek first his kingdom and his righteousness, and all these things will be given to you as well.

34 Therefore do not worry about tomorrow, for tomorrow will worry about itself. Each day has enough trouble of its own.

人語

마태오 복음서 6장 요약

예수님은 사람에게 보이려고 사람 앞에 자신의 의로움을 행하지 않도록 주의하라고 제자들에게 당부한다. 곧 오른손이 하는 구제를 왼손이 모르게 행하고, 기도할 때 사람이 보는 곳이 아닌 골방에 들어가서 은밀한 중에 보시는 하늘 아버지께 기도하라고 말씀한다. 또한 기도할 때 의미 없는 중언부언하지 말고 주님이 가르치신 주기도문를 통해 분명한 목적과 의도를 갖고 기도할 것을 당부한다.

사람이 자신에게 잘못을 할 때 그를 보복하고 앙갚음으로 대갚음하지 말고 주님의 사랑 안에 용서할 것을 말씀한다. 또 단식할 때 사람에게 보이려 하지 말고 은밀한 중에 갚으시는 하늘 아버지께 은밀히 할 것을 권고한다. 땅에 보물을 쌓아 소멸되고 썩는 것을 거두지 말고 하늘 나라에 쌓아 영원한 복락과 기쁨을 얻을 것을 당부한다.

세상을 보는 눈을 진리의 말씀으로 밝혀 자신의 온몸을 어둠이 아닌 빛 가운데 밝힐 것을 말씀한다. 또 사람이 두 주인을 섬길 수 없듯이 하느님과 재물을 겸하여 섬길 수 없음을 조언한다. 그리고 자기 목숨을 위하여 무엇을 입을까 무엇을 먹을까 염려하지 말 것을 당부한다. 이것은 세상 사람이 구하는 것으로 하느님의 자녀는 하느님의 나라와 그의 의로움을 먼저 구하며 살 것을 주님이 말씀한다.

하느님께서 들판의 핀 나리꽃과 들풀도 먹이시고 입히시기에 하물며 당신의 자녀를 먹이시고 입히지 않겠느냐고 말씀한다. 하늘과 땅과 만물과 인생을 창조하신 하느님께서 자녀에게 무엇이 필요할지 무엇이 있어야 할지 이미 다 아시고 돌보신다고 주님은 제자들과 우리에게 말씀한다.

살아가는 모든 것이 하느님의 은혜이며 선물이다. 이 땅에서 무엇이 필요해서 구할 때, 먼저 어려운 사람들을 생각하여 구제하되 은밀히 하고, 하느님의 나라의 평화와 사랑이 임하기를 기도드리며, 나에게 죄를 지은 자를 용서하며, 시험에 들지 않도록 간구하는 것이다. 먼저 그의 나라와 의로움을 구하는 것은, 이 땅에 보물 창고를 두는 것이 아니라, 하늘 나라의 의로움을 구하고하늘 나라의 확장을 위해 가진 것으로 구제하고 선교하고 복음을 위해 헌신하고 희생하며 선을 행하여 하느님의 영광을 위해 감사 드림 나아가면 모든 것을 다 채워주신다.

각 절 해석[1]

1절 전통 사본에는 '의'라는 말이 '구제'라고 되어 있다. 구제는 주요한 의로움의 행위이다. 주께서는 사람에게 보이려고 하는 외식적인 구제를 경계하시고, 구제할 때 은밀하게 해야 할 것을 강조하셨다. 우리는 구제할 때에 자신을 드러내는 구제를 해서는 안 된다. 구제는 선한 행위이지만, 자기를 드러내는 구제는 자기를 자랑하는 일이며 하느님께서 기뻐하지 않으신다. 우리가 가진 모든 것이 하느님의 은혜이다. 우리가 구제할 수 있는 물질적 여유나 선한 마음도 하느님께서 주신 것들이다. 그러므로 외식적인 구제는 하느님의 영광을 드러내기보다 자기 자신을 높이는 악행이며 하느님께로부터 받을 상급이 없다.

2절 위선자는 자기의 구제 활동으로 사람의 영광과 칭찬을 구한다. 그는 사람들이 그에 대해 '저 사람은 구제를 많이 하는 것을 보니 정말 사랑이 많은 좋은 사람이야!'라는 사람의 칭찬을 이미 상으로 받은 것이다. 그러므로 장차 하느님께서 그에게 주실 상은 없다는 것이다.

1 김효성 목사, 마태복음 강해, 2019년 11월 27일 수정.

하느님의 심판과 긍휼

자료 : t1.daumcdn.net

3-4절 주께서는 우리가 구제할 때 "오른손이 하는 일을 왼손이 모르게" 은밀하게 하라고 교훈하셨다. 우리가 은밀하게 구제하면 사람들은 모르기 때문에 사람들에게 칭찬을 받지 않을 것이나, 하느님께서는 모든 것을 다 보시고 아시므로 그의 선한 행위를 기뻐 받으시고 복을 주시는 것이다. 전통 사본에는 "너의 아버지가 갚으시리라"는 말 가운데 '드러나게'라는 말이 있어서 "너희 아버지가 드러나게 갚으시리라"라고 되어 있다. '은밀하게'라는 말엔 토 크륍토과 '드러나게'라는 말엔 토 파네로이 서로 대조를 이룬다. 사람 앞에 보이려고 한 구제와 선행은 사람의 칭찬을 받았으므로 하느님의 상이 없을 것이지만, 은밀하게 행한 구제는 하느님 아버지께서 드러나게 갚으실 것이다. 사람들은 사람의 드러난 행위만 보고 칭찬하지만, 하느님께서는 그의 은밀한 행위를 보시고 보상하신다.

5-6절 기도할 때도 마찬가지이다. 주께서는 바른 기도의 태도에 대해 두 가지를 말씀하셨다. 하나는 은밀한 기도이며 다른 하나는 중언부언하지 않는 기도이다. 첫째로, 주께서는 기도할 때 은밀하게 기도하라고 가르치셨다. 외식하는 자는 사람들에게 보이려고 회당과 큰 거리 어귀에 서서 기도하기를 좋아하였다. 사람들은 그를 보며 "참 기도 많이 한다, 참 경건하다"는 칭찬을 할 것이다. 그러나 기도는 하느님을 향해 해야 하는 것이지 사람들에게 보이려고 해서는 안

된다. 그런 기도는 외식이다. 그는 사람들의 칭찬이라는 상을 이미 받고 있는 셈이다. 그러므로 그는 하나님의 상을 기대할 것이 없다.

주께서는 "너는 기도할 때 골방에 들어가 문을 닫은 다음, 숨어 계신 네 아버지께 기도하여라. 그러면 숨은 일도 보시는 네 아버지께서 너에게 갚아 주실 것이다."라고 말씀하셨다. 골방 기도가 가장 이상적인 기도이다. 골방 기도는 참으로 하느님과의 일대일의 기도이다. 그것은 사람들에게 '나는 기도한다'고 알리거나 보이려 하거나 또 사람들에게 말하는 기도가 아니고 오직 은밀한 중에 보시는 하느님 앞에서 하는 기도이다. 이것은 참으로 바른 기도이다. 하느님 아버지께서는 은밀한 기도를 들으시며 '드러나게' 갚으실 것이다. 사람들은 그가 무슨 기도를 했는지 모르겠지만, 하느님께서는 다 아시고 그의 기도에 응답하셔서 좋은 것을 드러나게 주실 것이다.

7-8절 둘째로, 주께서는 우리가 기도할 때 빈말을 되풀이하지중언부언하지 말라고 가르치셨다. '중언부언'은 주문을 외우듯이 헛된 말을 반복하는 것을 가리킨다. 간절한 기도를 할 때 말의 반복이 있는 것은 자연스럽고 정당하겠지만, 무조건 말이 많으면 하느님께서 들어주실 것이라는 생각은 미신이다. 하느님께서는 인격적이시기 때문에 우리는 기도할 때에 인격적인 태도를 가져야 한다. 바른 마음에서 나온 진실한 기도가 아니라면 기도할 때 많은 말을 하는 것은 의미가 없고 효력도 없다.

그러므로 우리는 기도할 때 중언부언하는 이방인의 태도를 본받지 말아야 한다. 하늘에 계신 우리 아버지께서는 우리가 구하기 전에 우리에게 있어야 할 것을 다 아신다. 사실, 그는 모든 일들이 합력하여 우리의 영적 유익이 되게 섭리하시는 하느님이시다.

만일 우리가 이 사실을 인식한다면, 우리는 인격적으로, 차근차근하게 기도할 것이며, 기도하기 전에 기도할 내용을 생각하며, 중요한 기도 제목들을 묵상할 것이다. 우리가 사람을 만나 대화할 때, 대화의 주제를 먼저 생각하듯이, 우리가 하느님께 기도드릴 때 우리는 우리의 기도 제목들을 먼저 생각해야 할 것이다.

기도하는 소녀

자료 : beomgye.or.kr

주의 말씀은 하느님 아버지께서 다 아시기 때문에 기도할 필요가 없다는 뜻은 아니다. 기도는 하느님의 방법이다. 물론 하느님께서는 모든 일을 다 아시지만, 하느님의 일들이 우리의 간절한 기도를 통해 이루어지게 하시는 것이 하느님의 뜻이다. 우는 아기에게 엄마가 젖을 먹이듯이, 하느님께서는 우리의 부르짖는 기도를 잘 들어주신다.

물론, 그는 우리가 구하는 것 이상을 주시며 우리가 미처 구하지 못한 것도 주시며 우리의 길을 인도하시고 우리에게 필요한 것들을 채워주실 것이다. 그러나 기도는 하느님의 방법이며 기도를 통해 우리는 하느님을 의지하고 하느님만 의지하는 법을 배우며 우리의 믿음이 자라고 견고하게 되고 우리가 필요한 것들을 얻는다.

9절a 그러므로 너희는 이렇게 기도하여라. '하늘에 계신 저희 아버지 …'

'그러므로 너희는'이라는 말은 외식자들은 남에게 보이려고 기도하고 이방인들은 무의미한 말을 반복하여 기도하지만, 하느님의 백성된 너희, 예수 그리스도를 믿고 따르고자 하는 너희는 바르게 기도하라는 뜻이다. 원문은 '너희는'휘메이스이라는 말을 강조한다.

주께서는 기도의 대상이신 하느님을 "하늘에 계신 우리 아버지여"라고 표현하셨다. '하늘'은 문자 그대로 하늘이라는 뜻이다. 성경은 종종 하느님께서 하늘로

Vox populi, vox Dei.

부터 내려오시고 하늘에서 기도를 들으신다고 표현하였고 또 엘리야와 예수님 자신께서 하늘로 올라가셨다고 증거했다. 시편 115:16은 땅은 인간에게 주셨지만, 하늘은 여호와의 하늘이라고 말하였다. 그러나 하늘에 계신 하느님이라는 말은 또한 하느님께서 높으신 하느님, 초월자이신 하느님, 우주를 다스리시는 하느님이심을 보이기도 한다고 본다.

하느님께서는 '우리 아버지'이시다. 아버지라는 말은 우리의 창조자, 보호자, 공급자이심을 나타낸다. 그의 피조물인 인류가 넓은 의미에서는 다 하느님의 자녀이지만, 하느님을 부정하고 거역하는 죄인들은 하느님의 자녀의 신분을 잃었다. 그러므로 만세 전에 그리스도 안에서 택함을 받고 때가 되어 하느님께 돌아와 그를 경외하고 그의 아들 예수 그리스도를 믿음으로 구원받은 사람들만 하느님의 자녀이며 하느님께서는 그들의 아버지가 되신다. 그러므로 우리는 기도할 때 아버지 하느님께 "모든 거룩한 존경과 확신을 가지고 가까이 나아가야" 할 것이다.

9절b 아버지의 이름을 거룩히 드러내시며

주께서는 제자들에게 여섯 가지의 내용을 기도하라고 가르치셨다. 우리가 기도해야 할 첫 번째 내용은 "아버지의 이름을 거룩히 드러내시며"이다. '거룩'은 구별을 나타낸다. 하느님께서는 창조주이시며 우리는 피조물이다. 창조주와 피조물 사이에는 무한한 구별이 있다. 창조주 하느님의 이름은 지극히 거룩하고 영광스런 이름이시다. 그의 이름은 우리가 큰 두려움을 가지고 불러야 할 이름이시다. 우리는 하느님을 하느님으로 인정하고 섬기며 그를 높이고 찬송하며 그가 창조자와 섭리자이심을 고백하여야 한다.

그러나 세상의 현실은 그렇지 않다. 사람들은 하느님을 알지 못하며 그를 부정하고 무시하고 경멸하며 대적하고 욕하기까지 한다. 그들은 하느님보다 물질적 부요와 존귀, 세상의 권력, 육신의 쾌락을 더 크게 여기며 살고 있다. 때때로 하느님의 백성도 우상을 섬기며 음란과 거짓과 탐욕으로 행함으로 하느님의 이름이 비방을 받기도 했다. 그러므로 우리는 하느님의 이름이 거룩히 여김을 받으시기 위해 늘 기도하며 힘써야 한다.

아버지의 나라가 오게 하소서

자료 : hansoop.org

10절a 아버지의 나라가 오게 하시며

두 번째 내용은 "아버지의 나라가 오게 하시며"이다. '나라'에는 백성과 땅과 왕과 법이 있다. 원래, 하느님 나라의 왕은 하느님이시며 백성은 인류이며 땅은 세상이고 법은 그의 명령이었다. 인류의 시조 아담과 하와가 하느님의 명령을 잘 지켰더라면, 그 나라에서의 삶은 평안과 행복의 삶이었을 것이다. 거기에는 질병도 가난도 죽음도 없었을 것이다. 그러나 인류의 시조가 하느님의 명령을 어김으로 그 나라에 문제가 생겼다. 그것은 하느님의 통치권을 부정한 것이었다. 그 결과, 평안과 행복의 삶도 잃어버렸다. 그러므로 하느님의 나라가 오게 하시며라는 기도는 그의 통치권의 회복을 간구하는 것이다.

하느님의 통치권의 회복은 예수 그리스도의 복음을 통해 죄인들이 구원을 받을 때 시작된다. 그러므로 주께서는 전도사역을 시작하실 때 "회개하여라. 하늘 나라가 가까이 왔다."라고 말씀하셨다. 전도는 영혼을 구원하고 교회를 세우는 것이며, 교회는 하느님의 나라의 시작이다.

10절b 아버지의 뜻이 하늘에서와 같이 땅에서도 이루어지게 하소서.

주께서 가르쳐 주신 기도의 세 번째 내용은 "아버지의 뜻이 하늘에서와 같이 땅에서도 이루어지게 하소서."이다. 하느님의 뜻은 하늘에서 이루어졌다. 그것은 천사들과 죽은 성도들을 통해서이다. 하늘에 있는 악한 천사들은 땅으로 추방되었고 선한 천사들은 하나님을 찬송하며 겸손하고 민첩하게 하느님의 뜻에 순종한다. 완전케 된 죽은 성도들도 늘 하느님을 찬송하며 평안을 누리고 있을 것이다.

그러나 땅이 문제이다. 땅은 마귀의 권세 아래 있다. 마귀는 '이 세상의 신'이며 '공중의 권세 잡은 자'이며 '온 천하를 꾀는 자'이다. 세상은 악한 자 안에 처해 있다. 우리는 '이 어두움의 세상 주관자들과 하늘에 있는 악의 영들'과 싸운다.

하느님께서는 창세 전에 뜻하신 바를 이 땅 위에서, 역사 속에서 다 이루신다. 세계사는 하느님의 역사이다. 하느님의 뜻은 거룩하고 의롭고 선하다. 그러나 사람들은 하느님의 뜻을 거슬러 행하였고 그를 대항하였다. 그것이 죄이다. 그러나 이제 하느님의 뜻이 땅 위에서 이루어져야 한다. 그것이 우리의 중요한 기도 내용이 되어야 한다.

11절 주께서 가르쳐주신 기도의 네 번째 내용은 "오늘 저희에게 일용할 양식을 주시고"이다. 그것은 날마다 필요한 육신의 양식을 구하는 매우 소박한 기도이다. 잠언 30:8도 사람의 두 가지 기본적 소원 중 하나로 "저를 가난하게도 부유하게도 하지 마시고 저에게 정해진 양식만 허락해 주십시오."라는 소원을 말하였다.

사람은 육신을 가진 존재이다. 사람에게 있어서 먹을 것과 입을 것은 필수적인 요소이다. 하느님께서는 우리 영혼의 구원과 마음의 위로와 평안을 주실 뿐 아니라, 우리 육신의 일용할 양식도 주신다. 이스라엘 백성이 애굽에서 구출되어 메마르고 거친 광야를 통과하는 동안에도 하느님께서는 그들에게 일용할 양식으로 만나를 내려주셨다. 그것은 비상한 상황에서도 하느님께서 일용할 양식을 주심을 잘 보여준다.

그러므로 우리는 육신의 양식을 위해 근심할 필요가 없다. 주께서는 공중의 새를 먹이시고 들의 나리꽃을 입히시는 하느님 아버지께서 우리의 몸을 위해 먹을 것과 입을 것이 필요함을 아시므로 염려하지 말라고 교훈하셨다. 우리는 오직 하느님의 뜻대로 그의 계명에 순종하고 경건하고 의롭게 살아야 한다. 주께서는 "너희는 먼저 하느님의 나라와 그분의 의로움을 찾아라. 그러면 이 모든 것도 곁

아버지의 뜻이 하늘에서와 같이 땅에서도 이루어지게 하소서

천주교난곡동성당에서 기도하는 저자 (2022년 3월 1일)

들여 받게 될 것이다."라고 말씀하셨다.마태 6:33 우리가 경건하고 바르고 선하게 살 때 그는 우리에게 지혜와 건강과 직장을 주시고, 또 수고의 대가를 누리게 하실 것이다. 그는 만복의 근원이시고 그가 주시는 복은 영적인 복뿐 아니라, 육신적·물질적 복도 포함한다.

12절 주께서 가르쳐주신 기도의 다섯 번째 내용은 "저희에게 잘못한 이를 저희도 용서하였듯이 저희 잘못을 용서하시고"이다. "저희 잘못을 용서하시고"라는 말에서 '저희 잘못'은 구원받은 이후의 죄들을 가리킨다. 우리가 죄를 회개하고 예수님을 믿었을 때 우리의 옛 죄악들은 깨끗이 씻음을 받았다. 그러나 우리는 남은 죄악성 때문에 때때로 실수하고 범죄한다. 성도가 믿음으로 의롭다

Vox populi, vox Dei.

하심을 받았다고 해서, 그런 실수와 죄가 죄 아닌 것은 아니다. 하느님의 계명을 어기는 모든 행위는 여전히 다 죄이다.

죄는 깨끗이 씻음을 받아야 한다. 죄씻음은 하느님의 용서를 통해서만 가능하다. 요한 복음서 13:10에 보면, 주께서는 "목욕을 한 이는 온 몸이 깨끗하여 발만 씻으면 된다. 너희는 깨끗하다. 그러나 다 그렇지는 않다."라고 말씀하셨다. 목욕하였다는 말씀은 우리가 처음 예수 그리스도를 믿었을 때 그의 속죄의 보혈로 죄씻음 받음을 말씀한 것이라고 본다. 그러나 목욕한 사람이라도 발이 더러워져서 발을 씻듯이, 예수님 믿고 구원받은 성도도 날마다 삶의 현실에서 실수하거나 범죄한 일이 있으면 하느님께 용서함을 받아야 한다. 만일 그렇지 않으면, 그 죄 때문에 하느님과의 교제가 가로막히게 된다. 하느님께서는 근심하시고 우리의 양심도 하느님과 멀어지게 될 것이다. 죄는 하느님과의 교제를 가로막는 장애물이다.

13절 저희를 유혹에 빠지지 않게 하시고 저희를 악에서 구하소서.

주께서 가르쳐주신 기도의 여섯 번째 내용은 "저희를 유혹에 빠지지 않게 하시고 저희를 악에서 구하소서"이다. 세상에는 마귀의 시험이 많다. 마귀는 우리를 불신앙과 낙심과 죄에 떨어지도록 시험한다.

주께서는 우리가 마귀의 시험에 떨어지지 않게 하시고 떨어져도 거기로부터 구원 얻도록 도우신다. 그는 시몬에게 "시몬아, 시몬아! 보라, 사탄이 너희를 밀처럼 체질하겠다고 나섰다. 그러나 나는 너의 믿음이 꺼지지 않도록 너를 위하여 기도하였다. 그러니 네가 돌아오거든 네 형제들의 힘을 북돋아 주어라."라고 말씀하셨다루카 22:31-32. 그러나 우리도 기도해야 한다. 주께서는 "예수님께서 그들에게 이르셨다. '왜 자고 있느냐? 유혹에 빠지지 않도록 일어나 기도하여라'"라고 교훈하셨다루카 22:46. 사도 바오로는 우리가 마귀의 궤계를 능히 대적하기 위해 진리의 띠, 의로움의 흉배, 평안의 복음의 신, 믿음의 방패, 구원의 투구, 성령의 검 곧 하느님의 말씀 등 하느님의 전신갑주를 입어야 하고 또 성령 안에서 기도해야 한다고 말하였다.

프란체스코 교황은 2019년 5월 1일 성베드로 광장에서 진행된 수요 일반알현 훈화를 통해 그리스어에서 번역한 "저희를 유혹에 빠지지 않게 하소서"에 대해 설명했다.

자료 : vaticannews.va

14-15절 주께서는 제자들에게 기도를 가르쳐 주신 후에 우리가 우리에게 잘못을 범한 자를 용서하라고 교훈하시며 우리가 그렇게 하지 않으면 하느님께서 우리의 잘못도 용서하지 않으실 것이라고 말씀하셨다. 주께서 이렇게 말씀하신 것은 하느님께서 우리에게 베푸신 용서가 값으로 계산할 수 없이 큰 것이기 때문이다. 하느님께서는 지옥 갈 만한 죄인인 우리를 구원해주셨고 천국 백성이 되게 하셨다.

주께서는 하느님께서 우리에게 베푸신 용서를 1만 달란트 빚진 자가 그 빚을 탕감받은 것과 같으며, 우리가 우리에게 잘못을 범하는 자를 용서하는 것은 100데나리온 정도의 빚을 탕감하는 것과 같다고 비유하셨다마태 18:23-35. 한 데나리온은 노동자의 하루 품삯이며, 한 달란트는 6,000데나리온이다. 그러면 1만 달란트는 6,000만 데나리온이다. 1만 달란트와 100데나리온의 가치의 차이는 매우 크다. 이처럼 우리가 큰 용서를 받았으므로 우리는 작은 용서를 해야 한다.

16-18절 단식은 비상한 기도의 한 방법이다. 그것은 비상하게 어려운 문제를 해결하는 효력 있는 기도의 한 방법이다. 마태오 복음서 17:21 전통 본문

Vox populi, vox Dei.

단식기도란 기도에 영적인 능력을 더하기 위하여 믿음과 의지로 생존을 위해서 절대적으로 필요한 음식을 한시적으로 끊고 기도하는 것이다. 응답받기 위해 전심전력을 다하여 기도하는 것이다. 단식기도의 목적은 언제나 인간중심이 아니라 하나님 중심에서 세워져야 한다.

자료 : inamen.tistory.com

에 보면, 예수께서는 세 제자들을 데리고 높은 산에 올라가 그 모습이 영화롭게 변화된 사건이 있은 후에 산에서 내려와 제자들이 고치지 못했던 간질 환자를 고쳐주신 후 "그런 것은 기도와 단식이 아니면 나가지 않는다."라고 말씀하셨다. 수리아 안디옥 교회는 선교사를 파송하려 할 때에 단식하였다. 단식은 중요한 기도의 행위이다. 그러나 우리는 단식할 때 사람에게 보이려고 단식하는 모양을 내지 말고 평상시와 같이 행함으로 은밀하게 해야 한다.

19절 보물을 땅에 쌓아두는 것은 자신을 위해 돈이나 재산을 저축하고 선한 일들을 위해 그것을 쓸 줄 모르는 것을 말한다. 오늘날 보물은 집이나 건물과 땅, 은행 예금과 적금, 주식과 펀드, 금 패물, 현금 등을 가리킨다. 땅에 쌓아둔 재물은 좀과 동록이 해하듯이 손실이 생기기도 한다. 집값이나 땅값이 떨어지기도 하고 은행 이자가 낮아지고 주식값, 펀드값이 하락하고 금값이 떨어지기도 하고 심지어 돈 가치가 하락하기도 한다. 또 도적이 구멍을 뚫고 도적질하듯이 다른 사람들에 의해 도적질이나 사기나 심지어 강탈을 당하기도 한다.

20절 여행 보따리도 여벌 옷도 신발도 지팡이도 지니지 마라. 일꾼이 자기 먹을 것을 받는 것은 당연하다.

보물을 하늘에 쌓아두는 것은 돈과 재물을 하느님의 기뻐하시는 선한 일, 즉 전도와 구제를 위해 쓰는 것을 말한다. 주께서는 그것이 우리를 위한 것이라고 말씀하셨다. 전도자들을 위한 후원은 하느님의 일이다. 주께서는 제자들을 둘씩 전도자로 보내실 때 "여행 보따리도 여벌 옷도 신발도 지팡이도 지니지 마라. 일꾼이 자기 먹을 것을 받는 것은 당연하다."라고 말씀하셨다.마태 10:10 사도 바오로는 빌립보 교회가 에바드로디도 편에 자기에게 보내준 선교헌금이 하느님께서 받으실 만한 향기로운 제물이라고 말했다. 선교헌금은 우리를 위해 보물을 하늘에 쌓는 것이다.

주머니를 만들어 하늘 나라에 보물을 쌓아두는 것은 구제하는 일도 가리켰다. 주께서는 마태오 복음서 25장의 양과 염소의 비유에서 주의 형제들 중 지극히 작은 자 하나가 주릴 때에 먹을 것을 주고 목마를 때에 마시게 하고 나그네 되었을 때 영접하고 벗었을 때 옷을 입히고 병들었을 때 돌아보고 옥에 갇혔을 때 와서 보는 것이 곧 주님 자신에게 하는 것이라고 말씀하셨다. 이와 같이, 구제도 보물을 하늘에 쌓는 것이다.

21절 우리의 보물과 우리의 마음은 같이 간다. 우리는 우리가 가치 있게 여기는 일들을 위해 마음을 쓰고 돈도 쓴다. 자식을 보물로 여기는 부모들은 자식을 위해 쓰는 돈을 아까워하지 않는다. 아내를 보물로 여기는 사람은 그를 위해 쓰는 돈을 아까워하지 않고 처갓집을 위해 돈을 쓰는 것도 아까워하지 않을 것이다.

우리가 하느님을 사랑하면 하느님의 일을 위해, 전도와 교회 설립을 위해, 주의 이름으로 하는 구제를 위해 돈을 쓰는 것을 아까워하지 않을 것이다. 주 예수보다 귀한 것은 없다. 그는 세상의 부귀영화보다 더 귀하시다. 그는 우리의 가장 귀한 보화를 받으시기에 합당하시다. 우리를 지옥 형벌로부터 구원하시기 위해 십자가에 못 박혀 피흘려 죽으신 그의 사랑은 돈으로 환산할 수 없이 크다. 그의 십자가 죽음으로 우리가 얻은 죄사함과 의롭다 하심과 하느님의 자녀 신분의 회복과 영생과 천국 기업은 돈으로 계산할 수 없이 크다. 그러므로 우리는 하느님을 위해, 전도를 위해, 영혼 구원을 위해, 교회 설립과 부흥을 위해, 신학교 설립과 운영을 위해, 문서 사역, 인터넷 사역을 위해, 우리의 모든 것을 드릴 수 있다.

22-23절 눈은 몸의 등불과 같다. 우리의 눈이 좋으면 온몸이 밝을 것이지만, 우리의 눈이 나쁘면 온몸이 어두울 것이다. '네 안에 있는 빛'은 우리의 영안靈眼, 마음의 눈, 곧 영적 지식, 진리의 지식, 깨달음, 분별력을 가리킨다고 본다. 우리의 마음의 눈이 밝으면 우리는 하느님의 영광을 위해 바르고 힘 있게 살 수 있으나, 마음의 눈이 어두우면 우리는 세상의 것들을 크게 여기고 그 헛된 것들을 위해 시간과 돈과 힘을 낭비할 수밖에 없다. 하느님과 하느님의 일들 대신에 세상의 것들과 세상 일들을 가치 있게 여기는 자들은 영안이 어두운 자들이다.

영의 눈을 열어주소서

자료 : newsnnet.com

창세기 13장에서 우리는 아브라함의 조카 롯의 잘못된 선택을 볼 수 있다. 그는 아브라함과 헤어질 때 물이 넉넉한 요단 들을 택하고 소돔과 고모라 성 가까이로 이주했다. 그러나 창세기 13:13은 "소돔 사람들은 악인들이었고, 주님께 큰 죄인들이었다."라고 말한다. 롯은 소돔과 고모라 성의 외적인 조건, 즉 물질적 유여함만 보고 그들의 종교적, 도덕적 상태를 중요하게 여기지 않았다. 그의 판단과 선택은 나중에 그의 재산과 아내까지 잃어버리고 자신과 딸들만 겨우 구원을 얻는 결과를 낳았다. 우리는 직장이나 직업이나 거주지를 택할 때 월급이나 직위나 외적 조건만 보지 말고 먼저 신앙생활, 교회생활을 잘할 수 있을지 여부를 생각해야 한다. 그것이 바른 생각과 태도이다.

24절 사람은 두 주인을 섬길 수 없다. 그는 한쪽을 더 위하거나 다른 한쪽을 더 소홀히 할 수밖에 없기 때문이다. 이와 같이, 우리는 하느님과 재물을 둘 다 섬길 수 없고, 둘 중에 하나를 택해야 한다. 우리는 하느님과 재물, 즉 하느님과 세상 둘 중에 하나를 택해야 한다.

주께서는 씨 뿌리는 비유에서 가시덤불에 떨어진 씨는 세상 걱정과 재물의 유혹에 숨이 막혀 결실치 못하는 씨라고 말씀하셨다마태 13:22. 재물에 대한 애착은 우리의 신앙생활을 결국 실패케 할 것이다. 주께서는 자기에게 찾아온 한 부자 청년에게 "네가 완전한 사람이 되려거든, 가서 너의 재산을 팔아 가난한 이들에게 주어라. 그러면 네가 하늘에서 보물을 차지하게 될 것이다. 그리고 와서 나를 따라라."라고 말씀하셨으나, 그 청년은 재물이 많으므로 슬퍼하며 떠나갔다마태 19:21-22. 주께서 세우신 열두 사도 중 가룟 유다는 결국 돈에 대한 욕심 때문에 실패하였다. 그는 대제사장에게 가서 "내가 그분을 여러분에게 넘겨주면 나에게 무엇을 주실 작정입니까?"라고 흥정하였고마태 26:15 그들은 그에게 은 삼십 개아마, 30 스타테르, 즉 120데나리온, 노동자의 4개월 품삯를 달아 주었다.

사도 바오로는 말세에 고통하는 시대가 올 것인데, 그때에 사람들은 자기를 사랑하고 돈을 사랑하고 하느님보다 육신의 쾌락을 추구할 것이라고 경고하였다. 사도 요한은 우리가 이 세상이나 이 세상에 있는 것들을 사랑치 말라고 교훈하며 이 세상의 것들은 다 육신의 정욕과 안목의 정욕과 이생의 자랑뿐이며 그것들은 다 지나가는 것들이며 오직 하느님과 그의 뜻을 구하는 자들만 영원할 것이라고 교훈했다. 결국, 사람은 둘 중의 하나를 택한다. 하느님인가, 아니면 세상, 즉 돈인가, 둘 중의 하나이다.

우리가 하느님만 참 주인으로 섬긴다면 우리는 바른길에 서 있는 것이며 하느

Vox populi, vox Dei.

니콜라 푸생 〈금송아지 숭배〉. 영국 내셔널 갤러리 소장

자료 : bing.com

님 앞에서 아무 문제가 없을 것이다. 돈은 언제나 하느님의 영광을 위해 쓸 수단에 불과하며, 우리는 돈에 종노릇하지 않을 것이다. 우리는 돈을 이 땅에 쌓아두는 잘못을 범하지 않을 것이다. 우리는 그 돈을 하느님의 영광을 위해, 그의 뜻을 이루기 위해, 전도와 구제를 위해 언제든지 기꺼이 사용할 것이다. 그러나 우리가 세상과 돈을 주인으로 섬긴다면, 우리는 잘못된 길에 서 있는 것이며 우리는 결국 실패자가 될 것이다. 세상과 돈을 섬기는 자는 결국 세상과 돈이 불탈 때 함께 지옥의 불에 던져질 것이기 때문이다.

25절 '그러므로'라는 말은 우리가 돈을 섬기지 말고 오직 하느님을 섬겨야 하기 때문에라는 뜻이다. "내가 너희에게 말한다"라는 말씀은 이 말씀이 하느님의 아들의 말씀임을 보인다. 그의 말씀은 곧 하느님의 말씀이며 진리이며 선하고 유익한 교훈이다.

주께서는 우리가 목숨을 위하여 무엇을 먹을까, 무엇을 마실까, 몸을 위하여 무엇을 입을까 염려하지 말라고 말씀하셨다. 그것은 음식의 내용, 옷의 종류에 너무 관심을 둘 것이 아니라는 뜻이라고 본다. 우리는 더 맛있는 음식을 먹으려 하지 말고 더 좋은 옷을 입으려 하지 말고 그런 것들에서 가치와 행복을 찾으려 하지 말라는 뜻이다. 사람은 잘 먹고 잘 입어야 오래 살고 행복한 것이 아니다. 장수 마을은 반드시 부자 동네가 아니다.

주께서는 목숨이 음식보다 중하며 몸이 의복보다 중하다고 말씀하셨다. 사람이 음식을 위해 존재하지 않고 사람이 옷을 위해 존재하지 않는다. 음식이 사람을 위해 있고 옷이 사람을 위해 있다. 그러므로 옷도 단정하고 편한 옷이면 좋다. 물론 색깔도 밝고 예쁜 것은 나쁘지 않다고 본다. 그러나 옷이 너무 요란하거나 단정치 못한 것은 피해야 할 것이다. 피부에 좋고 몸에 편한 옷이 좋은 옷일 것이다.

주께서는 먹는 것과 입는 것을 염려치 말라고 말씀하셨다. 염려는 평안이 없고 근심하며 걱정하는 것이며 마음이 나뉘는 것이다. 염려하는 사람은 마음이 복잡하고 생각이 많다. 평안은 마음의 단순함이다. 거기로부터 마음의 고요함, 조용함이 생기고 마음의 평정과 평온이 있다. 평안한 마음은 잔잔한 호수와 같다. 이런 평안에서 기쁨과 행복이 나온다. 그러나 불안과 염려, 걱정과 근심은 우울함, 두려움을 만들고 그런 마음은 사람을 행복하지 못하게 한다.

26절 하느님께서는 하늘의 새들도 기르시는 아버지이시다. 하느님께서는 욥에게 "누가 까마귀에게 먹이를 장만해 주느냐? 새끼들이 하느님에게 아우성치며 먹을 것 없이 헤매 돌아다닐 때에 말이다."라고 말씀하셨다욥 38:41. 하느님께서는 새뿐 아니라 모든 생물들을 기르신다. 시편 104:25-29는, "저 크고 넓은 바다에는 수없이 많은 동물들이, 크고 작은 생물들이 우글거립니다. 그곳에 배들이 돌아다니고 당신께서 만드신 레비아탄이 노닙니다. 이 모든 것들이 당신께 바랍니다, 제때에 먹이를 주시기를. 당신께서 그들에게 주시면 그들은 모아들이고 당신 손을 벌리시면 그들은 좋은 것으로 배불립니다. 당신의 얼굴을 감추시면 그들은 소스라치고 당신께서 그들의 숨을 거두시면 그들은 죽어 먼지로 돌아갑니다."라고 말한다.

'하늘의 새'는 '부지런히 날아다니는 새'를 가리킨 것 같다. 새들은 먹이를 찾고 얻기 위해 부지런한 것 같다. 하느님께서는 하늘의 새들을 먹이시고 기르신다. 우리는 새들보다 훨씬 더 낫지 않은가? 그러므로 하느님께서는 우리를 위해 먹을 것을 공급하시고 우리를 도우시고 우리에게 주시고 우리를 위해 준비하실 것이다.

27절 '수명'이라는 원어헬리키아, KJV는 일차적으로 '나이, 키'를 가리킨다. 근래의 영어성경들은 '그 수명을 한 순간인들 늘일 수 있느냐?'라고 번역했다 NASB, NIV. 우리가 염려해도 우리의 키를 좀 더 크게 할 수 없고 우리의 수명을 좀 더 연장할 수 없다면, 왜 쓸데없이 염려하느냐는 뜻이다. 우리의 염려는 우리의 목숨을 위해, 또 몸의 건강을 위해 아무 유익이 없고 오히려 해를 준다. 마음의 평안은 몸의 건강에 유익하지만, 마음의 불안과 염려는 몸에 병이 될 뿐이다.

28-29절 주께서는 옷에 대한 염려를 언급하시며 들의 나리꽃의 아름다움에 대해 말씀하신다. 모든 꽃은 다 아름답다. 색깔도 모양도 아름답다. 들판에서 자라는 작은 안개꽃 같은 것도 보잘것없어 보여도 누구에게 보이려고 그런지 예쁘다. 식물의 생명력은 강하고 놀랍고 신기하다. 이것은 다 하느님께서 하시는 것이다. 들의 나리꽃은 심는 수고나 천을 짜거나 재단하고 바느질하는 수고를 하지 않았으나 솔로몬의 아름다운 옷보다 더 아름답다. 사람의 가장 아름다운 옷이라도 하느님의 창조물의 아름다움에 미치지 못한다. 하느님의 솜씨는 사람의 솜씨보다 비교할 수 없이 훨씬 더 뛰어나고 놀랍다.

30절 아름다운 나리꽃이나 들풀들은 '오늘 서 있다가도 내일이면 아궁이에 던져질' 것들이다. 그러나 하느님께서 이렇게 일시적인 들풀들도 그처럼 아름답게 입히셨다. 그렇다면 하느님께서 사람을 어떻게 입히실지 짐작할 수 있다. 사람은 하늘의 새나 들의 나리꽃과 비교할 수 없이 존귀한 존재, 즉 하느님의 형상대로 지음 받은 존재이다. 하느님의 자녀된 이스라엘 백성들이나 신약교회 교인들은 더욱 존귀하다. 그러나 주께서는 우리에게 "믿음이 약한 자들아"라고 말씀하셨다. 정말 우리는 믿음이 약하다. 우리의 삶에 하느님께서는 온데간데없고 물질세계만 우리 눈앞에 있는 것이다. 우리는 창조자 하느님은 못 보고 물질세계만 보는 무지하고 믿음 없는 자들이다.

오직 하느님만 바라보나이다.

자료 : watv.org

31-32절 주께서는 걱정하지 말라고 다시 말씀하시면서 그 이유를 두 가지 드셨다. 첫째로, 물질생활에 대한 염려는 하느님을 모르는 이방인들이 하는 일이기 때문이라고 말씀하셨다. 하느님 없이 사는 이방인들, 하느님을 모르는 그들, 하느님의 보호와 도우심과 공급하심을 온전히 받지 못하는 그들은 미래에 대한 염려가 많을 수밖에 없다. 그러나 창조자, 섭리자 하느님을 아는 우리들, 또 하느님의 아신 바된 우리들, 세상 끝날 때까지 그의 보호와 도우심과 공급을 받을 우리들은 달라야 한다는 뜻이다. 둘째로, 하느님 아버지께서 이 모든 것, 즉 우리의 먹을 것과 마실 것과 입을 것이 우리에게 필요함을 아시기 때문이라고 말씀하셨다. 그는 우리의 의식주의 필요를 다 알고 계신다. 그는 하늘에 계신 우리의 아버지, 우리의 보호자시요 공급자이시다. 그러므로 우리는 우리의 물질적 필요에 대해 염려하지 말아야 한다.

33절 사람은 단순히 열심히 살면 행복한 삶을 살 수 있는 것이 아니다. 하늘의 새나 들의 나리꽃을 먹이시고 기르시고 입히시는 이는 하느님이시다. 그러므로 주께서는 우리가 먼저 하느님의 나라와 그의 의로움을 구해야 한다고 교훈하셨다. 이 말씀은 매우 중요한 생활 지침이다.

하느님의 나라를 구하는 것은 하느님의 통치를 받는 것, 곧 하느님을 믿고 순종하는 것을 말한다. 그의 의로움을 구하는 것도 예수 그리스도를 믿음으로 의롭다 하심을 받고 그의 계명들을 지키며 행하는 것을 말한다. 죄짓지 않고 의롭게 사는 것이 중요하다. 하느님과 예수 그리스도를 믿고 그의 모든 계명에 순종하는 것이 중요하다. 첫 사람 아담과 하와가 죄를 짓지 않았더라면 그들은 에덴 동산에서 의식주에 부족이 없이 영원히 죽지 않고 행복한 삶을 누렸을 것이다.

물론, 하느님의 뜻대로 사는 삶은 이 세상에서는 땀 흘려 일하는 것도 포함한다. 구약성경은 우리가 엿새 동안 힘써 일하라고 가르친다. 성경은 우리가 개미에게 가서 근면함을 배우라고 가르친다. 성경은 게으르지 말라고 가르치며, 또 일하기를 힘쓰며 일하기 싫어하거든 먹지도 말게 하라고 가르친다. 물론 우리는 세상 일에도 부지런해야 한다.

주께서는 우리가 먼저 하느님의 나라와 그의 의로움을 구하면 하느님께서 '이 모든 것' 곧 의식주의 필요한 것들을 우리에게 더하여 주실 것이라고 말씀하셨다. 이것은 하느님의 약속이다. 우리가 먼저 힘쓸 것을 힘쓰면 하느님께서는 우리의 필요들을 채워주실 것이다.

34절 "내일을 걱정하지 마라"는 주의 말씀도 중요한 교훈이다. 사람이 믿음이 없으면 내일을 걱정하게 되지만, 우리는 하느님을 믿는 믿음으로 내일을 걱정하지 말아야 한다. 주께서는 "내일 걱정은 내일이 할 것이다. 그날 고생은 그날로 충분하다."라고 말씀하셨다. 우리는 하루하루 고단한 삶을 살고 있다. 그날 하루의 괴로움은 그날 하루로 충분하다. 내일의 것을 오늘 걱정할 필요는 없다. 우리가 참으로 하느님을 믿는다면, 우리는 하루하루 그가 인도하시는 대로 살면 된다. 사람은 일을 할 때 조금 걱정하기도 할 것이나, 내일 일은 내일 걱정하면 된다. 우리는 모든 일을 하느님께 맡겨야 하고 내일 일을 오늘 걱정하지 말아야 한다. 그런 걱정은 하느님을 믿지 않는 불신앙에 불과하기 때문이다.

내일을 걱정하지 마라

자료 : jj1958.tistory.com

아름다운 명동성당 뒷마당에 서 있는 저자

마태오 복음서
7장

天聲

Vox populi, vox Dei.

남을 심판하지 마라 루카 6,37-38;루카 6,41-42

1 "남을 심판하지 마라. 그래야 너희도 심판받지 않는다.
2 너희가 심판하는 그대로 너희도 심판받고, 너희가 되질하는 바로 그 되로 너희도
받을 것이다.
3 너는 어찌하여 형제의 눈 속에 있는 티는 보면서, 네 눈 속에 있는 들보는 깨닫지
못하느냐?
4 네 눈 속에는 들보가 있는데, 어떻게 형제에게 '가만, 네 눈에서 티를 빼내 주겠
다.'하고 말할 수 있느냐?
5 위선자야, 먼저 네 눈에서 들보를 빼내어라. 그래야 네가 뚜렷이 보고 형제의 눈에
서 티를 빼낼 수 있을 것이다."

거룩한 것을 욕되게 하지 마라

6 "거룩한 것을 개들에게 주지 말고, 너희의 진주를 돼지들 앞에 던지지 마라. 그것
들이 발로 그것을 짓밟고 돌아서서 너희를 물어뜯을지도 모른다."

청하여라, 찾아라, 문을 두드려라 루카 11,9-13

7 "청하여라, 너희에게 주실 것이다. 찾아라, 너희가 얻을 것이다. 문을 두드려라, 너
희에게 열릴 것이다.

8 누구든지 청하는 이는 받고, 찾는 이는 얻고, 문을 두드리는 이에게는 열릴 것이다.

9 너희 가운데 아들이 빵을 청하는데 돌을 줄 사람이 어디 있겠느냐?

10 생선을 청하는데 뱀을 줄 사람이 어디 있겠느냐?

11 너희가 악해도 자녀들에게는 좋은 것을 줄 줄 알거든, 하늘에 계신 너희 아버지
께서야 당신께 청하는 이들에게 좋은 것을 얼마나 더 많이 주시겠느냐?"

황금률 루카 6,31

12 "그러므로 남이 너희에게 해 주기를 바라는 그대로 너희도 남에게 해 주어라. 이
것이 율법과 예언서의 정신이다."

좁은 문으로 들어가라 루카 13,24

13 "너희는 좁은 문으로 들어가라. 멸망으로 이끄는 문은 넓고 길도 널찍하여 그리
로 들어가는 자들이 많다.

14 생명으로 이끄는 문은 얼마나 좁고 또 그 길은 얼마나 비좁은지, 그리로 찾아드는
이들이 적다."

열매를 보면 나무를 안다 루카 6,43-44

15 "너희는 거짓 예언자들을 조심하여라. 그들은 양의 옷차림을 하고 너희에게 오지
만 속은 게걸 든 이리들이다.

16 너희는 그들이 맺은 열매를 보고 그들을 알아볼 수 있다. 가시나무에서 어떻게 포
도를 거두어들이고, 엉겅퀴에서 어떻게 무화과를 거두어들이겠느냐?

17 이와 같이 좋은 나무는 모두 좋은 열매를 맺고 나쁜 나무는 나쁜 열매를 맺는다.

18 좋은 나무가 나쁜 열매를 맺을 수 없고 나쁜 나무가 좋은 열매를 맺을 수 없다.

19 좋은 열매를 맺지 않는 나무는 모두 잘려 불에 던져진다.

20 그러므로 너희는 그들이 맺은 열매를 보고 그들을 알아볼 수 있다."

주님의 뜻을 실천하여라 루카 13,25-27

21 "나에게 '주님, 주님!' 한다고 모두 하늘 나라에 들어가는 것이 아니다. 하늘에 계
신 내 아버지의 뜻을 실행하는 이라야 들어간다.
22 그날에 많은 사람이 나에게, '주님, 주님! 저희가 주님의 이름으로 예언을 하고, 주
님의 이름으로 마귀를 쫓아내고, 주님의 이름으로 많은 기적을 일으키지 않았습
니까?' 하고 말할 것이다.
23 그때에 나는 그들에게, '나는 너희를 도무지 알지 못한다. 내게서 물러들 가라, 불
법을 일삼는 자들아!' 하고 선언할 것이다."

내 말을 실행하여라 루카 6,47-49

24 "그러므로 나의 이 말을 듣고 실행하는 이는 모두 자기 집을 반석 위에 지은 슬기
로운 사람과 같을 것이다.
25 비가 내려 강물이 밀려오고 바람이 불어 그 집에 들이쳤지만 무너지지 않았다. 반
석 위에 세워졌기 때문이다.
26 그러나 나의 이 말을 듣고 실행하지 않는 자는 모두 자기 집을 모래 위에 지은 어
리석은 사람과 같다.
27 비가 내려 강물이 밀려오고 바람이 불어 그 집에 휘몰아치자 무너져 버렸다. 완
전히 무너지고 말았다."

청중의 반응 마르 1,22; 루카 4,32

28 예수님께서 이 말씀들을 마치시자 군중은 그분의 가르침에 몹시 놀랐다.
29 그분께서 자기들의 율법 학자들과는 달리 권위를 가지고 가르치셨기 때문이다.

1 "Do not judge, or you too will be judged.
2 For in the same way you judge others, you will be judged, and with the
measure you use, it will be measured to you.

Vox populi, vox Dei.

3 "Why do you look at the speck of sawdust in your brother's eye and pay no attention to the plank in your own eye?

4 How can you say to your brother, 'Let me take the speck out of your eye,' when all the time there is a plank in your own eye?

5 You hypocrite, first take the plank out of your own eye, and then you will see clearly to remove the speck from your brother's eye.

6 "Do not give dogs what is sacred; do not throw your pearls to pigs. If you do, they may trample them under their feet, and then turn and tear you to pieces.

7 "Ask and it will be given to you; seek and you will find; knock and the door will be opened to you.

8 For everyone who asks receives; he who seeks finds; and to him who knocks, the door will be opened.

9 "Which of you, if his son asks for bread, will give him a stone?

10 Or if he asks for a fish, will give him a snake?

11 If you, then, though you are evil, know how to give good gifts to your children, how much more will your Father in heaven give good gifts to those who ask him!

12 So in everything, do to others what you would have them do to you, for this sums up the Law and the Prophets.

13 "Enter through the narrow gate. For wide is the gate and broad is the road that leads to destruction, and many enter through it.

14 But small is the gate and narrow the road that leads to life, and only a few find it.

15 "Watch out for false prophets. They come to you in sheep's clothing, but inwardly they are ferocious wolves.

16 By their fruit you will recognize them. Do people pick grapes from thornbushes, or figs from thistles?

17 Likewise every good tree bears good fruit, but a bad tree bears bad fruit.
18 A good tree cannot bear bad fruit, and a bad tree cannot bear good fruit.
19 Every tree that does not bear good fruit is cut down and thrown into the
fire.
20 Thus, by their fruit you will recognize them.
21 "Not everyone who says to me, 'Lord, Lord,' will enter the kingdom of
heaven, but only he who does the will of my Father who is in heaven.
22 Many will say to me on that day, 'Lord, Lord, did we not prophesy in
your name, and in your name drive out demons and perform many mir-
acles?'
23 Then I will tell them plainly, 'I never knew you. Away from me, you evil-
doers!'
24 "Therefore everyone who hears these words of mine and puts them into
practice is like a wise man who built his house on the rock.
25 The rain came down, the streams rose, and the winds blew and beat
against that house; yet it did not fall, because it had its foundation on the
rock.
26 But everyone who hears these words of mine and does not put them
into practice is like a foolish man who built his house on sand.
27 The rain came down, the streams rose, and the winds blew and beat
against that house, and it fell with a great crash."
28 When Jesus had finished saying these things, the crowds were amazed at
his teaching,
29 because he taught as one who had authority, and not as their teachers of
the law.

人語

마태오 복음서 7장 요약[1]

5장부터 7장까지는 산상복음 설교이다. 5장은 천국 시민의 특성을, 6장 1절부터 7장 12절까지 천국 시민의 태도를, 13-27절까지는 천국 시민을 위한 결론적 권면의 말씀이다.

하느님의 말씀 안에서 무장하고 기도하면 지혜와 성결의 능력을 얻고 이 땅에서 생명의 길을 걷는 거룩한 삶, 풍성한 삶을 누릴 수 있다. 특별히 복음을 전함에 있어서 사람의 외모나 상황을 가리지 않고 전도해야 하지만, 복음을 무가치하게 짓밟는 상황에는 지혜롭게 해야 한다. 말씀으로 무장하여 기도하여 성령 충만한 복음 전도자가 되어 감히 복음을 해치지 못하도록 능력으로 행해야 한다. 선

산상수훈

자료 : m.blog.naver.com

1 변정미, 마태복음 7장 요약 설명, 강남은혜교회, 2020년 2월 13일 작성.

을 행하다가 세상에 어려운 일이 있어도 타협하고 포기하거나 절망하여 주저앉아 넓은 길로 가지 말고, 말씀따라 끝까지 인내하여 좁은 길 사랑의 길을 걸으면 아름다운 열매를 자연스럽게 맺을 수 있다.

다지기

- 질문 1 형제의 부족함이 보이고 허물이 보여서 비판하고 싶을 때 어떻게 하라고 하십니까? 4, 5절
- 질문 2 구하고 찾고 두드릴 때 어떻게 된다고 하십니까? 7, 8절
- 질문 3 내가 필요해서 구하여 받기를 원하면 남에게 어떻게 해야 합니까? 12절
- 질문 4 생명으로 인도하는 문과 멸망으로 인도하는 문은 어떻게 다릅니까? 13, 14절
- 질문 5 비가 내리고 창수 홍수 가 나고 바람이 불어 그 집에 부딪혀도 무너지지 않는 자는 주추를 어디에 올린 때문입니까? 25절
- 질문 6 주여 주여 하는 자마다 천국에 들어가는 것이 아니라 누가 들어간다고 하십니까? 21절

각 절 해석[2]

1-5절 주께서는 비판에 대해 말씀하셨다. 우리는 이 세상을 살아가면서 간혹 남을 비판한다. 그러나 우리는 남을 비판하는 일을 매우 조심해야 한다. 주께서 우리가 남을 비판하는 일을 완전히 금하신 것은 아니라고 본다. 우리는 남의 잘못된 사상이나 행동을 판단하고 비판해야 그것을 따르지 않고 본받지 않을 수 있다. 주께서는 특히 교회의 질서와 거룩을 위해 교리적 오류나 윤리적 오류를 판단하고 비평할 책임을 교회 전체, 특히 신부들에게 주셨다. 그는 마태오 복음서 18:18에서 "내가 진실로 너희에게 말한다. 너희가 무엇이든지 땅에서 매면 하늘에서도 매일 것이고, 너희가 무엇이든지 땅에서 풀면 하늘에서도 풀릴 것이다."라고 말씀하셨다. 이것은 교회의 권징에 대해 말씀하신 것이다.

2 김효성 목사, 마태복음 강해, 2019년 11월 27일 수정.

Vox populi, vox Dei.

사도 바오로도 로마서 16:17에서 "형제 여러분, 내가 여러분에게 당부합니다. 여러분이 배운 가르침을 거슬러 분열을 일으키고 걸림돌이 되는 자들을 조심하십시오. 그들을 멀리하십시오."라고 말했다.

주께서 "남을 심판하지 마라. 그래야 너희도 심판받지 않는다."라고 말씀하신 것은 우리의 비판의 행위 자체를 정죄하신 것이 아니고 그 비판이 우리 자신에게도 적용되기 때문에 남을 비판하는 일을 매우 조심하라는 뜻이다. 우리가 남을 비판하는 일을 매우 조심해야 하는 이유는 우리도 비슷한 잘못을 범할 수 있기 때문이다. 그러므로 주께서는 "너희가 심판하는 그대로 너희도 심판받고, 너희가 되질하는 바로 그 되로 너희도 받을 것이다."라고 말씀하셨다.

더욱이, 주께서는 "너는 어찌하여 형제의 눈 속에 있는 티는 보면서, 네 눈 속에 있는 들보는 깨닫지 못하느냐?"라고 말씀하셨다. '티'는 작은 결점을 말하고 '들보'는 큰 결점을 말한다. 사람은 자신의 결점은 보지 못하거나 보아도 작게 여기고 남의 결점은 잘 보고 그것을 크게 여기는 경향이 있다. 그러므로 자신에게 큰 결점이 있음에도 불구하고 남의 작은 결점을 크게 여기고 그것을 비평하기 쉬운 것이다. 자신의 큰 결점을 보지 못하고 남의 작은 결점을 지적하는 것은 큰 잘못이다.

주께서는 그런 사람을 '위선자야'라고 부르셨다. 사람에게는 누구나 자신이 옳고 남이 틀렸고 자신이 선하고 남이 악하다고 생각하는 기질이 있는 것 같다. 이것은 교만한 마음에서 나오는 것일 것이다. 그러나 생각해보면, 우리 자신이 더 큰 결함을 가지고 있을 수 있다. 그러므로 주께서는 "위선자야, 먼저 네 눈에서 들보를 빼내어라. 그래야 네가 뚜렷이 보고 형제의 눈에서 티를 빼낼 수 있을 것이다."라고 말씀하셨다. 그러므로 우리는 형제의 작은 결점을 비평하기 전에 자신을 살피고 자신의 큰 결점을 찾아 고치려 해야 할 것이다.

6절 거룩한 것과 진주는 하느님의 거룩하고 귀한 진리의 말씀을 가리킨다고 보며, 개와 돼지는 무지하고 악한 자들을 가리키는 것 같다. 그들은 복음을 알지 못할 뿐 아니라, 고의로 하느님과 그의 종들과 그들이 전하는 진리를 거

삶의 경험이 최고의 전도가 된다.

자료 : umc.org

절하고 대적한다. 그들은 하느님의 진리를 발로 밟을 뿐만 아니라, 또한 전도자들에게도 해를 입힌다.

하느님의 진리 속에는 죄의 지적과 정죄, 즉 하느님의 심판과 지옥 형벌의 진리가 포함되어 있다. 하느님을 두려워하고 죄를 깨닫는 자는 회개하며 구원의 진리를 감사하게 받을 것이지만, 그러나 회개치 않는 악인들에게는 하느님의 진리가 기분 나쁜 말들에 불과할 것이다. 사도행전에 많이 기록된 대로, 사도들이 두루 다니며 복음을 전할 때 악한 자들은 그들을 비방하였고 다른 이들까지 선동하여 그들을 해치려 했다. 사람이 참으로 예수 그리스도를 믿고 구원을 얻으려면, 먼저 하느님을 알고 그를 경외함이 있어야 하고 자신의 죄를 깨닫고 뉘우침이 있어야 한다. 참된 구원은 회개, 즉 겸손히 자신의 죄와 부족을 깨닫고 뉘우치는 것을 동반한다.

7-8절 주께서는 기도에 대해 말씀하셨다. 세상일도 이치가 비슷하겠지만, 이것은 기도에 대한 진리이다. '청하여라,' '찾아라,' '두드려라'는 말은 더 간절해지는 기도를 나타낸다. 하느님을 향해 구하고 찾고 문을 두드리면 응답을 얻을 것이다. 그러나 구하지 않으면 무엇을 받을 수 없다.

기도는 단지 우리가 어떤 필요와 부족을 느낄 때가 아니라 하느님을 알고 의지할 때 더 잘할 수 있다. 기도는 우리의 믿음에 비례한다. 믿음이 없으면 하느님께 기도할 수 없고, 믿음이 적으면 조금 기도할 것이며, 믿음이 강하면 많이 기도할 수 있을 것이다. 주께서는 하나님의 아들이시지만 기도의 본을 보이셨다. 그는 새벽 미명에 기도하셨고 또 밤에 기도하셨으며 때로는 밤새도록 기도하셨다.

주께서는 기도 응답을 강조하시면서 기도하라고 말씀하셨다. 우리는 기도 응답에 대한 믿음을 가질 때 낙심치 않고 더욱 잘 기도할 수 있다. 기도 응답을 믿지 않는 자는 응답이 더디면 낙심할 수도 있겠으나, 응답을 믿는 자는 낙심치 않고 더욱 열심히 기도할 것이다.

9-11절 주께서는 기도의 응답에 대해 한 비유로 설명하셨다. 사람은 무엇을 구하는 자녀에게 좋은 것을 주려고 한다. 떡을 달라 하는데 돌을 주거나 생선을 달라 하는데 뱀을 줄 부모는 없다. 악한 인생도 그러하다면, 하물며 선하신 하나님 아버지께서는 그의 자녀된 우리가 무엇을 구할 때 좋은 것을 주실 것이다. 우리는 그의 기도 응답을 믿을 뿐만 아니라, 그가 좋은 것으로 응답하실 것을 믿어야 한다. 그는 좋으신 아버지이시며 능력의 하나님이시다. 그는 온 세상을 섭리하시며 특히 참된 교회들을 가장 선한 길로 인도하신다.

12절 주님의 이 말씀은 물론 인간관계에도 적용될 수 있으나, 문맥이 보이는 바와 같이 기도의 교훈에 대한 결론이다. 그것은 우리가 하나님으로부터 좋은 것을 받기 원한다면, 먼저 하나님께 좋은 것을 드려야 함을 교훈하신 것이다. 만일 우리가 평소에 하나님을 위해 살고 시간과 돈과 힘을 드린다면, 그는 우리에게 좋은 것을 주실 것이다. 그러나 만일 우리가 평소에 하나님을 위해 살지 않고 하나님을 위해 시간과 돈과 힘을 드리지 못했다면 어떻게 될까? 혹은 드려도 부스러기를 조금 드리고 오히려 그가 미워하시는 것들, 즉 이 세상의 죄악되고 헛된 것들을 좋아하고 그런 것들을 위해 살았다면, 우리는 그가 우리에게 좋은 것을 주시리라고 기대할 수 없을 것이다. 우리가 그의 좋은 기도 응답을 기대한다면, 우리는 평소에 그에게 좋은 것을 드려야 할 것이다.

13-14절 '문'은 구원의 방법을 가리키며, '길'은 구원받은 자의 생활방

자기영광이 아닌 하느님의 영광을 위한 삶

자료 : bonhd.net

식을 가리킨다. 우리는 좁은 문으로 들어가야 한다. 그것은 우리가 주 예수 그리스도만 유일한 구주로 믿어야 함을 말한다. 주께서는 "나는 길이요 진리요 생명이다. 나를 통하지 않고서는 아무도 아버지께 갈 수 없다."라고 말씀하셨다요한 14:6. 그는 사람이 하느님께로 가는 유일한 길이시며 구원의 진리시요 영생이 되신다. 사도 바오로도 "하느님은 한 분이시고 하느님과 사람 사이의 중개자도 한 분이시니 사람이신 그리스도 예수님이십니다."라고 증거하였다1티모 2:5. 예수 그리스도께서는 하느님과 사람 사이에 유일한 중보자이시다. 사도 베드로도 "그분 말고는 다른 누구에게도 구원이 없습니다. 사실 사람들에게 주어진 이름 가운데에서 우리가 구원받는 데에 필요한 이름은 이 이름밖에 없습니다."라고 증거했다사도 4:12. 죄인들은 구주 예수 그리스도만 믿음으로 구원을 받을 수 있다.

또 우리는 좁은 길로 가야 한다. 우리는 예수 그리스도의 교훈과 성경 교훈만 순종해야 한다. 예수님을 믿고 따르는 길은 고난의 길이다. 예수께서는 고난의 길을 가셨다. 그는 십자가에 못 박혀 죽으셨다. 그는 "누구든지 내 뒤를 따라오려면, 자신을 버리고 제 십자가를 지고 나를 따라야 한다. 정녕 자기 목숨을 구하려는 사람은 목숨을 잃을 것이고, 나 때문에 자기 목숨을 잃는 사람은 목숨을 얻을 것이다."라고 말씀하셨다마태 16:24-25. 그를 믿고 따르는 자들에게는 고난이 예상된다. 그들은 고난을 각오하며 그를 따라야 한다. 주께서는 심지어 "아버지나 어머니를

너희는 좁은 문으로 들어가라. 멸망으로 이끄는 문은 넓고 길도 넓찍하여 그리로 들어가는 자들이 많다(13절).

자료 : christianlife.nz

나보다 더 사랑하는 사람은 나에게 합당하지 않다. 아들이나 딸을 나보다 더 사랑하는 사람도 나에게 합당하지 않다. 또 제 십자가를 지고 나를 따르지 않는 사람도 나에게 합당하지 않다. 제 목숨을 얻으려는 사람은 목숨을 잃고, 나 때문에 제 목숨을 잃는 사람은 목숨을 얻을 것이다."라고 말씀하셨다마태 10:37-39. 우리는 가족보다, 우리 자신보다 그를 더 사랑하고 따라야 한다.

사도 바오로는 소아시아 지방에 복음을 전하여 교회를 세운 후 그들을 돌아보며 그들의 마음을 굳게 하며, "그들은 제자들의 마음에 힘을 북돋아 주고 계속 믿음에 충실하라고 격려하면서, '우리가 하느님의 나라에 들어가려면 많은 환난을 겪어야 합니다'라고 말하였다"고 하였다사도 14:22. 예수님을 믿고 따르는 길은 고난의 길이다.

이와 같이, 예수 그리스도를 믿고 따르는 삶은 좁은 문으로 들어가서 좁은 길을 걷는 것이다. 그것은 참으로 좁은 문이며 좁은 길이다. 그것은 예수 그리스도만 구주로 믿어야 하고 성경의 교훈만 따르고 어려운 희생과 고난도 각오해야 하는 길이기 때문이다.

그러나 멸망으로 인도하는 문은 넓다. 그것은 다원주의의 문이다. 그것은 모든 종교를 포용하는 종교다원주의의 문이며, 모든 철학과 인생관과 가치관을 포용하는 상대주의의 문이다. 그것은 세상 사랑, 돈 사랑, 육신의 쾌락 사랑도 포용한다. 그것은 기독교 안에도 들어와 있다. 천주교회는 오래전부터 이방 종교들과 세상의 풍습들을 포용하였고, 오늘날 자유주의 신학과 은사주의도 그런 경향을 가진다. 거기에는 오직 관용이라는 한 가지의 덕만 있고 성경적, 역사적 기독교 같은 배타주의는 악으로 간주되고 배척을 받는다.

그러나 그 넓은 문과 그 넓은 길은 멸망으로 인도한다. 다원주의, 포용주의의 사상은 마귀의 사상이다. 그것은 하느님의 진리와 배치된다. 그것은 오류에 빠져 있는 자들로 하여금 회개치 못하게 만들며 그 죄 가운데 거하게 만든다. 세상은 각종 더러운 정신들의 집결지이다. 교회들도 배교하며 다원주의적이고 포용주의적이게 될 것이다.

그러나 그리로 가는 자들이 많을 것이다. 많은 사람들 심지어 많은 종교인들이 그리로 가고 있고 또 기독교인이라는 이름을 가진 많은 사람들도 그리로 가고 있다. 그러나 그들은 주 예수 그리스도를 믿고 따르는 참된 신자들이 아니고 구원받은 성도들이 아니다.

넓은 문, 넓은 길과 대조하여 생명으로 인도하는 문은 좁고 길이 힘들어서 찾는 이들이 적다. 역사적, 성경적 기독교는 배타주의이다. 예수 그리스도께서만 천국 가는 길이시며 인생의 진리이시며 영원한 생명이시다. 또 우리는 하느님과 예수 그리스도를 가족보다, 또 우리 자신보다 더 사랑해야 한다. 주님의 말씀대로, 복음을 믿고 세례를 받는 사람은 구원을 얻을 것이지만, 믿지 않는 사람은 정죄를 받을 것이다. 하느님께서는 예수 그리스도 외에 다른 구주를 세상에 주지 않으셨다. 하느님과 사람들 사이에 중보자는 예수 그리스도뿐이시다. 성경적 기독교는 배타주의이다. 예수 그리스도만 구주이시며 성경만 진리이다.

또 예수 그리스도를 믿고 따르는 길은 우리의 주관대로 사는 것이 아니고, 우리 자신을 부정하며 자신을 절제하며 성경의 교훈에 복종하는 것이다. 예수님 믿고 구원을 얻은 우리에게도 죄성과 죄의 습관이 남아 있다. 우리에게는 항상 내면적 싸움이 있다. 우리가 자신을 부정하고 절제하는 것은 결코 쉬운 일이 아니다.

더욱이, 오늘날과 같이 교회가 넓어져서 속화된 때에 옛 신앙, 성경적 신앙, 보수 신앙을 지키는 것은 좁은 길을 걷는 것이다. 많은 신부들과 교인들이 성경의 교훈대로 믿고 행하지 않는다. 그들은 세상을 사랑하면서 예수님을 믿는다고 말한다. 전통적, 정통적 교리들을 저버린 자들이 많다. 이런 배교와 타협과 혼란의 시대에 시대적 풍조를 반대하고 옛길을 붙드는 것은 편협하거나 극단적이게 보이는 외로운 일이다. 그러나 우리는 이 길이 어렵고 외롭고 힘든 길일지라도 오직 성경의 교훈대로 좁은 길을 걸어야 한다. 이 길만이 영생의 길이다.

그러나 좁은 문을 찾고 좁은 길을 걷는 것은 하느님의 전적인 은혜이다. 하느님께서 창세 전에 그리스도 안에서 택하시고 은혜로 부르시는 자들만 좁은 문으로 들어갈 것이며 구주 예수 그리스도만 믿고 따를 것이며 또 성경 교훈대로 바르게 살 것이다.

15절 선지자는 하느님의 뜻을 전하는 자, 즉 하느님의 말씀만 전하는 자이다. 이 일은 오늘날 목사와 신부들에게 맡겨져 있다. 그러나 세상에는 거짓 선지자들, 거짓 목사와 신부들이 많다. 그들은 하느님의 뜻이 아닌 것을 전하는 자들, 즉 비진리를 전하고 올바르지 않은 말을 하는 자들이다. 그들은 거짓말하는 자들, 자기의 생각을 전하는 자들, 자기 자랑이 많은 자들, 세상적 수준의 생각과 도덕을 전하는 자들, 성경의 충실한 본문 해석 대신에 세상적인 이야기들, 허탄한 이야기들을 많이 하는 자들, 성경 진리들과 멀어지게 하는 자들, 바른 교

거짓 선지자

자료 : m.blog.naver.com

회와 멀어지게 하는 자들, 바른 종들을 비방하고 그들과 멀어지게 하는 자들, 결국 하느님과 멀어지게 하는 자들이다.

주께서는 그들이 양의 옷을 입고 너희에게 나아오나 속에는 노략질하는 이리라고 말씀하셨다. 그들은 이중적이며 위선적이며 겉과 속이 다르다. 그들은 하느님의 백성을 죽이려고 와 있는 사탄의 사자들이다. 그들은 겉만 보아서는 잘 모른다. 그들의 사상과 인격성을 보아야 알 수 있다. 그들은 사심私心이 있고, 물질욕, 명예욕, 권세욕 등이 있다. 그런 자들은 교회 헌금을 불필요한 일들과 부당한 일들에 과다지출하고 헌금을 남용하고 교회 공금을 부당하게 취하고 헌금을 세속적인 사업들에 투자하고 교인들의 투자금을 떼어먹는다. 성도들은 이런 거짓 목사와 신부들을 분별하여 물리쳐야 한다.

16-20절 나무는 그 열매로 안다. 좋은 나무는 좋은 열매를 맺고 나쁜 나무는 나쁜 열매를 맺는다. 좋은 열매를 맺지 않는 나무는 찍혀 불에 던져진다. 이와 같이 참 선지자와 거짓 선지자, 참 목사·신부와 거짓 목사·신부는 그의 행위로 분별할 수 있다. 우리는 단순히 그 외모의 훤칠함이나 유창한 말만 가지고 그를 판단해서는 안 된다. 사탄의 사자들도 그런 점들을 가질 수 있다. 그러나 사탄의 종들이 흉내낼 수 없는 것은 그 행위들이다. 사람은 그의 행위로 판별된다. 그 행위란 그의 경건성과 도덕성의 행위를 가리킨다. 그의 행위가 경건한가, 깨끗한가, 의롭고 정직한가, 선한가, 진실한가? 이것이 사람을 분별할 수 있는 방법이다. 새 생명은 단순히 말에 있지 않고 거룩한 인격과 삶에 있다.

하느님의 종들과 마귀의 종들, 하느님의 자녀들과 마귀의 자녀들은 명백히 구별된다. 거짓 목사·신부들은 그 행위로 분별된다.

좋은 열매를 맺지 아니하는 나무들이 찍혀 불에 던져지듯이, 불경건, 사욕私慾, 불의, 악, 교만, 거짓을 추구하고 행하는 목사·신부들은 천국에서 제외되고 영원한 지옥불에 던져질 것이다. 참된 경건과 도덕성이 없는 자들은 참으로 심판을 받고 지옥불에 던져질 것이다.

Vox populi, vox Dei.

21절 '주님, 주님' 하는 고백은 입술만의 고백일 수 있고 입에 발린 말에 불과할 수 있다. 진정한 고백은 마음의 고백이어야 하며, 그것은 행위로 나타나는 고백이다. 사람의 행위는 마음에서 시작되며 마음먹기에 따라 크게 좌우된다. 거짓된 목사·신부들은 입술로는 주님을 부르지만, 그들의 고백이 진실한 마음의 고백이 아니므로 행위가 뒤따르지 않는다. 그러나 헛된 고백은 결코 구원받을 수 없는 고백이다.

주께서는 "다만 하늘에 계신 내 아버지의 뜻대로 행하는 자라야 [천국에] 들어가리라"라고 말씀하셨다. 예수께서는 하느님을 '하늘에 계신 내 아버지'라고 부르셨다. 하느님과 예수님은 특별한 의미에서 부자父子 관계이시다. 하느님이 원하시는 바는 우리가 예수 그리스도를 진실하게 믿는 것이고 의롭고 선하고 진실하게 사는 것이다.

선한 행위가 없는 입술만의 고백은 죽은 고백에 불과하다. 의롭고 선한 행위는 참된 믿음의 표시이다. 사람이 행위로 구원받는 것이 아니고 오직 믿음으로만 받지만, 믿는 자는 반드시 의롭고 선한 행위들을 가져야 한다. 천국에 들어가는 자들은 선한 행위가 있는 자이다. 행위는 구원의 조건이 아니지만 구원의 증거가 된다. 사람이 행위로 천국 가는 것은 아니지만 행위 없이 천국 가는 것도 아니다. 생명은 반드시 인격과 행위의 변화로 나타난다. 입술의 신앙고백이 있어도 선한 행위가 없다면 그는 구원받은 자가 아닐 것이다. 그의 고백은 헛된 고백에 불과할 것이다. 사람의 행위는 마음의 표현이다. 회개한 자는 반드시 회개의 열매를 맺어야 한다.

22-23절 그날은 마지막 심판의 날이다. 그날에 많은 사람들이 구원을 받지 못할 것이다. 그중에는 거짓 선지자들, 즉 거짓 목사·신부들이 많을 것이다. 하느님께서 그의 일을 열심히 하셨듯이, 사탄도 하느님의 일 방해하기를 열심히 행하였다. 하느님께서 그의 사자들을 일으켜 일하게 하셨듯이, 사탄도 그의 사자들을 일으켜 다양한 거짓된 운동들을 일으켰다. 거짓 목사·신부들은 주의 이름으로 선지자 노릇, 목사·신부 노릇을 하며 주의 이름으로 심지어 귀신도 쫓아내고 많은 기적도 행하였다. 본문은 사탄도 그의 종들을 통해 기적들을 행할 것을 보인다.

"심판의 날 구원받으려면 선하게 살라", 야훼도 알라도 똑같은 가르침

자료 : chosun.com

그러나 거짓 목사·신부들의 위선은 그들이 불법을 행하는 데서 드러났다. 주께서는 그들에게 "나는 너희를 도무지 알지 못한다"고 말씀하실 것이다. '도무지'라는 원어우데포테는 "내가 너희를 안 적이 없다"는 뜻이다. 이 말씀은 그들이 기적을 행했던 행위들이 주님과 상관없이 행해졌음을 뜻한다. 거짓 목사·신부들이 주님께 거절당한 까닭은 불법을 행하는 자들이었기 때문이다. 사람의 행위가 문제이다. 하느님께서는 사람이 행한 대로 심판하실 것이다.

누구든지 악을 행하면서 구원받은 줄로 생각하고 마지막 심판대에서 주께 인정받을 줄로 생각해서는 안 된다. 주께서는 악인을 구원하시지만, 그를 악에서 건져 선한 사람을 만드시는 것이지 악한 그대로 버려두시는 것이 아니다. 행위는 사람의 구원을 판별할 수 있는 표시가 된다. 아직도 악을 떠나지 않은 자들은 구원받지 못한 자라고밖에 볼 수 없다. 그가 참으로 구원을 받았다면, 그는 모든 죄를 버리고 주 앞에 복종하고 말씀의 교훈대로 사는 자가 되었을 것이다. 우리는 의롭고 선한 행실로 우리의 믿음의 진실함을 나타내어야 한다.

주께서는 "내게서 물러들 가라, 불법을 일삼는 자들아!"라고 말씀하셨다. 그들의 마지막 심판대에서 버림받은 이유는 불법을 행하는 데 있었다. 그들은 하느님과 상관없는 자들이었고 천국과 영생과 상관없는 자들이었으며, 마귀와 상관된 자들이었고 지옥과 상관된 자들이었다.

24-27절 주께서는 그의 산상보훈의 결론으로 행위에 대한 강조를 하신다. 계명의 실천이 중요하다. '모두누구든지'는 모든 제자들과 모든 사람에게 해당한다. '나의 이 말'은 산상보훈 전체를 가리킨다. 주님의 말씀을 듣고 행하는 자는 그 집을 반석 위에 지은 사람과 같다. 여기에 '집'은 사람의 인격과 삶을 가리킨다. 주의 말씀 순종의 행위는 그의 신앙 인격과 삶을 견고하게 만든다. 그런 자는 정말 주님을 믿고 따르는 자이다. 폭우나 폭풍은 우리가 세상에서 당하는 시험과 환난, 질병과 궁핍 등을 상징한다. 순종의 행위로 자기의 신앙을 견고하게 한 자에게는 그 어떤 시험과 환난도 큰 문제가 되지 않을 것이다. 그는 하느님의 은혜로 모든 시험과 환난을 이기고 또 이길 것이다.

그러나 주의 말씀을 듣고 행하지 않는 자는 집을 모래 위에 지은 사람과 같다. 말씀 순종의 행위가 없는 자의 인격과 삶이라는 것은 겉모양은 살아 있으나 실상 죽은 것과 같다. 그가 교회생활을 하고 있다 하더라도 그의 교회생활은 형식적인 것에 불과하다. 그는 집을 모래 위에 짓는 어리석은 자와 같다. 이런 자의 집은 폭우와 폭풍이 올 때에 무너지며 그 무너짐이 심할 것이다. 행함이 없는 교인들은 시험과 환난이 닥쳐올 때 크게 흔들리고 넘어질 것이다. 참믿음은 순종하는 믿음, '사랑으로써 역사하는 믿음'이다.

28-29절 예수께서 이 말씀을 마치시자, 무리들은 그의 가르치심에 놀랐다. 왜냐하면 그가 가르치시는 것은 권세 있는 자와 같고 그들의 서기관들과 같지 않았기 때문이었다. 서기관들은 아마 많은 지식과 말이나 표현의 아름다움으로 가르쳤을 것이나, 예수께서는 하느님의 권위와 권세로 하느님의 진리를 명료하고 은혜롭게 가르치셨기 때문이다.

Vox populi, vox Dei.

하늘의 소리 사람의 말씀 II

마태오 복음서 8장

天聲

나병 환자를 고치시다 마르 1,40-45;루카 5,12-16

1 예수님께서 산에서 내려오시자 많은 군중이 그분을 따랐다.
2 그때에 어떤 나병 환자가 다가와 예수님께 엎드려 절하며 이렇게 말하였다. "주님!
주님께서는 하고자 하시면 저를 깨끗하게 하실 수 있습니다."
3 예수님께서 손을 내밀어 그에게 대시며 말씀하셨다. "내가 하고자 하니 깨끗하게
되어라." 그러자 곧 그의 나병이 깨끗이 나았다.
4 예수님께서는 이렇게 말씀하셨다. "아무에게도 말하지 않도록 조심하여라. 다만
사제에게 가서 네 몸을 보이고 모세가 명령한 예물을 바쳐, 그들에게 증거가 되게
하여라."

백인대장의 병든 종을 고치시다 루카 7,1-10;요한 4,43-54

5 예수님께서 카파르나움에 들어가셨을 때에 한 백인대장이 다가와 도움을 청하
였다.
6 그가 이렇게 말하였다. "주님, 제 종이 중풍으로 집에 드러누워 있는데 몹시 괴로
워하고 있습니다."
7 예수님께서 "내가 가서 그를 고쳐 주마." 하시자,
8 백인대장이 대답하였다. "주님, 저는 주님을 제 지붕 아래로 모실 자격이 없습니
다. 그저 한 말씀만 해 주십시오. 그러면 제 종이 나을 것입니다.
9 사실 저는 상관 밑에 있는 사람입니다만 제 밑으로도 군사들이 있어서, 이 사람에
게 가라 하면 가고 저 사람에게 오라 하면 옵니다. 또 제 노예더러 이것을 하라 하
면 합니다."

10 이 말을 들으시고 예수님께서는 감탄하시며 당신을 따르는 이들에게 이르셨다. "내가 진실로 너희에게 말한다. 나는 이스라엘의 그 누구에게서도 이런 믿음을 본 일이 없다.

11 내가 너희에게 말한다. 많은 사람이 동쪽과 서쪽에서 모여 와, 하늘 나라에서 아브라함과 이사악과 야곱과 함께 잔칫상에 자리 잡을 것이다.

12 그러나 하느님 나라의 상속자들은 바깥 어둠 속으로 쫓겨나, 거기에서 울며 이를 갈 것이다."

13 그리고 예수님께서는 백인대장에게 말씀하셨다. "가거라. 네가 믿은 대로 될 것이다." 바로 그 시간에 종이 나았다.

베드로의 병든 장모를 고치시다마르 1,29-31;루카 4,38-39

14 예수님께서 베드로의 집으로 가셨을 때, 그의 장모가 열병으로 드러누워 있는 것을 보셨다.

15 예수님께서 당신 손을 그 부인의 손에 대시니 열이 가셨다. 그래서 부인은 일어나 그분의 시중을 들었다.

많은 병자를 고치시다마르 1,32-34;루카 4,40-41

16 저녁이 되자 사람들이 마귀 들린 이들을 예수님께 많이 데리고 왔다. 예수님께서는 말씀으로 악령들을 쫓아내시고, 앓는 사람들을 모두 고쳐 주셨다.

17 이사야 예언자를 통하여 "그는 우리의 병고를 떠맡고 우리의 질병을 짊어졌다." 하신 말씀이 이루어지려고 그리된 것이다.

예수님을 따르려면루카 9,57-62

18 예수님께서는 둘러선 군중을 보시고 제자들에게 호수 건너편으로 가라고 명령하셨다.

19 그때에 한 율법학자가 다가와 예수님께, "스승님, 어디로 가시든지 저는 스승님을 따르겠습니다." 하고 말하였다.

20 그러자 예수님께서 그에게 말씀하셨다. "여우들도 굴이 있고 하늘의 새들도 보금
자리가 있지만, 사람의 아들은 머리를 기댈 곳조차 없다."
21 그분의 제자들 가운데 어떤 이가, "주님, 먼저 집에 가서 아버지의 장사를 지내게
허락해 주십시오." 하고 말하였다.
22 예수님께서는 그에게, "너는 나를 따라라. 죽은 이들의 장사는 죽은 이들이 지내
도록 내버려 두어라." 하고 말씀하셨다.

풍랑을 가라앉히시다 마르 4,35-41;루카 8,22-25

23 예수님께서 배에 오르시자 제자들도 그분을 따랐다.
24 그때 호수에 큰 풍랑이 일어 배가 파도에 뒤덮이게 되었다. 그런데도 예수님께서는
주무시고 계셨다.
25 제자들이 다가가 예수님을 깨우며, "주님, 구해 주십시오. 저희가 죽게 되었습니
다." 하였다.
26 그러자 그분은 "왜 겁을 내느냐? 이 믿음이 약한 자들아!" 하고 말씀하셨다. 그런
다음 일어나셔서 바람과 호수를 꾸짖으셨다. 그러자 아주 고요해졌다.
27 그 사람들은 놀라워하며 말하였다. "이분이 어떤 분이시기에 바람과 호수까지 복
종하는가?"

마귀들과 돼지 떼 마르 5,1-20;루카 8,26-39

28 예수님께서 건너편 가다라인들의 지방에 이르셨을 때, 마귀 들린 사람 둘이 무덤
에서 나와 그분께 마주 왔다. 그들은 너무나 사나워 아무도 그 길로 다닐 수가 없
었다.
29 그런데 그들이 "하느님의 아드님, 당신께서 저희와 무슨 상관이 있습니까? 때가 되
기도 전에 저희를 괴롭히시려고 여기에 오셨습니까?" 하고 외쳤다.
30 마침 그들에게서 멀리 떨어진 곳에 놓아 기르는 많은 돼지 떼가 있었다.
31 마귀들이 예수님께, "저희를 쫓아내시려거든 저 돼지 떼 속으로나 들여보내 주십
시오." 하고 청하였다.

32 예수님께서 "가라." 하고 말씀하시자, 마귀들이 나와서 돼지들 속으로 들어갔다. 그
러자 돼지 떼가 모두 호수를 향해 비탈을 내리 달려 물속에 빠져 죽고 말았다.
33 돼지를 치던 이들이 달아나 그 고을로 가서는, 이 모든 일과 마귀 들렸던 이들의
일을 알렸다.
34 그러자 온 고을 주민들이 예수님을 만나러 나왔다. 그들은 그분을 보고 저희 고
장에서 떠나가 주십사고 청하였다.

1 When he came down from the mountainside, large crowds followed him.
2 A man with leprosy came and knelt before him and said, "Lord, if you
are willing, you can make me clean."
3 Jesus reached out his hand and touched the man. "I am willing," he said.
"Be clean!" Immediately he was cured of his leprosy.
4 Then Jesus said to him, "See that you don't tell anyone. But go, show
yourself to the priest and offer the gift Moses commanded, as a testimony
to them."
5 When Jesus had entered Capernaum, a centurion came to him, asking for
help.
6 "Lord," he said, "my servant lies at home paralyzed and in terrible suffer-
ing."
7 Jesus said to him, "I will go and heal him."
8 The centurion replied, "Lord, I do not deserve to have you come under
my roof. But just say the word, and my servant will be healed.
9 For I myself am a man under authority, with soldiers under me. I tell this
one, 'Go,' and he goes; and that one, 'Come,' and he comes. I say to my
servant, 'Do this,' and he does it."
10 When Jesus heard this, he was astonished and said to those following
him, "I tell you the truth, I have not found anyone in Israel with such
great faith.

11 I say to you that many will come from the east and the west, and will take their places at the feast with Abraham, Isaac and Jacob in the kingdom of heaven.

12 But the subjects of the kingdom will be thrown outside, into the darkness, where there will be weeping and gnashing of teeth."

13 Then Jesus said to the centurion, "Go! It will be done just as you believed it would." And his servant was healed at that very hour.

14 When Jesus came into Peter's house, he saw Peter's mother-in-law lying in bed with a fever.

15 He touched her hand and the fever left her, and she got up and began to wait on him.

16 When evening came, many who were demon-possessed were brought to him, and he drove out the spirits with a word and healed all the sick.

17 This was to fulfill what was spoken through the prophet Isaiah: "He took up our infirmities and carried our diseases."

18 When Jesus saw the crowd around him, he gave orders to cross to the other side of the lake.

19 Then a teacher of the law came to him and said, "Teacher, I will follow you wherever you go."

20 Jesus replied, "Foxes have holes and birds of the air have nests, but the Son of Man has no place to lay his head."

21 Another disciple said to him, "Lord, first let me go and bury my father."

22 But Jesus told him, "Follow me, and let the dead bury their own dead."

23 Then he got into the boat and his disciples followed him.

24 Without warning, a furious storm came up on the lake, so that the waves swept over the boat. But Jesus was sleeping.

25 The disciples went and woke him, saying, "Lord, save us! We're going to drown!"

26 He replied, "You of little faith, why are you so afraid?" Then he got up and rebuked the winds and the waves, and it was completely calm.

27 The men were amazed and asked, "What kind of man is this? Even the winds and the waves obey him!"

28 When he arrived at the other side in the region of the Gadarenes, two demon-possessed men coming from the tombs met him. They were so violent that no one could pass that way.

29 "What do you want with us, Son of God?" they shouted. "Have you come here to torture us before the appointed time?"

30 Some distance from them a large herd of pigs was feeding.

31 The demons begged Jesus, "If you drive us out, send us into the herd of pigs."

32 He said to them, "Go!" So they came out and went into the pigs, and the whole herd rushed down the steep bank into the lake and died in the water.

33 Those tending the pigs ran off, went into the town and reported all this, including what had happened to the demon-possessed men.

34 Then the whole town went out to meet Jesus. And when they saw him, they pleaded with him to leave their region.

人語

마태오 복음서 8장 요약

산상설교를 마치시고 산에서 내려오신 예수님은 곧장 나병 환자를 고치신다. 8장 1절부터 9장 31절까지 열 가지 이적과 관련된 사건들이 나온다.

예수님께서 우리를 위해 오셔서 이 땅에서 역사하는 사탄이 뿌려놓은 각종 어둠의 일을 멸하셨다. 귀신 들린 자의 귀신을 내쫓으시고, 질병에 걸린 자는 예수님께 나오기만 하면 모두 고침을 받았다. 자신이 아닌 자신의 종을 위해서도 말씀으로만 고침 받을 수 있다는 이방인의 믿음대로 하인이 중풍병에서도 해방되었다. 누군가를 위해 안타깝고 따뜻한 사랑과 긍휼의 마음으로 예수님께 질병을 고쳐달라고 하거나 문제를 풀어달라고 기도하면 응답받는다. 귀신들을 돼지 떼에 들여보내어 돼지 떼가 몰사한 것은 그만큼 하느님 형상의 사람 영혼이 중요함을 말씀하시는 것이다. 많은 재산보다 더 귀한 것이 하느님의 형상인 사람의 영혼이다. 영혼을 살리는 사람이 되어야겠다.

예수님의 치유 사역이 처음으로, 그리고 집중적으로 부각된 부분이다. 문둥병자, 백부장의 하인, 베드로의 장모, 거라사 지방의 귀신 들린 자 등 다양한 부류의 사람에 대한 치유 사역이 소개된다. 특히 풍랑을 잔잔케 하심은 자연계를 지배하시는 주님의 권능을, 귀신 들린 자를 고치시는 사건은 불의의 영사단을 정복하러 오신 주님의 권세를 잘 드러내 준다. 이 같은 본장의 내용은 천국의 실상과 권능이 당시 백성들의 실제적인 삶에서 이제 실현되고 있음을 나타내었다는 데 의미가 있다. 귀신 축사 사건 후에 "하느님의 나라가 이미 너희에게 와 있는 것이다"마태 12:28라고 하신 말씀도 이 같은 맥락에서 이해된다.

다지기

- **질문 1** 나병 환자는 예수님께 어떤 모습으로 어떤 말씀을 드리며 자신의 나병을 고쳐 달라고 하였습니까?2절
- **질문 2** 하인의 중풍병을 고쳐달라고 한 백부장은 하인을 무엇으로만 고쳐달라고 말씀드렸습니까?8절
- **질문 3** 예수님께서는 백부장에게 이스라엘 중에 이런 믿음을 본 적이 없으며, 백부장은 이방인이지만, 천국에 본 백성들과 함께 앉을 것이라 칭찬하시며, 무엇이라고 말씀하시며 하인을 고쳐 주셨습니까?13절
- **질문 4** 예수님께서 귀신을 말씀으로 쫓아내시고 병든 자를 고치신 것은 이사야서 몇 장 몇 절에 어떻게 기록되어 있습니까?17절

각 절 해석[1]

1-2절 5-7장에서 사도 마태오는 예수께서 산 위에서 하신 설교를 성령의 도우심으로 자세히 기록했다. 예수님의 설교는 무리들에게 큰 은혜가 되었고, 그 결과, 허다한 무리가 그를 좇았다. 8-9장에서 마태오는 예수께서 능력의 일들을 행하신 것을 기록한다. 예수께서는 말만 하시고 행함이 없으시고 능력이 없으신 자가 아니셨다. 그는 하느님의 아들, 즉 신적 능력을 가진 자이셨다. 마태오는 먼저 예수께서 한 나병 환자[한센병 환자]를 고쳐주신 사건을 증거한다.

한 나병 환자가 예수께 나아왔다. 나병은 살이 붓고 얼굴, 손, 발이 변형되고 감각이 없어지는 무서운 병이다. 나병 환자는 일반 사람들과 격리되어야 했다. 많은 사람이 좋은 조건을 갖고도, 아니 그 좋은 조건 때문에, 예수께 나오지 않았고 그에게 절하지 않았다. 그러나 이 나병 환자는 아마 이 병 때문에 겸손해졌고 그의 자존심을 앞세우지 않았고 자신의 누추한 모습 그대로 예수께 나왔고 그에게 절했다. 사람은 고난을 당할 때 하느님께 더 나오기 쉬운 것 같다.

1 김효성 목사, 마태복음 강해, 2019년 11월 27일 수정.

예수께서 한 나병 환자를 고쳐주셨다.

자료 : m.blog.naver.com

그 나병 환자는 예수께 나아와 절하며 말했다. "주님! 주님께서는 하고자 하시면 저를 깨끗하게 하실 수 있습니다." 그는 단순히 예수님께 존칭어로 '주님'이라고 말한 것이 아니라고 보인다. 그는 예수께서 원하시면 그의 불치의 병인 나병도 고쳐주실 수 있다는 놀라운 믿음을 가지고 있었다. 그는 예수님을 하느님의 아들, 즉 신적인 구주로 믿고 있었던 것이다. 그렇다면, 그의 '주님'이라는 말은 하느님께 대한 호칭이라고 보인다. 하느님께서는 온 우주의 주인이시며 우리의 생명의 주인이시며 우리의 삶과 죽음, 건강과 연약, 복과 재앙을 다 주관하시는 자이시다.

참된 믿음은 하느님의 주권과 그의 전능하심을 믿는 것이다. 참된 믿음은 하느님을 창조자와 섭리자 하느님, 곧 전능하신 주권자 하느님으로 믿고 예수님을 하느님의 아들 그리스도로 믿는 것이다. 하느님께는 능치 못하심이 없다. 예수께서 하느님의 아들, 곧 신적 구주이실진대 그에게도 능치 못하심이 없어야 할 것이다. 놀랍게도 이 나병 환자 속에는 예수께서 원하시면 자기를 깨끗하게 하실 수 있다는 지식과 믿음이 있었다. 그가 어떻게 이런 믿음을 가지게 되었는지 우리는 모른다. 그러나 그의 지식과 믿음은 확실히 하느님의 은혜였다.

사랑이 충만하신 예수님, 사랑합니다. 주님의 이름으로 죄사함 받고, 능력을 받고, 모든 병마가 물러가며, 하나님의 언약이 성취될 줄 믿습니다.

자료 : newsjesus.net

3절 예수께서는 자신에게 나아와 그의 병고침을 간청한 그 나병 환자의 간청을 물리치지 않으셨다. 하나님께서는 구하는 자에게 주시는 하나님이시다. 주께서는 "청하여라, 너희에게 주실 것이다. 찾아라, 너희가 얻을 것이다. 문을 두드려라, 너희에게 열릴 것이다. 누구든지 청하는 이는 받고, 찾는 이는 얻고, 문을 두드리는 이에게는 열릴 것이다."라고 말씀하셨다마태 7:7-8.

예수께서 손을 내밀어 그에게 대시며 "내가 하고자 하니 깨끗하게 되어라."라고 말씀하시자, 즉시 그의 나병이 깨끗해졌다. 이것은 예수님의 신적 능력의 일이었다. 이것은 하나님만 하실 수 있는 일이었다. 이것은 아무것도 없는 상태로부터 천지만물을 창조하신 하나님의 능력이었다.

예수님의 치료는 의학적 치료와 달랐다. 의학적 치료는 대개 점진적이고 많은 경우에 불완전하다. 심각한 질병의 경우, 부득이 수술을 실시하지만 그것은 완전한 치료나 회복보다 차선책일 경우가 많다. 그러나 예수님의 치료는 즉각적이고 완전하였다. "곧 그의 나병이 깨끗이 나았다." 그것은 그의 완전한 신적 능력의 치료이었다.

4절 예수께서 "아무에게도 말하지 않도록 조심하여라"라고 말씀하신 것은 병고침이 그가 세상에 오신 주된 임무가 아니었음을 보인다. 일차적으로, 그는 병자들을 고치기 위하여 이 세상에 오신 것이 아니었고, 죄인들을 불러 회개시키기 위하여 또 사람들에게 이 구원의 복음을 널리 전하기 위하여 오신 것이었다. 그가 많은 병자들을 고쳐주셨지만, 그것은 단지 부수적인 일이었다.

또 예수께서 그 고침 받은 이에게 "다만 사제에게 가서 네 몸을 보이고 모세가 명령한 예물을 바쳐, 그들에게 증거가 되게 하여라."라고 말씀하신 것은 그 사람이 자기가 병고침 받았음을 확증하고 또한 율법의 규정을 지켜야 함을 보이신 것이다. 예수께서는 율법을 폐하러 오신 것이 아니고 완전하게 이루기 위해 오셨다. 마태오 복음서 5:17, "내가 율법이나 예언서들을 폐지하러 온 줄로 생각하지 마라. 폐지하러 온 것이 아니라 오히려 완성하러 왔다."

5-9절 백인대장백부장은 100명의 부하를 지휘하는 군대 장교이다. 이 백인대장은 자기 종의 병 문제를 가지고 예수님께 나아왔다. 그의 종은 중풍병으로 집에 누워 몹시 고통스러워하고 있었다. 그 백인부장은 자기 종에 대해 사랑과 동정심을 가지고 있었으며, 또 예수님의 존귀한 신분과 자신의 천한 영적 상태를 알고 있었다. 그래서 그는 예수께서 자기 집에 들어오심을 감당할 수 없다

중풍환자를 치료하는 예수님

자료 : m.blog.naver.com

Vox populi, vox Dei.

고 생각했다. 그러나 그 마음속에는 예수님의 신적 인격과 능력을 믿는 믿음이 있었다. 그래서 그는 예수께서 단지 말씀만 해주셔도 자기 종의 질병을 고치실 수 있음을 믿는다고 말하였다. 참으로 놀라운 지식과 믿음이다! 하나님께서는 우리에게도 예수 그리스도의 신적 영광을 아는 지식과 작은 믿음을 주셨다.

10-13절 이 백인대장은 이스라엘 사람이 아니고 이방인이었으나, 그의 믿음은 이스라엘 중에서도 찾아볼 수 없는 큰 믿음이었다. 주께서는 동서로부터 많은 이방인들이 구원을 받을 것이지만 이스라엘 자손들은 천국에서 제외되고 바깥 어두운 곳에 쫓겨나 거기서 울며 이를 가는 처지가 될 것을 예언하셨다. 사람의 믿음은 반드시 그의 부모가 가진 믿음에 비례하지 않는다. 우리의 믿음은 하나님의 전적인 은혜이다.

예수께서는 백인대장에게 "가거라. 네가 믿은 대로 될 것이다."라고 말씀하셨다. 그는 그 믿음의 간구를 들어주셨다. 그의 치료는 대체로 치료받는 자의 믿음에 근거했으나, 때로는 그와 관계된 이의 믿음에 근거하기도 했다. 예수 그리스도의 치료의 말씀은 즉시 효력을 나타내었다. 바로 그 시간 그 백인대장의 하인은 나았다. 예수 그리스도의 말씀은 능력이었고 그것은 치료의 능력을 포함했다. 또 그의 치료는 완전했다. 백인대장의 종의 중풍병을 오직 말씀으로 고쳐주신 예수님은 확실히 하나님의 아들 그리스도이시다! 우리는 그를 믿고 확신해야 한다.

14-15절 예수께서는 베드로의 집에 들어가셨다. 마르코 복음서는 그가 야고보와 요한과 함께 시몬과 안드레의 집에 들어가셨다고 증거한다마르 1:29. 예수께서는 많은 무리들 중 특히 몇 명의 제자들을 늘 그와 함께 있게 하셨다. 그는 베드로의 집에서 그의 장모가 열병으로 앓아누워 있는 것을 보셨다. 루카 복음서는 그의 장모가 중한 열병에 붙들렸다고 증거한다. 열병은 높은 열로 고생하는 무서운 병이었다.

예수께서는 그 여자를 보시고 그의 손을 만지셨다. 마르코 복음서나 루카 복음서는 사람들이 그를 위해 예수께 요청했다고 증거한다. 이번에는 그 환자와 직접

관계된 자의 요청이 아닌 것 같다. 이와 같이, 환자 본인이든지, 그의 주인이든지, 혹은 그와 좀 멀리 관계된 자일지라도 치료를 간청할 때 주께서는 치료해 주셨다. 주께서 그의 손을 만지시자 그의 열병은 떠나갔다. 마르코는 예수께서 그의 손을 잡아 일으키시니 열병이 떠났다고 증거했고, 루카는 그가 가까이 서서 열병을 꾸짖으시자 병이 떠났다고 하였다. 그 열병은 즉시 치료되었던 것이다. 베드로의 장모는 즉시 일어나 예수께 수종들었다.

주 예수 그리스도의 신적 능력은 이와 같이 나병, 중풍병, 열병 등 다양한 병들의 치료에서 나타났고, 치료를 요청한 자들도 환자 자신, 환자의 주인, 혹은 환자의 이웃 등 환자와 다양한 관계의 사람들이었다. 어떤 때는 주께서 환자에게 손을 대셨고 어떤 때는 단지 말씀으로만 하셨고 어떤 때는 그 병을 꾸짖으셨다. 그러나 모든 경우에 동일하게 주 예수의 치료는 즉각적이며 완전하였다.

예수께서 병들을 고치신 사건들은 그의 신적 능력과 신적 인격을 증거한다. 아직 예수 그리스도를 알지 못하는 자들은 이런 증거들을 읽고 듣고 그가 누구이신지 깨닫고 그를 믿어야 할 것이다. 우리에게는 놀라운 신적 구주가 계시다. 그는 죽은 지 삼 일 만에 부활하셔서 지금도 살아계신 구주이시며, 하느님 우편에 계시지만 성령으로 우리 속에서 일하시는 주님이시다. 그는 우리를 죄에서 건지신 구주이시요, 또 우리의 육신의 문제까지도 도우실 수 있는 주님이시다.

16절 날이 저물었을 때, 사람들은 귀신 들린 자를 많이 데리고 예수께 왔다. 귀신들은 타락한 천사들이다. 그들의 왕은 사탄이다. 귀신들은 모든 불경건하고 부도덕한 일들 배후에 활동하고 있고 또 많은 질병들, 재난들, 불행한 일들을 일으킨다. 특히 귀신이 들어와 그를 주장하기 때문에, 자신의 마음과 의지를 자신이 통제하지 못하는 자들이 있다. 이들이 귀신 들린 자들이다. 이들은 정신이상자들과 비슷하다. 사람들이 귀신 들린 자들을 많이 데리고 예수께 왔을 때, 예수께서는 말씀으로 귀신들을 쫓아내시고 모든 병자들을 고쳐주셨다.

주의 말씀에는 능력이 있었다. 하느님께서는 말씀으로 천지만물을 창조하셨다. 오늘날에도 하느님의 말씀에 능력이 있다. 신구약성경은 살아계신 하느님의 말씀

귀신 들린 사람을 고치시다.

자료 : m.blog.naver.com

이다. 그 말씀에 하나님의 능력이 있다. 성경을 열심히 또 규칙적으로 읽는 자는 하나님께서 주시는 힘과 능력을 얻을 것이다. 그는 자신의 죄성과 세상의 악과 마귀의 시험을 이길 능력을 얻을 것이다.

17절 주께서는 우리의 죄뿐 아니라, 죄의 결과인 모든 질병과 슬픈 일들도 담당하셨다. 우리는 아직 모든 질병과 슬픈 일들이 믿는 자들에게서 완전히 제거됨을 보지 못한다. 그러나 죄사함은 그것들을 제거하지만, 주께서 남겨두신 것들은 우리의 영적 유익을 위함일 뿐이다. 우리가 천국에 이를 때면 죄와 그 결과들은 다 사라질 것이다.

18-20절 이 율법학자서기관는 예수님의 말씀과 기적 행하심에 큰 감동을 받았음에 틀림없다. 어디든지 따르겠다는 결심은 놀라웠다. 그러나 주께서

는 그에게 "여우들도 굴이 있고 하늘의 새들도 보금자리가 있지만, 사람의 아들은 머리를 기댈 곳조차 없다."라고 말씀하셨다. 주의 말씀은 그를 믿고 따르는 제자들의 길이 어떠할 것을 암시한다. 주께서는 개인 소유의 집을 가지지 않으셨다. 주의 제자가 되는 길은 경제적 불안정과 심지어 고난과 핍박을 각오하며 따라야 하는 길이다. 오늘날 교회들이 고난 없는 기독교를 전파함으로 교인 수만 늘리고 있다면, 그것은 큰 잘못이다. 그리스도의 제자된 우리는 가난과 고난의 삶을 각오해야 한다.

21-22절 루카 복음서에 보면, 주께서는 이 사람에게 "나를 따라라"는 초청을 먼저 하셨다루카 9:59. 하느님의 아들께서 개인적으로 그를 초청하셨으니 얼마나 놀라운 일인지! 그러나 그는 먼저 자기 부친을 장사하도록 허락해 주시기를 요청하였다. 그때 예수께서는 "죽은 이들의 장사는 죽은 이들이 지내도록 내버려 두어라."라고 말씀하셨다. '죽은 이들'은 영적으로 죽은 자들을 가리킨다. 주의 말씀의 뜻은 세상일 때문에 하느님의 일이 중단되거나 지연되어서는 안 된다는 뜻이다.

하느님의 일은 이 세상의 그 어떤 일들보다 중요하다. 그러므로 이 세상의 일들, 즉 가족 관계나 직장 관계의 일들 때문에, 하느님의 일이 중단되거나 지연되어서는 안 된다. 매튜 풀은 사람에 대한 어떤 사랑과 의무의 일도 우리가 우리의 첫 번째 순종을 드려야 할 하느님께 대한 우리의 의무보다 우선 되어서는 안 된다고 말했다. J. C. 라일은 장례식, 결혼식 등의 방문이 신자의 시간을 빼앗고 신자로 하여금 어떤 분명한 종교적 의무를 못하게 할 때, 그것들은 신자의 영혼에 올무가 된다고 말했다. 우리는 첫 번째의 순종을 하느님을 위해 또 하느님의 일을 위해 드려야 한다.

23-27절 예수께서는 나병 환자, 중풍 병자, 열병 걸린 자, 귀신 들린 자 등을 고치셨을 뿐 아니라, 또한 바람과 파도도 꾸짖어 잔잔하게 하셨다. 그는 단순히 사람이 아니시고 신성神性을 가지신 사람이셨다. 어떤 사람이 그런 불치의

사람들이 귀먹고 말 더듬는 이를 예수님께 데리고 와서, 그에게 손을 얹어 주십사고 청하였다. 예수님께서는 그를 군중에게서 따로 데리고 나가셔서, 당신 손가락을 그의 두 귀에 넣으셨다가 침을 발라 그의 혀에 손을 대셨다. 그리고 나서 하늘을 우러러 한숨을 내쉬신 다음, 그에게 "에파타!" 곧 "열려라!" 하고 말씀하셨다(마르코 7:31-37).

자료 : swfirst.or.kr

병들을 고치고 바람과 풍랑을 꾸짖어 잔잔하게 할 수 있겠는가? 오직 하느님께서만 또한 하느님의 영원하신 아들께서만 그런 일들을 하실 수 있다. 우리를 죄와 지옥 형벌로부터 구원하시기 위해 세상에 오신 예수 그리스도께서는 신적 구주이시다.

이 세상은 종종 풍랑이 이는 바다와 같다. 주를 믿고 따르는 길도 예외는 아니다. 그러나 하느님과 주 예수 그리스도께서는 우리의 삶의 온갖 풍랑을 제거해 주실 수 있고 모든 문제들을 해결하시고 우리에게 평안을 주실 수 있다. 세상에 고난은 있지만, 하느님 안에 구원과 평안이 있다. 바오로는 코린토 둘째 서간 1장에서 아시아에서 많은 환난을 당하였고 죽을 지경에 있었으나 하느님만 의지함으로 구원을 받았음을 간증했다2코린 1:8-10. 환난 많은 세상에서 우리는 현실을 두려워하지 말고 주 하느님을 믿고 의지하며 기도하는 것이 필요하다.

28-34절 마르코 복음서 5:1-20과 루카 복음서 8:26-40은 이 사건을 더 자세히 증거하지만, 귀신 들린 자가 두 명이라는 말은 마태오 복음서에만 나온다. 복음서들은 서로 보충적이다. 마르코 복음서 5:13은 돼지 떼가 거의 2천 마리가 되었다고 말한다. 돼지를 치던 자들은 달아나 시내에 들어가 이 모든 일과 귀신 들린 자의 일을 고하였으나, 온 성의 사람들은 예수님을 만나려고 나가서

보고 그 지방에서 떠나시기를 간구하였다.

본문은 귀신이 실제 존재하며 그 수가 많음을 증거한다. 마르코 복음서와 루카 복음서는 그 귀신의 이름을 '군대'라 했다. 귀신은 타락한 천사 즉 악한 영이다. 온 세상에서 활동하는 귀신들의 수는 많을 것이다. 또 귀신들은 상당한 지식을 가지고 있었다. 그들은 예수님을 하느님의 아들로 알아보았고 또 자신들의 멸망할 운명을 알고 있었다. 또 귀신은 매우 사나웠다. 마르코 복음서는 그 귀신 들린 자들을 더러운 영을 가진 자라고 표현했다. 귀신들은 불경건하고 악하고 부도덕한 세상의 풍조들 배후에 활동하고 있는 영들이다.

본문은 또 사람의 가치가 참으로 큼을 보인다. 귀신 들린 영혼들의 가치는 돼지 2천 마리보다 더 귀하였다. 그러나 가다라[겔게세노] 사람들은 그 귀신 들린 자들의 회복이 얼마나 귀한 일임을 깨닫고 감사하고 기뻐하기보다 예수께 그 지방에서 떠나시기를 간구했다. 예수께서는 사람들에게 항상 환영을 받는 자가 아니셨다. 주를 믿고 따르는 길은 항상 사람들의 환영을 받는 길이 아닐 것이다.

본문은 무엇보다 예수께서 귀신들도 주관하는 분이심을 증거한다. 예수께서는 귀신들에게 그 사람들에게서 나가 돼지 떼에 들어가라고 명하셨다. 그는 귀신들에게 명령할 수 있는 분이시다. 귀신들은 때가 되면 그들이 멸망 당할 것을 알고 있었다. 그들은 "때가 되기도 전에 저희를 괴롭히시려고 여기에 오셨습니까?"라고 말하였다. 루카 복음서 8:31은 귀신들이 자기들을 지하로 들어가라 하지 마시기를 간구하였다고 증거한다. 예수께서는 장차 귀신들을 지옥에 던져넣으실 수 있는 심판의 권세를 가진 분이시다.

예수 그리스도께서는 단순한 사람이 아니시다. 그는 천상천하에 유일하신 신인神人, 즉 사람이신 하느님 또는 하느님이신 사람이시다. 그는 자연계와 영계를 주관하시는 신성을 가지신 분이시다. 우리가 믿는 구주 예수께서는 바로 참된 신성을 가지신 분이시다. 피조물인 사람은 하느님과 같이 전지하거나 전능할 수 없다. 전지와 전능은 오직 하느님께만 있는 속성이다. 예수께서 온갖 종류의 질병을 치료하시며 자연계를 명령하시며 또 귀신들을 명령하실 수 있다는 것은 곧 그가 하느님이심을 증거한다. 우리에게는 놀라운 구주, 신적 인격이신 구주 예수 그리스

Vox populi, vox Dei.

하나님의 아들 예수 그리스도

자료 : brunch.co.kr

도께서 계신다. 그는 능력자이시기 때문에 우리를 능히 도우실 수 있고 그러므로 그에게 기도하는 자는 복되다. 이 땅의 모든 것은 의지할 만하지 못하나, 그는 우리가 참으로 의지할 자가 되시며 가장 가치 있는 분이시며 우리의 힘과 기쁨이 되신다.

하늘의 소리 사람의 말씀 II

마태오 복음서
9장

天聲

Vox populi, vox Dei.

중풍 병자를 고치시다 마르 2,1-12;루카 5,17-26

1 예수님께서는 배에 오르시어 호수를 건너 당신께서 사시는 고을로 가셨다.

2 그런데 사람들이 어떤 중풍 병자를 평상에 뉘어 그분께 데려왔다. 예수님께서 그들의 믿음을 보시고 중풍 병자에게 말씀하셨다. "얘야, 용기를 내어라. 너는 죄를 용서받았다."

3 그러자 율법학자 몇 사람이 속으로 '이자가 하느님을 모독하는군.' 하고 생각하였다.

4 예수님께서 그들의 생각을 아시고 말씀하셨다. "너희는 어찌하여 마음속에 악한 생각을 품느냐?

5 '너는 죄를 용서받았다.' 하고 말하는 것과 '일어나 걸어가라.' 하고 말하는 것 가운데에서 어느 쪽이 더 쉬우냐?

6 이제 사람의 아들이 땅에서 죄를 용서하는 권한을 가지고 있음을 너희가 알게 해 주겠다." 그런 다음 중풍 병자에게 말씀하셨다. "일어나 네 평상을 가지고 집으로 돌아가거라."

7 그러자 그는 일어나 집으로 갔다.

8 이 일을 보고 군중은 두려워하며, 사람들에게 그러한 권한을 주신 하느님을 찬양하였다.

마태오를 부르시고 세리들과 함께 음식을 드시다 마르 2,13-17;루카 5,27-32

9 예수님께서 그곳을 떠나 길을 가시다가 마태오라는 사람이 세관에 앉아 있는 것을 보시고 말씀하셨다. "나를 따라라." 그러자 마태오는 일어나 그분을 따랐다.

10 예수님께서 집에서 식탁에 앉게 되셨는데, 마침 많은 세리와 죄인도 와서 예수님과 그분의 제자들과 자리를 함께하였다.

11 그것을 본 바리사이들이 그분의 제자들에게 말하였다. “당신네 스승은 어째서 세리와 죄인들과 함께 음식을 먹는 것이오?”

12 예수님께서 이 말을 들으시고 그들에게 말씀하셨다. “튼튼한 이들에게는 의사가 필요하지 않으나 병든 이들에게는 필요하다.

13 너희는 가서 ‘내가 바라는 것은 희생 제물이 아니라 자비다.’ 하신 말씀이 무슨 뜻인지 배워라. 사실 나는 의인이 아니라 죄인을 부르러 왔다.”

단식 논쟁 - 새것과 헌것마르 2,18-22;루카 5,33-39

14 그때에 요한의 제자들이 예수님께 와서, “저희와 바리사이들은 단식을 많이 하는데, 스승님의 제자들은 어찌하여 단식하지 않습니까?” 하고 물었다.

15 예수님께서 그들에게 이르셨다. “혼인 잔치 손님들이 신랑과 함께 있는 동안에 슬퍼할 수야 없지 않으냐? 그러나 그들이 신랑을 빼앗길 날이 올 것이다. 그러면 그들도 단식할 것이다.

16 아무도 새 천 조각을 헌 옷에 대고 꿰매지 않는다. 헝겊에 그 옷이 땅겨 더 심하게 찢어지기 때문이다.

17 또한 새 포도주를 헌 가죽 부대에 담지 않는다. 그렇게 하면 부대가 터져 포도주는 쏟아지고 부대도 버리게 된다. 새 포도주는 새 부대에 담아야 한다. 그래야 둘 다 보존된다.”

야이로의 딸을 살리시고 하혈하는 부인을 고치시다마르 5,21-43;루카 8,40-56

18 예수님께서 그들에게 이 말씀을 하고 계실 때, 한 회당장이 와서 예수님께 엎드려 절하며, “제 딸이 방금 죽었습니다. 그러나 가셔서 아이에게 손을 얹으시면 살아날 것입니다.” 하고 말하였다.

19 예수님께서는 일어나시어 제자들과 함께 그를 따라가셨다.

20 그때에 열두 해 동안 혈루증을 앓는 여자가 예수님 뒤로 다가가, 그분의 옷자락 술에 손을 대었다.

21 그는 속으로 '내가 저분의 옷에 손을 대기만 하여도 구원을 받겠지.' 하고 생각하
였던 것이다.
22 예수님께서 돌아서시어 그 여자를 보시며 이르셨다. "딸아, 용기를 내어라. 네 믿
음이 너를 구원하였다." 바로 그때에 그 부인은 구원을 받았다.
23 예수님께서 회당장의 집에 이르시어 피리를 부는 이들과 소란을 피우는 군중을
보시고,
24 "물러들 가거라. 저 소녀는 죽은 것이 아니라 자고 있다." 하고 말씀하셨다. 그들은
예수님을 비웃었다.
25 군중이 쫓겨난 뒤에 예수님께서 안으로 들어가시어 소녀의 손을 잡으셨다. 그러
자 소녀가 일어났다.
26 그 소문이 그 지방에 두루 퍼졌다.

눈먼 두 사람을 고치시다

27 예수님께서 그곳을 떠나 길을 가시는데 눈먼 사람 둘이 따라오면서, "다윗의 자손
이시여, 저희에게 자비를 베풀어 주십시오." 하고 외쳤다.
28 예수님께서 집 안으로 들어가시자 그 눈먼 이들이 그분께 다가왔다. 예수님께서
그들에게 "내가 그런 일을 할 수 있다고 너희는 믿느냐?" 하고 물으시자, 그들이
"예, 주님!" 하고 대답하였다.
29 그때 예수님께서 그들의 눈에 손을 대시며 이르셨다. "너희가 믿는 대로 되어라."
30 그러자 그들의 눈이 열렸다. 예수님께서는 "아무도 이 일을 알지 못하게 조심하여
라." 하고 단단히 이르셨다.
31 그러나 그들은 나가서 예수님에 관한 이야기를 그 지방에 두루 퍼뜨렸다.

말못하는 이를 고치시다

32 그들이 나간 뒤에 사람들이 마귀 들려 말못하는 사람 하나를 예수님께 데려왔다.
33 마귀가 쫓겨나자 말못하는 이가 말을 하였다. 그러자 군중은 놀라워하며, "이런 일
은 이스라엘에서 한 번도 본 적이 없다." 하고 말하였다.

Vox populi, vox Dei.

34 그러나 바리사이들은, "저 사람은 마귀 우두머리의 힘을 빌려 마귀들을 쫓아낸
다." 하였다.

수확할 것은 많은데 일꾼은 적다 마르 6,6;마르 6,34;루카 10,2

35 예수님께서는 모든 고을과 마을을 두루 다니시면서, 회당에서 가르치시고 하늘 나
라의 복음을 선포하시며, 병자와 허약한 이들을 모두 고쳐 주셨다.
36 그분은 군중을 보시고 가엾은 마음이 드셨다. 그들이 목자 없는 양들처럼 시달리
며 기가 꺾여 있었기 때문이다.
37 그래서 제자들에게 말씀하셨다. "수확할 것은 많은데 일꾼은 적다.
38 그러니 수확할 밭의 주인님께 일꾼들을 보내 주십사고 청하여라."

1 Jesus stepped into a boat, crossed over and came to his own town.
2 Some men brought to him a paralytic, lying on a mat. When Jesus saw
their faith, he said to the paralytic, "Take heart, son; your sins are forgiv-
en."
3 At this, some of the teachers of the law said to themselves, "This fellow is
blaspheming!"
4 Knowing their thoughts, Jesus said, "Why do you entertain evil thoughts
in your hearts?
5 Which is easier: to say, 'Your sins are forgiven,' or to say, 'Get up and
walk'?
6 But so that you may know that the Son of Man has authority on earth to
forgive sins...." Then he said to the paralytic, "Get up, take your mat and
go home."
7 And the man got up and went home.
8 When the crowd saw this, they were filled with awe; and they praised
God, who had given such authority to men.

9 As Jesus went on from there, he saw a man named Matthew sitting at the
tax collector's booth. "Follow me," he told him, and Matthew got up and
followed him.
10 While Jesus was having dinner at Matthew's house, many tax collectors
and "sinners" came and ate with him and his disciples.
11 When the Pharisees saw this, they asked his disciples, "Why does your
teacher eat with tax collectors and 'sinners'?"
12 On hearing this, Jesus said, "It is not the healthy who need a doctor, but
the sick.
13 But go and learn what this means: 'I desire mercy, not sacrifice.' For I
have not come to call the righteous, but sinners."
14 Then John's disciples came and asked him, "How is it that we and the
Pharisees fast, but your disciples do not fast?"
15 Jesus answered, "How can the guests of the bridegroom mourn while
he is with them? The time will come when the bridegroom will be taken
from them; then they will fast.
16 "No one sews a patch of unshrunk cloth on an old garment, for the patch
will pull away from the garment, making the tear worse.
17 Neither do men pour new wine into old wineskins. If they do, the skins
will burst, the wine will run out and the wineskins will be ruined. No,
they pour new wine into new wineskins, and both are preserved."
18 While he was saying this, a ruler came and knelt before him and said, "My
daughter has just died. But come and put your hand on her, and she will
live."
19 Jesus got up and went with him, and so did his disciples.
20 Just then a woman who had been subject to bleeding for twelve years
came up behind him and touched the edge of his cloak.
21 She said to herself, "If I only touch his cloak, I will be healed."

22 Jesus turned and saw her. “Take heart, daughter,” he said, “your faith has
healed you.” And the woman was healed from that moment.

23 When Jesus entered the ruler’s house and saw the flute players and the
noisy crowd,

24 he said, “Go away. The girl is not dead but asleep.” But they laughed at
him.

25 After the crowd had been put outside, he went in and took the girl by
the hand, and she got up.

26 News of this spread through all that region.

27 As Jesus went on from there, two blind men followed him, calling out,
“Have mercy on us, Son of David!”

28 When he had gone indoors, the blind men came to him, and he asked
them, “Do you believe that I am able to do this?” “Yes, Lord,” they re-
plied.

29 Then he touched their eyes and said, “According to your faith will it be
done to you”;

30 and their sight was restored. Jesus warned them sternly, “See that no one
knows about this.”

31 But they went out and spread the news about him all over that region.

32 While they were going out, a man who was demon-possessed and could
not talk was brought to Jesus.

33 And when the demon was driven out, the man who had been mute
spoke. The crowd was amazed and said, “Nothing like this has ever been
seen in Israel.”

34 But the Pharisees said, “It is by the prince of demons that he drives out
demons.”

35 Jesus went through all the towns and villages, teaching in their syna-
gogues, preaching the good news of the kingdom and healing every dis-

ease and sickness.
36 When he saw the crowds, he had compassion on them, because they
were harassed and helpless, like sheep without a shepherd.
37 Then he said to his disciples, "The harvest is plentiful but the workers are
few.
38 Ask the Lord of the harvest, therefore, to send out workers into his har-
vest field."

Vox populi, vox Dei.

소경을 고치시는 예수님

자료 : m.mariasarang.net

人語

마태오 복음서 9장 요약

내용상 8장과 연결된다. 여기서도 중풍 병자1-8절, 혈루증 환자 및 죽은 야이로의 딸18-26절, 소경과 벙어리27-34절 등을 고치신 사실이 기록되고 있다. 이곳의 치유 사역이 8장과 다른 점은 그것이 죄를 사하는 주님의 권세와 연관되어 있다는 점이다6절. 결국 주님의 치유의 목적은 죄사함을 통한 전인류의 구원임이 여기서 드러난 셈이다. 어쨌든 죄인의 질병을 추방하신 사건은, 인애의 주시며, 큰 목자되신 예수님의 모습을 잘 드러내 준다. 마태오는 이적異蹟 기사奇事 중간과 말미에 제자 선택과 단식 논쟁을 삽입함으로써 본격화된 천국 선포 사역과 그에 따르는 반대자들의 공세를 암시한다.

모든 질병과 모든 귀신 들린 자는 예수님께 나오기만 하면 되었다. 우리도 믿음으로 구원얻어 영생을 누리게 되었다. 우리도 예수님이 천하에 사람을 고치실 수 있다고 믿고 나오기만 하면 된다. 우리의 생각과 영혼을 모두 맡기시고 간구한다. 우리가 이 복된 소식을 전해 영혼을 구원할 추수할 일꾼들이 되자.

다지기

- **질문 1** 중풍 병자에게 먼저 왜 네 죄사함을 받았으니 안심하라고 하셨습니까?6절
- **질문 2** 세리인 마태오를 제자로 부르시고 그 집에서 식사하실 때 바리사이인들이 죄인과 함께 계신 예수님에 대해 제자들에게 질문하자 예수님이 무엇이라고 말씀하십니까?12, 13절
- **질문 3** 12년된 혈루증 앓던 여인이 예수님의 옷자락을 만지고 병을 치료받았습니다. 예수님께서 무엇이라고 하셨습니까?22절

• **질문 4** 많은 무리들이 목자 없는 양같이 고생하고 기진함을 보시고 제자들에 어떻게 기도하라고 하셨습니까? 38절

각 절 해석[1]

1–3절 마르코 복음서는 이 사건이 예수께서 가버나움에 계실 때에 있었다고 증거한다 마르 2:1. 마르코 복음서에 보면, 중풍 병자를 데리고 온 사람들은 네 명이었고, 또 사람들이 많아서 예수께 접근할 수 없었기 때문에 지붕에 올라가 지붕을 뜯어 구멍을 내고 중풍 병자의 누운 상을 달아 내렸다. 그들에게는 예수님의 신적 인격과 능력에 대한 믿음이 있었다. 그들의 믿음은 의심하는 약한 믿음이 아니고, 끈질긴 열성을 가진 확고한 믿음이었다. 예수께서는 그들의 믿음을 보시고 그 중풍 병자에게 "얘야, 용기를 내어라. 너는 죄를 용서받았다."라고 말씀하셨다. 그 말씀을 들은 어떤 율법학자 서기관들은 속으로 "이자가 하느님을 모독하는군"라고 말했다. 마르코 복음서와 루카 복음서에 보면, 그들이 그렇게 말한 것은 하느님 한 분만 사람의 죄를 사하실 수 있다고 생각하였기 때문이었다.

4–6절 예수께서는 그들의 생각을 아셨다. 그는 사람들의 숨은 생각을 다 아신다. 그는 신적 지혜와 지식을 가지고 계신다. 그는 "너희는 어찌하여 마음속에 악한 생각을 품느냐?"라고 말씀하셨다. 그것은 그들이 그의 신적 인격의 증거를 진지하게 생각지 않고 그를 참람하다고 정죄하고 있었기 때문이다. 이사야는 장차 오실 메시아를 '전능하신 하느님, 영존하신 아버지'로 예언하였었다. 그러나 성경을 필사하고 연구하던 자들인 율법학자들의 생각은 악하고 무지하고 완고하였다.

[1] 김효성 목사, 마태복음 강해, 2019년 11월 27일 수정.

중풍 병자를 고치시다.

자료 : blog.naver.com

예수께서는 또 "'너는 죄를 용서받았다.' 하고 말하는 것과 '일어나 걸어가라.' 하고 말하는 것 가운데에서 어느 쪽이 더 쉬우냐? 이제 사람의 아들이 땅에서 죄를 용서하는 권한을 가지고 있음을 너희가 알게 해 주겠다."라고 말씀하셨다. '너는 죄를 용서받았다'는 말과 '일어나 걸어가라'는 말은 둘 다 쉬운 말은 아니지만, 육신의 병을 고치는 기적보다 영혼의 죄를 사하는 일은 더 어려운 일이다. 그것은 하느님만 하실 수 있는 일이기 때문이다. 그런데 그는 쉬운 말 대신 어려운 말을 택하셨다. 그것은 중풍병뿐 아니라 모든 병이 근원적으로 죄의 결과임을 알게 하시고 또 자신이 죄를 사하는 권세를 가지고 있음을 사람들에게 증거하시기 위함이었다.

그 중풍병은 죄와 관련이 있었다. 성경은 죄와 병의 인과 관계를 말한다. 신명기 28장에는, 사람이 하느님의 율법을 어기면 하느님께서 폐병, 열병, 학질, 종기, 치질, 괴혈병, 개창 등으로 치실 것이라고 말했다. 죄가 질병의 주요한 원인이므로 죄사함은 그 병의 치료와 회복의 첫걸음이 된다. 주께서는 마지막 유월절 식탁에서 제자들에게 포도즙을 주시면서 “이는 죄를 용서해 주려고 많은 사람을 위하여 흘리는 내 계약의 피”라고 말씀하셨다마태 26:28. 죄가 사람의 근본 문제이므로 죄사함은 사람의 모든 문제의 해결이 된다.

예수께서는 온갖 질병을 고치시는 능력뿐 아니라, 죄를 사하시는 권세를 가지고 계셨다. 이것이 실상 그의 가장 중요한 일이었다. 그러므로 주님의 관심은 단지 병의 치료나 경제적 안정 정도가 아니고, 사람들의 죄 문제에 관한 것이다. 죄인의 구원과 변화가 예수 그리스도의 주관심이시다. 이를 위해 그가 사람으로 이 세상에 오셨고 십자가를 지실 것이다. 죄사함은 그의 중심적 사역이다.

그는 그 중풍 병자에게 “일어나 네 평상을 가지고 집으로 돌아가거라”라고 말씀하셨다. 그는 죄사함만 주지 않으시고 죄의 결과로 온 육신의 병도 고쳐주셨다. 주께서는 우리 몸의 연약과 물질적 부족도 동정하신다. 그는 세상의 온갖 종류의 불행에서 우리를 건져내시고 우리에게 복을 주시기를 원하시고, 또 그러하실 수 있는 분이시다.

7-8절 그 중풍 병자는 일어나 집으로 돌아갔다. 얼마나 놀라운 순간들인지! 무리들은 그 사건을 목격하였다. 그들은 그를 보고 두려워하며 이런 권세를 사람에게 주신 하느님께 영광을 돌렸다. 예수 그리스도께서는 우리의 죄를 사하시고 우리의 모든 문제를 해결해주시는 신적 구주이시다. 그는 지금도 살아계신다.

9-11절 마태오 복음서의 저자 마태오가 자신의 이름을 밝힌 것은 자신의 부끄러운 과거와 변화된 현재를 간증하기 위함이었을 것이다. 세관에 앉아 있던 그에게 주께서는 “나를 따라라”라고 말씀하셨다. 당시 세무 공무원들은 불의한 이익으로 자신을 부요케 하는 자들로 여겨졌다. 그러나 마태오에게는 회개하고 믿는 마음이 있었던 것 같다. 그는 주 예수의 부르심에 응답하여 일어나 그를 따랐다. 그는 그의 유여하지만 아마 더러워진, 생활을 포기하고 주님을 따르는 귀한 결단을 내렸다.

마태오는 자기 집을 방문하신 예수께 식사 대접을 하였다. 그때 그는 그의 친

Vox populi, vox Dei.

구들도 다 청했다. 예수께서는 마태오의 집에 앉아 음식을 잡수셨다. 많은 세리와 죄인들이 와서 예수님과 그의 제자들과 함께 앉았다. 교제는 목적과 동기가 중요하다. 예수께서는 그들을 구원하시려고 그들과 함께하셨다. 그러나 바리사이인들은 그 광경을 보고 예수께서 죄인들과 함께 잡수신다고 비난하였다.

12-13절 병자에게 의사 선생님이 필요하듯이, 죄인에게는 구주가 필요하다. 또 하느님께서는 우리가 단순히 형식적 예배를 드리는 것보다 우리가 남에게 긍휼을 베푸는 것을 더 기뻐하신다. 예수께서는 의인을 부르러 오지 않으셨고 죄인을 불러 회개시키러 오셨다. 회개는 하느님의 계명을 거역하던 자들이 돌이켜 그의 계명에 순종하는 것이다. 회개는 해도 좋고 안 해도 괜찮은 것이 아니고, 구원을 위해 반드시 해야 하는 것이다. 예수께서 하늘의 영광의 처소를 버리고 이 누추하고 죄와 슬픔이 많은 세상에 오신 목적은 이 일을 위해서였다. 이것이 그의 사명이다. 죄인을 불러 회개시키는 일은 교회의 최대 사명이다.

그런데 우리가 죄인들을 회개시키려면 죄인들과 접촉해야 한다. 세상 사람들과 격리된 삶은 바람직하지 않다. 죄인들을 구원하려면 죄인들의 세계 속에 들어가 그들과 만나야 한다. 사람들을 구원하기 위한 교회의 전도적 접촉은 어떤 대상에게도 개방되어야 할 것이다. 또 우리가 죄인들을 접촉하려면, 우리는 하느님의 크신 긍휼을 본받아야 한다. 우리는 모든 사람에게 긍휼하고 친절한 마음으로 대하며 복음을 전함으로 한 명이라도 구원하려고 힘써야 한다.

14-15절 요한의 제자들은 예수께 나아와 "저희와 바리사이들은 단식을 많이 하는데, 스승님의 제자들은 어찌하여 단식하지 않습니까?"라고 물었다. 율법에 의하면, 7월 10일 속죄일은 자기 영혼을 괴롭게 하는 단식일이다. 또 바리사이들은 한 주간에 이틀씩 단식하였다. 예수께서는 그들에게 결혼 비유로 대답하셨다. 그는 자신을 신랑에 비유하시고 제자들을 혼인집의 손님들에 비유하셨다. 제자들이 신랑 되신 예수님을 모시고 있는 동안 기뻐하는 것은 당연하며 그러므로 지금은 단식할 때가 아니고 기뻐할 때라는 뜻을 담고 있었다. 그렇지만

예수님께서 그곳을 떠나 길을 가시다가 마태오라는 사람이 세관에 앉아 있는 것을 보시고 말씀하셨다. "나를 따라라." 그러자 마태오는 일어나 그분을 따랐다(9절).

자료 : pds.catholic.or.kr

신랑을 빼앗길 날이 올 것이다. 그것은 예수께서 정죄되어 십자가에 못 박히게 내어준 바 되실 날을 가리킬 것이다. 그때 주의 제자들은 단식할 것이다. 단식은 특별한 때, 비상한 때에 하는 것이지, 아무 때나 형식적으로 하는 것이 아니다. 특히 신약시대에는 더욱 그러하다.

16–17절 주께서는 단식을 폐하신 것이 아니고, 단지 율법 규정이나 관습대로 할 것이 아니라고 말씀하셨다고 본다. 새 천 조각과 새 포도주에 비유된 복음은 율법 형식에 얽매일 수 없고 새 형식을 필요로 했다. 단식도 복음의 자유 안에서 행해져야 할 것이다. 사도 바오로는 "그리스도께서는 우리를 자유롭게 하시려고 해방시켜 주셨습니다. 그러니 굳건히 서서 다시는 종살이의 멍에를 메지 마십시오."라고 말하였다갈라 5:1.

18–19절 마르코 복음서에 보면, 그는 회당장 야이로였다. 루카 복음서에 보면, 이 딸은 열두 살 난 외동딸이었다. 본문에는 "제 딸이 방금 죽었습니다."라고 말했지만, 마르코 복음서와 루카 복음서에 보면, 처음에 회당장이 예수께 와서 간구할 때는 그 딸이 아파서 죽어가려고 할 때였고 예수께서 고쳐주러 가

시다가 다시 집에서 통지가 오기를 딸이 죽었다고 하였다. 마르코와 루카가 비교적 자세하게 기록한 내용을 마태오는 간략히 증거하였다. 이 직원은 예수님을 하느님의 아들 그리스도로 확신했다. 자기 딸이 죽으려 할 때에도 예수께서 자기 딸을 고쳐주실 수 있다고 믿었고 딸이 죽었다는 통지를 받고서도 여전히 예수께서 그를 살리실 수 있다고 믿었다. 그는 이런 확신을 가지고 예수께 나아와 간구했다. 믿는 자는 기도하고 믿음의 기도는 응답을 받을 것이다.

20-21절 혈루증은 피가 멈추지 않고 흐르는 출혈병이다. 이 병을 열두 해나 앓았으니 얼마나 고생이 심했겠는지! 마르코 복음서에는 "그 여자는 숱한 고생을 하며 많은 의사의 손에 가진 것을 모두 쏟아 부었지만, 아무 효험도 없이 상태만 더 나빠졌다."라고 기록되어 있다마르 5:26. 그는 예수님의 소문을 듣고 그의 뒤로 와서 그 겉옷 가를 만졌다. 그것은 그의 마음에 그 겉옷만 만져도 구원을 받겠다고 믿었기 때문이었다. 그에게 이런 믿음이 생긴 것은 참으로 하느님의 은혜였다.

22절 여기에 '구원'은 육신의 질병으로부터의 구원 즉 병의 치료를 의미한다. 예수께서는 그의 믿음을 보시고 그를 치료하셨고, 그의 치료는 즉각적이었다. 이것은 의학적으로는 설명할 수 없는 초자연적 행위이었다. "네 믿음이 너를 구원하였다"는 주의 말씀은 죄인이 믿음으로 구원받는 이치를 보인다. 열두 해 혈루증으로 고생하던 여인을 고쳐주신 예수님은 확실히 하느님의 아들 그리스도이시다.

23-26절 '잔다'는 말씀은 죽음에 대한 비유적 표현이다. 죽은 자는 자는 자와 겉모습이 비슷하고 부활의 때에 깨어날 것이다. 마르코 복음서는 그가 "탈리타 쿰"소녀여, 일어나라[2]이라고 말씀하셨다고 증거한다. 그러자 그 소녀는 일어

[2] "탈리타 쿰(Talitha, coumi)!"(마르코 복음서 5장 41절) 히브리어로 '소녀여, 일어나라!'라는 뜻이다. 예수가 직접 사용했던 언어인 아람어로 하면 "달리다 굼!"이다. '달리다'는 '소녀', '굼'은 '일어나다'라는 의미다.

났다. 그것은 놀라운 기적이었다. 예수께서 죽은 자를 살리신 것은 그의 신적 능력과 인격을 증거한다. 예수님은 분명히 사람이셨지만, 하느님의 본질을 가지고 계신 사람이셨다.

27-28절 앞을 못 보는 그들은 참으로 불쌍한 자들이었다. 그러나 놀랍게도 그들 속에 예수께서 '다윗의 자손' 즉 메시아라는 지식과 믿음이 있었다. 많은 건강한 자들이 교만하고 무지하여 예수님을 알지 못하고 인정치 않았을 때, 이 소경들에게는 겸손한 마음과 깨닫는 마음이 있었고 예수께서 그들을 고쳐주실 수 있음을 믿고 간청하였다. 주님께 구하는 자가 무엇을 얻는다. 그러나 예수 그리스도를 바로 알고 바로 믿지 않는다면, 아무도 주께 구할 수 없을 것이다.

29-31절 예수께서는 그들의 눈을 만지셨다. 예수께서는 병자들을 고쳐주실 때 종종 병자들을 만지시면서 고쳐주셨다. 그것은 병자들에 대한 그의 관심과 긍휼과 사랑을 나타낸다. 그는 또 그들에게 "너희가 믿는 대로 되어라"라고 말씀하셨다. 그러자 그들의 눈들이 밝아졌다. 이것은 놀라운 기적이었다. 그는 엘리야나 엘리사처럼 하느님께 간구하지 않으셨다. 여기에 예수 그리스도의 신적 능력과 영광이 있다. 참으로 그는 문제가 많은 죄인들을 긍휼히 여기시고 구원하시고 도우시는 하느님의 아들 그리스도이시다. 예수께서 "아무도 이 일을 알지 못하게 조심하여라"라고 엄히 경계하신 것은 사람들이 단지 그를 병 고치는 자로 오해하지 않게 하시기 위함이었을 것이다. 그는 병자들을 고치기 위해 이 세상에 오지 않으셨고 죄인들을 구원하기 위해 오셨다.

32-34절 그들이 나갈 때에 귀신 들려 벙어리된 자를 예수님께 데려왔다. 자기의 생각과 마음과 뜻을 자유로이 표현할 수 없는 그 벙어리는 얼마나 답답한 삶을 살아왔겠는가? 그러나 그는 주 예수께 와서 귀신이 쫓겨나고 입이 열려 말을 하였다. 무리들은 기이히 여겨 말하였다. "이런 일은 이스라엘에서 한 번도 본 적이 없다." 예수님의 기적 행하심은 특별하셨다. 구약시대의 선지자들과

예수께서는 그의 눈을 만지셨다. 그러자 그는 눈을 떴다.

자료 : kccs.info

달리, 그는 모든 종류의 병들을, 즉각적으로 또 완전하게 치료하셨다.

그러나 바리사이들은 저가 귀신의 왕을 의지하여 귀신을 쫓아낸다고 말했다. 그들은 하느님의 영이 하신 일을 마귀의 일로 돌렸다. 그러나 하느님이 하신 일을 마귀의 일로 돌리는 것은 매우 악한 일이다. 그들은 무지하고 악하였다. 그러나 감사하게도, 하느님께서는 우리에게 예수 그리스도의 신적 영광을 바로 아는 지식을 주셨고, 그에게 합당한 찬송과 존귀와 영광을 그에게 돌리게 하셨다.

하느님의 아들 예수 앞에서는 못 고칠 병이 없었다. 나병, 중풍병, 열병, 소경, 귀머거리, 벙어리 모두 고침을 받았다. 귀신 들린 것도 고침 받았다. 심지어 죽은 자도 살아났다. 그러므로 우리는 어떤 일을 만나든지 은혜의 보좌 앞으로 담대히 나아가 우리의 어려운 문제들을 낱낱이 그에게 아뢰어야 한다.

35-38절 사도 마태오는 4:23에 이어 본문에서 다시 예수께서 하신 일들을 세 가지로 요약하여 말했다. 첫째는 모든 성과 촌에 두루 다니시며 그들의 회당에서 가르치신 것이고, 둘째는 천국 복음을 전파하신 것이고, 셋째는 사람들의 모든 병과 모든 약한 것을 고쳐주신 것이다.

또 예수께서는 무리들이 목자 없는 양같이 고생하며 방황함을 보시고 동정하시며 말씀하셨다. "수확할 것은 많은데 일꾼은 적다. 그러니 수확할 밭의 주인님께 일꾼들을 보내 주십사고 청하여라." 영혼 구원의 전도는 추수와 같다. 주께서

천국 복음을 전파하시는 예수

자료 : kr.kingdomsalvation.org

는 추수할 것이 많으나 일꾼이 적다고 말씀하셨다. 성도들은 많은 것 같으나, 열성 있는 성도들과 헌신한 전도자들은 많지 않고, 바른 지식과 인격을 갖춘 일꾼들은 더욱 더 적다. 주께서는 "그러니 수확할 밭의 주인님께 일꾼들을 보내 주십사고 청하여라"라고 말씀하셨다. 추수는 하나님께서 주도하시는 일이다. 그는 친히 추수할 일꾼들을 만세 전에 작정하시고 일으키시고 세우신다. 우리는 전도의 일을 위해 또 전도자들을 위해 하나님께 기도해야 한다.

마태오 복음서
10장

天聲

Vox populi, vox Dei.

열두 사도를 뽑으시다 마르 3,13-19;루카 6,12-16

1 예수님께서 열두 제자를 가까이 부르시고 그들에게 더러운 영들에 대한 권한을
주시어, 그것들을 쫓아내고 병자와 허약한 이들을 모두 고쳐 주게 하셨다.

2 열두 사도의 이름은 이러하다. 베드로라고 하는 시몬을 비롯하여 그의 동생 안드
레아, 제베대오의 아들 야고보와 그의 동생 요한,

3 필립보와 바르톨로메오, 토마스와 세리 마태오, 알패오의 아들 야고보와 타대오,

4 열혈당원 시몬, 그리고 예수님을 팔아넘긴 유다 이스카리옷이다.

열두 사도를 파견하시다 마르 6,7-13;루카 9,1-6

5 예수님께서 이 열두 사람을 보내시며 이렇게 분부하셨다. "다른 민족들에게 가는
길로 가지 말고, 사마리아인들의 고을에도 들어가지 마라.

6 이스라엘 집안의 길 잃은 양들에게 가라.

7 가서 '하늘 나라가 가까이 왔다.' 하고 선포하여라.

8 앓는 이들을 고쳐 주고 죽은 이들을 일으켜 주어라. 나병 환자들을 깨끗하게 해
주고 마귀들을 쫓아내어라. 너희가 거저 받았으니 거저 주어라.

9 전대에 금도 은도 구리 돈도 지니지 마라.

10 여행 보따리도 여벌 옷도 신발도 지팡이도 지니지 마라. 일꾼이 자기 먹을 것을
받는 것은 당연하다.

11 어떤 고을이나 마을에 들어가거든, 그곳에서 마땅한 사람을 찾아내어 떠날 때까
지 거기에 머물러라.

12 집에 들어가면 그 집에 평화를 빈다고 인사하여라.
13 그 집이 평화를 누리기에 마땅하면 너희의 평화가 그 집에 내리고, 마땅하지 않으
면 그 평화가 너희에게 돌아올 것이다.
14 누구든지 너희를 받아들이지 않고 너희 말도 듣지 않거든, 그 집이나 그 고을을 떠
날 때에 너희 발의 먼지를 털어 버려라.
15 내가 진실로 너희에게 말한다. 심판 날에는 소돔과 고모라 땅이 그 고을보다 견디
기 쉬울 것이다."

박해를 각오하여라 마르 13,9-13;루카 21,12-17

16 "나는 이제 양들을 이리 떼 가운데로 보내는 것처럼 너희를 보낸다. 그러므로 뱀
처럼 슬기롭고 비둘기처럼 순박하게 되어라.
17 사람들을 조심하여라. 그들이 너희를 의회에 넘기고 회당에서 채찍질할 것이다.
18 또 너희는 나 때문에 총독들과 임금들 앞에 끌려가, 그들과 다른 민족들에게 증
언할 것이다.
19 사람들이 너희를 넘길 때, 어떻게 말할까, 무엇을 말할까 걱정하지 마라. 너희가 무
엇을 말해야 할지, 그때에 너희에게 일러 주실 것이다.
20 사실 말하는 이는 너희가 아니라 너희 안에서 말씀하시는 아버지의 영이시다.
21 형제가 형제를 넘겨 죽게 하고 아버지가 자식을 그렇게 하며, 자식들도 부모를 거
슬러 일어나 죽게 할 것이다.
22 그리고 너희는 내 이름 때문에 모든 사람에게 미움을 받을 것이다. 그러나 끝까
지 견디는 이는 구원을 받을 것이다.
23 어떤 고을에서 너희를 박해하거든 다른 고을로 피하여라. 내가 진실로 너희에게
말한다. 너희가 이스라엘의 고을들을 다 돌기 전에 사람의 아들이 올 것이다.
24 제자는 스승보다 높지 않고 종은 주인보다 높지 않다.
25 제자가 스승처럼 되고 종이 주인처럼 되는 것으로 충분하다. 사람들이 집주인을
베엘제불이라고 불렀다면, 그 집 식구들에게야 얼마나 더 심하게 하겠느냐?"

두려워하지 말고 복음을 선포하여라 루카 12,2-9

26 "그러니 너희는 그들을 두려워하지 마라. 숨겨진 것은 드러나기 마련이고 감추어진 것은 알려지기 마련이다.
27 내가 너희에게 어두운 데에서 말하는 것을 너희는 밝은 데에서 말하여라. 너희가 귓속말로 들은 것을 지붕 위에서 선포하여라.
28 육신은 죽여도 영혼은 죽이지 못하는 자들을 두려워하지 마라. 오히려 영혼도 육신도 지옥에서 멸망시키실 수 있는 분을 두려워하여라.
29 참새 두 마리가 한 닢에 팔리지 않느냐? 그러나 그 가운데 한 마리도 너희 아버지의 허락 없이는 땅에 떨어지지 않는다.
30 그분께서는 너희의 머리카락까지 다 세어 두셨다.
31 그러니 두려워하지 마라. 너희는 수많은 참새보다 더 귀하다.
32 그러므로 누구든지 사람들 앞에서 나를 안다고 증언하면, 나도 하늘에 계신 내 아버지 앞에서 그를 안다고 증언할 것이다.
33 그러나 누구든지 사람들 앞에서 나를 모른다고 하면, 나도 하늘에 계신 내 아버지 앞에서 그를 모른다고 할 것이다."

분열을 일으키러 왔다 루카 12,51-53

34 "내가 세상에 평화를 주러 왔다고 생각하지 마라. 평화가 아니라 칼을 주러 왔다.
35 나는 아들이 아버지와 딸이 어머니와 며느리가 시어머니와 갈라서게 하려고 왔다.
36 집안 식구가 바로 원수가 된다."

버림과 따름 루카 14,25-27

37 "아버지나 어머니를 나보다 더 사랑하는 사람은 나에게 합당하지 않다. 아들이나 딸을 나보다 더 사랑하는 사람도 나에게 합당하지 않다.
38 또 제 십자가를 지고 나를 따르지 않는 사람도 나에게 합당하지 않다.

Vox populi, vox Dei.

39 제 목숨을 얻으려는 사람은 목숨을 잃고, 나 때문에 제 목숨을 잃는 사람은 목숨
을 얻을 것이다."

너희를 받아들이는 이들이 받을 상 마르 9,41

40 "너희를 받아들이는 이는 나를 받아들이는 사람이고, 나를 받아들이는 이는 나를
보내신 분을 받아들이는 사람이다.
41 예언자를 예언자라서 받아들이는 이는 예언자가 받는 상을 받을 것이고, 의인을
의인이라서 받아들이는 이는 의인이 받는 상을 받을 것이다.
42 내가 진실로 너희에게 말한다. 이 작은 이들 가운데 한 사람에게 그가 제자라서
시원한 물 한 잔이라도 마시게 하는 이는 자기가 받을 상을 결코 잃지 않을 것이
다."

1 He called his twelve disciples to him and gave them authority to drive
out evil spirits and to heal every disease and sickness.
2 These are the names of the twelve apostles: first, Simon(who is called
Peter) and his brother Andrew; James son of Zebedee, and his brother
John;
3 Philip and Bartholomew; Thomas and Matthew the tax collector; James
son of Alphaeus, and Thaddaeus;
4 Simon the Zealot and Judas Iscariot, who betrayed him.
5 These twelve Jesus sent out with the following instructions: "Do not go
among the Gentiles or enter any town of the Samaritans.
6 Go rather to the lost sheep of Israel.
7 As you go, preach this message: 'The kingdom of heaven is near.'
8 Heal the sick, raise the dead, cleanse those who have leprosy,drive out
demons. Freely you have received, freely give.
9 Do not take along any gold or silver or copper in your belts;

10 take no bag for the journey, or extra tunic, or sandals or a staff; for the
worker is worth his keep.
11 "Whatever town or village you enter, search for some worthy person
there and stay at his house until you leave.
12 As you enter the home, give it your greeting.
13 If the home is deserving, let your peace rest on it; if it is not, let your
peace return to you.
14 If anyone will not welcome you or listen to your words, shake the dust
off your feet when you leave that home or town.
15 I tell you the truth, it will be more bearable for Sodom and Gomorrah on
the day of judgment than for that town.
16 I am sending you out like sheep among wolves. Therefore be as shrewd
as snakes and as innocent as doves.
17 "Be on your guard against men; they will hand you over to the local
councils and flog you in their synagogues.
18 On my account you will be brought before governors and kings as wit-
nesses to them and to the Gentiles.
19 But when they arrest you, do not worry about what to say or how to say
it. At that time you will be given what to say,
20 for it will not be you speaking, but the Spirit of your Father speaking
through you.
21 "Brother will betray brother to death, and a father his child; children will
rebel against their parents and have them put to death.
22 All men will hate you because of me, but he who stands firm to the end
will be saved.
23 When you are persecuted in one place, flee to another. I tell you the
truth, you will not finish going through the cities of Israel before the Son
of Man comes.

24 "A student is not above his teacher, nor a servant above his master.
25 It is enough for the student to be like his teacher, and the servant like his
master. If the head of the house has been called Beelzebub, how much
more the members of his household!
26 "So do not be afraid of them. There is nothing concealed that will not be
disclosed, or hidden that will not be made known.
27 What I tell you in the dark, speak in the daylight; what is whispered in
your ear, proclaim from the roofs.
28 Do not be afraid of those who kill the body but cannot kill the soul.
Rather, be afraid of the One who can destroy both soul and body in hell.
29 Are not two sparrows sold for a penny? Yet not one of them will fall to
the ground apart from the will of your Father.
30 And even the very hairs of your head are all numbered.
31 So don't be afraid; you are worth more than many sparrows.
32 "Whoever acknowledges me before men, I will also acknowledge him
before my Father in heaven.
33 But whoever disowns me before men, I will disown him before my Fa-
ther in heaven.
34 "Do not suppose that I have come to bring peace to the earth. I did not
come to bring peace, but a sword.
35 For I have come to turn" 'a man against his father, a daughter against her
mother, a daughter-in-law against her mother-in-law -
36 a man's enemies will be the members of his own household.'
37 "Anyone who loves his father or mother more than me is not worthy of
me; anyone who loves his son or daughter more than me is not worthy
of me;
38 and anyone who does not take his cross and follow me is not worthy of
me.

39 Whoever finds his life will lose it, and whoever loses his life for my sake
will find it.
40 "He who receives you receives me, and he who receives me receives the
one who sent me.
41 Anyone who receives a prophet because he is a prophet will receive a
prophet's reward, and anyone who receives a righteous man because he
is a righteous man will receive a righteous man's reward.
42 And if anyone gives even a cup of cold water to one of these little ones
because he is my disciple, I tell you the truth, he will certainly not lose
his reward."

Vox populi, vox Dei.

예수님의 12제자

자료 : m.ecumenian.com

人語

마태오 복음서 10장 - 제자의 길[1]

마태오 복음서 10장 전체는 제자들에게 주시는 무거운 말씀이다. 제자의 길이 무엇인지를 보여주는 말씀이다. 제자들에게는 권능을 주신다. 귀신을 쫓아내고 모든 병과 약한 것을 고치는 권능을 주신다. 이 권능을 가지고 가서 천국 복음을 전파해야 한다. 그것이 제자의 사명이다.

이런 권능을 주시고 나아가서 사역을 하라고 하면 얼마든지 할 수 있을 것 같다. 귀신들이 쫓겨나고, 모든 병들을 고치고, 기도하는 대로 사람들의 문제가 해결되고, 정말 이런 권능이 나타난다면 못할 게 없다. 어디든지 가서 신나게 사역할 수 있다.

그런데 그것이 모두 말과 같지 않다. 제자들이 가야 하는 세상은 만만한 곳이 아니다. 제자들을 환영하는 곳이 아니다. 제자들이 마음대로 복음을 전하도록 놔두지를 않는다. 전하는 내용을 사람들이 알아듣지도 못한다. 그래서 제자들이 세상으로부터 미움을 받고 핍박을 받게 될 것이라고 말씀하고 있다. 이 길이 쉽지 않음을 말씀하고 계신 것이다.

제자들은 먹고 사는 생활의 문제에 얽매이면 안 된다. 자신의 소유를 가지면 안 된다. 복음을 전하고 그들이 주는 대로 먹고 살아야 한다. 그들이 제공하는 곳에서 머물러야 한다. 제자들이 할 일은 이웃들의 평안을 빌어주고, 그들을 위

1 김병균, 마태복음 10장 - 제자의 길, 아침묵상 2017 이전/마태복음, 2014년 6월 20일.

예수님과 제자들

자료 : mulori45.kr

해서 기도해 주는 일이다. 주님의 복음을 전하는 일이다. 오직 그 일만 하고 나머지 생활의 문제는 주는 대로, 되는대로 살아야 한다.

이것이 좋을 것 같지만 그렇지 않다. 대우 잘 받을 것 같고, 좋은 음식만 먹을 것 같고, 좋은 환경에서 살게 될 것 같지만 결코 그렇지 않다. 주는 대로 먹는 것이, 대접받는 것이 좋을 것 같지만 그렇지 않다. 얽매이지 말라는 것이다. 치우치지 말라는 것이다.

또한 제자들은 세상으로부터 미움과 핍박을 받게 된다. 회당에서 채찍도 맞게 되고 공회의 재판에 넘겨지게도 된다. 온갖 억울한 일, 모함, 고통, 핍박 등을 받게 된다. 뿐만 아니라, 제자들은 복음 전파의 사명을 감당하는 이 길을 가기 위해서 부모 형제와 자식 간에도 문제가 생길 수 있다. 가족들과 불화가 생기게 되는 경우를 감수해야 할 때도 있다.

이런 것이 제자의 길이라는 것이다. 무엇 하나 보장된 것이 없다. 환난과 핍박이 기다리는 길이다. 가족도 돌볼 수 없는 길이다. 십자가를 지고 가야 하는 길이다. 자기 목숨도 마다하지 않고 가야 하는 길이다. 이것이 예수님께서 말씀하신 제자의 길이다. 열두 제자를 세우고 보내시면서 하신 말씀이다.

그런데 오늘날은 그렇지도 않다. 특히 한국이나 미국에 사는 한인들은 그렇지도 않은 것 같다. 제자라고 해서 이렇게 사는 사람은 별로 없는 것 같다. 오히려 반대로 되는 경우도 많다고 한다.

주님께서 주신 권능으로, 복음을 전하는 일로, 예수님이 말씀하신 이런 일이 생기기보다는 그 반대로 되는 경우도 있다고 한다. 대우받고, 인정받고, 존경받고, 성공하고, 출세하고, 유명해지고, 잘 먹고 잘 살게 되고, 좋은 곳에서 먹고 자고, 좋은 구경 실컷 다 하고, 물론 다 그런 것은 아니지만 말이다.

소위 성공하는 목회자가 되는 것이 많은 목사·신부들이 선망하는 일이 되어 버렸다. 이런 대우와 보장이 있기 때문이다. 예수님이 말씀하신 제자의 길과 오늘날 우리가 걸어가는 제자의 길이 같아 보이지 않다는 것이다.

마음을 무겁게 한다. 많은 생각을 하게 하는 말씀이다. 주님이 주신 권능이, 전해야 할 복음이, 다른 어떤 목적을 이루는 수단이 되어서는 안 된다. 성공의 수단, 인기를 얻는 방편, 먹고사는 문제를 보장받는 방편, 많은 사람들을 따르게 하는 수단 등 그 어떤 수단이나 방편도 되어서는 안 된다.

오직 한 길, 복음을 전하는 그 길만 보고 가야 한다. "이스라엘 집안의 길 잃은 양들에게 가라."10:6 오직 잃어버린 영혼을 구원해야 하는 그 사명만 보고 가야 한다. 권능은 오직 그것만을 위해서 사용해야 한다. 그 어떤 사람도 두려워하지 말고 오직 주님만 두려워해야 한다. 그 누구의 눈치도 보지 말고 주님의 눈치만 보아야 한다. 그 누구에게도 인정받으려 하지 말고 오직 주님께만 인정받으려 해야 한다. 주님 앞에서만 살아야 한다. 주님의 도움만 받아야 한다.

각 절 해석[2]

1절 예수께서는 열두 제자를 부르셨다. 마르코 복음서에 의하면, 예수께서는 자기가 원하는 자들을 부르셨다. "예수님께서 산에 올라가신 다음, 당신께서 원하시는 이들을 가까이 부르시니 그들이 그분께 나아왔다."마르 3:13. 루카 복음서는 주께서 밤새도록 기도하신 후 그들을 세우셨다고 말한다. 후에, 예수께서는 제자들에게 그들이 그를 택한 것이 아니요 그가 그들을 택하여 세웠다고 말씀하셨다. 교회 직분자들은 하느님께서 은사를 주시는 대로 세워진다. 물론, 자

2 김효성 목사, 마태복음 강해, 2019년 11월 27일 수정.

격자들은 회중의 선택을 받는다.

예수께서는 열두 제자들에게 더러운 귀신을 쫓아내며 모든 병과 모든 약한 것을 고치는 권능을 주셨다. 물론, 그들의 더 중요한 일은 예수님과 함께 있으면서 그에게 듣고 배우는 것이며 또 나가서 전도하는 것이었다. 그러나 예수께서는 그들에게 병 고치는 권능을 신분증처럼 주셨다. 사도들은 많은 기적을 행하였다. 사도 바오로의 말대로, 기적을 행하는 것은 사도들의 표지였다2코린 12:12.

2-4절 마태오는 열두 제자의 이름을 기록하였다. 마태오는 그들을 '사도'라고 불렀다. '사도'는 '보내심을 받은 자'라는 뜻이다. 유다 이스카리옷가룟 유다은 열두 사도의 명단에 들어 있지만, '예수를 판 자'라는 부끄러운 이름을 가지게 되었다. 사람은 시작보다 결말이 중요하다.

5-6절 주께서는 열두 제자들을 친히 부르시고 세우시고 능력을 주시고 사명을 주셔서 내어보내시며 전도하라고 명하셨다. 하느님께서는 오늘날도 친히 교회의 직분자들을 부르시고 세우시고 능력을 주시고 사명을 주실 것이다. 주께서는 열두 제자들에게 이스라엘 집의 잃어버린 양들에게 복음을 전파하라고 명하셨다. 아직 사마리아나 이방 세계에 복음을 전할 때가 아니었다. 하느님의 뜻 가운데 전도에 순서가 있었다. 오늘날도 우리는 교회에 다닌 적이 있었던 자들, 교회에 다니다가 시험에 들었거나 낙심하여 교회를 떠나갔던 자들을 먼저 돌아보고 그 후에 다른 사람들을 돌아보아야 할 것이다.

7-8절 주께서는 열두 제자들에게 "가서 '하늘 나라가 가까이 왔다.' 하고 선포하여라"라고 말씀하셨다. 천국은 하느님이 통치하시는 세계이다. 사람이 성령으로 거듭나 하느님과 예수 그리스도를 주님으로 인정하고 믿었다면 천국이 그의 심령에 이미 임한 것이다. 그는 사탄이 왕노릇하던 세계에서 벗어나 하느님의 통치에 복종하는 자가 되었다.

주께서는 사도들에게 병 고침의 능력을 주셨다. 그것은 하느님께서 그들에게

Vox populi, vox Dei.

예수님의 열두 제자들

- 시몬 베드로: 갈릴리의 어부. 안드레의 형제. 예수님으로부터 '게바'(반석)라는 칭호를 받음. 예수님을 세 번 부인함. 초대교회의 대표적인 지도자.
- 안드레: 갈릴리 어부. 베드로의 형제. 예수님의 제자가 되기 전에는 세례 요한의 제자였음.
- 야고보: 세베대의 아들. 요한의 형제. 가버나움 출신. '보아너게'(우뢰의 아들)라고 불림.
- 요한: 세베대의 아들. 야고보의 형제. 가버나움 출신. 요한 복음서, 요한 1·2·3서, 요한계시록의 저자로 알려져 있음. '그(예수님)의 사랑하시는 자'에 해당하는 인물. '보아너게'(우뢰의 아들)라고 불림.
- 빌립: 벳새다 출신. 갈릴리에서 부름을 받음. 나다나엘을 전도함.
- 바돌로매: 나다나엘이라고도 함. 갈릴리 가나 출신. 이름의 문자적인 의미는 '돌로매의 아들'.
- 도마: 디두모라고도 함. 그에 관한 기록은 요한 복음서에서만 나타남.
- 마태: 가버나움의 세리. 알패오의 아들. 이름은 '하느님의 선물'이라는 뜻. 4복음서 중의 하나인 마태오 복음서를 기록함.
- 알패오의 아들 야고보: 마태와 형제였을 것으로 보임.
- 다대오: '야고보의 아들 유다'라고도 함. 요한 복음서 14:22에 한 번만 등장함.
- 가나안인 시몬: 열심당원이었음. 셀롯 사람 또는 가나안 사람이라고도 불림.
- 가룟 유다: 제자 중 유일한 유다 지방(가룟) 출신. 예수님을 배반한 자. 돈궤를 맡았던 자로, 요한 복음서 기자는 그를 '도적'이라고 부름.

자료 : pinterest.co.kr

주신 일종의 신임장이었다. 사도들의 주된 임무는 복음을 전하는 것이고 병을 고치는 일이나 기타 다른 일이 아니지만, 그들이 전하는 복음에 대한 하느님의 보증의 표로서 그들은 병 고치는 능력을 얻었다. 그러나 그들 능력의 일들은 하느님께서 거저 주신 은혜이므로 다른 이들에게 거저 주어야 했다. 하느님의 은혜의 선물을 돈을 버는 방법으로 사용해서는 안 되었다.

9-11절 전도자들은 여비나 옷이나 신이나 먹고 마시는 것의 문제로 염려하지 말고 오직 주께서 맡기신 일에 충성해야 했다. 일꾼들이 일용할 양식을 얻는 것은 마땅하며 하느님께서는 그들의 필요를 채워주실 것이다. 주께서는 또, "어떤 고을이나 마을에 들어가거든, 그곳에서 마땅한 사람을 찾아내어 떠날 때까지 거기에 머물러라"라고 말씀하셨다. 합당한 자란 신앙적으로, 경제적으로 합당한 자라는 뜻이라고 본다. "떠날 때까지"라는 말씀은 땅의 것을 구하는 자처럼 자기에게 더 유리하게 보이는 곳으로 옮겨다니지 말라는 뜻을 포함한다. 주께서 보내신 곳이라면 그가 떠나라고 하시기 전까지 그곳에 머물러 있어야 한다. 또 성도들은 그들에게 필요한 것들을 제공할 의무가 있다.

12-15절 전도자들은 그들이 머무는 집을 위해 평안을 기원해야 했다. 그들을 영접하는 그 집이 이 평안을 받기에 합당하면 그들의 빈 평안은 그 집에 임할 것이다. 그러나 그들을 영접도 아니하고 그들의 말을 듣지도 아니하면 그 집이나 성에서 나가 그들의 발의 먼지를 떨어버려야 했다. 그것은 관계의 단절을 상징한다. 어떤 성의 사람들이 사도들의 전도와, 기적들을 통한 확증을 보고도 그들을 영접하지 않고 그들의 말을 듣지 않는다면, 그들은 소돔 사람들보다 더 큰 죄를 범하는 자들이다. 소돔 사람들은 그런 기적을 보지 못했기 때문이다.

오늘 우리는 예수님과 사도들의 기적의 일들을 보지 못했다. 그러나 우리는 사도들과 제자들이 증거한 신약성경을 갖고 있다. 그러므로 오늘날 누가 신약성경의 말씀들을 거절하고 믿지 않는다면, 그의 죄악은 결코 작은 것이 아니다. 우리는 성경에 기록된 예수 그리스도에 관한 모든 증거들을 믿음으로 받아들여야 한다.

천국 복음

자료 : churchofgod.wiki

오늘날도 전도자들은 물질적인 것들에 얽매이지 말고 오직 주께서 명하신 대로 천국 복음, 곧 십자가 속죄의 복음을 담대히, 가감 없이 만방에 전해야 하고, 또 성도들과 교회는 그들의 전하는 바를 믿고 그들을 따르며 그들에게 필요한 것들을 제공해야 할 것이다.

16절 전도자들은 순진한 양들이다. 그들을 세상에 내보내는 것은 마치 양들을 이리 떼 속에 보내는 것과 같다. 전도자들은 모든 사람에게 환영을 받을 것이라고 기대해서는 안 된다. 그들은 도리어 이 세상에서 많은 고난을 당하고 죽임도 당할 것이다. 그러므로 그들은 뱀같이 지혜로워야 한다. 뱀은 지혜의 비유로 사용되었다. 전도자들은 악한 세상에서 지혜롭게, 신중하고 사려 깊게 처신해야 한다. 그러나 그들은 또한 비둘기같이 순결해야 한다. 참 지혜는 순결한 지혜이다. 그러므로 바른 사상과 거룩한 인격은 전도자의 첫 번째 덕목이다.

17-18절 전도자들은 특히 사람들을 조심해야 한다. 사람들은 그들을 공회에 넘겨주며 그들의 회당에서 채찍질할 것이다. 공회와 회당이 하나님의 종들을 핍박하는 기관이 될 것이다. 전도자들은 심지어 총독들과 임금들 앞에 끌려갈 것이다. 그러나 그것은 그들에게 예수 그리스도의 복음을 증거할 기회가 될 것이다.

19-20절 전도자들은 총독들과 임금들 앞에 설 때에 무엇을, 어떻게 말할지 염려할 필요가 없다. 왜냐하면 하느님의 영, 곧 성령께서 그들 속에 계셔서 말씀을 주실 것이기 때문이다. 오늘날에도 성령께서는 모든 전도자들에게 전할 말씀과 능력을 주실 것이다.

21-22절 사탄의 역사는 강하다. 성도가 경건과 의로움에 굳게 서서 악과 타협하지 않고자 한다면, 사탄은 심지어 가족들과 이웃들을 통해 전도자의 믿음을 파괴하려 할 것이다. 전도자들은 예수 그리스도의 이름 때문에 많은 사람에게 미움과 어려움을 당할 것이다. 그러나 끝까지 견디는 자는 건짐을 받을 것이다.

23절 핍박으로 인한 피신은 정당하고 지혜에 속하는 일이다. 피할 수 있는 데도 피하지 않고 죽는 것이 충성은 아니다. 전도자는 할 수 있는 대로 많은 사람들에게 복음을 전해야 한다. 순교의 때가 오면 순교할 수 있다. 그러나 피신하여 다른 곳에서 전도할 수 있는 데도 피신하지 않고 잡혀 죽으려 해서는 안 된다. "너희가 이스라엘의 고을들을 다 돌기 전에 사람의 아들이 올 것이다."는 말씀은, 오순절 성령강림을 가리키든지, 혹은 '이스라엘의 모든 동네'가 온 세상에 흩어져 있는 하느님의 선택된 모든 사람들이 사는 곳들을 비유한다면, 예수 그리스도의 재림을 가리킬 것이다.

24-27절 베엘제불은 '귀신의 왕' 곧 사탄을 가리킨다. 악한 사람들이 주 예수 그리스도를 베엘제불이라고 불렀다면 그의 제자들에게 어떤 비난을 할지 짐작할 수 있을 것이다. 그러므로 전도자들은 사람들에게 악한 비난을 받을 각오를 해야 한다. 복음 전도자들과 설교자들은 사람들을 두려워 말아야 한다. 하느님의 감춰진 진리들은 밝히 전파되어야 하고, 그들이 집안에서 은밀하게 배운 진리들은 집밖에서 공공연히 전파되어야 한다. 오늘날도 설교자들은 골방에서 성경을 묵상하고 연구한 후에 강단에서 담대히 선포해야 한다.

Vox populi, vox Dei.

예수님과 베엘제불

자료 : .bing.com

28-31절 몸의 죽음이 사람의 끝이 아니다. 사람에게는 불멸적 영혼이 있고, 그 영혼은 하느님의 마지막 심판을 기다린다. 사람들은 몸은 죽여도 영혼은 죽일 수 없다. 그러나 하느님께서는 사람의 몸과 영혼을 함께 지옥에 멸하실 수 있다. 그러므로 우리는 사람들을 두려워하지 말고 오직 하느님을 두려워해야 한다.

세상의 모든 일들은 하느님의 섭리 속에서 이루어진다. 앗사리온은 약 16분의 1데나리온인 로마 동전이었다BDAG, NBD. 보잘것없어 보이는 참새 한 마리도 하느님께서 허락지 않으시면 땅에 떨어지지 않을 것이다. 하물며 참새보다 귀한 존재인 사람은 하느님의 허락 없이는 죽지 않을 것이다. 전도자는 그 머리털까지도 다 세신 바 되었다. 그러므로 그는 사람을 두려워할 필요가 없다.

32-33절 하느님의 아들을 믿는 사람들은 사람 앞에서 그를 시인해야 한다. 사람들을 두려워하여 그를 부인한다면 그를 믿는 것이 아니다. 정말 그를

믿었다면 사람 앞에서 그를 시인해야 한다. 그러므로 전도자들은 사람들의 핍박과 죽음의 위협을 두려워하거나 겁내지 말고 비겁하게 굴복하지 말고, 사람들 앞에서 예수 그리스도를 시인하고 하느님의 복음을 담대히 전해야 한다.

34-36절 예수 그리스도께서는 세상에 화평을 주러 오신 것이 아니고 칼을 주러 오셨다. 그가 오셔서 우리에게 참 평안을 주신 것이 사실이지만, 그것은 구원받은 자들의 심령 속과 성도들의 교제 가운데 있는 평안이며 화목이다. 그것은 세상 모든 사람에게 차별 없이 주시는 평안이 아니고 또 진리와 비진리, 혹은 선과 악의 화해가 아니다. 복음은 막연한 평화의 개념이 아니다. 성도의 신앙생활은 오히려 죄와 마귀와 세상의 악과 싸우는 영적 전쟁이다.

모든 성도의 삶이 그렇지만, 특히 전도자들의 삶이 그렇다. 하느님의 진리는 우리에게 그에 대한 최고의 헌신과 사랑과 복종을 요구한다. 하느님께서는 우리의 사랑과 순종의 최고 대상이시다. 주 예수 그리스도를 위한 절대적 헌신과 사랑과 복종은 때때로 집안 식구들로부터 미움과 핍박을 일으킬 것이다. 또 미워하고 핍박하던 식구들과 한 번 혹은 여러 번 싸움과 갈등을 치룬 후 그들이 회개하고 주께로 돌이킨 후에야 가정의 참된 평화가 찾아올 것이다.

그러므로 예수 그리스도를 믿기 때문에나 전도자의 사명의 걸음을 시작했기 때문에 가정에 불화가 생긴다면, 그것은 아마 이상한 일이 아니고 정상적 과정이다. 그러나 참고 진행하면 모든 것이 합력하여 은혜와 유익이 될 것이다. 하느님께서는 우리 편에 계시고 그의 위로와 평안이 그의 종들과 백성들에게 있을 것이다.

37절 모든 성도들에게 그러하지만 특히 전도자들에게 있어서, 부모님께 대한 사랑과 효도와 순종은 하느님께 대한 의무보다 우선 될 수 없다. 부모에 대한 의무 때문에 주의 부르심을 거부한다든지 주의 계명을 어겨서는 안 된다. 작은 예로 부모님을 위한 생신 잔치 때문에, 친척들의 결혼식 때문에, 주일 예배를 소홀히 하는 것은 옳지 않다.

자녀에 대한 사랑에 있어서도 마찬가지다. 자녀 사랑, 자녀 교육, 자녀 후원이

Vox populi, vox Dei.

신앙은 하나님의 사랑에 온통 사로잡히는 것

자료 : eswn.kr

하나님보다 앞서서는 안 된다. 자녀들 때문에 경건 생활이나 사명의 걸음이 지장을 받아서는 안 된다. 자녀들을 돌보는 것보다, 혹은 같은 원리로 남편이나 아내를 돌아보는 것보다 더 중요한 것은 하나님을 섬기는 것이다. 그러므로 전도자도 자기의 가족들을 돌보고 사랑해야 하지만, 주님을 사랑함보다 더 할 수는 없다. 모든 성도는 아무리 피곤하고 바쁜 일상생활일지라도 하루에 30분 정도라도 하나님께 기도하고 성경 읽는 시간을 우선적으로 구별해야 한다.

또 우리는 먼저 자녀들이 하나님을 경외하고 신앙적으로 교회 안에서 성장하도록 힘써야 한다. 세상에서 아무리 좋은 교육을 받게 한다 할지라도 그들의 영혼이 죽었거나 병들었다면 어찌 기뻐할 수 있겠는가! 오히려 우리는 통곡해야 한다. 하나님께서는 그런 세속적인 교육을 기뻐하지 않으신다. 하나님께서는 우리 자녀가 먼저 하나님을 알고 그를 경외하는 것을 원하신다. 세상 공부들보다 훨씬 더 중요한 것이 성경을 읽고 공부하는 것이다. 성도는 세상의 그 무슨 일보다 하나님 섬기는 일을 첫째로 여겨야 한다.

38-39절 성도는 심지어 자기 자신을 부정해야 한다. 자기 사랑은 곧 세상 사랑이요, 하나님 사랑과 반대된다. 돈을 사랑하는 것도 마찬가지이다. 그러므로 성도는 돈 사랑인지, 하나님 사랑인지, 또 100년간의 삶을 위할 것인지, 영생을 위할 것인지 둘 중 하나를 택해야 한다. 이 세상의 것을 위해 사는 자는 주

선지자 예레미야

자료 : i0.wp.com

님을 따를 수 없다. 그러나 주를 위해 자기 목숨을 버릴 수 있는 자는 확실히 영생의 복을 받을 것이다.

40절 전도자들은 주 예수의 이름과 권위로 파송된다. 그러므로 그들을 영접하는 것은 주 예수님을 영접하는 것과 같고 궁극적으로 하느님을 영접하는 것과 같다. 제자들은 세상에서 고난이 많을 것이나 이런 존귀한 신분을 가진다. 이것은 그들에게 위로가 된다.

41-42절 사람이 선지자를 선지자로 알아보고 영접하는 자는 선지자의 상을 받고, 의인을 의인으로 알아보고 영접하는 자는 의인의 상을 받을 것이다. 또 주의 젊은 종 하나에게 냉수 한 그릇이라도 대접하는 자는 결단코 상을 잃지 않을 것이다. 이 말씀은 전도자들에게 적지 않은 위로가 된다. 우리의 선행이 그 자체로는 상 받을 가치가 없지만 주께서는 그것에 대해 상을 약속하셨다. 선행의 첫 번째 동기는 예수님의 십자가 대속의 은혜이지만, 상급의 약속도 부수적인 동기는 될 수 있을 것이다. 주께서는 우리의 선행에 대해 상 주실 것이다.

마태오 복음서 11장

天聲

1 예수님께서 열두 제자에게 다 지시하시고 나서, 유다인들의 여러 고을에서 가르치
시고 복음을 선포하시려고 그곳에서 떠나가셨다.

세례자 요한의 질문에 답변하시다 루카 7,18-23

2 그런데 요한이, 그리스도께서 하신 일을 감옥에서 전해 듣고 제자들을 보내어,
3 "오실 분이 선생님이십니까? 아니면 저희가 다른 분을 기다려야 합니까?" 하고 물
었다.
4 예수님께서 그들에게 대답하셨다. "요한에게 가서 너희가 보고 듣는 것을 전하여라.
5 눈먼 이들이 보고 다리 저는 이들이 제대로 걸으며, 나병 환자들이 깨끗해지고 귀
먹은 이들이 들으며, 죽은 이들이 되살아나고 가난한 이들이 복음을 듣는다.
6 나에게 의심을 품지 않는 이는 행복하다."

세례자 요한에 관하여 말씀하시다 루카 7,24-35

7 그들이 떠나가자 예수님께서 요한을 두고 군중에게 말씀하기 시작하셨다. "너희는
무엇을 구경하러 광야에 나갔더냐? 바람에 흔들리는 갈대냐?
8 아니라면 무엇을 보러 나갔더냐? 고운 옷을 입은 사람이냐? 고운 옷을 걸친 자들
은 왕궁에 있다.
9 아니라면 무엇을 보러 나갔더냐? 예언자냐? 그렇다. 내가 너희에게 말한다. 예언자
보다 더 중요한 인물이다.
10 그는 성경에 이렇게 기록되어 있는 사람이다. '보라, 내가 네 앞에 나의 사자를 보
낸다. 그가 네 앞에서 너의 길을 닦아 놓으리라.'

11 내가 진실로 너희에게 말한다. 여자에게서 태어난 이들 가운데 세례자 요한보다
더 큰 인물은 나오지 않았다. 그러나 하늘 나라에서는 가장 작은 이라도 그보다
더 크다.
12 세례자 요한 때부터 지금까지 하늘 나라는 폭행을 당하고 있다. 폭력을 쓰는 자
들이 하늘 나라를 빼앗으려고 한다.
13 모든 예언서와 율법은 요한에 이르기까지 예언하였다.
14 너희가 그것을 받아들이고자 한다면, 요한이 바로 오기로 되어 있는 엘리야다.
15 귀 있는 사람은 들어라.
16 이 세대를 무엇에 비기랴? 장터에 앉아 서로 부르며 이렇게 말하는 아이들과
같다.
17 '우리가 피리를 불어 주어도 너희는 춤추지 않고 우리가 곡을 하여도 너희는 가슴
을 치지 않았다.'
18 사실 요한이 와서 먹지도 않고 마시지도 않자, '저자는 마귀가 들렸다.' 하고 말한다.
19 그런데 사람의 아들이 와서 먹고 마시자, '보라, 저자는 먹보요 술꾼이며 세리와 죄
인들의 친구다.' 하고 말한다. 그러나 지혜가 옳다는 것은 그 지혜가 이룬 일로 드
러났다."

회개하지 않는 고을들 루카 10,13-15

20 그때에 예수님께서 당신이 기적을 가장 많이 일으키신 고을들을 꾸짖기 시작하셨
다. 그들이 회개하지 않았기 때문이다.
21 "불행하여라, 너 코라진아! 불행하여라, 너 벳사이다야! 너희에게 일어난 기적들이
티로와 시돈에서 일어났더라면, 그들은 벌써 자루옷을 입고 재를 뒤집어쓰고 회
개하였을 것이다.
22 그러니 내가 너희에게 말한다. 심판 날에는 티로와 시돈이 너희보다 견디기 쉬울
것이다.
23 그리고 너 카파르나움아, 네가 하늘까지 오를 성싶으냐? 저승까지 떨어질 것이다.
너에게 일어난 기적들이 소돔에서 일어났더라면, 그 고을은 오늘까지 남아 있을
것이다.

24 그러니 내가 너희에게 말한다. 심판 날에는 소돔 땅이 너보다 견디기 쉬울 것이다."

하느님 아버지와 아들 루카 10,21-22

25 그때에 예수님께서 이렇게 말씀하셨다. "아버지, 하늘과 땅의 주님, 지혜롭다는 자
들과 슬기롭다는 자들에게는 이것을 감추시고 철부지들에게는 드러내 보이시니,
아버지께 감사드립니다.
26 그렇습니다, 아버지! 아버지의 선하신 뜻이 이렇게 이루어졌습니다."
27 "나의 아버지께서는 모든 것을 나에게 넘겨주셨다. 그래서 아버지 외에는 아무도
아들을 알지 못한다. 또 아들 외에는, 그리고 그가 아버지를 드러내 보여 주려는
사람 외에는 아무도 아버지를 알지 못한다."

내 멍에를 메어라

28 "고생하며 무거운 짐을 진 너희는 모두 나에게 오너라. 내가 너희에게 안식을 주겠
다.
29 나는 마음이 온유하고 겸손하니 내 멍에를 메고 나에게 배워라. 그러면 너희가 안
식을 얻을 것이다.
30 정녕 내 멍에는 편하고 내 짐은 가볍다."

1 After Jesus had finished instructing his twelve disciples, he went on from
there to teach and preach in the towns of Galilee.
2 When John heard in prison what Christ was doing, he sent his disciples
3 to ask him, "Are you the one who was to come, or should we expect
someone else?"
4 Jesus replied, "Go back and report to John what you hear and see:
5 The blind receive sight, the lame walk, those who have leprosyare cured,
the deaf hear, the dead are raised, and the good news is preached to the
poor.

Vox populi, vox Dei.

6 Blessed is the man who does not fall away on account of me."

7 As John's disciples were leaving, Jesus began to speak to the crowd about
John: "What did you go out into the desert to see? A reed swayed by the
wind?

8 If not, what did you go out to see? A man dressed in fine clothes? No,
those who wear fine clothes are in kings' palaces.

9 Then what did you go out to see? A prophet? Yes, I tell you, and more
than a prophet.

10 This is the one about whom it is written: " 'I will send my messenger
ahead of you, who will prepare your way before you.'

11 I tell you the truth: Among those born of women there has not risen any-
one greater than John the Baptist; yet he who is least in the kingdom of
heaven is greater than he.

12 From the days of John the Baptist until now, the kingdom of heaven has
been forcefully advancing, and forceful men lay hold of it.

13 For all the Prophets and the Law prophesied until John.

14 And if you are willing to accept it, he is the Elijah who was to come.

15 He who has ears, let him hear.

16 "To what can I compare this generation? They are like children sitting in
the marketplaces and calling out to others:

17 "'We played the flute for you, and you did not dance; we sang a dirge
and you did not mourn.'

18 For John came neither eating nor drinking, and they say, 'He has a de-
mon.'

19 The Son of Man came eating and drinking, and they say, 'Here is a glut-
ton and a drunkard, a friend of tax collectors and "sinners."' But wisdom
is proved right by her actions."

20 Then Jesus began to denounce the cities in which most of his miracles

had been performed, because they did not repent.

21 "Woe to you, Korazin! Woe to you, Bethsaida! If the miracles that were
performed in you had been performed in Tyre and Sidon, they would
have repented long ago in sackcloth and ashes.

22 But I tell you, it will be more bearable for Tyre and Sidon on the day of
judgment than for you.

23 And you, Capernaum, will you be lifted up to the skies? No, you will go
down to the depths. If the miracles that were performed in you had been
performed in Sodom, it would have remained to this day.

24 But I tell you that it will be more bearable for Sodom on the day of judg-
ment than for you."

25 At that time Jesus said, "I praise you, Father, Lord of heaven and earth,
because you have hidden these things from the wise and learned, and
revealed them to little children.

26 Yes, Father, for this was your good pleasure.

27 "All things have been committed to me by my Father. No one knows the
Son except the Father, and no one knows the Father except the Son and
those to whom the Son chooses to reveal him.

28 "Come to me, all you who are weary and burdened, and I will give you
rest.

29 Take my yoke upon you and learn from me, for I am gentle and humble
in heart, and you will find rest for your souls.

30 For my yoke is easy and my burden is light."

人語

마태오 복음서 11장 요약[1]

복음서에서 침례 요한만큼 예수님의 사역과 밀접하게 관련된 인물도 드물다. 그는 주의 길을 예비하는 자로서, 천국 복음을 선포하고 침례를 베풀었다. 주님께 직접 침례를 준 자도 침례 요한이었다. 그러므로 그는 누구보다도 예수님의 사역과 메시아 되심에 대해 궁금해했을 것이다. 본문은 바로 이 같은 의문점에 대한 답변을 준다. 요한은 예수님의 메시아 되심에 관해 질문했고2-3절, 주님은 병자의 치유 사건을 언급함으로써 구약에서 예언한 구속자가 자신임을 우회적으로 밝히셨다. 이어 요한에 대한 칭찬과 평가로써 이 주제를 일단락 지으셨다. 본장 후반부는 안식으로 초대하는 주님의 잔잔한 호소이다.

세례 요한은 주의 길을 예비하는 자로서, 천국 복음을 선포하고 세례를 베풀었다. 그는 헤롯의 죄를 지적하여 옥에 갇혀 있었다. 예수님의 사역과 메시아 되심에 대해 궁금해하는 제자들을 예수님이 메시아이심을 확실하게 알려주기 위해 예수님께 보낸다. 요한은 예수님의 메시아 되심에 대해 질문했고, 주님은 병자의 치유 사건을 언급함으로써 구약에서 예언한 구속자가 자신임을 밝히셨다.

예수님은 인간의 죄를 위해 이 땅에 오셨다. 모든 죄와 사망과 저주와 질병을 깨뜨려 주셨고 영생으로 인도하셨다. 예수님을 인격적으로 마음에 영접하고 그를 하느님으로, 구속주救贖主로 믿는 자들은 예수님께서 행하신 여러 기적의 사건

1 변정미, 마태복음 11장 요약 설명, 강남은혜교회, 2020년 2월 13일 작성.

세례 요한(오른쪽)은 구약의 마지막 선지자다. 동시에 신약시대의 시작을 여신 예수께 침례를 베풀었던 인물이다. 예수께서는 그가 메시아의 길을 예비할 엘리야(왼쪽)였다고 말씀하셨다.

자료 : aboutelijah.com

들의 주인공이 될 수 있다. 마귀는 끊임없이 우리를 시험하고 속이지만 말씀으로 무장하고 예수님이 내려주신 짐과 수고를 벗어버리고 예수님이 가볍게 하신 사랑의 십자가만 지고 가면 기쁨의 삶이 된다.

다지기

- **질문 1** 모든 선지자와 율법이 예언한 것은 누구까지입니까? 13절
- **질문 2** 스스로 지혜롭게 여기는 자들에게 하늘 나라와 구원을 숨기는 것은 누구의 뜻입니까? 25절
- **질문 3** 하느님께서 어린아이들에게 구원의 비밀을 나타내신다는 것은 무슨 뜻입니까? 26절, 해설참고
- **질문 4** "고생하며 무거운 짐을 진 너희는 모두 나에게 오너라. 내가 너희에게 안식을 주겠다."는 마태오 복음서 11장 몇 절입니까?
- **질문 5** "나는 마음이 온유하고 겸손하니 내 멍에를 메고 나에게 배워라. 그러면 너희가 안식을 얻을 것이다."는 마태오 복음서 11장 몇 절입니까?

사복음서 주요 주제 비교표

주제 책	마태오 복음서	마르코 복음서	루카 복음서	요한 복음서
예수를 보는 시각	약속된 메시아 (즈카 9:9)	순종과 희생의 종 (이사 42:1)	흠없는 사람의 아들 (즈카 612)	성육신 성자 (이사 409)
그리스도의 사역	왕으로 오심	종으로 오심	사람으로 오심	성자로 오심
대상	유대인	로마인	헬라인	신앙인
주제	그리스도가 약속된 하느님의 나라를 도래시킴	그리스도가 하느님 아버지께 순종하여 세상을 이김	그리스도가 완전한 인간의 모습으로 하느님과 인간 사이에 중보자가 되심	그리스도의 신성과 그에 대한 믿음의 당위성
표제	무리를 가르침, 열두 제자를 가르침, 늘어나는 환영, 적대감	말씀과 표적, 고난과 죽음	수많은 기적, 비유, 잃어버린 자를 찾음, 구원	위안, 믿게하려 함, 생명을 얻게 함
특징	구약의 예언 성취를 강조	주님의 행적을 강조하는 가장 짧은 복음서	사건 자체를 자세히 설명한 가장 긴 복음서	사건 안에 담긴 교리해설에 초점
족보	有: 왕의 신분을 입증함 (마태 1:1-17)	無: 종은 족보가 없음	有:인간임을 입증함 (루카323-38)	無: 하느님은 족보가 없음
성격	예언적(계시)	실제적(현실적)	역사적(사실적)	영적
공통내용비율(고유)	58퍼센트(42퍼센트)	93퍼센트(7퍼센트)	41퍼센트(59퍼센트)	8퍼센트(92퍼센트)
최후진술	메시아임을 부활로 증명	영광 속에 승천	남은 자들에게 성령을 약속	재림 약속
주요시제	과거	현재	미래	영원
신학적 강조점	새율법	예수님의 능력	예수님의 은혜	예수님의 영광
핵심구절	마태 5:17	마르 10:45	루카 19:10	요한 20:30, 31
핵심단어	이루어진(15회 사용)	곧(40회 사용)	사람의 아들(26회 사용)	믿음(98회 사용)
저자의 직업	세리	부유한 집안 출신의 선교사	의사	어부
저자의 유형	교사	설교가	역사가	신학자
주요문체	설교	영웅전기	역사서	교리서
저자의 강조점	그리스도의 설교	그리스도의 기적	그리스도의 비유	그리스도의 교리
장소	베들레헴, 나사렛, 갈릴래아, 예루살렘	갈릴래아, 베레아, 예루살렘	갈릴래아, 예루살렘	팔레스틴, 유대, 갈릴래아
시간	B.C.4-A.D.30	A.D.26-30	30년, 2년, 6개월, 8일, 50일	몇년, 몇시간, 몇주간
기록연대	A.D. 70년경	A.D. 60년경	A.D. 80년경	A.D. 90년경
장수	28장	16장	24장	21장

자료 : msch.or.kr

각 절 해석[2]

1-3절 '오실 분'이란 메시아를 가리킨다. 예수를 메시아로 증거했던 요한이지만, 옥중에서 그에 대해 의심이 생긴 듯하다. 이제 그는 제자들을 보내어 예수께서 과연 오실 그 메시아인지, 아니면 우리가 다른 이를 기다려야 할 것인지 물었다.

4-6절 예수께서 행하신 병고침의 기적들은 그가 메시아라는 확실한 증거였다. 예수께서는 요한의 제자들에게 그들이 본 대로 그들의 선생에게 전하라고 말씀하셨다. 네 권의 복음서들에 증거된 예수님의 기적 행하심들은 그가 하느님의 아들 그리스도이심을 밝히 증거한다. 우리는 하느님께서 주신 성경의 증거들을 무시하거나 부정하고 예수님을 믿지 않고 의심하는 자리에 떨어지지 말아야 한다.

치유사역의 진실

자료 : m.blog.naver.com

2 김효성 목사, 마태복음 강해, 2019년 11월 27일 수정.

7-11절 그들이 떠나자, 예수께서는 무리에게 요한에 대하여 말씀하셨다. '바람에 흔들리는 갈대'는 문자 그대로 풀을 가리킬 수 있지만, 의심하는 사람을 표현할 수 있다. 주께서는 요한을 선지자보다 나은 자라고 부르시며 "보라, 내가 네 앞에 나의 사자를 보낸다. 그가 네 앞에서 너의 길을 닦아 놓으리라"는 말라키서 3:1의 예언을 성취한 자라고 말씀하셨다. 또 그는 "여자에게서 태어난 이들 가운데 세례자 요한보다 더 큰 인물은 나오지 않았다. 그러나 하늘 나라에서는 가장 작은 이라도 그보다 더 크다."라고 말씀하셨다. 세례 요한은 메시아보다 앞에 와서 그의 길을 예비하리라고 예언된 하느님의 사자였다. 선지자들 중 메시아를 직접 보고 그를 소개한 자는 요한밖에 없었고 많은 사람을 회개시켜 메시아를 맞이하도록 길을 준비하였으므로 선지자 중 가장 큰 자라고 여겨졌다. 그러나 요한은 아직 구약교회에 속해 있었다. 본문의 '하늘 나라'는 신약교회를 가리킨다고 본다. 신약교회는 예수님을 하느님의 아들 그리스도로 믿는 자들의 모임이다. 신약교회 교인들은 세례 요한보다 메시아에 대해 더 나은 지식과 굳건한 믿음을 가질 것이다.

12-15절 세례 요한의 때로부터 하늘 나라는 폭행을 당하고 있다. 하느

말라키서는 구약성경의 소예언서 중 마지막 책이다.

자료 : ko.wikipedia.org

님의 은혜로 남녀노소, 빈부귀천의 차별 없이, 회개하고 믿는 모든 이들이 담대히 하늘 나라로 들어감으로 이것을 '폭행'이라고 표현하셨다. 세례 요한은 구약시대의 끝이다. 구약 마지막 책인 말라키서 끝에 예언된 엘리야는 세례 요한이었다. 세례 요한이 예수님을 소개한 이후부터 많은 사람들은 회개하고 예수 그리스도를 믿음으로 천국에 들어오고 있다.

16-19절 이 세상은 믿음이 없고 주 예수 그리스도에 대해 또 하느님의 일에 대해 바르게 반응하지 않고 잘못되게 반응한다. 그들은 주 예수 그리스도에 대해 심히 자기 중심적인 판단과 비난을 한다. 그러나 예수께서는 먹기를 탐하고 포도주를 즐기는 사람이 아니시고, 세리와 죄인의 친구가 되어 악을 행하거나 즐기는 자도 아니시다. 지혜의 주님께서는 자기의 자녀들에게는 의로우시다는 인정을 받으실 것이다.

우리는 하느님의 은혜로 지혜의 자녀들이 된 것을 감사해야 한다. 우리는 하느님이 원하시는 선한 일들에 대해 무지하게 불평하지 말고, 지혜의 자녀들로서 그 일들을 이해하고 사모하고 협력하는 자가 되고 무지하고 완고한 마음으로 하느님의 일들을 대적하는 자가 되어서는 안 된다.

20-24절 저승은 지옥을 가리킨다. 예수께서는 그의 권능의 일들을 가장 많이 베푸셨던 코라진, 벳사이다, 카파르나움 등 마을들의 사람들이 회개치 않음을 책망하셨다. 외형적 기적이 내면적 회개를 항상 동반하지는 않는다. 인생의 마음은 얼마나 어둡고 둔하고 완고한지 모른다. 사람은 하느님의 은혜가 아니고서는 스스로 자신의 죄를 깨닫고 회개하고 예수 그리스도를 믿을 수 없다. 기독교는 초자연적 은사를 전하거나 추구하는 은사주의가 아니고 죄를 깨닫고 버리고 떠나는 회개 운동이며 거룩한 인격과 삶의 운동이다.

마지막 심판날이 있을 것이다. 그날에는 산 자들과 죽은 자들이 다 하느님의 심판대 앞에 서서 자신의 모든 행위, 즉 옳고 그른 행위와 선하고 악한 행위에 대해 공의로운 심판을 받을 것이다. 하느님의 형벌은 차등할 것이다. 큰 죄인은 큰

Vox populi, vox Dei.

최후의 심판

자료 : namu.wik

벌을, 작은 죄인은 작은 벌을 받을 것이다. 모든 사람은 그 행한 대로 보응을 받을 것이다. 또 기적을 보고도 회개치 않는 완고한 마음은 심판날에 큰 벌을 받을 것이다. 그러나 기적을 체험하지 못했어도 회개하고 예수 그리스도를 믿는 것은 하느님의 은혜이다. 그러므로 우리는 기적을 구할 것이 아니고, 참된 회개와 믿음, 바른 인격과 삶을 구해야 한다.

25-26절 천지를 주관하시는 하느님께서는 예수 그리스도의 복음을 지혜롭고 슬기 있는 자들, 세상적으로 똑똑하고 유식한 자들에게 숨기시고 어린아이들, 즉 세상 지식이 적고 비교적 순진한 자들에게 나타내셨다. 이것이 하느님의 뜻이다. 구원은 오직 하느님의 전적인 은혜이다. 그러므로 아무도 하느님 앞에서 자신을 자랑하지 못하게 하셨고, 오직 하느님의 긍휼과 은혜의 영광만 찬송케 하셨다.

27절 하느님께서는 아들 예수 그리스도에게 인류의 구원에 관한 모든 것들을 맡겨주셨다. 사람들 중에는 예수 그리스도의 이 직분과 권세와 영광을

예수님은 인류를 구원하기 위해서 성육신(成肉身)하셨다.

자료 : godalmightypraiseyou.home.blog

아는 자가 아무도 없다. 오직 하느님만 예수 그리스도를 아시고, 또 사람이 오직 하느님의 은혜로만 예수 그리스도를 알 수 있다. 그러므로 주께서는 본문에 "아들 외에는, 그리고 그가 아버지를 드러내 보여 주려는"이라는 표현은 예수님의 신성神性을 보인다. 예수 그리스도께서만 하느님 아버지를 아시고 또 우리로 하느님을 깨닫게 해주신다.

28절 무지와 불신앙과 죄악에 빠져 있는 코라진과 벳사이다와 카파르나움 마을들과 온 세상의 사람들에게 예수 그리스도께서는 놀라운 구원의 초청을 하셨다. '고생하며 무거운 짐을 진 너희'는 육체적으로나 정신적으로 수고하고 무거운 짐 진 모든 인류를 가리킨다. 모든 사람은 죄로 인해 영육으로 수고롭고 무거운 짐 진 삶을 살고 있다. 그러나 이러한 인생들에게 그는 편히 쉬게 하시겠다는 구원의 초청을 하신 것이다. 이 초청은 초청자 예수 그리스도께서 신적 인격이심을 보인다. 이 세상에서 누가 이런 초청을 할 수 있겠는가! 누가 고생하며 무거운 짐을 진 너희들에게 참된 안식을 줄 수 있겠는가! 그러나 신적 구주이신

티치아노의
〈십자가를 지고 가는 그리스도〉

자료 : brunch.co.kr

예수 그리스도께서는 "내가 너희에게 안식을 주겠다"고 말씀하셨고, 또 그는 그에게 오는 모든 사람에게 참으로 안식을 주신다.

29-30절 예수께서는 마음이 온유하고 겸손하시며 스스로 낮아지셨고 우리를 위하여 십자가를 지셨고 죽기까지 하느님 아버지께 순종하셨다. 예수님 믿는 자들은 자기 십자가를 지고 그를 따르며 그를 본받는다. 예수님을 믿는 길은, 온유하고 겸손한 마음으로 그가 명하신 멍에를 메고 그에게 배우는 제자의 길이다. 그의 멍에는 성도의 직분과 봉사자의 직분을 가리킬 것이다. 그것은 짐처럼 보일 수 있다. 그러나 그의 멍에를 메고 그를 따르는 제자들은 마음의 평안을 얻을 것이다. 믿음 안에 들어와 보면, 그의 멍에는 무거운 것이 아니고 가벼움을 알게 된다. 우리는 하느님께서 은혜로 주시는 지식과 믿음을 얻었고 구주께서 주신 구원과 안식을 얻었으므로, 이제 겸손한 마음으로 주 예수 그리스도를 섬기며 따르며 배워야 한다.

Vox populi, vox Dei.

마태오 복음서
12장

天聲

제자들이 안식일에 밀 이삭을 뜯다 마르 2,23-28;루카 6,1-5

1 그때에 예수님께서 안식일에 밀밭 사이를 지나가시게 되었다. 그런데 그분의 제자
들이 배가 고파서, 밀 이삭을 뜯어 먹기 시작하였다.
2 바리사이들이 그것을 보고 예수님께 말하였다. "보십시오, 선생님의 제자들이 안식
일에 해서는 안 되는 일을 하고 있습니다."
3 그러자 예수님께서 그들에게 말씀하셨다. "다윗과 그 일행이 배가 고팠을 때, 다윗
이 어떻게 하였는지 너희는 읽어 본 적이 없느냐?
4 그가 하느님의 집에 들어가, 사제가 아니면 그도 그의 일행도 먹어서는 안 되는 제
사 빵을 먹지 않았느냐?
5 또 안식일에 사제들이 성전에서 안식일을 어겨도 죄가 되지 않는다는 것을 율법에
서 읽어 본 적이 없느냐?
6 내가 너희에게 말한다. 성전보다 더 큰 이가 여기에 있다.
7 '내가 바라는 것은 희생 제물이 아니라 자비다.' 하신 말씀이 무슨 뜻인지 너희가
알았더라면, 죄 없는 이들을 단죄하지는 않았을 것이다.
8 사실 사람의 아들은 안식일의 주인이다."

안식일에 손이 오그라든 사람을 고치시다 마르 3,1-6;루카 6,6-11

9 예수님께서는 그곳에서 자리를 옮겨 그들의 회당에 들어가셨는데,
10 마침 거기에 한쪽 손이 오그라든 사람이 있었다. 사람들은 예수님을 고발하려고,
"안식일에 병을 고쳐 주어도 됩니까?" 하고 물었다.

11 그러자 예수님께서 그들에게 말씀하셨다. "너희 가운데 어떤 사람에게 양 한 마
리가 있는데, 그 양이 안식일에 구덩이에 빠졌다고 하자. 그러면 그것을 잡아 끌어
내지 않겠느냐?

12 사람이 양보다 얼마나 더 귀하냐? 그러니 안식일에 좋은 일은 해도 된다."

13 그러고 나서 그 사람에게, "손을 뻗어라." 하고 말씀하셨다. 그가 손을 뻗자 다른 손
처럼 성해져 건강하게 되었다.

14 바리사이들은 나가서 예수님을 어떻게 없앨까 모의를 하였다.

주님의 종 예수님

15 예수님께서는 그 일을 아시고 그곳에서 물러가셨다. 그런데도 많은 군중이 그분
을 따랐다. 예수님께서는 그들을 모두 고쳐 주시면서도,

16 당신을 다른 사람들에게 알리지 말라고 엄중히 이르셨다.

17 이사야 예언자를 통하여 하신 말씀이 이루어지려고 그리된 것이다.

18 "보아라, 내가 선택한 나의 종 내가 사랑하는 이, 내 마음에 드는 이다. 내가 그 에
게 내 영을 주리니 그는 민족들에게 올바름을 선포하리라.

19 그는 다투지도 않고 소리치지도 않으리니 거리에서 아무도 그의 소리를 듣지 못
하리라.

20 그는 올바름을 승리로 이끌 때까지 부러진 갈대를 꺾지 않고 연기 나는 심지를 끄
지 않으리니

21 민족들이 그의 이름에 희망을 걸리라."

예수님과 베엘제불 마르 3,20-30;루카 11,14-23;루카 12,10

22 그때에 사람들이, 마귀 들려 눈이 멀고 말을 못하는 사람을 예수님께 데려왔다.
예수님께서 그를 고쳐 주시자, 말을 못하던 그 사람이 말도 하고 보게도 되었다.

23 그러자 군중이 모두 질겁하며, "저분이 혹시 다윗의 자손이 아니신가?" 하고 말하
였다.

24 바리사이들은 이 말을 듣고, "저자는 마귀 우두머리 베엘제불의 힘을 빌리지 않
고서는 마귀들을 쫓아내지 못한다." 하고 말하였다.
25 예수님께서 그들의 생각을 아시고 이렇게 말씀하셨다. "어느 나라든지 서로 갈라
서면 망하고, 어느 고을이나 집안도 서로 갈라서면 버티어 내지 못한다.
26 사탄이 사탄을 내쫓으면 서로 갈라선 것이다. 그러면 사탄의 나라가 어떻게 버티
어 내겠느냐?
27 내가 만일 베엘제불의 힘을 빌려 마귀들을 쫓아낸다면, 너희의 제자들은 누구의
힘을 빌려 마귀들을 쫓아낸다는 말이냐? 그러니 바로 그들이 너희의 재판관이 될
것이다.
28 그러나 내가 하느님의 영으로 마귀들을 쫓아내는 것이면, 하느님의 나라가 이미 너
희에게 와 있는 것이다.
29 먼저 힘센 자를 묶어 놓지 않고서, 어떻게 그 힘센 자의 집에 들어가 재물을 빼앗
을 수 있겠느냐? 묶어 놓은 뒤에야 그 집을 털 수 있다.
30 나와 함께하지 않는 자는 나를 반대하는 자고, 나와 함께 모아들이지 않는 자는
흩어 버리는 자다.
31 그러므로 내가 너희에게 말한다. 사람들이 어떠한 죄를 짓든, 신성을 모독하는 어
떠한 말을 하든 다 용서받을 것이다. 그러나 성령을 모독하는 말은 용서받지 못
할 것이다.
32 사람의 아들을 거슬러 말하는 자는 용서받을 것이다. 그러나 성령을 거슬러 말하
는 자는 현세에서도 내세에서도 용서받지 못할 것이다."

말과 마음 루카 6,43-45

33 "나무가 좋으면 그 열매도 좋고 나무가 나쁘면 그 열매도 나쁘다. 나무는 그 열매
를 보면 안다.
34 독사의 자식들아, 너희가 악한데 어떻게 선한 말을 할 수 있겠느냐? 사실 마음에
가득 찬 것을 입으로 말하는 법이다.
35 선한 사람은 선한 곳간에서 선한 것을 꺼내고, 악한 사람은 악한 곳간에서 악한
것을 꺼낸다.

36 내가 너희에게 말한다. 사람들은 자기가 지껄인 쓸데없는 말을 심판 날에 해명해
야 할 것이다.
37 네가 한 말에 따라 너는 의롭다고 선고받기도 하고, 네가 한 말에 따라 너는 단죄
받기도 할 것이다."

요나의 표징 마르 8,11-12;루카 11,29-32

38 그때에 율법 학자와 바리사이 몇 사람이 예수님께 말하였다. "스승님, 스승님이 일
으키시는 표징을 보고 싶습니다."
39 그러자 예수님께서 대답하셨다. "악하고 절개 없는 세대가 표징을 요구하는구나!
그러나 요나 예언자의 표징밖에는 어떠한 표징도 받지 못할 것이다.
40 요나가 사흘 밤낮을 큰 물고기 배 속에 있었던 것처럼, 사람의 아들도 사흘 밤낮
을 땅속에 있을 것이다.
41 심판 때에 니네베 사람들이 이 세대와 함께 다시 살아나 이 세대를 단죄할 것이
다. 그들이 요나의 설교를 듣고 회개하였기 때문이다. 그러나 보라, 요나보다 더 큰
이가 여기에 있다.
42 심판 때에 남방 여왕이 이 세대와 함께 되살아나 이 세대를 단죄할 것이다. 그 여
왕이 솔로몬의 지혜를 들으려고 땅 끝에서 왔기 때문이다. 그러나 보라, 솔로몬보
다 더 큰 이가 여기에 있다."

되돌아오는 악령 루카 11,24-26

43 "더러운 영이 사람에게서 나가면, 쉴 데를 찾아 물 없는 곳을 돌아다니지만 찾지
못한다.
44 그때에 그는 '내가 나온 집으로 돌아가야지.' 하고 말한다. 그러고는 가서 그 집이
비어 있을 뿐만 아니라 말끔히 치워지고 정돈되어 있는 것을 보게 된다.
45 그러면 다시 나와, 자기보다 더 악한 영 일곱을 데리고 그 집에 들어가 자리를 잡
는다. 그리하여 그 사람의 끝이 처음보다 더 나빠진다. 이 악한 세대도 그렇게 될
것이다."

예수님의 참가족마르 3,31-35;루카 8,19-21

46 예수님께서 아직 군중에게 말씀하고 계시는데, 그분의 어머니와 형제들이 그분과
이야기하려고 밖에 서 있었다.

47 그래서 어떤 이가 예수님께, "보십시오, 스승님의 어머님과 형제들이 스승님과 이
야기하려고 밖에 서 계십니다." 하고 말하였다.

48 그러자 예수님께서 당신께 말한 사람에게, "누가 내 어머니고 누가 내 형제들이
냐?" 하고 반문하셨다.

49 그리고 당신의 제자들을 가리키시며 이르셨다. "이들이 내 어머니고 내 형제들이
다.

50 하늘에 계신 내 아버지의 뜻을 실행하는 사람이 내 형제요 누이요 어머니다."

1 At that time Jesus went through the grainfields on the Sabbath. His disciples were hungry and began to pick some heads of grain and eat them.

2 When the Pharisees saw this, they said to him, "Look! Your disciples are doing what is unlawful on the Sabbath."

3 He answered, "Haven't you read what David did when he and his companions were hungry?

4 He entered the house of God, and he and his companions ate the consecrated bread--which was not lawful for them to do, but only for the priests.

5 Or haven't you read in the Law that on the Sabbath the priests in the temple desecrate the day and yet are innocent?

6 I tell you that one greater than the temple is here.

7 If you had known what these words mean, 'I desire mercy, not sacrifice,' you would not have condemned the innocent.

8 For the Son of Man is Lord of the Sabbath."

9 Going on from that place, he went into their synagogue,

10 and a man with a shriveled hand was there. Looking for a reason to ac-
cuse Jesus, they asked him, "Is it lawful to heal on the Sabbath?"
11 He said to them, "If any of you has a sheep and it falls into a pit on the
Sabbath, will you not take hold of it and lift it out?
12 How much more valuable is a man than a sheep! Therefore it is lawful to
do good on the Sabbath."
13 Then he said to the man, "Stretch out your hand." So he stretched it out
and it was completely restored, just as sound as the other.
14 But the Pharisees went out and plotted how they might kill Jesus.
15 Aware of this, Jesus withdrew from that place. Many followed him, and
he healed all their sick,
16 warning them not to tell who he was.
17 This was to fulfill what was spoken through the prophet Isaiah:
18 "Here is my servant whom I have chosen, the one I love, in whom I de-
light; I will put my Spirit on him, and he will proclaim justice to the na-
tions.
19 He will not quarrel or cry out; no one will hear his voice in the streets.
20 A bruised reed he will not break, and a smoldering wick he will not
snuff out, till he leads justice to victory.
21 In his name the nations will put their hope."
22 Then they brought him a demon-possessed man who was blind and
mute, and Jesus healed him, so that he could both talk and see.
23 All the people were astonished and said, "Could this be the Son of Da-
vid?"
24 But when the Pharisees heard this, they said, "It is only by Beelzebub,
the prince of demons, that this fellow drives out demons."
25 Jesus knew their thoughts and said to them, "Every kingdom divided
against itself will be ruined, and every city or household divided against

itself will not stand.
26 If Satan drives out Satan, he is divided against himself. How then can his
kingdom stand?
27 And if I drive out demons by Beelzebub, by whom do your people drive
them out? So then, they will be your judges.
28 But if I drive out demons by the Spirit of God, then the kingdom of God
has come upon you.
29 "Or again, how can anyone enter a strong man's house and carry off his
possessions unless he first ties up the strong man? Then he can rob his
house.
30 "He who is not with me is against me, and he who does not gather with
me scatters.
31 And so I tell you, every sin and blasphemy will be forgiven men, but the
blasphemy against the Spirit will not be forgiven.
32 Anyone who speaks a word against the Son of Man will be forgiven, but
anyone who speaks against the Holy Spirit will not be forgiven, either in
this age or in the age to come.
33 "Make a tree good and its fruit will be good, or make a tree bad and its
fruit will be bad, for a tree is recognized by its fruit.
34 You brood of vipers, how can you who are evil say anything good? For
out of the overflow of the heart the mouth speaks.
35 The good man brings good things out of the good stored up in him, and
the evil man brings evil things out of the evil stored up in him.
36 But I tell you that men will have to give account on the day of judgment
for every careless word they have spoken.
37 For by your words you will be acquitted, and by your words you will be
condemned."
38 Then some of the Pharisees and teachers of the law said to him, "Teacher,
we want to see a miraculous sign from you."

39 He answered, "A wicked and adulterous generation asks for a miraculous
sign! But none will be given it except the sign of the prophet Jonah.
40 For as Jonah was three days and three nights in the belly of a huge fish,
so the Son of Man will be three days and three nights in the heart of the
earth.
41 The men of Nineveh will stand up at the judgment with this generation
and condemn it; for they repented at the preaching of Jonah, and now
one greater than Jonah is here.
42 The Queen of the South will rise at the judgment with this generation
and condemn it; for she came from the ends of the earth to listen to Sol-
omon's wisdom, and now one greater than Solomon is here.
43 "When an evil spirit comes out of a man, it goes through arid places
seeking rest and does not find it.
44 Then it says, 'I will return to the house I left.' When it arrives, it finds the
house unoccupied, swept clean and put in order.
45 Then it goes and takes with it seven other spirits more wicked than it-
self, and they go in and live there. And the final condition of that man is
worse than the first. That is how it will be with this wicked generation."
46 While Jesus was still talking to the crowd, his mother and brothers stood
outside, wanting to speak to him.
47 Someone told him, "Your mother and brothers are standing outside,
wanting to speak to you."
48 He replied to him, "Who is my mother, and who are my brothers?"
49 Pointing to his disciples, he said, "Here are my mother and my brothers.
50 For whoever does the will of my Father in heaven is my brother and sis-
ter and mother."

人語

마태오 복음서 11장 요약[1]

예수님의 사역이 항상 환영을 받는 것만은 아니었음을 12장은 여실히 보여준다. 안식일 논쟁, 귀신 축사 문제를 놓고 바리사이인과 벌인 공방 등은 바야흐로 메시아를 적대하는 세력이 본격적으로 일어나고 있음을 나타낸다. 주님의 선포는 형식보다는 내실을, 율법 자체보다는 본질을 우선시하는 것이었다. 이러한 주님의 태도가 결국 당시의 종교 지도자들과 충돌을 일으켰다. 주님은 때로는 단호하게, 또 한편으로는 유연하게 대처하심으로써 고난받는 종으로서의 길을 재촉하셨다.

예수그리스도를 마음에 모시고 살아가는 자들은 인간이 지킬 수 없는 갖가지의 의식적·제의적 율법에서 자유롭게 되었다. 예수님이 계심으로 그의 마음과 육체가 거룩한 성전이 된 것이다. 예수님의 말씀과 사랑으로 가득 채워지면 좋은 나무가 되고, 모든 언행의 나타남과 결과가 거룩하고 아름다운 좋은 열매를 맺게 된다.

예수님 사랑의 향기를 발하는 사람으로 살아가자. 우리 안에 예수님의 말씀이 거하지 않으면 온갖 더럽고 추한 것들이 쓰나미처럼 밀려들어와 패망한다. 하느님의 말씀을 부지런히 읽어 뜻을 알고 행할 때 또한 예수님의 자매요 형제의 영적 관계가 형성된다.

1 변정미, 마태복음 7장 요약 설명, 강남은혜교회, 작성일 2020년 2월 14일 작성.

다지기

- 질문 1 안식일의 주인은 누구이며 안식일에 무엇을 행하는 것이 옳습니까? 8,12절
- 질문 2 예수님은 누구를 힘입어 귀신을 쫓아 내셨습니까? 28절
- 질문 3 죄 사함받지 못하는 죄는 어떤 것입니까? 31절
- 질문 4 선한 사람은 무엇을 쌓고 무엇을 냅니까? 35절
- 질문 5 어떻게 하는 것이 예수님의 형제요 자매요 어머니로 칭함받을 수 있습니까? 50절

각 절 해석[2]

1-2절 예수님의 전도 사역은 물질적으로 유여한 사역이 아니었다. 주를 따르는 길은 물질적 유여함을 기대하지 말고 가난도 각오해야 하는 길이다. 바리사이인들은 주의 제자들이 이삭을 잘라 먹는 것을 보고 당신의 제자들이 안식일에 하지 못할 일을 한다고 말했다. 그러나 율법에 의하면, 이웃의 밀밭 사이로 지날 때 이삭을 따먹는 것은 가능하였다. 특히 예수님 제자들의 행위는 노동의 행위가 아니고 배가 고파서 얼마큼 따먹은 것뿐이므로 안식일에 하지 못할 일을 한 것도 아니었다. 그러나 바리사이인들은 주의 제자들이 안식일에 하지 못할 일을 하였다고 비난한 것이다.

3-5절 성소의 떡상의 떡은 제사장들이 먹는 떡이지만, 사무엘기 상권 21:1-6에 보면, 다윗의 일행이 몹시 배가 고팠을 때, 그들에게 제공되었다. 또 제사장들은 안식일에도 쉬지 않고 율법에 규정된 제사들을 드려야 하였다. 그것은 예외적인 일들이었다.

2 김효성 목사, 마태복음 강해, 2019년 11월 27일 수정.

곡식을 먹으려고 그것을 따서 손으로 비비는 것은 수확하고 타작하는 일이라고 바리사이인들은 주장한다. 그들은 안식일에 해서는 안 되는 일이 무엇인지 너무 엄격하게 규정함으로 안식일을 짐스러운 날이 되게 하는데, 원래 안식일이란 영적으로 힘을 얻는 즐거운 날이 되어야 했다. 예수께서는 그들의 잘못된 견해를 반박하는 예를 드셔서, 안식일 법을 그렇게 적용하는 것이 원래 여호와 하느님의 뜻이 아니었음을 보여 주신다.

자료 : wol.jw.org

6-8절 예수께서는 성전보다 더 크신 분이시다. 성전은 하느님의 백성들이 하느님께 예배 드리는 곳이며 하느님께서 친히 거기에 거하시는 거룩한 장소이다. 사람으로서 자신이 하느님의 성전보다 더 크다고 말할 수 있는 자는 세상에 아무도 없다. 그러나 예수께서는 하느님의 아들이시다. 실상, 구약시대의 성막이나 성전은 하느님의 아들 예수 그리스도를 예표한 것이었다. 하느님의 아들이신 예수께서 자신이 성전보다 더 크다고 말씀하신 것은 정당한 말씀이었다.

성전보다 더 크신 하느님의 아들 예수 그리스도 안에는 자유함이 있다. 이 자유는 방종을 위한 자유가 아니고, 다윗의 경우나 제사장들의 경우와 같이 부득이한 일들에서의 자유이다. 또 하느님께서는 우리에게 단지 예배 의식보다 자비한 마음을 원하신다. 안식일 문제에 대하여, 남을 비난하고 정죄하는 태도보다 남을 이해하고 긍휼히 여기는 마음, 즉 이 경우 제자들의 배고픈 형편을 이해하는 마음이 필요하다.

예수께서는 또 "나는 안식일의 주인이다"라고 말씀하셨다. 이것은 놀라운 말씀이다. 구약의 안식일은 여호와의 안식일이다. 그러므로 예수께서 "나는 안식일의 주인이다"라고 말씀하신 것은 그가 바로 여호와 하느님이시라는 뜻이 된다. 그것은 삼위일체의 신비를 보인다. 예수께서는 단순히 사람이 아니시고 하느님의 아들, 곧 참된 신성을 가지신 하느님이시다.

또 구약시대의 안식일은 장차 오실 메시아를 통해 주실 참된 안식의 예표였다. 예수 그리스도께서는 그 일을 이루셨다. 사람은 범죄한 이후 안식을 잃어버렸다. 죄로 인해 저주받은 세상에는 안식이 없다. 그러나 메시아께서 오셔서 우리의 죄를 대속代贖하심으로써 우리는 참 안식을 얻게 된 것이다.

죄는 안식을 잃어버리게 했으나, 죄사함은 참 안식을 회복시킨 것이다. 그러므로 예수께서는 "고생하며 무거운 짐을 진 너희는 모두 나에게 오너라. 내가 너희에게 안식을 주겠다."라고 말씀하셨고마태 11:28 예수 그리스도를 믿음으로 죄사함 받은 자들은 이 세상에서도 참된 평안을 누리며 또 장차 하늘 나라에서 충만한 안식을 누릴 것이다.

9-14절 예수님을 비난하려는 자들은 그에게서 비난거리를 찾으려 애썼고 그것을 안식일 문제에서 찾은 것 같았었다. 예수께서는 그들이 안식일에도 양이 구덩이에 빠지면 그것을 붙잡아 내는 것을 예로 들면서 안식일에 대한 그들의 잘못된 생각을 지적하시고 교정하시기를 원하셨다. 사람은 양보다 훨씬 더 귀한 존재이므로 안식일에 병 고치는 것이 합당함을 암시하셨다. 그런 후 예수께서는 그 사람에게 "손을 뻗어라"라고 말씀하셨다. 그가 그 마른 손을 내밀자 그 손은 다른 손과 같이 회복되어 건강하게 되었다. 또 하나의 기적이었다. 어떻게 마른 손이 그렇게 회복될 수 있는 것인가. 그것은 하느님의 능력이었다. 그것은 예수님의 신적 능력과 인격을 증거하였다. 말씀으로 마른 손을 고쳐주신 예수님은 확실히 하느님의 아들 그리스도이시다!

그러나 그날 바리사이인들은 예수님을 믿기는커녕 나가서 어떻게 하여 예수를 죽일까 의논하였다. 실상 안식일을 범한 자들은 예수님을 죽이려고 의논한 바리사이인들이었다. 자신들은 안식일을 잘 지키며 예수는 안식일을 범하고 있다고 생각한 바리사이인들은 그날 예수님을 송사할 꼬투리나 찾았고 그를 죽이려 공모하였던 것이다. 그것은 악한 일이었다. 예수께서는 안식일에 선한 일을 행하신 것이지만, 바리사이인들은 안식일에 악을 행하고 있었던 것이다.

15-21절 예수께서는 아시고 거기를 떠나가시자 많은 사람이 그를 좇았다. 그는 그들의 병을 다 고쳐주셨다. 이와 같이 예수께서는 성경에 자세히 기록되지 않은 많은 병자들을 고쳐주셨다. 성경에 기록된 대표적인 예들 외에도, 예수께서는 많은 병자들을 고쳐주셨다. 예수 그리스도의 병 고침의 사역은 그가 하느님의 아들 그리스도이심을 증거한다. 우리는 성경의 진실한 증거에 근거하여 예수님을 하느님의 아들 그리스도로 확신하고 그를 따르며 그에게 복종해야 한다.

또 주께서는 병 고침 받은 자들에게 자기를 나타내지 말라고 경계하셨다. 주께서는 오늘날 어떤 전도자들과 같이 세속적인 마케팅 방법을 사용해 자기를 선전하며 떠들썩하게 활동하지 않으셨다. 주께서는 조용한, 그러나 내용 있는 사역을 하셨다. 겸손한 자는 자신을 감추지만, 교만한 자는 자기를 과시하며 자기를 자랑한다. 주께서는 겸손하셨고 자신을 나타내지 말라고 경계하셨다. 그러나 그는 상한 갈대를 꺾지 않고 꺼져 가는 심지를 끄지 않듯이 연약한 자들을 오래 참으시고 마침내 죄인들의 구원을 다 이루실 것이다.

예수님은 병자가 고침을 받는 것이 아버지의 뜻임을 정확히 아셨다. 예수님께서 38년 된 병자에게 물으신다. "네가 낫고자 하느냐?"

자료 : prok.org

Vox populi, vox Dei.

22-30절

아마 그 안식일에, 사람들이 귀신들려 눈멀고 벙어리된 자를 예수께 데리고 왔다. 귀신은 악한 영이며 사람들에게 정신적 연약을 일으킨다. 즉 사람에게 건전한 생각과 건전한 감정과 건전한 의지 대신에 연약한 생각과 연약한 감정과 연약한 의지를 가지게 하며, 부정적인 생각과 남을 미워하는 생각이나 감정과 음란한 생각이나 감정을 가지게 하고 또 거짓말도 하게 한다. 또 귀신은 육체적 연약도 일으킨다. 이 사람은 귀신들려 눈멀고 벙어리가 되었다. 그는 시력을 잃었고 아마 청력도 잃었고 벙어리가 되었다.

예수께서는 그 불쌍한 사람을 고쳐주셨다. 그 눈멀고 벙어리된 자는 말하며 보게 되었다. 그러자 무리들은 다 놀라 "저분이 혹시 다윗의 자손이 아니신가?" 라고 말했다. '다윗의 자손'이라는 표현은 메시아를 가리킨다. 선지자 이사야는 예언하기를, "광야와 메마른 땅은 기뻐하여라. 사막은 즐거워하며 꽃을 피워라. 수선화처럼 활짝 피고 즐거워 뛰며 환성을 올려라. 레바논의 영광과 카르멜과 사론의 영화가 그곳에 내려 그들이 주님의 영광을, 우리 하느님의 영화를 보리라." "그때에 눈먼 이들은 눈이 열리고 귀먹은 이들은 귀가 열리리라. 그때에 다리저는 이는 사슴처럼 뛰고 말못하는 이의 혀는 환성을 터뜨리리라. 광야에서는 물이 터져 나오고 사막에서는 냇물이 흐르리라."라고 말하였다이사 35:1-2, 5-6. 사람들은 예수님의 행위가 이런 메시아 예언을 성취하는 것이라고 느꼈다.

그러나 바리사이인들은 그것을 듣고 말하였다. "저자는 마귀 우두머리 베엘제불의 힘을 빌리지 않고서는 마귀들을 쫓아내지 못한다." 보수신앙을 가진 성도들 같이 보였던 바리사이인들은 예수님에 대한 바른 지식을 가지지 못하였고 도리어 그를 귀신의 왕의 힘을 입은 자로 비난한 것이다. 예수께서는 그들의 생각을 아셨다. 그는 사람들의 모든 생각을 아신다. 그는 말씀하셨다. "어느 나라든지 서로 갈라서면 망하고, 어느 고을이나 집안도 서로 갈라서면 버티어 내지 못한다. 사탄이 사탄을 내쫓으면 서로 갈라선 것이다. 그러면 사탄의 나라가 어떻게 버티어 내겠느냐?" 사탄이 사탄을 쫓아내지 않을 것이라는 것은 자명한 일인 것 같다. 예수께서는 "내가 만일 베엘제불의 힘을 빌려 마귀들을 쫓아낸다면, 너희의

마귀를 쫓아내시는 예수님

자료 : gabgot.com

제자들은 누구의 힘을 빌려 마귀들을 쫓아낸다는 말이냐? 그러니 바로 그들이 너희의 재판관이 될 것이다."라고 말씀하셨다. '너희의 제자들'은 귀신을 쫓아내었던 사도들이나 아니면 당시에 자칭 귀신을 쫓아낸다고 말하는 자들을 가리킨 것 같다.

예수께서는 또 말씀하셨다. "그러나 내가 하느님의 영으로 마귀들을 쫓아내는 것이면, 하느님의 나라가 이미 너희에게 와 있는 것이다." 예수께서는 사람의 힘으로 귀신을 쫓아내신 것이 아니었다. 그 안에 계신 하느님의 성령께서, 좀 더 정확하게 표현하자면, 신인양성神人兩性이 한 인격을 이루신 자께서 귀신을 쫓아내신 것이었다. 예수 그리스도께서는 크신 하느님이시며 참 하느님이시다. 이 세상은 마귀와 악령들이 활개치는 곳인데, 예수께서 귀신들린 자 속에서 활동하는 귀신 곧 악령을 쫓아내신 것은 하느님의 나라가 그 속에 임한 증거였다. 그 병자는 영육의 회복을 얻었다. 그는 바른 생각과 감정과 의지를 가지게 되었을 것이고 눈멀고 벙어리된 그의 몸도 고침을 받았다. 하느님의 나라가 그에게 임했다.

예수께서는 또 말씀하셨다. "먼저 힘센 자를 묶어 놓지 않고서, 어떻게 그 힘센 자의 집에 들어가 재물을 빼앗을 수 있겠느냐? 묶어 놓은 뒤에야 그 집을 털 수 있다." 그가 말씀하신 힘센 자는 마귀를 가리키고 마귀를 묶어 놓은 자는 사람으로 오신 자신을 가리켰다고 본다. 예수께서는 또 "나와 함께하지 않는 자는 나를 반대하는 자고, 나와 함께 모아들이지 않는 자는 흩어 버리는 자다."라고 말씀하셨다. '나와 함께한다'는 것은 그 생각과 뜻과 입장을 예수 그리스도와 함께한다는 뜻이라고 본다. 우리가 예수 그리스도를 섬기고 그의 교회를 세우려면, 우리의 생각과 우리의 뜻과 우리의 입장을 그의 생각과 그의 뜻과 그의 입장에 일치시켜야 할 것이다. 그렇지 않다면, 우리는 교회를 세우는 자들이 아니고 허무는 자들이 될 것이다.

31-32절 주께서는 모든 죄와 악한 비방은 사하심을 얻을 수 있다고 말씀하셨다. 하느님 앞에 용서받지 못할 죄는 없다. 살인과 간음의 죄라도, 또 하느님을 비방한 죄라도 회개하면 용서를 받을 수 있다. 그러나 성령을 훼방하며 비방하는 죄는 사하심을 얻지 못할 것이다. 그것은 사람이 성령을 비방하면 성령의 감동으로 이루어지는 회개를 할 수 없기 때문일 것이다. 바리사이인들은 그런 죄의 경계선을 넘고 있다고 보인다. 그들은 예수께서 성령의 능력으로 귀신을 쫓아내시는 그의 신적 영광을 보고도 그가 귀신의 왕 베엘제불을 힘입어 한다고 비난하기 때문이다.

오늘날 은사운동이나 거짓된 신비주의는 예수께서 보이신 증표를 가지지 않는다. 그 운동은 교리적 교훈적 정통성이 없고 하느님과 주 예수 그리스도 대신에 사람을 높이고 거룩함과 절제가 없는 것 같다. 예수께서는 이 말씀을 하실 때도 자신을 높이지 않으셨다. 그는 오늘날 자신을 높이는 세속적 신비주의자들과 완전히 다르시다. 성경은 거짓된 신비주의에 대해서 조심하라고 교훈한다.

33-35절 나무와 그 열매는 같이 간다. 좋은 나무에서 좋은 열매가 맺히고 나쁜 나무에서 나쁜 열매가 맺힌다. 우리는 그 열매를 보고 그 나무를 안다. 사람도 그렇다. 우리는 사람의 행위를 보고 그 사람이 좋은 사람인지 나쁜 사람인지 알 수 있다. 말은 사람의 중요한 행위이다. 우리는 사람의 말을 듣고 그가 좋은 사람인지 나쁜 사람인지 짐작할 수 있다. 바리사이인들이 예수님에 대해 악한 비난을

내뱉는 것은 그들이 좋은 사람들이 아니고 나쁜 사람들이라는 것을 보일 뿐이다.

예수께서는 그들을 '독사의 자식들'이라고 부르셨다. 그것은 마귀의 자녀라는 뜻이다. 세례 요한도 그에게 왔던 바리사이인들과 사두가이인들을 그렇게 불렀었다마태 3:7. 외식하는 율법학자들과 바리사이인들에게 "너희 뱀들아, 독사의 자식들아! 너희가 지옥형 판결을 어떻게 피하려느냐?"라고 말씀하셨다마태 23:33. '독사의 자식들'이라는 말은 정신적 의미이다. 사탄은 죄의 근원자이다. 독사의 자식들은 사탄의 죄성을 받은 자들이라는 뜻이다.

사람은 마음에 가득한 것을 입으로 말한다. 선한 사람은 그 쌓은 선에서 선한 것을 내고 악한 사람은 그 쌓은 악에서 악한 것을 낸다. 사람은 죄악된 본성을 가지고 있으므로 하느님의 은혜가 아니고서는 선한 말을 할 수 없고 악한 말이 나오는 것은 자연스러운 일이다.

36-37절 사람의 말은 그 인격의 표현이다. 주님의 말씀은, 우리가 쓸데없이 혹은 부주의하게 던진 한 마디 말이라도 심판날에 그 말에 대해 답변을 해

사람의 말은 그 인격의 표현이다.

자료 : m.blog.naver.com

야 한다는 뜻이다. 우리의 말은 매우 중요하다. 우리는 우리의 말로 의롭다 하심을 얻기도 하고 우리의 말로 정죄를 받기도 할 것이다. 그러므로 우리는 바르고 참되고 선한 말을 하도록 힘써야 한다.

물론, 우리가 선한 말을 하려면 우리는 먼저 중생해야 한다. 중생거듭남의 새 생명을 얻은 자만이 선한 말과 행실을 나타낼 수 있다. 성도는 하느님의 긍휼로 중생의 씻음과 성령의 새롭게 하심을 얻었다. 이제 중생한 자는 평소에 선을 쌓는 인격 훈련을 해야 한다. 특히 우리는 언어생활의 훈련도 해야 한다. 말에 온전한 자가 온전한 자이다.

38-40절 그때에 율법학자와 바리사이인 중 몇 사람이 예수께 "스승님, 스승님이 일으키시는 표징을 보고 싶습니다."라고 말하였다. 그들은 예수님의 표징에 관심을 가졌다. 그러나 실상, 그들은 예수께서 행하신 많은 기적들을 이미 들었을 것이지만 그것들을 믿지 않았다. 예수께서는 "악하고 절개 없는 세대가 표징을 요구하는구나! 그러나 요나 예언자의 표징밖에는 어떠한 표징도 받지 못할 것이다. 요나가 사흘 밤낮을 큰 물고기 배 속에 있었던 것처럼, 사람의 아들도 사흘 밤낮을 땅속에 있을 것이다."라고 대답하셨다.

예수께서는 세상을 "악하고 절개 없는 세대"라고 말씀하셨다. 세상은 항상 악하고 절개 없다. '악하다'는 말은 남을 미워하고 속이고 해치는 것을 뜻한다. 하느님의 뜻은 서로 사랑하는 것이지만, 세상은 그렇지 못하다. 또 '절개 없다'는 말은 부부관계의 윤리를 지키지 않고 남편이 다른 여자와 또 아내가 다른 남자와 친밀한 관계를 갖는 것을 뜻한다. 오늘날은 부부관계의 윤리가 약해진 시대인 것 같다. 또 음란을 조장하는 문화나 풍조가 많은 것 같다. 매춘賣春 행위도 성행하고 있는 것 같다. 그러나 그리스도인들은 이런 세상의 풍조를 대항해야 하고 경건하고 거룩한 삶을 소원하며 지켜야 한다.

예수께 나온 율법학자들과 바리사이인들은 심령에 변화를 받아 예수님을 믿고자 한 것 같지는 않고 단지 기적을 보려는 흥미를 가진 것 같다. 그러나 기독교는 기적을 보이거나 기적을 추구하는 기적주의적 종교가 아니다. 주께서는 악하

요나의 표징은 종말에 인자가 내림하는 표징이다. 요나가 기적적으로 구출되어 니네베 사람들에게 나타났던 것처럼, 종말에 인자도 하늘에서 내려와 유다인들에게 나타날 것이다. 또 요나가 바다 괴물의 뱃속에서 사흘을 지내다가 기적적으로 구출되었던 것처럼, 예수님께서도 땅속에서 묻혔다가 사흘 만에 부활하실 것이다.

자료 : atticofjoseph.org

고 절개 없는 세대가 표적을 구하나 요나의 표적밖에는 보일 표적이 없다고 말씀하셨다. 기독교는 기적주의가 아니고 예수 그리스도의 십자가 속죄의 복음을 전함으로 그를 믿어 구원을 받고 거룩하고 선하고 진실한 새 삶을 살게 하는 교훈이다.

예수께서 말씀하신 '요나의 표징'이라는 말씀은 자신의 십자가 위에서의 죽음과 3일 만의 부활을 가리켰다. 예수께서는 "요나가 사흘 밤낮을 큰 물고기 배 속에 있었던 것처럼, 사람의 아들도 사흘 밤낮을 땅속에 있을 것이다."라고 말씀하셨다. 그것은 예수께서 무덤에 묻히신 지 3일 만에 부활하실 것을 암시한다. '밤낮 사흘'이라는 말은 3일을 가리키는 대략적 표현일 것이다. 예수께서 무덤에 계셨던 시간은 금요일 저녁부터 주일 새벽까지, 즉 정확히 말하면 하루 반쯤이었지만, 성경은 그가 3일 만에 부활하셨다고 말한다.

41-42절 하느님의 아들 예수께서는 선지자 요나보다, 솔로몬 왕보다 더 큰 분이시나 많은 사람들은 그를 알지 못하고 있었다. 니네베 사람들은 요나의 설교를 듣고 회개함으로 하느님의 심판을 면하였으나, 예수님 당시의 유대인들은 예수님의 설교를 듣고도 회개치 않았다. 또 남방 스바의 여왕은 솔로몬 왕의 지혜의 소문을 듣고 그의 지혜로운 말을 들으려고 심히 먼 곳에서 많은 수행

원을 이끌고 방문하였으나, 예수님 당시의 유대인들은 예수님의 말씀에 관심이 없고 단지 물질적 차원의 기적에 관심을 두었던 것이다. 예수님을 알지 못한 사람들은 니네베 사람들보다 못하고 남방 여왕보다 못하다. 그러므로 마지막 심판의 날에 그들은 이 세대 사람들을 정죄할 것이다.

43-45절 예수님 당시의 사람들은 예수 그리스도의 많은 기적들을 체험했지만, 그를 영접하지 않았고 그를 믿지 않았다. 예수께서는 많은 귀신들도 내쫓아주셨다. 그러나 당시 사람들은 마치 빈집과 같이 참된 주인이신 예수 그리스도를 영접하지 않았다. 그러므로 쫓겨났던 귀신이 악한 귀신 일곱을 더 데리고, 자기가 나왔던 그 집에 들어가 거하듯이, 이 악한 세대의 나중 형편은 더욱 악화될 것이다. 그 세대가 하느님과 그의 아들 예수 그리스도를 참된 주인으로 영접하지 않는다면, 귀신이 그 세대의 주인 노릇을 할 것이며 더 악한 다른 귀신들과 더불어 그 세대를 더 악화시킬 것이다. 믿다가 타락한 자들, 즉 종교적 배교자들과 이단들은 세상보다 더 악하게 될 것이다.

귀신으로 고통받는 이들을 치유하는 그리스도

자료 : ecumenian.com

46-50절 예수께서 무리에게 말씀하실 때 그 모친과 동생들이 예수께 말하려고 밖에 섰다. 예수께는 야고보, 요셉, 시몬, 유다 등의 남동생들과 누이들이 있으셨다. 예수께서는 맏아들이셨다.

예수께서는, "스승님의 어머님과 형제들이 스승님과 이야기하려고 밖에 서 계십니다."라는 한 사람의 말에 대해 "누가 내 어머니고 누가 내 형제들이냐?"라고 하시며 손을 내밀어 제자들을 가리켜 "이들이 내 어머니고 내 형제들이다. 하늘에 계신 내 아버지의 뜻을 실행하는 사람이 내 형제요 누이요 어머니다."라고 말씀하셨다. 그는 육신의 가족 관계보다 영적인 가족 관계를 더 중요하게 여기셨다. 그는 그의 제자들을 "나의 형제들"이라고 부르셨다. 부활하신 후에도 그는 제자들을 "내 형제들"이라고 부르셨다마태 28:10. 예수께서는 하느님의 가족에 맏아들이 되셨다.

본문에서 예수께서는 "하늘에 계신 내 아버지의 뜻을 실행하는 사람이 내 형제요 누이요 어머니다."라고 말씀하셨다. 하늘에 계신 아버지의 뜻은 죄를 회개하고 하느님께로 돌아오는 것과 예수 그리스도를 믿는 것과 성경 말씀을 순종하는 것이다.

명동성당 성모 마리아상 앞에서 기도하는 저자

Vox populi, vox Dei.

마태오 복음서
13장

天聲

씨 뿌리는 사람의 비유 마르 4,1-9;루카 8,4-8

1 그날 예수님께서는 집에서 나와 호숫가에 앉으셨다.

2 그러자 많은 군중이 모여들어, 예수님께서는 배에 올라앉으시고 군중은 물가에 그
대로 서 있었다.

3 예수님께서 그들에게 많은 것을 비유로 말씀해 주셨다. "자, 씨 뿌리는 사람이 씨
를 뿌리러 나갔다.

4 그가 씨를 뿌리는데 어떤 것들은 길에 떨어져 새들이 와서 먹어 버렸다.

5 어떤 것들은 흙이 많지 않은 돌밭에 떨어졌다. 흙이 깊지 않아 싹은 곧 돋아났
지만,

6 해가 솟아오르자 타고 말았다. 뿌리가 없어서 말라 버린 것이다.

7 또 어떤 것들은 가시덤불 속에 떨어졌는데, 가시덤불이 자라면서 숨을 막아 버렸다.

8 그러나 어떤 것들은 좋은 땅에 떨어져 열매를 맺었는데, 어떤 것은 백 배, 어떤 것
은 예순 배, 어떤 것은 서른 배가 되었다.

9 귀 있는 사람은 들어라."

비유로 말씀하신 이유 마르 4,10-12;루카 8,9-10

10 제자들이 예수님께 다가와, "왜 저 사람들에게 비유로 말씀하십니까?" 하고 물
었다.

Vox populi, vox Dei.

11 예수님께서 그들에게 대답하셨다. "너희에게는 하늘 나라의 신비를 아는 것이 허락되었지만, 저 사람들에게는 허락되지 않았다.

12 사실 가진 자는 더 받아 넉넉해지고, 가진 것이 없는 자는 가진 것마저 빼앗길 것이다.

13 내가 저 사람들에게 비유로 말하는 이유는 저들이 보아도 보지 못하고 들어도 듣지 못하고 깨닫지 못하기 때문이다.

14 이렇게 하여 이사야의 예언이 저 사람들에게 이루어지는 것이다. '너희는 듣고 또 들어도 깨닫지 못하고 보고 또 보아도 알아보지 못하리라.

15 저 백성이 마음은 무디고 귀로는 제대로 듣지 못하며 눈은 감았기 때문이다. 이는 그들이 눈으로 보고 귀로 듣고 마음으로 깨닫고서는 돌아와 내가 그들을 고쳐 주는 일이 없게 하려는 것이다.'

16 그러나 너희의 눈은 볼 수 있으니 행복하고, 너희의 귀는 들을 수 있으니 행복하다.

17 내가 진실로 너희에게 말한다. 많은 예언자와 의인이 너희가 보는 것을 보고자 갈망하였지만 보지 못하였고, 너희가 듣는 것을 듣고자 갈망하였지만 듣지 못하였다."

씨 뿌리는 사람의 비유를 설명하시다 마르 4,13-20;루카 8,11-15

18 "그러니 너희는 씨 뿌리는 사람의 비유를 새겨들어라.

19 누구든지 하늘 나라에 관한 말을 듣고 깨닫지 못하면, 악한 자가 와서 그 마음에 뿌려진 것을 빼앗아 간다. 길에 뿌려진 씨는 바로 그러한 사람이다.

20 돌밭에 뿌려진 씨는 이러한 사람이다. 그는 말씀을 들으면 곧 기쁘게 받는다.

21 그러나 그 사람 안에 뿌리가 없어서 오래가지 못한다. 그래서 말씀 때문에 환난이나 박해가 일어나면 그는 곧 걸려 넘어지고 만다.

22 가시덤불 속에 뿌려진 씨는 이러한 사람이다. 그는 말씀을 듣기는 하지만, 세상 걱정과 재물의 유혹이 그 말씀의 숨을 막아 버려 열매를 맺지 못한다.

23 좋은 땅에 뿌려진 씨는 이러한 사람이다. 그는 말씀을 듣고 깨닫는다. 그런 사람은 열매를 맺는데, 어떤 사람은 백 배, 어떤 사람은 예순 배, 어떤 사람은 서른 배

를 낸다."

가라지의 비유

24 예수님께서 또 다른 비유를 들어 그들에게 말씀하셨다. "하늘 나라는 자기 밭에
좋은 씨를 뿌리는 사람에 비길 수 있다.
25 사람들이 자는 동안에 그의 원수가 와서 밀 가운데에 가라지를 덧뿌리고 갔다.
26 줄기가 나서 열매를 맺을 때에 가라지들도 드러났다.
27 그래서 종들이 집주인에게 가서, '주인님, 밭에 좋은 씨를 뿌리지 않았습니까? 그
런데 가라지는 어디서 생겼습니까?' 하고 묻자,
28 '원수가 그렇게 하였구나.' 하고 집주인이 말하였다. 종들이 '그러면 저희가 가서 그
것들을 거두어 낼까요?' 하고 묻자,
29 그는 이렇게 일렀다. '아니다. 너희가 가라지들을 거두어 내다가 밀까지 함께 뽑을
지도 모른다.
30 수확 때까지 둘 다 함께 자라도록 내버려 두어라. 수확 때에 내가 일꾼들에게, 먼
저 가라지를 거두어서 단으로 묶어 태워 버리고 밀은 내 곳간으로 모아들이라고
하겠다.'"

겨자씨의 비유 마르 4,30-32;루카 13,18-19

31 예수님께서 또 다른 비유를 들어 그들에게 말씀하셨다. "하늘 나라는 겨자씨와 같
다. 어떤 사람이 그것을 가져다가 자기 밭에 뿌렸다.
32 겨자씨는 어떤 씨앗보다도 작지만, 자라면 어떤 풀보다도 커져 나무가 되고 하늘
의 새들이 와서 그 가지에 깃들인다."

누룩의 비유 루카 13,20-21

33 예수님께서 또 다른 비유를 그들에게 말씀하셨다. "하늘 나라는 누룩과 같다. 어
떤 여자가 그것을 가져다가 밀가루 서 말 속에 집어넣었더니, 마침내 온통 부풀어
올랐다."

Vox populi, vox Dei.

비유를 들어 가르치시다 마르 4,33-34

34 예수님께서는 군중에게 이 모든 것을 비유로 말씀하시고, 비유를 들지 않고는 그
들에게 아무것도 말씀하지 않으셨다.
35 예언자를 통하여 "나는 입을 열어 비유로 말하리라. 세상 창조 때부터 숨겨진 것
을 드러내리라." 하신 말씀이 이루어지려고 그리된 것이다.

가라지의 비유를 설명하시다

36 그 뒤에 예수님께서 군중을 떠나 집으로 가셨다. 그러자 제자들이 그분께 다가와,
"밭의 가라지 비유를 저희에게 설명해 주십시오." 하고 청하였다.
37 예수님께서 이렇게 이르셨다. "좋은 씨를 뿌리는 이는 사람의 아들이고,
38 밭은 세상이다. 그리고 좋은 씨는 하늘 나라의 자녀들이고 가라지들은 악한 자의
자녀들이며,
39 가라지를 뿌린 원수는 악마다. 그리고 수확 때는 세상 종말이고 일꾼들은 천사들
이다.
40 그러므로 가라지를 거두어 불에 태우듯이, 세상 종말에도 그렇게 될 것이다.
41 사람의 아들이 자기 천사들을 보낼 터인데, 그들은 그의 나라에서 남을 죄짓게 하
는 모든 자들과 불의를 저지르는 자들을 거두어,
42 불구덩이에 던져 버릴 것이다. 그러면 그들은 거기에서 울며 이를 갈 것이다.
43 그때에 의인들은 아버지의 나라에서 해처럼 빛날 것이다. 귀 있는 사람은 들어
라."

보물의 비유와 진주 상인의 비유

44 "하늘 나라는 밭에 숨겨진 보물과 같다. 그 보물을 발견한 사람은 그것을 다시 숨
겨 두고서는 기뻐하며 돌아가서 가진 것을 다 팔아 그 밭을 산다.
45 또 하늘 나라는 좋은 진주를 찾는 상인과 같다.

46 그는 값진 진주를 하나 발견하자, 가서 가진 것을 모두 처분하여 그것을 샀다."

그물의 비유

47 "또 하늘 나라는 바다에 던져 온갖 종류의 고기를 모아들인 그물과 같다.
48 그물이 가득 차자 사람들이 그것을 물가로 끌어 올려 놓고 앉아서, 좋은 것들은
그릇에 담고 나쁜 것들은 밖으로 던져 버렸다.
49 세상 종말에도 그렇게 될 것이다. 천사들이 나가 의인들 가운데에서 악한 자들을
가려내어,
50 불구덩이에 던져 버릴 것이다. 그러면 그들은 거기에서 울며 이를 갈 것이다."

비유를 끝맺는 말씀

51 "너희는 이것들을 다 깨달았느냐?" 제자들이 "예!" 하고 대답하자,
52 예수님께서 그들에게 이르셨다. "그러므로 하늘 나라의 제자가 된 모든 율법 학자
는 자기 곳간에서 새것도 꺼내고 옛것도 꺼내는 집주인과 같다."
53 예수님께서는 이 비유들을 다 말씀하시고 나서 그곳을 떠나셨다.

나자렛에서 무시를 당하시다 마르 6,1-6;루카 4,16-30

54 예수님께서 고향에 가시어 회당에서 사람들을 가르치셨다. 그러자 그들은 놀라서
이렇게 말하였다. "저 사람이 어디서 저런 지혜와 기적의 힘을 얻었을까?
55 저 사람은 목수의 아들이 아닌가? 그의 어머니는 마리아라고 하지 않나? 그리고
그의 형제들은 야고보, 요셉, 시몬, 유다가 아닌가?
56 그의 누이들도 모두 우리와 함께 살고 있지 않는가? 그런데 저 사람이 어디서 저
모든 것을 얻었지?"
57 그러면서 그들은 그분을 못마땅하게 여겼다. 그러자 예수님께서 그들에게 이르셨
다. "예언자는 어디에서나 존경받지만 고향과 집안에서만은 존경받지 못한다."
58 그리고 그들이 믿지 않으므로 그곳에서는 기적을 많이 일으키지 않으셨다.

Vox populi, vox Dei.

1 That same day Jesus went out of the house and sat by the lake.
2 Such large crowds gathered around him that he got into a boat and sat in
it, while all the people stood on the shore.
3 Then he told them many things in parables, saying: "A farmer went out to
sow his seed.
4 As he was scattering the seed, some fell along the path, and the birds
came and ate it up.
5 Some fell on rocky places, where it did not have much soil. It sprang up
quickly, because the soil was shallow.
6 But when the sun came up, the plants were scorched, and they withered
because they had no root.
7 Other seed fell among thorns, which grew up and choked the plants.
8 Still other seed fell on good soil, where it produced a crop--a hundred,
sixty or thirty times what was sown.
9 He who has ears, let him hear."
10 The disciples came to him and asked, "Why do you speak to the people
in parables?"
11 He replied, "The knowledge of the secrets of the kingdom of heaven has
been given to you, but not to them.
12 Whoever has will be given more, and he will have an abundance. Who-
ever does not have, even what he has will be taken from him.
13 This is why I speak to them in parables: "Though seeing, they do not
see; though hearing, they do not hear or understand.
14 In them is fulfilled the prophecy of Isaiah: " 'You will be ever hearing but
never understanding; you will be ever seeing but never perceiving.
15 For this people's heart has become calloused; they hardly hear with their
ears, and they have closed their eyes. Otherwise they might see with

their eyes, hear with their ears, understand with their hearts and turn, and I would heal them.'

16 But blessed are your eyes because they see, and your ears because they hear.

17 For I tell you the truth, many prophets and righteous men longed to see what you see but did not see it, and to hear what you hear but did not hear it.

18 "Listen then to what the parable of the sower means:

19 When anyone hears the message about the kingdom and does not understand it, the evil one comes and snatches away what was sown in his heart. This is the seed sown along the path.

20 The one who received the seed that fell on rocky places is the man who hears the word and at once receives it with joy.

21 But since he has no root, he lasts only a short time. When trouble or persecution comes because of the word, he quickly falls away.

22 The one who received the seed that fell among the thorns is the man who hears the word, but the worries of this life and the deceitfulness of wealth choke it, making it unfruitful.

23 But the one who received the seed that fell on good soil is the man who hears the word and understands it. He produces a crop, yielding a hundred, sixty or thirty times what was sown."

24 Jesus told them another parable: "The kingdom of heaven is like a man who sowed good seed in his field.

25 But while everyone was sleeping, his enemy came and sowed weeds among the wheat, and went away.

26 When the wheat sprouted and formed heads, then the weeds also appeared.

27 "The owner's servants came to him and said, 'Sir, didn't you sow good seed in your field? Where then did the weeds come from?'

Vox populi, vox Dei.

28 "'An enemy did this,' he replied. "The servants asked him, 'Do you want
us to go and pull them up?'
29 "'No,' he answered, 'because while you are pulling the weeds, you may
root up the wheat with them.
30 Let both grow together until the harvest. At that time I will tell the har-
vesters: First collect the weeds and tie them in bundles to be burned;
then gather the wheat and bring it into my barn.'"
31 He told them another parable: "The kingdom of heaven is like a mustard
seed, which a man took and planted in his field.
32 Though it is the smallest of all your seeds, yet when it grows, it is the
largest of garden plants and becomes a tree, so that the birds of the air
come and perch in its branches."
33 He told them still another parable: "The kingdom of heaven is like
yeast that a woman took and mixed into a large amount of flour until it
worked all through the dough."
34 Jesus spoke all these things to the crowd in parables; he did not say any-
thing to them without using a parable.
35 So was fulfilled what was spoken through the prophet: "I will open my
mouth in parables, I will utter things hidden since the creation of the
world."
36 Then he left the crowd and went into the house. His disciples came to
him and said, "Explain to us the parable of the weeds in the field."
37 He answered, "The one who sowed the good seed is the Son of Man.
38 The field is the world, and the good seed stands for the sons of the king-
dom. The weeds are the sons of the evil one,
39 and the enemy who sows them is the devil. The harvest is the end of the
age, and the harvesters are angels.
40 "As the weeds are pulled up and burned in the fire, so it will be at the
end of the age.

41 The Son of Man will send out his angels, and they will weed out of his kingdom everything that causes sin and all who do evil.

42 They will throw them into the fiery furnace, where there will be weeping and gnashing of teeth.

43 Then the righteous will shine like the sun in the kingdom of their Father. He who has ears, let him hear.

44 "The kingdom of heaven is like treasure hidden in a field. When a man found it, he hid it again, and then in his joy went and sold all he had and bought that field.

45 "Again, the kingdom of heaven is like a merchant looking for fine pearls.

46 When he found one of great value, he went away and sold everything he had and bought it.

47 "Once again, the kingdom of heaven is like a net that was let down into the lake and caught all kinds of fish.

48 When it was full, the fishermen pulled it up on the shore. Then they sat down and collected the good fish in baskets, but threw the bad away.

49 This is how it will be at the end of the age. The angels will come and separate the wicked from the righteous

50 and throw them into the fiery furnace, where there will be weeping and gnashing of teeth.

51 "Have you understood all these things?" Jesus asked. "Yes," they replied.

52 He said to them, "Therefore every teacher of the law who has been instructed about the kingdom of heaven is like the owner of a house who brings out of his storeroom new treasures as well as old."

53 When Jesus had finished these parables, he moved on from there.

54 Coming to his hometown, he began teaching the people in their synagogue, and they were amazed. "Where did this man get this wisdom and these miraculous powers?" they asked.

Vox populi, vox Dei.

55 "Isn't this the carpenter's son? Isn't his mother's name Mary, and aren't his
brothers James, Joseph, Simon and Judas?
56 Aren't all his sisters with us? Where then did this man get all these
things?"
57 And they took offense at him. But Jesus said to them, "Only in his home-
town and in his own house is a prophet without honor."
58 And he did not do many miracles there because of their lack of faith.

천국의 비유는 '씨 뿌리는 비유'로 시작된다. 순서상 처음으로 언급되어야 할 비유다.

자료 : yooshinchoi.com

人語

마태오 복음서 13장 요약[1]

천국에 대해 비유를 들어 설명하신다. 자연사물인 씨, 겨자씨, 누룩, 알곡과 가라지 등은 천국의 속성을, 씨뿌리는 비유는 복음의 전파와 수용성을, 감추인 보화와 진주의 비유는 천국시민이 천국을 사모하며 찾아 기쁨을 누림을 말씀하신다.

복음이 우리의 마음에 뿌려졌다. 환난과 핍박, 세상의 유혹, 재물의 염려가 올 때라도 믿음으로 이기고 늘 말씀과 기도로 마음을 기경起耕하여 좋은 땅이 되어 백 배, 육십 배, 삼십 배의 결실을 거두어야겠다. 천국 복음을 많은 사람들에게 알리어서 천국이 확장되도록 해야겠으며, 원수 마귀가 우리 교회와 성도들을 유혹하거나 가라지를 교회에 뿌리지 못하도록 늘 깨어 기도하며 성령의 도우심을

천국시민

자료 : bnj0691.tistory.com

1 변정미, 마태복음 13장 요약 설명, 강남은혜교회, 2020년 2월 14일 작성.

구해야 할 것이다. 예수님은 말씀을 의지하고 그를 믿고 따르는 자들에게 오늘도 많은 능력을 행하시며 구하는 것을 주신다.

마태오 복음서 13장 일곱 가지 천국 비유[2]

마태오 복음서의 주제는 '하느님의 나라'이다. 하지만 하느님의 나라라는 표현은 거의 사용하지 않고 의도적으로 '천국하늘 나라'을 사용한다. 마태오는 유난히 '하늘'이란 단어를 좋아하는 것 같다. 13장에는 하늘 나라에 대한 7가지 비유가 등장한다.

❶ 씨뿌리는 비유
❷ 가라지의 비유
❸ 겨자씨의 비유
❹ 누룩의 비유
❺ 밭에 감추인 보화의 비유
❻ 진주 장사의 비유
❼ 그물의 비유

❶-❹는 생물과 관련된 비유이고, ❺-❼은 무생물이다. 여기서 ❺-❻은 보화에 대한 비유이고, 마지막 7번째 비유는 그물로 물고기를 가르는 비유이다. 가장 많은 부분은 첫 번째 씨뿌리는 비유이지만 점진적으로 종말을 향해 나아가고 있음을 발견할 수 있다. 물론 모든 비유는 종말론적이다. 7가지 비유에서 말하고 싶은 핵심은 하느님의 나라는 이미 임했으니 너희들이 그것을 취하라는 것이다. 지금이 종말의 때라는 점을 강조하고 있는 것이다. 그런 의미에서 비유는 철저히 종말론적이다.

2 Exbible, 2021년 9월 23일.

종말론적 삶을 살아가면서 사람들은 천국을 얻기 위해 어떤 대가를 지불해야 하고, 어떤 방식의 삶을 살아야 하는지를 알려준다. 이제 7가지 비유를 간략하게 살펴보자.

씨뿌리는 비유 마태오 복음서 13:1-9, 13:18-23

씨뿌리는 비유는 마지막 땅인 좋은 땅에 대한 것이다. 이전의 세 밭은 바르지 않은, 잘못된 땅이다. 네 밭이라는 표현은 옳지 않다. 농부는 길가에 씨를 뿌릴 만큼 어리석지 않다. 하지만 씨를 뿌리다 보면 씨는 길가에, 돌 위에, 가시덤불에 떨어지기 마련이다. 이런 곳에 떨어진 씨앗은 결국 열매를 맺지 못한다.

씨뿌리는 비유

자료 : m.blog.naver.com

곡식과 가라지의 비유 마태오 복음서 13:24-30, 13:36-43

가라지의 비유는 상당히 신화적으로 읽힌다. 하지만 농사를 지어본 이들이라면 가라지의 비유가 얼마나 현실적인지를 알 것이다. 분명히 벼만 뿌렸지만 얼마 가지 않아 수많은 피와 잡초들이 나기 시작한다. 농부가 의도하지 않은 것들이다. 종이 와서 가라지가 자라는 것을 보고 뽑자고 한다. 하지만 주인은 가리지를 뽑다가 곡식도 뽑히게 될지 모르니 그대로 두라고 한다. 하지만 마지막 때에 추수할 때 가라지를 먼저 뽑아 묶어 불사를 것이다. 현재가 전부가 아니다. 이 비유는 철저히 종말론적 비유이다. 하지만 지금 여기의 실체를 파악하기 위해서는 종말론

Vox populi, vox Dei.

곡식과 가라지의 비유

자료 : yooshinchoi.com

적 시각을 가져야 함을 일러준다. 가라지가 흥왕하는 지금 여기의 현실은 암담하기만 하다. 하지만 마지막 날에 하느님은 세상을 새롭게 할 것이다.

겨자씨의 비유 마태오 복음서 13:31-32

겨자는 히브리인들에게 '가장 작다'는 표현의 하나이다. 우리나라의 깨알처럼 작다는 표현과 비슷하다. 처음 하느님의 나라는 작고 보잘것없지만 결국에는 장

겨자씨의 비유

자료 :(좌) simpaschal.tistory.com, (우) christiantoday.co.kr

대하게 될 것을 이야기한다. 아무리 작아도 생명이 있다면 발화할 것이고, 결국 거대하게 부풀려 질 것이다.

누룩에 관한 비유 마태오 복음서 13:33

누룩은 섞여진다. 아무도 모르게. 감추어진 존재로 있지만 사람들도 모르는 사이에 부풀어 오를 것이다. 이것이 교회다. 교회는 세상 속에서 누룩처럼 살아간다. 하지만 어느 순간 세상을 뒤집어엎을 것이다.

누룩에 관한 비유. 죽은 밀가루가 스스로 어떠한 변화도 일으킬 수 없듯이 죽은 우리는 스스로 어떠한 변화도 일으킬 수 없다. 그러나 반죽 속에 누룩을 넣으면 어떻게 될까? 누룩은 생명을 가지고 있다. 그러므로 누룩은 반죽 안으로 침투해 들어가서 반죽 전체를 부풀어 오르게 한다. 반죽에 변화가 일어나는 것이다.

자료 : biblesori.com

밭에 감춰진 보화의 비유 마태오 복음서 13:44

하느님의 나라는 우연히 발견된다. 그렇지 않은가. 사람의 수고와 노력으로 하느님의 나라가 만들어지지 않는다. 하느님의 나라는 숨겨져 있다. 하지만 그것을 발견할 때는 그 기쁨을 말로 표현하기 힘들다. 우리는 발견이란 단어 속에서 가치에 대한 인식이 들어 있음을 알아야 한다. 그것이 보화인지 돌덩이인지 모른다면 진정한 기쁨도 없으며, 자신의 소유물을 팔지 않을 것이다. 영원한 가치를 안다면 그는 곧 자신의 모든 소유물을 다 팔아 밭을 살 것이다. 왜냐하면 그것이야말로 진정으로 남는 장사이기 때문이다.

밭에 감춰진 보화의 비유. "하늘 나라는 밭에 숨겨진 보물과 같다. 그 보물을 발견한 사람은 그것을 다시 숨겨 두고서는 기뻐하며 돌아가서 가진 것을 다 팔아 그 밭을 산다."(마태 13:44)

자료 : m.blog.naver.com

좋은 진주를 구하는 장사의 비유 마태오 복음서 13:45-46

마태오 복음서 7:7에서 주님은 "청하여라, 너희에게 주실 것이다. 찾아라, 너희가 얻을 것이다. 문을 두드려라, 너희에게 열릴 것이다"라고 말씀하신다. 좋은 진주장사는 밭의 감춰진 보화의 비유처럼 가치에 대한 것이기도 하지만 다른 한편으로는 '구하는 자는 받는다'는 응답의 원리가 전제되어 있다. 하느님의 나라는 찾는 자들에게 결국 드러날 것이다.

좋은 진주를 구하는 장사의 비유. 즉 진주 장사가 전 재산을 구하여 극히 좋은 진주를 얻는 것은 진주를 구하는 것이 진주 장사의 목적이고 자신의 정체성이기 때문에 좋은 진주를 보면 어떻게 해야 하는지가 정리되고, 또 그 사람이 무엇을 위해 사는지, 또 극히 좋은 진주를 얻기 위하여 그날까지 살았다는 의미인 것이다.

자료 : 392766.tistory.com

그물의 비유 마태오 복음서 13:47-50

마지막 그물 비유는 확실히 종말에 관한 경고다. 마지막 때가 되면 하느님은 모든 종류의 사람들을 가를 것이다. 어떤 사람은 우편에, 어떤 사람은 좌편에 모이게 한다. 그리고 죄인은 영벌永罰에 처하고, 의인은 영생을 선물로 준다.

그물의 비유

자료 : m.blog.naver.com

"하늘의 그물은 성글어도 빠뜨리지 않는다"天網恢恢 疎而不失고 함은 노자의 《도덕경》 73장에 있는 구절이다. "할 수 있는 일에 날래면 곧 망하며, 할 수 없는 일에 날래면 곧 산다. 이 둘은 어쩌면 이롭고 어쩌면 해롭나니, 하늘이 꺼리는 일, 누가 그 까닭을 알랴. 이를 가지고 성인들도 오히려 어려워한다. 하늘의 길은 다투지 않고도 잘 이기며, 말하지 않고도 잘 응하며, 부르지 않고도 스스로 오며, 느슨하면서도 잘 해낸다. '안 빠뜨리는 하늘 그물'이다."

노자는 "현상은 길의 한쪽을 나타내는 것에 지나지 않는다. 변하지 않는 진리라고 여긴 것이 '부드러움이 센 것을 이긴다'이다"라고 썼다.

하늘의 그물은 성글어도 빠뜨리지 않는다.

자료 : m.blog.naver.com

마태오 효과Matthew effect, 매튜 효과[3]

부유한 사람은 점점 더 부유해지고, 가난한 사람은 점점 더 가난해지는 부익부 빈익빈 현상을 뜻하는 사회학적 용어로, 누적이득accumulated advantage이라고도 하며 경제학적으로는 자본의 확대 재생산을 뜻한다.

1968년 미국의 사회학자인 로버트 킹 머튼Robert King Merton 교수가 그의 저서 《과학사회학》에서 가진 자는 더욱 많이 가지게 되고, 없는 자는 더욱 빈곤해지는 현상을 분석·설명하면서 유래했다. 무릇 있는 자는 받아 풍족하게 되고 없는 자는 그 있는 것까지 빼앗긴다, 라는 성경의 마태오 복음서 13장 12절, "사실 가진 자는 더 받아 넉넉해지고, 가진 것이 없는 자는 가진 것마저 빼앗길 것이다."와 25장 29절에 착안하여 이 용어를 처음 언급했다.

머튼은 사실상 동일한 연구 성과를 놓고도 저명한 과학자들이 무명의 과학자들에 비해 많이 보상받는 현실이 마치 위의 마태오 복음서 구절로 요약된다고 주장했다. 즉, 연구 업적에 대한 보상이 이미 명성을 얻은 연구자에게 돌아간다는 것이 당초 머튼이 언급한 마태오 효과이다.

[3] 김정국, 마태 효과(Matthew effect, 매튜 효과), 성경관련자료실, 좋은친구들, 2020년 5월 23일.

노벨 경제학상 수상자인 로버트 머튼
(Robert C. Merton)

자료 : t1.daumcdn.net

연구의 실제 수행자가 대학원생이어도 연구 책임자가 포상받는 현실을 꼬집은 셈이다. 과학계에는 많은 과학적 성과물들이 명망을 획득한 특별한 과학자들에게 집중되는 불균등한 현상역자승법, 누적이익론을 초래하고 있다.

생물학자들은 이러한 마태오 효과를 승자 효과winner effect라 부른다. 어떤 사람이 성공을 이루면 남성 호르몬인 테스토스테론이 더욱 많이 분비돼 지배적 행동이 강화되고 그로 인해 더 많은 성공을 불러온다는 것이다.

이처럼 마태오 효과는 우리 사회와 경제 전반에 광범위하게 퍼져 있다. 선진국과 후진국 간의 소득 격차는 물론 한 국가 내에서 부자와 빈자 간의 소득 격차를 통해 마태 효과를 엿볼 수 있으며 이는 시간이 지날수록 더욱 양극화 현상을 보인다. 이러한 소득 격차는 교육, 정보, 언어, 디지털에 의해 더욱 확대되고 있다. 기업에서도 마찬가지다. 한 시장에서 선점 기업이나 대기업의 영향력은 아이디어 창출력, 자금 동원력, 브랜드 파워Brand Power 면에서 갈수록 커지고 있다.

마태오 복음서
14장

天聲

헤로데가 예수님의 소문을 듣다 마르 6,14-16;루카 9,7-9

1 그때에 헤로데 영주가 예수님의 소문을 듣고
2 시종들에게, “그 사람은 세례자 요한이다. 그가 죽은 이들 가운데에서 되살아난 것
이다. 그러니 그에게서 그런 기적의 힘이 일어나지.” 하고 말하였다.

세례자 요한의 죽음 마르 6,17-29

3 헤로데는 자기 동생 필리포스의 아내 헤로디아의 일로, 요한을 붙잡아 묶어 감옥
에 가둔 일이 있었다.
4 요한이 헤로데에게 “그 여자를 차지하는 것은 옳지 않습니다.” 하고 여러 차례 말
하였기 때문이다.
5 헤로데는 요한을 죽이려고 하였으나 군중이 두려웠다. 그들이 요한을 예언자로 여
기고 있었기 때문이다.
6 그런데 마침 헤로데가 생일을 맞이하자, 헤로디아의 딸이 손님들 앞에서 춤을 추
어 그를 즐겁게 해 주었다.
7 그래서 헤로데는 그 소녀에게, 무엇이든 청하는 대로 주겠다고 맹세하며 약속하
였 다.
8 그러자 소녀는 자기 어머니가 부추기는 대로, “세례자 요한의 머리를 쟁반에 담아
이리 가져다주십시오.” 하고 말하였다.
9 임금은 괴로웠지만, 맹세까지 하였고 또 손님들 앞이어서 그렇게 해 주라고 명령
하고,
10 사람을 보내어 감옥에서 요한의 목을 베게 하였다.

Vox populi, vox Dei.

11 그리고 그의 머리를 쟁반에 담아다가 소녀에게 주게 하자, 소녀는 그것을 자기 어머니에게 가져갔다.

12 요한의 제자들은 가서 그의 주검을 거두어 장사 지내고, 예수님께 가서 알렸다.

오천 명을 먹이시다 마르 6,30-44;루카 9,10-17;요한 6,1-14

13 이 말을 들으신 예수님께서는 거기에서 배를 타시고 따로 외딴곳으로 물러가셨다. 그러나 여러 고을에서 그 소문을 듣고 군중이 육로로 그분을 따라나섰다.

14 예수님께서는 배에서 내리시어 많은 군중을 보시고 가엾은 마음이 드시어, 그들 가운데에 있는 병자들을 고쳐 주셨다.

15 저녁때가 되자 제자들이 예수님께 다가와 말하였다. "여기는 외딴곳이고 시간도 이미 지났습니다. 그러니 군중을 돌려보내시어, 마을로 가서 스스로 먹을거리를 사게 하십시오."

16 예수님께서 "그들을 보낼 필요가 없다. 너희가 그들에게 먹을 것을 주어라." 하고 이르시니,

17 제자들이 "저희는 여기 빵 다섯 개와 물고기 두 마리밖에 가진 것이 없습니다." 하고 말하였다.

18 예수님께서는 "그것들을 이리 가져오너라." 하시고는,

19 군중에게 풀밭에 자리를 잡으라고 지시하셨다. 그리고 빵 다섯 개와 물고기 두 마리를 손에 들고 하늘을 우러러 찬미를 드리신 다음 빵을 떼어 제자들에게 주시니, 제자들이 그것을 군중에게 나누어 주었다.

20 사람들은 모두 배불리 먹었다. 그리고 남은 조각을 모으니 열두 광주리에 가득 찼다.

21 먹은 사람은 여자들과 아이들 외에 남자만도 오천 명가량이었다.

물 위를 걸으시다 마르 6,45-52;요한 6,16-21

22 예수님께서는 곧 제자들을 재촉하시어 배를 타고 건너편으로 먼저 가게 하시고, 그동안에 당신께서는 군중을 돌려보내셨다.

23 군중을 돌려보내신 뒤, 예수님께서는 따로 기도하시려고 산에 오르셨다. 그리고 저녁때가 되었는데도 혼자 거기에 계셨다.

24 배는 이미 뭍에서 여러 스타디온 떨어져 있었는데, 마침 맞바람이 불어 파도에 시달리고 있었다.

25 예수님께서는 새벽에 호수 위를 걸으시어 그들 쪽으로 가셨다.

26 제자들은 예수님께서 호수 위를 걸으시는 것을 보고 겁에 질려 "유령이다!" 하며 두려워 소리를 질러 댔다.

27 예수님께서는 곧 그들에게 말씀하셨다. "용기를 내어라. 나다. 두려워하지 마라."

28 그러자 베드로가 말하였다. "주님, 주님이시거든 저더러 물 위를 걸어오라고 명령하십시오."

29 예수님께서 "오너라." 하시자, 베드로가 배에서 내려 물 위를 걸어 예수님께 갔다.

30 그러나 거센 바람을 보고서는 그만 두려워졌다. 그래서 물에 빠져 들기 시작하자, "주님, 저를 구해 주십시오." 하고 소리를 질렀다.

31 예수님께서 곧 손을 내밀어 그를 붙잡으시고, "이 믿음이 약한 자야, 왜 의심하였느냐?" 하고 말씀하셨다.

32 그러고 나서 그들이 배에 오르자 바람이 그쳤다.

33 그러자 배 안에 있던 사람들이 그분께 엎드려 절하며, "스승님은 참으로 하느님의 아드님이십니다." 하고 말하였다.

겐네사렛에서 병자들을 고치시다 마르 6,53-56

34 그들은 호수를 건너 겐네사렛 땅에 이르렀다.

35 그러자 그곳 사람들이 그분을 알아보고 그 주변 모든 지방으로 사람들을 보내어, 병든 이들을 모두 그분께 데려왔다.

36 그리고 그 옷자락 술에 그들이 손이라도 대게 해 주십사고 청하였다. 과연 그것에 손을 댄 사람마다 구원을 받았다.

Vox populi, vox Dei.

1 At that time Herod the tetrarch heard the reports about Jesus,
2 and he said to his attendants, "This is John the Baptist; he has risen from
the dead! That is why miraculous powers are at work in him."
3 Now Herod had arrested John and bound him and put him in prison be-
cause of Herodias, his brother Philip's wife,
4 for John had been saying to him: "It is not lawful for you to have her."
5 Herod wanted to kill John, but he was afraid of the people, because they
considered him a prophet.
6 On Hero's birthday the daughter of Herodias danced for them and
pleased Herod so much
7 that he promised with an oath to give her whatever she asked.
8 Prompted by her mother, she said, "Give me here on a platter the head of
John the Baptist."
9 The king was distressed, but because of his oaths and his dinner guests,
he ordered that her request be granted
10 and had John beheaded in the prison.
11 His head was brought in on a platter and given to the girl, who carried it
to her mother.
12 John's disciples came and took his body and buried it. Then they went
and told Jesus.
13 When Jesus heard what had happened, he withdrew by boat privately to
a solitary place. Hearing of this, the crowds followed him on foot from
the towns.
14 When Jesus landed and saw a large crowd, he had compassion on them
and healed their sick.
15 As evening approached, the disciples came to him and said, "This is a
remote place, and it's already getting late. Send the crowds away, so they

can go to the villages and buy themselves some food."

16 Jesus replied, "They do not need to go away. You give them something to eat."

17 "We have here only five loaves of bread and two fish," they answered.

18 "Bring them here to me," he said.

19 And he directed the people to sit down on the grass. Taking the five loaves and the two fish and looking up to heaven, he gave thanks and broke the loaves. Then he gave them to the disciples, and the disciples gave them to the people.

20 They all ate and were satisfied, and the disciples picked up twelve basketfuls of broken pieces that were left over.

21 The number of those who ate was about five thousand men, besides women and children.

22 Immediately Jesus made the disciples get into the boat and go on ahead of him to the other side, while he dismissed the crowd.

23 After he had dismissed them, he went up on a mountainside by himself to pray. When evening came, he was there alone,

24 but the boat was already a considerable distance from land, buffeted by the waves because the wind was against it.

25 During the fourth watch of the night Jesus went out to them, walking on the lake.

26 When the disciples saw him walking on the lake, they were terrified. "It's a ghost," they said, and cried out in fear.

27 But Jesus immediately said to them: "Take courage! It is I. Don't be afraid."

28 "Lord, if it's you," Peter replied, "tell me to come to you on the water."

29 "Come," he said. Then Peter got down out of the boat, walked on the water and came toward Jesus.

30 But when he saw the wind, he was afraid and, beginning to sink, cried
out, "Lord, save me!"
31 Immediately Jesus reached out his hand and caught him. "You of little
faith," he said, "why did you doubt?"
32 And when they climbed into the boat, the wind died down.
33 Then those who were in the boat worshiped him, saying, "Truly you are
the Son of God."
34 When they had crossed over, they landed at Gennesaret.
35 And when the men of that place recognized Jesus, they sent word to all
the surrounding country. People brought all their sick to him
36 and begged him to let the sick just touch the edge of his cloak, and all
who touched him were healed.

헤로데와 예수

자료 : www.catholicpress.kr

人語

마태오 복음서 14장 요약[1]

전반부에는 침례 요한의 죽음이 사실적으로 기록되어 있다. 예수님으로부터 "여자에게서 태어난 이들 가운데 세례자 요한보다 더 큰 인물은 나오지 않았다.'마태 11:11라는 평가를 받았던 그의 죽음은 아벨을 죽인 카인의 사악성이 인간 역사에 여전히 잔류하고 있음을 보여 준다. 이 사건 뒤에 마태오는 예수의 초자연적인 이적 두 편오병이어, 물 위로 걸으심을 기록하여 분위기를 반전시킨다. 이 사건은 만유에 대한 주님의 절대주권을 여실히 드러낸 것으로서 주님을 머리로만 이해하는 모든 시대의 나약한 신앙인들에게 용기와 담력을 심어 주기에 충분하다.

예수님과 동행하는 성도들도 복음을 전하다가 어려움을 겪을 수 있고, 자연적인 재해나 재앙에 마주할 때가 있다. 예수님께서 자연 만물을 다스리신다. 주인이시기 때문이다. 그래서 두려워할 필요가 없다. 루카 복음서 21장에 곳곳에 큰 지진과 기근과 전염병이 도는 것은 말세의 징조라고 하셨다. 그러나 아직 끝이 아니다. 복음이 세상 곳곳에 전해져야 할 것이다. 아직 주님을 알지 못하는 자들에게 예수님께서 십자가에서 피흘려 죄 사하시고 영생으로 이끄신 사랑의 복음, 예수님이 베푸신 이적들을 전하고 천국으로 이끌어야 할 것이다. 인내로 구원을 이루도록 믿음 가운데 굳건하게 서자. 조금 있으면 봄이 온다. 하느님께서 말씀을 보내어 언 땅을 녹이시고 바람을 보내사 물이 흐르게 하신다.

1 변정미, 마태복음 14장 요약 설명, 강남은혜교회, 2020년 2월 14일 작성.

Vox populi, vox Dei.

각 절 해석[2]

1-5절 이 헤로데는 헤로데 대왕의 아들들 중 하나인 헤로데 안디바이다. 그는 갈릴리와 요단강 동쪽의 베뢰아 지방을 다스렸다. 다른 아들들로는 팔레스틴 북동쪽의 이두래와 드라고닛을 다스렸던 헤로데 빌립과, 남쪽의 유다와 사마리아를 다스렸던 헤로데 아켈라오가 있었다. 전에 헤로데 안디바는 그 동생 빌립의 아내 헤로디아의 일로 요한을 잡아 결박하여 옥에 가두었다. 이는 요한이 헤로데에게 당신이 그 여자를 취한 것이 옳지 않다고 말했기 때문이었다. 헤로데 안디바는 자신의 첫째 아내인 아라비아의 아레타스 왕의 딸을 버리고 자기 동생의 아내를 취하였었다. 하느님의 사람 요한은 헤로데의 그 잘못을 용감하게 바로 지적하였고 그 지적 때문에 그는 옥에 갇히게 된 것이었다.

헤로데는 요한을 죽이려 했으나 무리들이 그를 선지자로 여기므로 그들을 두려워했다. 마르코 복음서에 보면, 실상 헤로디아가 요한을 원수로 여겨 죽이고자 했고 헤로데는 요한을 의롭고 거룩한 사람으로 알고 두려워하여 보호했다. 악인들은 양심에 비추어 옳은 일을 하기보다는 단지 사람들의 눈을 의식하고 그들의 말과 여론을 두려워할 뿐이다. 일반 대중들이 하느님의 선지자로 인정하는 자를 그 나라의 왕과 왕후가 죽이려 했다는 것은 심히 잘못된 일이었다.

6-8절 헤로데는 생일을 맞아 잔치를 했다. 사람들은 자기 생일을 축하하며 잔치를 연다. 그러나 하느님을 경외하며 그에게 감사함이 없는 생일 축하는 무의미하다. 불경건한 자의 생일은 복이 아니고 지옥을 향한 첫걸음에 불과하다. 육신의 생일이 영원한 천국의 삶으로 이어지는 경우가 아니라면 사람의 생일 축하에 큰 의미와 가치는 없다.

헤로데의 생일 잔치에서 헤로디아의 딸은 춤을 추어 헤로데를 기쁘게 했다. 헤로데는 그 소녀에게 무엇이든지 달라는 대로 주겠다고 맹세하며 말했다. 헤로디

2 김효성 목사, 마태복음 강해, 2019년 11월 27일 수정.

〈헤로데 앞의 세례자 요한〉 마티아 프레티

자료 : m.blog.naver.com

아의 딸은 자기 어머니의 시킴을 듣고 "세례자 요한의 머리를 쟁반에 담아 이리 가져다주십시오"라고 요청했다. 헤로디아는 자기의 잘못을 뉘우치려 하지 않고 오히려 선지자 요한을 미워해 옥에 가두게 했을 뿐 아니라, 또한 이제 그를 죽이려 한 것이다.

9-11절 왕은 허세虛勢로 한 자기의 맹세에 자기가 걸려 넘어졌다. 그가 근심한 것은 군중에 대한 두려움 때문이었을 것이다. 그러나 그는 자기가 맹세까지 했고 그와 함께 앉은 사람들 앞이어서 그렇게 해 주라고 명하고, 사람을 보내어 요한을 옥에서 목을 베게 했다. 그 머리를 소반에 담아다가 그 소녀에게 주니 그가 그 어머니에게 가져갔다.

헤로데는 공의의 판단과 처리보다 자기의 명예와 체면을 더 중시했다. 그래서 그는 자기 권력을 남용하여 하느님의 사람 요한을 죽이도록 명령했던 것이다. 요한의 목은 잘렸고 그의 머리는 소반에 담겨 왔다. 사람의 독한 미움과 복수심은 기어코 이런 끔찍한 일을 만들고 말았다. 사람은 만물보다 더 악하고 부패한 존재이다.

세례 요한은 이렇게 옥중에서 목베임으로 그 생을 마쳤다. 이것이 하느님께서 요한을 위해 작정하신 생애의 끝이었다. 그러나 이것은 그에게 결코 수치가 아니고 영광이었다. 사람은 누구나 한번 죽을 것이며, 의로운 순교자의 죽음 후에는 영광과 큰 상급이 있다.

세례 요한의 죽음과 헤로디아

자료 : post.naver.com

12절 세례 요한이 죽기까지 그를 따른 제자들이 있었다. 메시아가 오셨으나 그들은 아직 메시아에게 속하지 않았다. 세례 요한의 시대와 예수 그리스도의 시대는 얼마 동안 중첩되었다. 요한 자신이나 그의 제자들은 아직 예수님의 제자가 되지 않았다. 그러나 세례 요한이 죽은 후 그의 제자들은 예수님의 제자가 되었을 것 같다. 이제 한 시대는 갔고 한 시대가 왔다. 세례 요한의 시대가 끝났고 메시아의 시대가 왔다.

13-14절 예수께서는 세례 요한이 옥에서 목베임을 당했다는 소식을 들으셨고 헤로데가 자기를 세례 요한이 다시 살아난 것이 아닌가라고 말한다는 소문도 들으셨을 것이다. 그는 들으시고 배를 타고 떠나셔서 따로 빈들에 가셨다. 무리들은 그가 어디 계신다는 말을 듣고 여러 고을로부터 걸어서 그를 좇아갔다. 예수께서는 나오셔서 큰 무리를 보시고 그들을 불쌍히 여기셨다. 구약교회는 부패되어 있었고 그 지도자들은 하느님을 진심으로 경외치 않았다. 사람들은 목자

없는 양들같이 근심하며 방황하고 있었다. 예수께서는 그중에 있는 병자들을 고쳐주셨다. 그는 그의 신적 능력으로 그 병자들을 고쳐주신 것이다.

15-18절 저녁시간이 이미 지났지만 사람들은 돌아갈 생각을 하지 않았다. 그들은 예배가 끝나자마자 바삐 집으로 돌아가는 오늘날의 교인들과 달랐다. 제자들도 그들을 돌려보내자고 제안하지 않았고, 단지 식사시간이니까 마을에 들어가 음식을 사먹게 하자고 말했다. 그 방황하며 갈망하는 무리를 위해 주께서는 자리를 피하거나 그들을 강제로 해산시키려 하지 않으셨다. 그는 오히려 그들의 육신적 양식에 관심을 가지셨다. 그는, "그들을 보낼 필요가 없다. 너희가 그들에게 먹을 것을 주어라."라고 말씀하셨다. 제자들은 "저희는 여기 빵 다섯 개와 물고기 두 마리밖에 가진 것이 없습니다."라고 말했다. 요한 복음서에 보면, 그것은 한 아이가 예수님께 드린 것이었다요한 6:8-9. 그 떡 다섯 개는 너무 부족한 것이었지만, 하느님의 아들 예수께서는 그 보잘것없는 것을 가지고 그 많은 무리들을 배부르게 먹이실 수 있었다.

19-21절 주께서는 무리를 잔디 위에 앉히시고 떡 다섯 개와 물고기 두 마리를 가지고 하늘을 우러러 찬미를 드렸다. '찬미를 드린다'는 원어율로게오, eujlo-

두 마리의 물고기와 다섯 개의 빵

자료 : maria.catholic.or.kr

Vox populi, vox Dei.

gevw는 '감사한다'는 뜻이다. 주께서는 보잘것없어 보이는 음식물을 하느님께 감사하셨다. 그는 떡을 떼어 제자들에게 주셨고 제자들은 그것을 무리에게 주었다. 그런데 놀랍게도 사람들은 다 배불리 먹었고 남은 조각을 열두 바구니에 차게 거두었다. 주님의 떡 기적은 겨우 배고픔을 면하는 정도가 아니고 무리에게 배부름을 주는 것이었다. 떡을 먹은 사람들은 여자와 아이 외에 약 5천 명이 되었다. 즉 장년 남자만 약 5천 명이었다. 원문에는 '약'호세이이라는 말이 있다KJV, NASB. 오늘날과 같이, 그 당시에도 많은 여자들과 아이들이 거기에 함께 있었을 것이다. 그렇다면, 그 무리는 만 명이 족히 넘었을 것이다. 이것은 대단한 숫자이다. 그 많은 무리들이 그 저녁에 놀라운 떡의 기적의 현장에 있었다. 그들은 이 일에 산증인들이었다.

22-24절 예수께서는 즉시 제자들을 재촉하사 자기가 무리를 보내는 동안에 배를 타고 앞서 건너편으로 가게 하셨다. 그는 무리를 보내신 후에 육신적으로는 피곤하셨을 것이지만 기도하러 따로 산에 올라가셨다. 날이 저물었고 그는 아마 여러 시간 아버지께 기도하시며 산에 혼자 계셨다. 그는 신성神性을 가

먹은 사람은 여자들과 아이들 외에 남자만도 오천 명가량이었다.

자료 : cocopalm30.tistory.com

지셨으나 기도의 본을 보이셨다. 기도는 연약한 인생인 우리가 하느님의 위로와 힘을 얻는 길이다.

제자들이 탄 배는 바다 가운데 있었다. 24절에 "여러 스타디온 떨어져"라는 구절은 헬라어 전통 본문에는 "바다 가운데 있어"라고 되어 있다. 갈릴리 바다는 타원형 바다인데, 남북의 직경은 약 21킬로미터, 대략 합정동에서 안양까지이며, 동서의 직경은 약 11킬로미터, 대략 합정동에서 동대문까지인 큰 바다이다.

제자들이 탄 배는 바다 가운데서 거센 바람과 흉흉한 물결로 인해 어려움을 당하고 있었다. 전날 놀라운 떡 기적을 체험했던 제자들이 그 기적의 감격이 아직 생생히 남아 있었던 때에 어려운 일이 생겼다. 바다는 항상 안정이 없다. 세상은 항상 안정이 없고 평안과 환난이 번갈아 찾아온다. 그것은 하느님의 섭리적 훈련 과정이다.

25-27절 밤 사경四更, 즉 새벽 3시부터 6시 즈음에 예수께서는 바다 위로 걸어서 제자들에게 오셨다. 그는 밤늦게까지 산에 계셨고 새벽녘에 제자들에게 오셨다. 그는 어려움 당한 제자들을 위해 급히 바다 위로 걸어서 오신 것이다. 하느님의 아들이신 예수께서는 풍랑 이는 바다 위로 걸어오실 수 있으셨다. 예수께서 바다 위로 걸어오신 것은 그가 하느님의 아들이심을 밝히 증거한다. 제자들은 그가 바다 위로 걸어오심을 보고 놀라 유령이라고 말하며 무서워하여 소리질

예수께서는 바다 위로 걸어서 제자들에게 오셨다.

자료 : dangdangnews.com

Vox populi, vox Dei.

렸다. 그러나 예수께서는 즉시, "용기를 내어라. 나다. 두려워하지 마라."라고 말씀하셨다. 그는 잠시라도 그들을 놀라게 하려고 오신 것이 아니었다. 그는 거센 바람과 물결로 인해 고난 당하는 제자들을 도우려고 오신 것이었다.

28-31절 베드로는 하느님의 능력과 예수님의 신성神性을 믿었다. 그는 잠시 바다 위로 걸었다. 그는 사람들 중에 유일하게 물 위로 걸어본 자였다. 그러나 베드로는 얼마 걷지 못하여 거센 바람을 보고 무서워 빠져 들었고 "주님, 저를 구해 주십시오."라고 외쳤다. 주께서는 즉시 손을 내밀어 그를 붙잡아주시며 그에게 "이 믿음이 약한 자야, 왜 의심하였느냐?"라고 말씀하셨다. 성도는 세상의 어려운 현실만 보고 하느님을 의심하고 낙망하지 말고 항상 하느님을 믿고 의지하며 바라보아야 한다.

32-33절 사람들은 예수께 절하며 "스승님은 참으로 하느님의 아드님이십니다."라고 말한 것은 바른 고백이었다. 바다 위로 걸어오신 예수님은 단지

소경을 치료하시는 우리 주 예수그리스도

자료 : t-mhn.com

병자를 고치신 예수님

자료 : skhbundang.or.kr

사람이 아니셨다. 그는 하느님의 아들 곧 신성神性을 가진 하느님이셨다.

34-36절 예수께서는 영혼을 구원하러 오셨지만, 육신에 병든 자들도 많이 고쳐주셨다. 그의 옷가에라도 손을 대는 사람들은 다 고침을 받았다. 마태오 복음서 4:23, "[예수께서] 백성 가운데에서 병자와 허약한 이들을 모두 고쳐 주셨다." 마태오 복음서 9:35, "병자와 허약한 이들을 모두 고쳐 주셨다."

천주교난곡성당 성모 마리아상 앞에서
기도하는 저자

자료 : dangdangnews.com

Vox populi, vox Dei.

마태오 복음서
15장

天聲

조상들의 전통에 관한 논쟁 마르 7,1-23

1 그때에 예루살렘에서 온 바리사이들과 율법 학자들이 예수님께 다가와 말하였다.
2 "어째서 선생님의 제자들은 조상들의 전통을 어깁니까? 그들은 음식을 먹을 때에
손을 씻지 않습니다."
3 예수님께서 그들에게 대답하셨다. "너희는 또 어째서 너희의 전통 때문에 하느님
의 계명을 어기느냐?
4 하느님께서는 '아버지와 어머니를 공경하여라.' 그리고 '아버지나 어머니를 욕하는
자는 사형을 받아야 한다.'고 이르셨다.
5 그런데 너희는, 누가 아버지나 어머니에게 '제가 드릴 공양은 하느님께 바치는 예
물이 되었습니다.' 하고 말하면,
6 아버지를 공경하지 않아도 된다고 한다. 너희는 이렇게 너희의 전통으로 하느님의
말씀을 폐기하는 것이다.
7 위선자들아, 이사야가 너희를 두고 옳게 예언하였다. 그는 이렇게 말하였다.
8 '이 백성이 입술로는 나를 공경하지만 그 마음은 내게서 멀리 떠나 있다.
9 그들은 사람의 규정을 교리로 가르치며 나를 헛되이 섬긴다.'"
10 그러고 나서 예수님께서는 군중을 가까이 불러 그들에게 말씀하셨다. "너희는 듣
고 깨달아라.
11 입으로 들어가는 것이 사람을 더럽히지 않는다. 오히려 입에서 나오는 것이 사람
을 더럽힌다."
12 그때에 제자들이 예수님께 다가와 물었다. "바리사이들이 그 말씀을 듣고 못마땅
하게 여기는 것을 아십니까?"

13 그러자 예수님께서 대답하셨다. "하늘의 내 아버지께서 심지 않으신 초목은 모두
뽑힐 것이다.
14 그들을 내버려 두어라. 그들은 눈먼 이들의 눈먼 인도자다. 눈먼 이가 눈먼 이를
인도하면 둘 다 구덩이에 빠질 것이다."
15 베드로가 예수님께 "그 비유를 저희에게 설명해 주십시오." 하고 청하였다.
16 그러자 예수님께서 말씀하셨다. "너희는 아직도 깨닫지 못하느냐?
17 입으로 들어가는 것은 무엇이나 배 속으로 갔다가 뒷간으로 나간다는 것을 이해
하지 못하느냐?
18 그런데 입에서 나오는 것은 마음에서 나오는데 바로 그것이 사람을 더럽힌다.
19 마음에서 나쁜 생각들, 살인, 간음, 불륜, 도둑질, 거짓 증언, 중상이 나온다.
20 이러한 것들이 사람을 더럽힌다. 그러나 손을 씻지 않고 먹는 것은 사람을 더럽히
지 않는다."

가나안 여자의 믿음 마르 7,24-30

21 예수님께서 그곳을 떠나 티로와 시돈 지방으로 물러가셨다.
22 그런데 그 고장에서 어떤 가나안 부인이 나와, "다윗의 자손이신 주님, 저에게 자
비를 베풀어 주십시오. 제 딸이 호되게 마귀가 들렸습니다." 하고 소리 질렀다.
23 예수님께서는 한마디도 대답하지 않으셨다. 제자들이 다가와 말하였다. "저 여자
를 돌려보내십시오. 우리 뒤에서 소리 지르고 있습니다."
24 그제야 예수님께서 "나는 오직 이스라엘 집안의 길 잃은 양들에게 파견되었을 뿐
이다." 하고 대답하셨다.
25 그러나 그 여자는 예수님께 와 엎드려 절하며, "주님, 저를 도와주십시오." 하고 청
하였다.
26 예수님께서는 "자녀들의 빵을 집어 강아지들에게 던져 주는 것은 좋지 않다." 하
고 말씀하셨다.
27 그러자 그 여자가 "주님, 그렇습니다. 그러나 강아지들도 주인의 상에서 떨어지는
부스러기는 먹습니다." 하고 말하였다.

28 그때에 예수님께서 그 여자에게 말씀하셨다. "아, 여인아! 네 믿음이 참으로 크구
나. 네가 바라는 대로 될 것이다." 바로 그 시간에 그 여자의 딸이 나았다.

많은 병자를 고치시다

29 예수님께서는 거기에서 갈릴래아 호숫가로 옮겨 가셨다. 그리고 산에 오르시어 거
기에 자리를 잡고 앉으셨다.
30 그러자 많은 군중이 다리저는 이들과 눈먼 이들과 다른 불구자들과 말못하는 이
들, 그리고 또 다른 많은 이들을 데리고 예수님께 다가왔다. 그들을 그분 발치에
데려다 놓자 예수님께서는 그들을 고쳐 주셨다.
31 그리하여 말못하는 이들이 말을 하고 불구자들이 온전해지고 다리저는 이들이 제
대로 걸으며 눈먼 이들이 보게 되자, 군중이 이를 보고 놀라 이스라엘의 하느님을
찬양하였다.

사천 명을 먹이시다 마르 8,1-10

32 예수님께서 제자들을 가까이 불러 이르셨다. "저 군중이 가엾구나. 벌써 사흘 동
안이나 내 곁에 머물렀는데 먹을 것이 없으니 말이다. 길에서 쓰러질지도 모르니
그들을 굶겨서 돌려보내고 싶지 않다."
33 제자들이 예수님께 "이 광야에서 이렇게 많은 군중을 배불리 먹일 만한 빵을 어
디서 구하겠습니까?" 하고 말하였다.
34 예수님께서 "너희에게 빵이 몇 개나 있느냐?" 하시자, 그들이 "일곱 개가 있고 물고
기도 조금 있습니다." 하고 대답하였다.
35 예수님께서는 군중에게 땅에 앉으라고 분부하셨다.
36 그리고 빵 일곱 개와 물고기들을 손에 들고 감사를 드리신 다음 떼어 제자들에게
주시니, 제자들이 군중에게 나누어 주었다.
37 사람들은 모두 배불리 먹었다. 그리고 남은 조각을 모았더니 일곱 바구니에 가득
찼다.

Vox populi, vox Dei.

38 먹은 사람은 여자들과 아이들 외에 남자만도 사천 명이었다.

39 예수님께서는 군중을 돌려보내시고 나서 배를 타고 마가단 고장으로 가셨다.

1 Then some Pharisees and teachers of the law came to Jesus from Jerusalem and asked,

2 "Why do your disciples break the tradition of the elders? They don't wash their hands before they eat!"

3 Jesus replied, "And why do you break the command of God for the sake of your tradition?

4 For God said, 'Honor your father and mother' and 'Anyone who curses his father or mother must be put to death.'

5 But you say that if a man says to his father or mother, 'Whatever help you might otherwise have received from me is a gift devoted to God,'

6 he is not to 'honor his father' with it. Thus you nullify the word of God for the sake of your tradition.

7 You hypocrites! Isaiah was right when he prophesied about you:

8 "'These people honor me with their lips, but their hearts are far from me.

9 They worship me in vain; their teachings are but rules taught by men.'"

10 Jesus called the crowd to him and said, "Listen and understand.

11 What goes into a man's mouth does not make him 'unclean,' but what comes out of his mouth, that is what makes him 'unclean.'"

12 Then the disciples came to him and asked, "Do you know that the Pharisees were offended when they heard this?"

13 He replied, "Every plant that my heavenly Father has not planted will be pulled up by the roots.

14 Leave them; they are blind guides. If a blind man leads a blind man, both will fall into a pit."

15 Peter said, "Explain the parable to us."

16 "Are you still so dull?" Jesus asked them.
17 "Don't you see that whatever enters the mouth goes into the stomach and
then out of the body?
18 But the things that come out of the mouth come from the heart, and
these make a man 'unclean.'
19 For out of the heart come evil thoughts, murder, adultery, sexual immo-
rality, theft, false testimony, slander.
20 These are what make a man 'unclean'; but eating with unwashed hands
does not make him 'unclean.'"
21 Leaving that place, Jesus withdrew to the region of Tyre and Sidon.
22 A Canaanite woman from that vicinity came to him, crying out, "Lord,
Son of David, have mercy on me! My daughter is suffering terribly from
demon-possession."
23 Jesus did not answer a word. So his disciples came to him and urged
him, "Send her away, for she keeps crying out after us."
24 He answered, "I was sent only to the lost sheep of Israel."
25 The woman came and knelt before him. "Lord, help me!" she said.
26 He replied, "It is not right to take the children's bread and toss it to their
dogs."
27 "Yes, Lord," she said, "but even the dogs eat the crumbs that fall from
their masters' table."
28 Then Jesus answered, "Woman, you have great faith! Your request is
granted." And her daughter was healed from that very hour.
29 Jesus left there and went along the Sea of Galilee. Then he went up on a
mountainside and sat down.
30 Great crowds came to him, bringing the lame, the blind, the crippled, the
mute and many others, and laid them at his feet; and he healed them.

31 The people were amazed when they saw the mute speaking, the crip-
pled made well, the lame walking and the blind seeing. And they praised
the God of Israel.
32 Jesus called his disciples to him and said, "I have compassion for these
people; they have already been with me three days and have nothing to
eat. I do not want to send them away hungry, or they may collapse on
the way."
33 His disciples answered, "Where could we get enough bread in this re-
mote place to feed such a crowd?"
34 "How many loaves do you have?" Jesus asked. "Seven," they replied, "and
a few small fish."
35 He told the crowd to sit down on the ground.
36 Then he took the seven loaves and the fish, and when he had given
thanks, he broke them and gave them to the disciples, and they in turn
to the people.
37 They all ate and were satisfied. Afterward the disciples picked up seven
basketfuls of broken pieces that were left over.
38 The number of those who ate was four thousand, besides women and
children.
39 After Jesus had sent the crowd away, he got into the boat and went to
the vicinity of Magadan.

人語

마태오 복음서 15장 요약[1]

소위 유전 논쟁으로 알려진 부분이다1-20절. 당시 종교 지도자들이 예수님에 대한 인신공격에서 한 걸음 더 나아가 신학적인 문제를 들고나와 주님을 비난하고 있다. 그들과의 논쟁을 통하여 주님은 당시의 왜곡된 세속적 인본주의 율법보다는 계명의 본래 취지가 외형보다는 심령의 갱생과 청결이 우선됨을 설파하셨다. 한편 후반부에 기록된 수로보니게 여인가나안 여자의 치유 기사는 백부장 사건8:5-13절과 관련되고, 칠병이어 기적은 앞 장14장의 오병이어 기사와 관련되는데, 전자는 복음의 우주적 확산을, 후자는 참된 영적 양식인 주님의 능력을 각각 나타낸다.

손을 씻지 않고 먹는 예수님의 제자들이 장로들의 전통을 범하였다고 책망하는 바리사이인들과 율법학자들에게 왜곡된 세속적이고 인본주의 율법보다 계명의 원래의 본질적 의미가 중요함을 말씀하신다. 하느님께 드렸으니 부모를 공경하지 않아도 된다는 것은 외식이며 씻지 않은 손으로 먹은 것은 더러운 것이 아니고 악한 생각과 살인, 간음, 음란, 도둑질 거짓증언 비방이 사람을 더럽게 한다고 하신다. 입술은 공경하되 마음은 하느님에게서 멀리 있다고 하신다. 심령이 거듭나서 청결하여야 함을 말씀하신다. 개로 여김 받을 정도로 멸시를 받는 이방인인 수로보니게 여인도 귀신 들린 딸을 고치고자 "강아지들도 주인의 상에서 떨어지는 부스러기는 먹습니다."라고 말함으로써 그의 믿음이 큼을 인정받았다. "네

[1] 변정미, 마태복음 15장 요약 설명, 강남은혜교회, 2020년 2월 14일 작성.

수로보니게 여인의 믿음

자료 : m.blog.naver.com

가 바라는 대로 될 것이다."라고 예수님께서 말씀하시자 바로 그의 딸이 나았다. 갈릴리 호숫가 산에 모인 무리들의 병을 고치셨고 예수님의 말씀을 따라 삼 일간이나 함께 있어 주린 자들에게 칠병이어떡 7개와 물고기 2마리의 이적을 베푸신다. 이는 모두 예수님께서 그들을 불쌍히 여기신 까닭에 베푸신 이적이다.

신앙의 삶에 지켜야 할 근본은 하느님 사랑, 사람 사랑이다. 예수님의 말씀을 듣고 읽고 기도함으로 능력을 받으면 세상이 요구하는 가치는 하찮은 것임을 알게 된다. 세상이 추구하는 인본주의적이고 세속적인 것들에 편승하지 않고 마음을 깨끗이 하며, 예수님 말씀대로 믿고 따르면 예수님이 이 땅에서 내리셨던 많은 복들도 풍성히 누릴 수 있다. 먼저 천국 시민의 심령이 되자. "행복하여라, 마음이 가난한 사람들! 하늘 나라가 그들의 것이다."마태 5:3

각 절 해석[2]

1-6절 떡 먹을 때 손을 씻는 것은 위생적으로 좋은 일이다. 또 장로들의 교훈은 그것이 성경에 어긋나지 않는다면 따르는 것이 옳고 덕스러운 일이다.

2 김효성 목사, 마태복음 강해, 2019년 11월 27일 수정.

신앙생활, 우리의 해석에 달렸다. 기준은 성경 말씀

자료 : christiantoday.co.kr

그러나 떡 먹을 때 손을 씻지 않은 것이 비난할 만큼 큰 문제는 아니다. 그러나 사람들은 자기들의 전통에 맞지 않으면 무슨 큰 잘못이라도 한 것처럼 남을 비난하기 쉽다.

예수께서는 그들의 문제점을 지적하시면서 그들에게 대답하셨다. 바리사이인들과 율법학자들은 하느님께 무엇을 드리면 부모에게는 안 드려도 괜찮다고 가르쳤던 것 같다. 그러나 그것은 잘못이었다. 하느님께 대한 의무 때문에 사람에 대한 의무를 안 해도 되는 것은 아니다. 오히려 하느님의 뜻은 부모를 공경하고 서로 사랑하는 것이다. 사람의 교훈이나 심지어 교회의 교훈도 그들처럼 잘못을 범할 수 있다.

주께서는 이 지적과 말씀을 통해 우리의 신앙생활에서 절대적 기준과 규칙이 무엇이어야 하는지를 분명하게 보이셨다. 우리의 신앙생활의 절대적 기준과 규칙은 하느님의 말씀 곧 성경 말씀뿐이다. 우리는 성경이 명하는 것은 하고 금하는 것은 하지 말아야 한다. 또 성경이 침묵하는 문제에 대해 독단적이지 않은 것이 좋다. 성경만이 우리의 신앙과 행위에 있어서 절대적 기준과 규칙이며 최종적 권위이다. 우리는 사람의 전통과 교훈으로 하느님의 계명을 폐해서는 안 된다. 우리는 하느님을 섬겨야 하며 그의 말씀인 성경의 교훈을 순종해야 한다.

7-9절 바리사이인들과 율법학자들은 자신이 하느님을 공경하고 있다고 생각하고 그렇게 말하였다. 그러나 그들이 입술로는 하느님을 공경하고 섬겼

지만, 마음은 하느님으로부터 멀었다. 그들의 마음이 하느님으로부터 멀었다는 증거는 그들이 자신이 만든 규칙으로 하느님의 계명을 변경시키고 폐지시킨 것이었다. 이것이 어리석은 외식자의 종교 생활이었다. 성경의 교훈을 저버린 종교 생활은 헛된 일이었다.

10-14절 사람을 참으로 더럽게 하는 것은 도덕적 문제이다. 위생적 문제는 죄 문제와는 다르다. 더러운 손으로 먹는 것은 위생적으로는 좋지 못하나 죄가 되는 것은 아니다. 바리사이인들은 주의 말씀을 듣고 마음과 기분이 상하였다. 그러나 주께서는 "하늘의 내 아버지께서 심지 않으신 초목은 모두 뽑힐 것이다. 그들을 내버려 두어라."라고 말씀하셨다.

세상에는 두 종류의 씨 뿌림이 있다. 하느님 아버지께서 심으신 것이 있고, 심으시지 않은 것이 있다. 하느님 아버지께서 심으신 것은 영원한 생명, 곧 중생重生의 새 생명을 얻은 자이다. 그는 구원받은 자이다. 그러나 하느님 아버지께서 심지 않으신 것은 가짜이다. 그는 구원받지 못한 자이다. 그에게는 새 생명이 없다.

하느님 아버지께서 심지 않으신 것은 결국 뽑힐 것이다. 그는 환난과 시험의 때에 또는 엄격한 진리의 교훈 앞에 뽑힐 것이다. 그렇지 않으면 마지막 심판 때에 뽑힐 것이다. 그러므로 하느님의 바른 말씀의 교훈 앞에 실족하는 자는 그냥 내버려 두어야 한다. 그러나 참으로 구원받은 자들은 바른 말씀을 믿고 지키고 실천할 것이다.

15-20절 베드로는 예수께 이 비유를 설명해주시기를 구했다. 주께서는 그들의 깨달음 없음을 지적하며 말씀하셨다. "입으로 들어가는 것은 무엇이나 배 속으로 갔다가 뒷간으로 나간다는 것을 이해하지 못하느냐? 그런데 입에서 나오는 것은 마음에서 나오는데 바로 그것이 사람을 더럽힌다." 마음카르디아, heart은 인격의 중심이다. 우리는 마음을 다해 하느님을 사랑해야 한다. 그러나 아담의 범죄로 모든 인류의 마음이 심히 부패하였다. 만물보다 거짓되고 심히 부패한 것이 사람의 마음이다. 그 마음에서 나오는 것들이 악한 생각과 살인과 간음

영원한 생명은 하느님 아버지를 알고 또 아버지께서 보내신 예수 그리스도를 아는 것이다.

자료 : maria.catholic.or.kr

과 음란과 도적질과 거짓 증거와 훼방 등이다.

예수 그리스도를 믿음으로 얻는 구원의 새 생명은 마음의 변화를 수반한다. 구원은 마음의 변화로 나타난다. 믿음은 마음의 순종이다. 사람은 마음으로 믿어 의로움에 이르고 입으로 시인하여 구원에 이른다. 마음heart의 변화는 무엇보다 생각누스, mind의 변화를 포함한다. 구원받은 자는 그 생각이 변한다. 전에는 사람이 그 생각에 하느님 두기를 싫어했으나, 구원받은 그리스도인들은 생각의 변화가 일어난다. 그의 생각은 경건하고 거룩한 것을 추구한다. 그는 하느님을 경외하고 그의 계명대로 살고 죄악되고 불결한 것을 멀리하기를 원한다.

21-22절 티로와 시돈 지방은 이스라엘 북서쪽 국경지역으로 원래 이스라엘 백성에게 주시기로 약속된 땅이었다. 주께 나아와 귀신 들린 자기 딸을 불쌍히 여겨 달라고 소리친 가나안 여자는, 마르코 복음서 7:26에 보면, 시리아 페니키아 출신이었다. 그 여인은 예수님을 신적 메시아로 믿었다고 보인다. 그는 예수님을 "다윗의 자손이신 주님"이라고 불렀고 두 번 더 그를 '주님'이라고 불렀

"다윗의 자손이신 주님, 저에게 자비를 베풀어 주십시오. 제 딸이 호되게 마귀가 들렸습니다." 하고 소리 질렀다.

자료 : m.blog.naver.com

다25, 27절. '주님'이라는 말은 신적 호칭이며 '다윗의 자손'은 메시아라는 뜻이다. 그의 딸은 귀신으로 인한 정신적 질병으로 고통을 당하고 있었다. 그는 자신을 부족한 자로 여기며 예수께 불쌍히 여겨주시기를 간구하였다.

23-26절 예수께서는 자신이 이스라엘 집의 잃어버린 양 외에는 다른 데로 보내심을 받지 않았다고 말씀하셨다. 그러나 그 여자는 와서 예수께 절하며 "주님, 저를 도와주십시오"라고 말했다. 그 여자는 예수님을, 자기를 도우실 수 있는 신적인 존재로 여겼다. 예수님은 우리를 도우실 수 있는 분이시다. 예수께서는 자녀의 떡을 취하여 개들에게 던짐이 마땅치 않다고 말씀하시며 이스라엘 백성을 하느님의 자녀들에, 이방인들을 개들에 비유하셨다. 그것은 영적 특권에 있어서 사실이었다.

27-28절 그 여인은 자존심이 상할 만도 한데 자신이 이방 죄인임을 겸손히 인정하고 주인의 상에서 떨어지는 부스러기 같은 은혜라도 주시기를 간구했다. 그 여자는 마침내 응답을 얻었다. 주께서 "아, 여인아! 네 믿음이 참으로 크구나. 네가 바라는 대로 될 것이다."라고 말씀하시자, 바로 그 시각 그의 딸이 고침을 받았고 건강의 회복을 얻었다. 기적이 일어났고 예수께서 하느님의 아들이

"아, 여인아! 네 믿음이 참으로 크구나. 네가 바라는 대로 될 것이다."(28절)

자료 : m.blog.naver.com

심이 한 번 더 증거되었다. 그는 각종 병자들을 고쳐주셨다. 그는 사람의 영육의 질병, 곧 심신의 문제를 고쳐주셨다.

29-31절 예수님의 사역은 사람들의 회개와 죄사함의 영혼 구원에 있었지만, 사람들은 육신적 질병들에 더 관심이 있었다. 그들은 절뚝발이, 불구자, 소경, 벙어리 등 각종 병자들을 데려와 예수님의 발 앞에 두었고, 예수께서는 그 병자들도 다 고쳐주셨다. 벙어리는 말하고 불구자는 건전하게 되고 절뚝발이는 걸으며 소경은 보게 되었다.

예수께서는 중풍병, 나병, 열병, 귀신들림, 간질, 혈루병, 소경, 벙어리, 손 마름, 절뚝발이 등 오늘날 병원의 신경외과, 피부과, 내과, 신경정신과, 비뇨기과, 안과, 이비인후과, 정형외과 등에 해당하는 다양한 병자들을 고쳐주셨다. 예수님의 치료는 즉각적이고 완전하였다.

병 치료의 기적들은 그의 신성神性, 즉 그가 하느님의 아들이심의 증거와 표였다. 예수님을 모르는 사람들은 복음서들의 증거를 통해 예수께서 하느님의 아들 그리스도이심을 믿고 확신해야 하며 그를 믿음으로 죄사함과 의롭다 하심과 영생의 구원을 얻어야 한다.

32-33절 무리들은 이미 사흘 동안이나 예수님과 함께 있었다. 그들은 예수님의 말씀에 심취해 있었던 것 같다. 어떻게 사흘 동안이나 그 광야에 거할 수 있었는지 놀랍다. 먹을 것은 다 떨어지고 육신의 힘도 다 떨어졌을 것이다. 그냥 해산하면 길에서 기진할 자들이 있을 정도이었다. 이때 예수께서 그 무리를 불쌍히 여기셨다. 그는 단순히 가난하고 배고픈 자들을 위해 이 두 번째 떡 기적을 행하신 것이 아니고, 주와 함께 사흘이나 있었던 무리들을 위해 행하셨던 것이다.

이와 같이, 예수께서는 단지 사람의 영적 문제에 대해서만 관심을 가지지 않으셨고, 또한 육신적 문제, 즉 떡의 문제에 대해서도 관심을 가지셨다. 주님은 오늘 우리들에 대해서도 그러하시다. 하느님께서는 그의 긍휼의 섭리 가운데 우리에게 일용할 양식을 주신다. 그는 우리의 영혼뿐 아니라 육신도 돌보시고 기르시는 목자이시다.

주의 제자들은 얼마 전에 경험한 떡 기적은 잊었던 것 같다. 그들은 "이 광야에서 이렇게 많은 군중을 배불리 먹일 만한 빵을 어디서 구하겠습니까?"라고 말했다. 그들은 잠잠히 주의 능력을 의지하고 기대했어야 했다. 그러나 그들은 이성적 계산에만 빨랐다. 만일 그들이 예수님을 하느님의 아들이라고 믿었다면, 만일 그들이 첫 번째 떡 기적을 기억하였다면, 그들은 주님께 어떤 해결책을 요청할 수 있었을 것이다. 그러나 그들은 어려운 현실에서 믿음 없음을 드러낼 뿐이었다.

오병이어(五餠二魚)의 기적

자료 : namu.moe

34-36절 제자들이 가지고 있었던 떡 일곱 개와 생선 두 마리는 많은 무리들을 위해 없는 것과 같은 음식이었다. 그러나 하느님께는 불가능한 일이 없으셨고 모든 것이 가능하셨다. 예수께서는 무리로 땅에 앉게 하셨고 그 보잘것없는 음식을 가지고 축사祝謝하셨다. 그리고는 제자들에게 떼어주기 시작하셨고 제자들은 주님께 그것을 받아 무리에게 주었다. 그런데 그 보잘것없는 음식은 그의 손에서 신기하게 늘어났다. 주께서 떼어주시는 행위는 수없이 반복되었고 온 무리가 배불리 먹을 때까지 계속되었다. 사람들의 육신적 필요에 대한 그의 기적적 행위는 그 필요가 충족되고 남을 때까지 계속되었다.

37-39절 사람들은 모두 배불리 먹고도 일곱 바구니에 가득 찰 만큼 남았다. 배불리 먹은 사람은 여자들과 아이들을 제외하고 남자만도 사천 명이었다. 예수님께서는 군중을 돌려보내시고 배를 타고 마가단 고장으로 가셨다.

명동성당 사적 258호 앞에서

자료 : namu.moe

마태오 복음서 16장

天聲

바리사이들과 사두가이들이 표징을 요구하다 마르 8,11-13;루카 12,54-56

1 바리사이들과 사두가이들이 와서 예수님을 시험하려고, 하늘에서 오는 표징을 보
여 달라고 요청하였다.
2 그러자 예수님께서 이렇게 대답하셨다. "너희는 저녁때가 되면 '하늘이 붉으니 날
씨가 좋겠구나.' 하고,
3 아침에는 '하늘이 붉고 흐리니 오늘은 날씨가 궂겠구나.' 한다. 너희는 하늘의 징조
는 분별할 줄 알면서 시대의 표징은 분별하지 못한다.
4 악하고 절개 없는 세대가 표징을 요구하지만, 요나의 표징밖에는 아무런 표징도 받
지 못할 것이다." 그러고 나서 예수님께서는 그들을 남겨 두고 떠나가셨다.

바리사이들과 사두가이들의 누룩을 조심하여라 마르 8,14-21

5 제자들이 호수 건너편으로 가면서 빵을 가져가는 것을 잊어버렸다.
6 예수님께서 그들에게 "너희는 주의하여라. 바리사이들과 사두가이들의 누룩을 조
심하여라." 하고 이르셨다.
7 그러자 제자들은 "우리가 빵을 가져오지 않았구나." 하며 저희끼리 수군거렸다.
8 예수님께서는 그것을 아시고 그들에게 말씀하셨다. "이 믿음이 약한 자들아, 어찌
하여 빵이 없다고 너희끼리 수군거리느냐?
9 아직도 이해하지 못하느냐? 빵 다섯 개로 오천 명이 먹은 일을 기억하지 못하느
냐? 너희가 몇 광주리를 거두었느냐?
10 그리고 빵 일곱 개로 사천 명이 먹은 일을 기억하지 못하느냐? 너희가 몇 광주리
를 거두었느냐?

11 내가 빵을 두고 말한 것이 아님을 어찌하여 이해하지 못하느냐? 바리사이들과 사
두가이들의 누룩을 조심하여라."

12 그제야 그들은 빵의 누룩이 아니라, 바리사이들과 사두가이들의 가르침을 조심하
라는 말씀인 줄을 깨달았다.

베드로가 예수님을 그리스도라고 고백하다 마르 8,27-30;루카 9,18-21

13 예수님께서 카이사리아 필리피 지방에 다다르시자 제자들에게, "사람의 아들을 누
구라고들 하느냐?" 하고 물으셨다.

14 제자들이 대답하였다. "세례자 요한이라고 합니다. 그러나 어떤 이들은 엘리야라
하고, 또 어떤 이들은 예레미야나 예언자 가운데 한 분이라고 합니다."

15 예수님께서 "그러면 너희는 나를 누구라고 하느냐?" 하고 물으시자,

16 시몬 베드로가 "스승님은 살아 계신 하느님의 아드님 그리스도이십니다." 하고 대답
하였다.

17 그러자 예수님께서 그에게 이르셨다. "시몬 바르요나야, 너는 행복하다! 살과 피가
아니라 하늘에 계신 내 아버지께서 그것을 너에게 알려 주셨기 때문이다.

18 나 또한 너에게 말한다. 너는 베드로이다. 내가 이 반석 위에 내 교회를 세울 터인
즉, 저승의 세력도 그것을 이기지 못할 것이다.

19 또 나는 너에게 하늘 나라의 열쇠를 주겠다. 그러니 네가 무엇이든지 땅에서 매
면 하늘에서도 매일 것이고, 네가 무엇이든지 땅에서 풀면 하늘에서도 풀릴 것이
다."

20 그런 다음 제자들에게, 당신이 그리스도라는 것을 아무에게도 말하지 말라고 분
부하셨다.

수난과 부활을 처음으로 예고하시다 마르 8,31-33;루카 9,22

21 그때부터 예수님께서는 당신이 반드시 예루살렘에 가시어 원로들과 수석 사제들
과 율법학자들에게 많은 고난을 받고 죽임을 당하셨다가 사흗날에 되살아나셔야
한다는 것을 제자들에게 밝히기 시작하셨다.

22 그러자 베드로가 예수님을 꼭 붙들고 반박하기 시작하였다. "맙소사, 주님! 그런 일
은 주님께 결코 일어나지 않을 것입니다."
23 그러나 예수님께서는 돌아서서 베드로에게 말씀하셨다. "사탄아, 내게서 물러가
라. 너는 나에게 걸림돌이다. 너는 하느님의 일은 생각하지 않고 사람의 일만 생
각하는구나!"

예수님을 어떻게 따라야 하는가 마르 8,34-9,1;루카 9,23-27

24 그때에 예수님께서 제자들에게 말씀하셨다. "누구든지 내 뒤를 따라오려면, 자신
을 버리고 제 십자가를 지고 나를 따라야 한다.
25 정녕 자기 목숨을 구하려는 사람은 목숨을 잃을 것이고, 나 때문에 자기 목숨을
잃는 사람은 목숨을 얻을 것이다.
26 사람이 온 세상을 얻고도 제 목숨을 잃으면 무슨 소용이 있겠느냐? 사람이 제 목
숨을 무엇과 바꿀 수 있겠느냐?
27 사람의 아들이 아버지의 영광에 싸여 천사들과 함께 올 터인데, 그때에 각자에게
그 행실대로 갚을 것이다.
28 내가 진실로 너희에게 말한다. 여기에 서 있는 이들 가운데에는 죽기 전에 사람
의 아들이 자기 나라에 오는 것을 볼 사람들이 더러 있다."

1 The Pharisees and Sadducees came to Jesus and tested him by asking
him to show them a sign from heaven.
2 He replied, "When evening comes, you say, 'It will be fair weather, for
the sky is red,'
3 and in the morning, 'Today it will be stormy, for the sky is red and over-
cast.' You know how to interpret the appearance of the sky, but you can-
not interpret the signs of the times.
4 A wicked and adulterous generation looks for a miraculous sign, but
none will be given it except the sign of Jonah." Jesus then left them and
went away.

Vox populi, vox Dei.

5 When they went across the lake, the disciples forgot to take bread.
6 "Be careful," Jesus said to them. "Be on your guard against the yeast of
the Pharisees and Sadducees."
7 They discussed this among themselves and said, "It is because we didn't
bring any bread."
8 Aware of their discussion, Jesus asked, "You of little faith, why are you
talking among yourselves about having no bread?
9 Do you still not understand? Don't you remember the five loaves for the
five thousand, and how many basketfuls you gathered?
10 Or the seven loaves for the four thousand, and how many basketfuls you
gathered?
11 How is it you don't understand that I was not talking to you about bread?
But be on your guard against the yeast of the Pharisees and Sadducees."
12 Then they understood that he was not telling them to guard against the
yeast used in bread, but against the teaching of the Pharisees and Saddu-
cees.
13 When Jesus came to the region of Caesarea Philippi, he asked his disci-
ples, "Who do people say the Son of Man is?"
14 They replied, "Some say John the Baptist; others say Elijah; and still oth-
ers, Jeremiah or one of the prophets."
15 "But what about you?" he asked. "Who do you say I am?"
16 Simon Peter answered, "You are the Christ, the Son of the living God."
17 Jesus replied, "Blessed are you, Simon son of Jonah, for this was not re-
vealed to you by man, but by my Father in heaven.
18 And I tell you that you are Peter, and on this rock I will build my church,
and the gates of Hades will not overcome it.
19 I will give you the keys of the kingdom of heaven; whatever you bind on
earth will be bound in heaven, and whatever you loose on earth will be

loosed in heaven."

20 Then he warned his disciples not to tell anyone that he was the Christ.

21 From that time on Jesus began to explain to his disciples that he must
go to Jerusalem and suffer many things at the hands of the elders, chief
priests and teachers of the law, and that he must be killed and on the
third day be raised to life.

22 Peter took him aside and began to rebuke him. "Never, Lord!" he said.
"This shall never happen to you!"

23 Jesus turned and said to Peter, "Get behind me, Satan! You are a stum-
bling block to me; you do not have in mind the things of God, but the
things of men."

24 Then Jesus said to his disciples, "If anyone would come after me, he
must deny himself and take up his cross and follow me.

25 For whoever wants to save his life will lose it, but whoever loses his life
for me will find it.

26 What good will it be for a man if he gains the whole world, yet forfeits
his soul? Or what can a man give in exchange for his soul?

27 For the Son of Man is going to come in his Father's glory with his angels,
and then he will reward each person according to what he has done.

28 I tell you the truth, some who are standing here will not taste death be-
fore they see the Son of Man coming in his kingdom."

人語

마태오 복음서 16장 요약[1]

12절까지는 사두가이인들과 바리사이인의 표적 요구를 거부하시고 참된 표적, 곧 메시아의 오심으로 말미암은 하늘 나라의 도래를 분별하라는 주님의 경고성 말씀이 기록되어 있다. 그리고 13절부터는 크게 보아서 본서의 또 다른 한 단락에 속한다. 지금까지는 점차 고조되는 메시아에 대한 배척을 다루었지만, 이곳에서부터는 제자들에게 주시는 교훈이 주를 이루고 있다. 이 중에서 특히 눈여겨볼 대목은 베드로의 신앙 고백과 십자가의 죽음에 대한 예언이다. 주의 메시아되심과 인자되심을 정확히 갈파한 베드로의 고백은 시공을 초월하여 모든 그리스도인의 영원한 신앙 고백 헌장이 되어야 할 것이다.

16절에서 베드로가 "스승님은 살아 계신 하느님의 아드님 그리스도이십니다."라고 위대한 신앙 고백을 한 후, 예수님께서 죽음을 예고하시자21절 예수님을 힐책하며rebuke 그런 일이 결코 주님께 일어나지 않을 것이라고 항변한다. 이 행위를 한 베드로에게 예수님께서 그의 신앙 고백의 반석 위에 예수님의 교회를 세우시겠다고 하신 그 말씀과 땅에서 풀리면 하늘에서도 풀리고 땅에서 메이면 하늘에서도 메인다고 축복의 권세, 교회의 권세를 주셨음에도, 곧바로 "사탄아, 내게서 물러가라. 너는 나에게 걸림돌이다. 너는 하느님의 일은 생각하지 않고 사람의 일만 생각하는구나!"라고 하시면서23절 꾸짖으신다.

예수님께서 베드로에게 주신 천국열쇠란 천국으로 들어갈 수 있는 예수그리스도의 복음이라는 열쇠인데 이것은 예수님이 그리스도이며 하느님의 아들이라고 믿는 믿음을 말씀한다. 또한 예수님께서 주신 천국열쇠를 가진 자가 땅에서 매거

Nicolas Poussin, 〈Seven sacraments(7성사)〉[2]

자료 : fkumc.net

나 풀면 하늘에서도 매이거나 풀린다고 했다. 그것은 교회가 예수님의 복음을 전파할 때 듣는 자가 회개하면 죄에서 놓임받고 하늘에서도 풀리며, 선포된 복음과 회개의 촉구를 거역하면 죄에 묶여 있으니 하늘에서도 죄인으로 정죄받아 묶여 버린다는 것이다. 예수님을 따르려면 자기를 부인하고 자기의 십자가를 지고 가야 한다.

신앙 공동체에서도 여러 가지 활동이나 모임, 봉사를 함에 있어 자신도 모르게 자기의 오랜 생각으로 옳다고 믿고 있는 가치 체계로 타인을 판단할 때가 있다. 무엇보다 예수님께서 부여해 주신 이 땅의 복음을 통해 세워진 교회의 권위와 권세를 귀히 여겨야 한다. 주님의 몸인 교회가 거룩하고 흠이 없도록 주름 잡힌 것이나 티가 없도록 기도로 깨어 있고 말씀으로 무장해야 할 것이다. 하느님께서 예정하셔서 걷게 하신 길에 사람의 생각이 개입될 때 바로 사탄의 휘책에 넘어갈 수 있기 때문이다. 우리의 생각을 부인하고 예수님 생각을 따라가야 한다.

1 변정미, 마태복음 16장 요약 설명, 강남은혜교회, 2020년 2월 15일 작성.

2 대부분의 가톨릭 및 정교회에서 교리로 정립되어 있는 7가지의 거룩한 예식을 말한다. "예수 그리스도께서 세우시고 교회에 맡기셨으며 그로써 하느님의 생명을 주는 은총의 유효한 표지"가 이 7가지 성사로서, 이는 교회의 핵심적인 전례(신앙행위)이다. ① 세례성사, ② 성체성사, ③ 견진성사, ④ 고해성사, ⑤ 병자성사, ⑥ 성품성사, ⑦ 혼인성사 등을 가리킨다.

각 절 해석[3]

1절 바리사이인들과 사두가이인들은 신앙 사상이 서로 달랐다. 바리사이인들은 보수적인 신앙을 가졌으나 형식적이며 위선적이고 사두가이인들은 자유로운 신앙을 가졌고 세속적인 관심이 많았던 것 같다. 그러나 그 이질적인 사상을 가진 두 부류의 사람들은 예수님을 반대하는 데는 연합하였다. 세상 사람들은 자기들끼리 불화할지라도 진리를 대적하는 데는 연합하는 것 같다. 그들은 예수님에게 와서 하늘에서 오는 표징을 보여주기를 청하였다. 그러나 그 요청은 그들의 믿음을 위해 한 것이 아니고 예수님을 시험하기 위해 한 것이었다. 그러나 예수께서는 단지 사람들 호기심의 만족을 위해 기적을 행하지 않으셨다.

믿으려 하는 자는 이미 그가 행하신 기적들을 확인함으로 충분히 믿을 수 있을 것이다. 이미 주신 기적들을 확인해 보려 하지 않고 또 다른 하나의 기적을 구하는 것은 확실히 불신앙적이다. 오늘 우리도 성경에 기록된 기적들을 충분하게 여기지 않고 추가적 기적을 구한다면, 그것은 믿음의 부족함과 마음의 완고함을 나타낸 것이다.

바리사이인들과 사두가이인들이 예수를 시험하고자 하다. James Tissot

자료 : brooklynmuseum.org

3 김효성 목사, 마태복음 강해, 2019년 11월 27일 수정.

2-3절 중생치 못한 자들은 세상의 지식과 판단력은 있어도 진리의 지식과 영적 판단력은 없다. 메시아께서 오셨다는 증거들은 많았다. 구약 예언들은 성취되고 있었다. 예수께서 베들레헴에서 탄생하심, 다윗의 자손으로 오심, 나병, 중풍병, 소경, 벙어리, 앉은뱅이 등 많은 불치不治의 병자들을 치료하심, 죽은 자들을 살리심 등은 메시아 시대가 시작되었음을 알려주는 표징들이었다. 메시아께서는 확실히 오셨다. 그러나 소경된 유대 지도자들은 시대의 표적들을 분별치 못하였다.

4절 경건한 사람들은 예수 그리스도를 영접하였으나, 악하고 음란한 세대는 표징을 구하였다. 예수께서는 이 세대를 악하고 음란한 세대라고 말씀하셨다. 악하고 음란한 자들, 내면적 성결과 변화보다 기적 같은 것에 관심을 가졌던 이런 자들은 참 교회에 속하지 않고 교회 밖에 있다. 그러나 주께서는 이런 자들의 불신앙과 호기심을 만족시키기 위해 행하실 표징은 없으셨다. 주님의 기적들은 주로 그를 따르며 그를 믿는 믿음을 가진 자들 가운데서 일어났다.

그러나 요나의 표징이라고 표현되는 한 가지 표징은 남아 있었다. 요나가 삼일 밤낮을 물고기 뱃속에 있었던 것같이 예수 그리스도께서는 삼 일간 무덤에 있으실 것이다. 물론 이 삼 일은 대략적 표현이라고 보인다. 요나 사건은 예수 그리스

야훼께서는 그 물고기에게 명령하여 요나를 뱉아내게 하셨다(요나 2:11).

자료 : m.blog.naver.com

Vox populi, vox Dei.

도 사건의 모형이었다. 예수 그리스도께서 십자가에 못박혀 죽으심과 삼 일 만에 다시 살아나심은 불신앙적 세상을 위해 주시는 마지막 표징sign이다. 이 표징 앞에 사람들은 가부간 결단을 내려야 한다. 예수님을 믿을 것인가, 아니면 그를 거부할 것인가? 실상 다른 표징은 필요하지 않았다.

5-10절 제자들이 바다 건너편으로 갈 때 떡 가져가기를 잊었다. 예수께서 너희는 주의하여라. 바리사이들과 사두가이들의 누룩을 조심하여라."라고 말씀하시자, 그들은 서로 의논하기를 "우리가 빵을 가져오지 않았구나."라고 하였다. 그들은 때때로 주님의 비유적 표현을 이해하지 못하였다.

예수께서는 아시고 말씀하셨다. "이 믿음이 약한 자들아, 어찌하여 빵이 없다고 너희끼리 수군거리느냐? 아직도 이해하지 못하느냐? 빵 다섯 개로 오천 명이 먹은 일을 기억하지 못하느냐? 너희가 몇 광주리를 거두었느냐?"

주께서 제자들과 하신 이 대화는 앞에 기록된 두 차례의 떡 기적을 재확인하는 의미를 가진다. 떡 다섯 개로 5천 명을 먹이시고, 떡 일곱 개로 4천 명을 먹이신 이 두 차례의 떡 기적들은 지어낸 신화가 아니고 역사적 사건임을 주께서 다시 확증해주신 것이다.

이처럼 성경의 사건들은 이중삼중으로 증거되었다. 불신앙자들은 그 어떤 증거를 보고 들어도 믿지 않겠지만, 믿으려 하는 자들은 믿을 만한 증거가 한두 가지가 아니다. 하느님께서는 결코 믿지 못할 어떤 것, 불확실한 어떤 것을 믿으라고 강요하지 않으신다. 믿을 만한 많은 증거들을 성경에 제시해 주시면서 믿으라고, 믿음 없는 자가 되지 말고 믿는 자가 되라고 권하시는 것이다.

11-12절 바리사이인들은 당시에 보수주의자들이었다. 그들에게는 보수신앙이 있었다. 그러나 그들은 사람의 전적 부패성과 무능력을 바로 알지 못하였고 자기 의로움을 의지하고 자랑했다. 그들은 영적으로 교만한 자들이었다. 그들은 종교적인 지식도 많았고 상당한 열성도 있었으나 종교의 외적 규례들만 중시했고 더 중요한 그 내면성을 무시했다. 그러나 실상 하느님 앞에 중요한 것은

겉모습보다 마음이다. 마음의 할례는 경건의 시작이다. 그러나 그들은 형식주의에 떨어져 있었다.

다른 한편, 사두가이인들은 그 당시의 자유주의자들이었다. 그들은 모세오경을 존중했으나 다른 성경들은 무시했다. 그들은 구약성경의 많은 부분을 믿지 않았다. 그들은 천사도 영도 몸의 부활도 믿지 않았다. 그들은 사람의 이성과 경험을 중시하는 인본주의자들이었고, 또 세상의 권력과 금력과 결탁한 세속주의자들이었다고 보인다. 그들은 현실에 잘 적응하였고 잘 타협했다. 당시에 사회적 신분이 있고 물질적으로 부유했다고 보이는 제사장들은 이 파에 속하였다.

주께서는 "바리사이들과 사두가이들의 누룩을 조심하여라."라고 말씀하셨다. 교훈은 누룩같이 퍼져나가는 힘이 있다. 좋은 교훈은 좋은 영향을 끼치지만, 잘못된 교훈은 나쁜 영향을 끼친다. 바리사이인들은 율법주의, 형식주의에 떨어져 있었고 사두가이인들은 자유주의, 인본주의, 세속주의에 떨어져 있었다. 그러므로 우리는 잘못된 교훈들을 분별하고 조심해야 한다. 그렇지 않으면 큰 해를 당할 것이다.

바리새인과 사두개인들의 누룩을 조심하라.

자료 : m.blog.naver.com

13-16절 어느 날 예수께서는 제자들과 함께 카이사리아 필리피 지방을 방문하셨다. 카이사리아 필리피 지방은 이스라엘 땅의 가장 북쪽에 있는 헤르몬산 기슭이며 요단강의 발원지이다. 그는 제자들에게 "사람의 아들을 누구라고들 하느냐?"라고 물으셨다. '사람의 아들'은 하느님의 아들이신 그의 인성人性을 나타낸다.

제자들은 대답했다. "세례자 요한이라고 합니다. 그러나 어떤 이들은 엘리야라 하고, 또 어떤 이들은 예레미야나 예언자 가운데 한 분이라고 합니다." 그는 다시 물으셨다. "그러면 너희는 나를 누구라고 하느냐?" 시몬 베드로가 대답하였다. "스승님은 살아 계신 하느님의 아드님 그리스도이십니다."

'그리스도'는 '기름 부음을 받은 자'라는 뜻이며 구약에 예언된 자로서 선지자, 제사장, 왕의 직을 완성할 자를 가리킨다. 예수께서는 구원의 길을 전하시는 참 선지자이시며, 하느님 아버지께 자신을 제물로 드리신 참 제사장이시며, 교회와 온 세상을 의로 통치하실 왕이시다.

또 그는 살아계신 하느님의 아들이시다. 세상의 창조주와 섭리자이신 하느님께는 외아들이 계시다. 아버지와 아들은 옷만 바꿔 입으신 것이 아니고, 두 구별된 인격이시다. 이것은 신비이다. 그러나 성경에 계시啓示된 만큼이 이러하다. 예수께서는 하느님의 아들이시다.

17-18절 예수께서는 하느님을 '내 아버지'라고 친근히 부르시면서 베드로가 자기에 대해 한 고백이 복되며 그의 깨달음과 지식과 믿음이 사람에게서 난 것이 아니고 하늘에 계신 그의 아버지께서 알게 하신 것이라고 말씀하셨다. 사람이 예수 그리스도를 아는 것은 하느님의 은혜요 그가 우리의 눈을 여시고 귀를 여심으로써만 가능하다.

예수께서는 베드로에게 또, "너는 베드로이다. 내가 이 반석 위에 내 교회를 세울 터인즉, 저승의 세력도 그것을 이기지 못할 것이다."라고 말씀하셨다. '베드로'는 '반석'이라는 뜻이다. 그러나 원어에서 베드로는 남성명사인데, "이 반석 위에"라는 구절에서 '반석'은 여성명사이다. 그러므로 "내가 이 반석 위에 내 교회를 세울터인즉"이라는 구절에서 '반석'은 베드로 자신을 가리키지 않고 베드로의 신

장 오귀스트 도미니크 앵그르의 '베드로에게 하늘 나라의 열쇠를 주시는 그리스도'(1820년).

자료 : bing.com

앙고백을 가리킨다고 본다.

예수께서는 또 "내가 내 교회를 세우리라"라고 말씀하셨다. 교회의 소속은 예수 그리스도이다. 교회는 예수 그리스도께 속한다. 또 그가 친히 그의 교회를 세우신다. 그는 성경의 바른 진리와 성령으로 그의 교회를 온 세계에 세우셨고 오늘도 계속하여 세우고 계신다.

예수께서는 또 "저승의 세력도 그것을 이기지 못할 것이다."라고 말씀하셨다. '저승'은 '무덤' 혹은 '지옥'을 가리킨다. 죽음은 죄 때문에 왔다. 모든 사람은 죄인이요 모든 사람은 죽는다. 무덤은 죽은 자들의 집이며, 지옥은 죄인들이 죽은 후에 들어가는 집이다. 그러나 주께서 대속 제물이 되심으로 그의 십자가의 보혈로 우리의 죄가 깨끗하게 되었다. 죄가 제거됨으로써 죽음도, 무덤도, 지옥도 극복되었다. 무덤과 지옥의 권세가 구원받은 성도들을 이기지 못한다.

19-20절 하늘 나라의 열쇠는 하느님의 복음을 전하는 자들에게 주신 권세를 가리킨다. 하느님의 복음 진리는 영생과 멸망, 천국과 지옥을 나눈다. 그

러므로 부활하신 주께서는 "너희는 온 세상에 가서 모든 피조물에게 복음을 선포하여라. 믿고 세례를 받는 이는 구원을 받고 믿지 않는 자는 단죄를 받을 것이다."라고 말씀하셨다마르 16:15-16. 예수 그리스도를 믿는 자는 구원을 받아 하늘 나라에 들어가지만, 예수 그리스도를 믿지 않는 자는 하늘 나라에 들어가지 못하고 지옥 형벌을 받을 것이다.

주께서는 또, "제자들에게 당신이 그리스도라는 것을 아무에게도 말하지 말라고 분부하셨다."라고 말씀하셨다. 당시에 유대인들은 메시아를 로마 제국으로부터의 정치적 자유를 주시며 물질적 가난과 궁핍으로부터의 복을 주시는 자로 이해했던 것 같다. 예수께서 죄인들의 죄사함과 의롭다 하심을 위해 오신 사실은 아직 잘 이해되지 않았던 것 같다. 그러므로 예수께서는 십자가에 못 박혀 죽음과 삼일만의 부활이 있을 때까지 자기가 그리스도인 것을 말하지 말라고 하셨다고 본다.

21-23절 시간이 어느 정도 흘렀고 제자들의 믿음이 어느 정도 분명해졌을 때, 예수께서는 비로소 자신이 예루살렘에 올라가 장로들과 대제사장들과 율법학자들에게 많은 고난을 받고 죽임을 당하고 제3일에 살아날 것을 가르치기 시작하셨다. 그때 베드로는 예수님을 붙들고 책망하며 "맙소사, 주님! 그런 일은 주님께 결코 일어나지 않을 것입니다."라고 말했다. 그는 예수님을 메시아로 생각했으나 그가 죽으실 것에 대해 생각하지 못했고 그를 영광의 왕으로만 생각했던 것 같다. 그는 죄인들의 구원이 메시아의 죽음을 통해서만 가능하다는 이치를 알지 못하고 있었다. 베드로의 책망을 들은 주께서는 돌이키시며 그에게 말씀하셨다. "사탄아, 내게서 물러가라. 너는 나에게 걸림돌이다. 너는 하느님의 일은 생각하지 않고 사람의 일만 생각하는구나!" 베드로는 방금 전에 바른 신앙고백으로 칭찬을 들었지만, 지금 심한 책망을 듣는다. 성도가 하느님의 뜻을 생각지 않고 도리어 그것을 방해하면 사탄의 도구가 될 수 있다. 그의 말은 주님을 넘어지게 하는 것이었다. 하느님의 뜻은 메시아께서 죽는 것인데 베드로는 그것을 가로막았다. 죽는 것을 싫어하는 것은 사람들의 생각이며 독생자께서 택자들을 위해 죽으시는 것은 하느님의 뜻이었다.

베드로의 신앙고백

자료 : pds.catholic.or.kr

24절 주님을 따르는 제자의 길은 자기를 부인하고 자기 십자가를 지는 것이다. 자기를 부인하라는 것은 자기의 생각, 가치관, 명예, 자존심, 세상적 부귀와 영광을 버리고 그 대신 하느님의 생각과 가치관, 하느님의 영광만 구하라는 뜻이다. 또 자기 십자가를 지라는 것은 죽을 각오를 하라는 뜻이다. 사형수는 자기가 달릴 십자가를 지고 사형장으로 가서 거기에 달려 죽는 것이다. 자기를 부인하는 자는 죽음을 각오할 수 있다. "나를 따르라"는 말씀은 주의 말씀을 배우고 그 말씀을 순종하며 그의 행위를 본받으라는 뜻이다. 주님은 친히 십자가의 길을 가졌다. 그의 제자된 자들도 그의 길을 따라야 할 것이다.

25절 이 말씀은 자기 희생의 행위로 영생을 얻는다는 뜻이 아니고, 단지 자기 희생의 행위가 영생 얻는 자의 당연한 삶임을 보인다. 성도의 자기 희생적 삶은 그가 영생의 길을 가고 있다는 확실한 증거이다.

주께서는 두 가지 목숨에 대해 말씀하신다. 하나는 육신의 목숨이고 다른 하나는 영혼의 목숨이다. '목숨'이라는 원어프쉬케는 '육신의 생명'이라는 뜻도 되지만, '영혼'이라는 뜻도 된다. 본문은, "정녕 자기 목숨을 구하려는 사람은 목숨을 잃을 것이고, 나 때문에 자기 목숨을 잃는 사람은 목숨을 얻을 것이다."라고 번역할 수 있다. 사람의 영혼은 하느님의 생명을 소유할 때 영생할 수 있지만 그 생명을 소유하지 못할 때 영생할 수 없고 도리어 둘째 사망, 즉 영원한 지옥 형벌을

누구든지 내 뒤를 따라오려면, 자신을 버리고 제 십자가를 지고 나를 따라야 한다. 정녕 자기 목숨을 구하려는 사람은 목숨을 잃을 것이고, 나 때문에 자기 목숨을 잃는 사람은 목숨을 얻을 것이다.

자료 : fkumc.net

받는다. 그러므로 사람에게 있어서 육신의 목숨보다 훨씬 더 중요한 것이 영혼의 목숨이다.

26절 본절은 육신의 목숨에도 적용될 수 있으나 영혼에 더욱 의미심장하게 적용된다. 사람은 세상의 부귀와 영광을 얻기 위해 믿음을 버리고 죄를 짓지만, 그는 비록 세상의 좋은 것을 누린다 할지라도 죽어 지옥에 던져질 것이다. 그러므로 수십 년의 행복을 위해 영원한 불행을 택하는 것은 결코 유익하거나 지혜로운 삶이 아니다. 영생은 세상에서 가장 귀한 보화이다. 세상에서 그것보다 귀한 것은 없다.

27-28절 주께서 아버지의 영광으로 그의 천사들과 함께 오는 날은 그의 재림 때이다. 그때 그는 각 사람에게 그 행한 대로 갚으실 것이다. 그날은 그의 공의로운 심판의 날이다. "하느님께서는 각자에게 그 행실대로 갚으실 것입니다. 꾸준히 선행을 하면서 영광과 명예와 불멸을 추구하는 이들에게는 영원한 생명을 주십니다."로마 2:6-7.

예수께서 "내가 진실로 너희에게 말한다. 여기에 서 있는 이들 가운데에는 죽

라파엘, 〈변모〉

자료 : kcjlogos.org

기 전에 사람의 아들이 자기 나라에 오는 것을 볼 사람들이 더러 있다."라고 하신 말씀은 좀 어려워 보이지만, 다음에 기록된 변화산 사건[4]을 가리키지 않는가 생각된다.

4 예수님께서 핵심 제자, 베드로와 야고보와 요한을 데리고 높은 산에 올라갔다가 영광된 모습으로 변화된 사건.

마태오 복음서 17장

天聲

Vox populi, vox Dei.

영광스러운 모습으로 변모하시다 마르 9,2-10;루카 9,28-36

1 엿새 뒤에 예수님께서 베드로와 야고보와 그의 동생 요한만 따로 데리고 높은 산 에 오르셨다.

2 그리고 그들 앞에서 모습이 변하셨는데, 그분의 얼굴은 해처럼 빛나고 그분의 옷 은 빛처럼 하얘졌다.

3 그때에 모세와 엘리야가 그들 앞에 나타나 예수님과 이야기를 나누었다.

4 그러자 베드로가 나서서 예수님께 말하였다. "주님, 저희가 여기에서 지내면 좋겠 습니다. 원하시면 제가 초막 셋을 지어 하나는 주님께, 하나는 모세께, 또 하나는 엘리야께 드리겠습니다."

5 베드로가 말을 채 끝내기도 전에 빛나는 구름이 그들을 덮었다. 그리고 그 구름 속에서, "이는 내가 사랑하는 아들, 내 마음에 드는 아들이니 너희는 그의 말을 들 어라." 하는 소리가 났다.

6 이 소리를 들은 제자들은 얼굴을 땅에 대고 엎드린 채 몹시 두려워하였다.

7 예수님께서 다가오시어 그들에게 손을 대시며, "일어나라. 그리고 두려워하지 마 라." 하고 이르셨다.

8 그들이 눈을 들어 보니 예수님 외에는 아무도 보이지 않았다.

9 그들이 산에서 내려올 때에 예수님께서는 그들에게, "사람의 아들이 죽은 이들 가 운데에서 되살아날 때까지, 지금 본 것을 아무에게도 말하지 마라." 하고 명령하 셨다.

엘리야의 재림 마르 9,11-13

10 제자들이 예수님께, "율법 학자들은 어찌하여 엘리야가 먼저 와야 한다고 말합니
까?" 하고 물었다.
11 그러자 예수님께서 대답하셨다. "과연 엘리야가 와서 모든 것을 바로잡을 것이다.
12 내가 너희에게 말한다. 엘리야는 이미 왔지만, 사람들은 그를 알아보지 못하고 제
멋대로 다루었다. 그처럼 사람의 아들도 그들에게 고난을 받을 것이다."
13 그제야 제자들은 그것이 세례자 요한을 두고 하신 말씀인 줄을 깨달았다.

어떤 아이에게서 마귀를 내쫓으시다 마르 9,14-29;루카 9,37-43

14 그들이 군중에게 가자 어떤 사람이 예수님께 다가와 무릎을 꿇고
15 말하였다. "주님, 제 아들에게 자비를 베풀어 주십시오. 간질병에 걸려 몹시 고생
하고 있습니다. 자주 불 속으로 떨어지기도 하고 또 자주 물속으로 떨어지기도 합
니다.
16 그래서 주님의 제자들에게 데려가 보았지만 그들은 고치지 못하였습니다."
17 그러자 예수님께서 "아, 믿음이 없고 비뚤어진 세대야! 내가 언제까지 너희와 함께
있어야 하느냐? 내가 언제까지 너희를 참아 주어야 한다는 말이냐? 아이를 이리
데려오너라." 하고 이르셨다.
18 그런 다음 예수님께서 호통을 치시자 아이에게서 마귀가 나갔다. 바로 그 시간에
아이가 나았다.
19 그때에 제자들이 따로 예수님께 다가와, "어찌하여 저희는 그 마귀를 쫓아내지 못
하였습니까?" 하고 물었다.
20 예수님께서 대답하셨다. "너희의 믿음이 약한 탓이다. 내가 진실로 너희에게 말한
다. 너희가 겨자씨 한 알만 한 믿음이라도 있으면, 이 산더러 '여기서 저기로 옮겨
가라.' 하더라도 그대로 옮겨 갈 것이다. 너희가 못할 일은 하나도 없을 것이다."
(21) 그런 것은 기도와 단식이 아니면 나가지 않는다.

수난과 부활을 두 번째로 예고하시다 마르 9,30-32;루카 9,43-45

22 그들이 갈릴래아에 모여 있을 때에 예수님께서 제자들에게 이르셨다. "사람의 아
들은 사람들의 손에 넘겨져
23 그들 손에 죽을 것이다. 그러나 사흗날에 되살아날 것이다." 그러자 그들은 몹시
슬퍼하였다.

성전 세를 바치시다

24 그들이 카파르나움으로 갔을 때, 성전 세를 거두는 이들이 베드로에게 다가와, "여
러분의 스승님은 성전 세를 내지 않으십니까?" 하고 물었다.
25 베드로가 "내십니다." 하고는 집에 들어갔더니 예수님께서 먼저, "시몬아, 너는 어떻
게 생각하느냐? 세상 임금들이 누구에게서 관세나 세금을 거두느냐? 자기 자녀들
에게서냐, 아니면 남들에게서냐?" 하고 물으셨다.
26 베드로가 "남들에게서입니다." 하고 대답하자 예수님께서 이르셨다. "그렇다면 자녀
들은 면제받는 것이다.
27 그러나 우리가 그들의 비위를 건드릴 것은 없으니, 호수에 가서 낚시를 던져 먼저
올라오는 고기를 잡아 입을 열어 보아라. 스타테르 한 닢을 발견할 것이다. 그것을
가져다가 나와 네 몫으로 그들에게 주어라."

1 After six days Jesus took with him Peter, James and John the brother of James, and led them up a high mountain by themselves.

2 There he was transfigured before them. His face shone like the sun, and his clothes became as white as the light.

3 Just then there appeared before them Moses and Elijah, talking with Jesus.

4 Peter said to Jesus, "Lord, it is good for us to be here. If you wish, I will put up three shelters–one for you, one for Moses and one for Elijah."

Vox populi, vox Dei.

5 While he was still speaking, a bright cloud enveloped them, and a voice from the cloud said, "This is my Son, whom I love; with him I am well pleased. Listen to him!"

6 When the disciples heard this, they fell facedown to the ground, terrified.

7 But Jesus came and touched them. "Get up," he said. "Don't be afraid."

8 When they looked up, they saw no one except Jesus.

9 As they were coming down the mountain, Jesus instructed them, "Don't tell anyone what you have seen, until the Son of Man has been raised from the dead."

10 The disciples asked him, "Why then do the teachers of the law say that Elijah must come first?"

11 Jesus replied, "To be sure, Elijah comes and will restore all things.

12 But I tell you, Elijah has already come, and they did not recognize him, but have done to him everything they wished. In the same way the Son of Man is going to suffer at their hands."

13 Then the disciples understood that he was talking to them about John the Baptist.

14 When they came to the crowd, a man approached Jesus and knelt before him.

15 "Lord, have mercy on my son," he said. "He has seizures and is suffering greatly. He often falls into the fire or into the water.

16 I brought him to your disciples, but they could not heal him."

17 "O unbelieving and perverse generation," Jesus replied, "how long shall I stay with you? How long shall I put up with you? Bring the boy here to me."

18 Jesus rebuked the demon, and it came out of the boy, and he was healed from that moment.

19 Then the disciples came to Jesus in private and asked, "Why couldn't
we drive it out?"
20 He replied, "Because you have so little faith. I tell you the truth, if
you have faith as small as a mustard seed, you can say to this moun-
tain, 'Move from here to there' and it will move. Nothing will be im-
possible for you."
(21) He replied, "This kind can come out only by prayer."[1]
22 When they came together in Galilee, he said to them, "The Son of
Man is going to be betrayed into the hands of men.
23 They will kill him, and on the third day he will be raised to life."
And the disciples were filled with grief.
24 After Jesus and his disciples arrived in Capernaum, the collectors of
the two-drachma tax came to Peter and asked, "Doesn't your teacher
pay the temple tax?"
25 "Yes, he does," he replied. When Peter came into the house, Jesus
was the first to speak. "What do you think, Simon?" he asked. "From
whom do the kings of the earth collect duty and taxes–from their
own sons or from others?"
26 "From others," Peter answered. "Then the sons are exempt," Jesus
said to him.
27 "But so that we may not offend them, go to the lake and throw out
your line. Take the first fish you catch; open its mouth and you will
find a four-drachma coin. Take it and give it to them for my tax and
yours."

1 마태오 복음서 17장 21절 영어 NIV에는 누락되어 있다. 그 내용이 마르코 복음서 17장 21절과 내용이 같아서 이것으로 대체한다. 예수께서 그들에게 대답하셨다. "이런 부류는 기도로 쫓아내지 않고는, 어떤 수로도 쫓아낼 수 없다."

Vox populi, vox Dei.

人語

마태오 복음서 17장 요약[2]

변화산 사건1-13절은 예수 생애의 5대 사건으로도 분류되는 바, 그것이 지니는 구속사적救贖史的 의미가 크다. 그것은 주님의 탄생과 십자가 수난 사이에 위치하여 예수님의 메시아 되심과 현재 그리고 장차재림 그분이 입게 될 영광을 계시한 것이다. 한편 이 사건 후에 치유와 믿음의 관계14-21절, 십자가 수난에 관한 2차 예언22-23절, 성전세 납부 문제 등에 관한 말씀이 언급된다. 성전 자체이신 예수님은 성전세를 낼 필요가 없었지만 스스로 세를 납부하는 모범을 보이셨다. 당시의 제도를 유연하게 인정하면서도 당신의 메시아 사역이 결정적으로 드러날 때를 기다리시는 주님의 신중한 처사가 돋보인다.

가이사랴 빌립보 지방에서 베드로의 신앙고백 사건이 있은 후 엿새 후에 예수님은 베드로와 야고보와 요한을 데리고 가까운 높은 산에 올라가셨다. 그곳에서 예수님의 얼굴은 해같이 빛이 나고 옷은 빛과 같이 희어졌으며, 그때 엘리야와 모세가 함께 예수님과 대화하는 것을 제자들은 보게 된다. 베드로는 그 신비한 상황에서 초막 셋을 지어 영원히 여기에 거하고 싶다고 말씀드린다. 하늘에서 홀연히 빛난 구름으로 그들을 덮으며 구름 속에서는 하느님께서 말씀하시는 소리가 들려왔다. “이는 내가 사랑하는 아들, 내 마음에 드는 아들이니 너희는 그

[2] 변정미, 마태복음 17장 요약 설명, 강남은혜교회, 2020년 2월 15일 작성.

변화산의 영광과 제자들의 한계

자료 : dawoori.or.kr

의 말을 들어라." 곧 예수님 외에 아무도 보이지 않았다. 모세는 율법을 나타내며 엘리야는 선지자의 대표로서 율법과 선지자가 구세주 예수님을 예언한 것이 이뤄지는 사건, 또한 죽은 자로서 살아 있는 모세와 죽음을 보지 않고 승천한 엘리야처럼 장차 예수님께서 부활하시고 재림하실 때 죽은 성도들과 산 성도들이 함께 하늘 나라에 거할 것을 보여주는 것이라 할 수 있다. 이 놀랍고 신비한 광경을 본 제자들은 두려워하였으나 예수님께서 안심시켜 주셨다. 예수님은 변화산에서 내려오셔서 여전히 귀신들려 간질하는 아이를 고쳐 주셨다. 참 성전이신 예수님은 성전세를 내실 필요가 없지만 세상 사람들을 실족하지 않게 성전세를 내셨다.

장차 마지막 날, 주님의 큰 날, 예수님께서 심판주로 재림하시면 우리는 이미 하느님 나라에 있는 믿음의 선조들이나 그토록 그리워하던 먼저 가신 부모 형제 가족들을 만나게 될 것이다. 그때 우리의 몸이 죽음의 상태로 무덤에 누워있다면 다시는 썩지 않을 영광스러운 몸으로 부활하여 아버지께서 베푸시는 천국 잔치에 참여하게 될 것이다. 그날에는 우리의 자녀들을 통해 남겨진 경건한 믿음의 후손들을 또한 만나게 될 것이다. 그날을 준비하며 어렵고 힘들어도 예수님 말씀 가운데 우리를 위로해 주시는 성령의 은혜로 늘 승리하며 나아가자.

각 절 해석[3]

1-2절 엿새 후라고 날짜를 꼽은 이유는 바로 앞부분의 예언대로 세 제자들이 주께서 그의 나라에 임하시는 영광을 미리 보았음을 증거하는 것일 것이다. 예수께서는 그들 앞에서 변형되셔서 그 얼굴이 해같이 빛나며 옷이 빛과 같이 희어졌다. 그것은 그의 본래의 영광, 곧 그의 신성神性의 영광을 보이신 것이었다. 영광의 주이신 하느님의 아들께서 사람의 본질을 취하셨고 그것도 연약하고 낮은 모습을 취하셨다. 이사야서 53:2에 보면, 선지자 이사야는 "그는 주님 앞에서 가까스로 돋아난 새순처럼, 메마른 땅의 뿌리처럼 자라났다. 그에게는 우리가 우러러볼 만한 풍채도 위엄도 없었으며 우리가 바랄 만한 모습도 없었다."라고 예언했었다. 사도 바오로는 그에 대해 이 세상의 관원들이 그를 알지 못하여 영광의 주를 십자가에 못박았다고 말했다.

3-5절 그때에 모세와 엘리야가 예수님과 함께 말씀하는 것이 그들에게 보였다. 모세와 엘리야는 구약을 대표하는 인물들이다. 모세는 하느님의 율법을 직접 받은 인물이었다. 하느님께서는 그에 대해 " 그는 나의 온 집안을 충실히 맡고 있는 사람이다. 나는 입과 입을 마주하여 그와 말하고 환시나 수수께끼로 말하지 않는다. 그는 주님의 모습까지 볼 수 있다."라고 증거하셨다민수 12:7-8. 엘리야는 선지자들 중에 하느님과 동행하다가 산 채로 하늘로 올려진 특별한 인물이었다. 그 둘이 나타나 예수님과 함께 말씀하는 것은 예수께서 구약성경에 예언된 메시아이심을 증거했다고 보인다.

베드로는 예수께 말하였다. "주님, 저희가 여기에서 지내면 좋겠습니다. 원하시면 제가 초막 셋을 지어 하나는 주님께, 하나는 모세께, 또 하나는 엘리야께 드리겠습니다." 그가 말할 때에 홀연히 빛난 구름이 그들을 덮으며 구름 속에서 소리

3 김효성 목사, 마태복음 강해, 2019년 11월 27일 수정.

주님, 저희가 여기에서 지내면 좋겠습니다. 주님과 모세, 엘리야를 위하여 초막 셋을 지을까요?

자료 : m.blog.naver.com

가 났다. "이는 내가 사랑하는 아들, 내 마음에 드는 아들이니 너희는 그의 말을 들어라." 이것은 하늘에 계신 하느님 아버지의 친 음성이었다. 하느님께서는 제자들을 위하여 또한 후시대에 그의 백성들을 위하여 친 음성으로 아들 예수님에 대해 증거하여 주셨다.

베드로는 후에 그의 두 번째 서신에서 이 사건을 회고하면서 예수님의 신성神性의 영광을 눈으로 보았고 귀로 들었으며 하느님께서 친 음성으로 주신 증거를 들었다고 말하였다. 베드로의 둘째 서간 1:16-18, "사실 우리가 여러분에게 우리 주 예수 그리스도의 권능과 재림을 알려 줄 때, 교묘하게 꾸며낸 신화를 따라 한 것이 아닙니다. 그분의 위대함을 목격한 자로서 그리한 것입니다. 그분은 정녕 하느님 아버지에게서 영예와 영광을 받으셨습니다. 존귀한 영광의 하느님에게서, '이는 내 아들, 내가 사랑하는 이, 내 마음에 드는 이다.' 하는 소리가 그분께 들려왔을 때의 일입니다. 우리도 그 거룩한 산에 그분과 함께 있으면서, 하늘에서 들려온 그 소리를 들었습니다."

6-8절 그의 신성의 영광의 나타남은 짧은 시간 동안만이었다. 제자들에게 필요한 것은 그 경험의 반복이 아니고, 오직 예수님을 하느님의 아들 그리스도, 영광의 주로 확실히 믿고 그 믿음대로 그의 계명에 순종하며 그를 위해 사는 것이다. 오늘 우리에게도 그것이 필요하다.

신인(神人) 교리의 중요성

자료 : thetruthlighthouse.org

9절 예수 그리스도의 신성神性의 영광은 참된 믿음을 위해서만 알려질 필요가 있었던 것 같다. 그러므로 자신의 영광을 오용치 않도록 주께서는 그가 십자가에 죽으시고 부활하시기까지 자신이 알려지지 않게 하라고 제자들에게 명하셨다. 그의 신적 영광과 기적들은 단순한 호기심의 만족이나 지상 왕국 건립을 위해 사용되어서는 안 되고, 죄사함으로 말미암은 영혼의 구원을 위해서만 사용되어야 할 것이다. 믿는 자들에게는 또 믿으려 하는 자들에게는 성경에 증거되고 기록된 이런 일들은 그가 하나님의 아들 그리스도이신 확실한 표들이다.

10절 말라기 4:5-6은 "보라, 주님의 크고 두려운 날이 오기 전에 내가 너희에게 엘리야 예언자를 보내리라. 그가 부모의 마음을 자녀에게 돌리고 자녀의 마음을 부모에게 돌리리라. 그래야 내가 와서 이 땅을 파멸로 내리치지 않으리라."라고 예언하였다. 당시 성경학자들인 율법학자들은 이 예언이 메시아께서 나타나시기 전에 엘리야 같은 한 선지자가 나와서 대중들을 회개시킬 것을 예언한 것이라고 이해하고 있었다고 보인다.

11-13절 엘리야가 먼저 왔다는 것은 사람의 환생還生를 가리키는 것이 아니다. 승천한 엘리야가 다시 어린 아기로 출생하거나 하늘로부터 강림할 수는 없다. 이 예언은 한 선지자가 엘리야의 심령으로 나타나 엘리야 당시와 같이 배교적인 시대의 상황을 거슬러 외로이 그러나 능력 있고 충성되게 사역할 것을 의미한 것이다. 그 선지자가 왔다. 그가 세례 요한이었다.

엘리야의 재림

자료 : m.blog.naver.com

그가 예언대로 왔으나, 사람들은 그를 알지 못해 임의로 대우했다. 많은 사람들이 그를 인정하고 그의 가르침대로 회개의 세례를 받았으나, 대중의 지도자들은 그렇지 못했다. 이와 비슷하게, 메시아께서 오셨음에도 불구하고 사람들은 그에게도 합당한 대우를 하지 않는다. 예수께서도 유대의 종교지도자들에 의해 많은 고난과 죽임을 당하실 것이다. 무지한 대중들은 그를 핍박하는 일에 동참할 것이다. 그러나 하느님의 택함 받은 자들은 하느님의 은혜로 눈과 귀가 열려 예수 그리스도를 알아보고 그를 공경하고 따를 것이다. 동일한 인물에 대해 또 동일한 환경과 상황 속에서, 그 두 부류는 나뉠 것이다.

14-16절 예수께 와서 꿇어 엎드린 사람은 예수님의 신성神性과 신적 능력을 인정하였고 예수께서 자기 아들의 불치의 병을 고쳐주실 수 있다고 믿었다. 그의 아들의 병은 간질병이었다. 그 아들은 그 병으로 심히 고생하고 있었고 자주 불에도 넘어지고 물에도 넘어졌다. 몸이 상했고 여러 번 죽을 위험도 겪었다. 그 아버지는 그의 아들을 예수님의 제자들에게 데리고 왔지만, 그들은 그를 고치지 못하였다.

17-18절 제자들이 그 병을 고치지 못한 것은 믿음이 없었기 때문이었다. 병을 고치려는 제자들도, 병 고침을 받으려는 당사자도 믿음이 없었다. 믿음이

없으면 병을 고칠 수 없고 병 고침을 받을 수도 없다. 그러므로 주께서는 20절에서 믿음을 강조하셨다. 그는 고향 나사렛에서도 사람들이 그를 믿지 않고 배척하므로 아무 권능도 행하지 못하시고 소수의 병자들에게만 안수하여 고치셨었다마르 6:3-5.

예수께서는 간질로 고생하는 그 아들을 데려오라고 말씀하신 후, 그 병을 꾸짖으셨고 그러자 그에게서 귀신이 나갔고 그 아이는 그때부터 나았다. 그 아이가 미친 것같이 자주 발작을 한 것은 단지 신체적 이상이 아니고 귀신으로 인해 일어난 현상이었다. 성경은 모든 병이 다 귀신으로 인한 것이라고 말하지 않지만, 본문의 사건처럼 어떤 병은 귀신으로 인한 것임을 증거한다.

19-20절 겨자씨는 매우 작은 씨이다. 주께서는 제자들이 겨자씨 같은 작은 믿음도 없음을 말씀하셨다. 우리는 믿음이 없는 자들이다. 주께서는 그들이 겨자씨만 한 믿음이 있으면 이 산을 명하여 저기로 옮길 수 있다고 말씀하셨다. 이것은 기적주의를 가르치신 말씀이 아니다. 성경은 기적주의를 가르치지 않는다. 주님의 말씀은 우리가 무슨 일이나 어떤 동기나 의도를 가지고서든지 믿음을 가지고 명령하면 된다는 뜻이 아니다. 이 말씀은, 우리가 하나님의 뜻에 맞고 하나님의 영광을 위해 꼭 필요한 일을 하나님께 구하면 얻을 수 있고 이룰 수 있다는 뜻으로 이해해야 할 것이다. 그것이 성경의 일반적 교훈에 맞다.

"너희가 겨자씨 한 알만 한 믿음이라도 있으면, 이 산더러 '여기서 저기로 옮겨 가라.' 하더라도 그대로 옮겨 갈 것이다. 너희가 못할 일은 하나도 없을 것이다." (20절)

자료 : atticofjoseph.org

21절 주께서는 기도와 단식을 강조하셨다. 단식은 간절한 기도이다. 예수께서는 다른 곳들에서 강청의 기도를 가르치셨다. 또 그는 불의한 재판관에게 끈질기게 탄원한 과부의 비유에서 낙심치 않는 간절한 기도도 가르치셨다 루카 18:1-8. 선하신 하느님께서는 자기 자녀들의 부르짖는 간구, 특히 단식 기도를 잘 들어주실 것이다.

22-23절 이 말씀은 제자들에게 자신의 죽음과 부활에 대해 두 번째로 하신 말씀이었다. 그의 말을 들은 제자들은 심히 근심하였다.

24-26절 '반 세겔' 개역한글이라는 원어 디드라크몬는 '두 드라크마'라는 뜻의 단어이다. 이것은 성전 세금이다. 출애굽기 30:11-16에 보면, 이스라엘의 20세 이상된 모든 사람은 생명의 속전 贖錢으로 반 세겔을 내어야 했고 그 돈은 성막 봉사에 쓰였다. 베드로는 주께서 세금을 안 내는 자라는 비난을 받지 않으시기를 원하였다. 그러나 아마 그는 자신과 주님께 돈이 없다는 것도 알고 있었다. 그의 대답은 주께서 모든 것을 처리하실 수 있다는 믿음을 가지고 한 것이었다고 본다.

예수께서는 베드로가 말하기 전에 그에게 말씀하셨다. 그는 그의 한 일을 알고 계셨다. 그의 지식은 사람의 제한성을 초월하신다. 관세 텔로스는 소득세, 통행세를 가리키고, 정세 켄소스는 인두세나 주민등록세를 가리킨다. 하느님의 아들에게서 성전세를 받는 것은 합당치 않다. 성전세"[4]가 면제될 자가 있다면 바로 그 분이시다. 예수께서는 자신이 온 세상의 왕의 아들이시며 성전의 주인이신 하느님의 아들이심을 증거하셨다.

4 성전세는 이스라엘 남자들이 일년에 한번씩 성전유지와 보수를 위해 반 세겔씩 내는 세금이다. 당시 반 세겔이면 노동자의 사흘 정도 품삯이니 요즘 돈으로 하면 한 삼십만 원 정도가 될 것이다. 베드로도 예수님도 이 세금을 아직 내지 않았던 것이다.

Vox populi, vox Dei.

마사치오의 성전세(聖殿稅)

자료 : m.cafe.daum.net

27절 부요하신 주께서는 우리를 위해 세상에 오셔서 가난한 삶을 사셨다. 그에게는 한 세겔도 없으셨다. 제자들의 주머니도 비어 있었다. 주께서는 사람들로 오해케 하지 않기 위해 낚시한 물고기의 입 속에 있는 한 세겔을 성전세로 내게 하셨다. 우리는 국가에 대한 정당한 의무를 회피해서는 안 된다.

고기 입에서 스타테르 한 닢한 세겔을 얻은 이 사건은 신기한 일이었다. 주께서는 바다 속에 물고기 입에 물린 스타테르 한 닢을 보셨다. 그것은 그의 전지全知하심이 아니고선 불가능한 일이었다. 또 그 고기가 베드로의 낚시에 첫 번째로 걸린다는 것도 놀랍다. 그는 그 물고기를 보셨고 그 입속에 있는 스타테르 한 닢을 보셨고 그 물고기가 정확히 바로 그 시각에 베드로의 첫 번째 낚시에 걸리게 하셨다. 이 모든 것이 그의 신적 능력으로 되어졌다. 여기에서 예수 그리스도의 신성神性의 영광이 다시 한번 더 드러났다. 예수 그리스도 그는 확실히 하느님의 아들이시다.

종교인 과세란 주된 직업상으로 종교인에 대한 국세청의 법적 과세이다. 대한민국 정부수립 이후 종교인에 대한 과세 의무가 명문화되지 않았고 성직자에게 세금을 요구하지 않은 관행이 있었다. 그러나 국회가 종교인 과세 법안을 가결하여서 2018년 1월부터 종교인에 대한 과세가 시행되었다. 한국표준직업분류에 따르

반 세겔에 그려진 독수리 신상은 당시 신들의 가장 보편적인 이미지였다.5

자료 : newsm.com

면 목사, 신부, 승려, 교무 등이 종교인에 속한다. 이들이 민법 제32조에 따라 설립된 비영리법인 종교단체로부터 받은 소득에 대해 일반인과 마찬가지로 6-38퍼센트의 세금을 부과하는 게 종교인 과세다. 이에 반대하는 종교인들은 '종교 단체는 기업과 같이 이익을 얻기 위한 단체가 아니라 신앙을 지키는 단체'라는 이유를 들어 반대하고 있다.

납세의 성역, 종교인들에게 세금을 매기려는 첫 시도는 약 50년 전으로 거슬러 올라간다. 그 시도는 국세청을 앞장세운 정부의 주도로, 때론 일부 종교인 스스로 나서 치열한 토론과 논란을 불러일으켰다. 1968년부터 당시 국세청장의 발언으로 시작된 종교인에 대한 과세는 마침내 종지부를 찍었다. 종교계의 반발이 심하고 성직자의 수입을 정확하게 파악하기가 쉽지 않아 실효를 거두지 못한 채 종결되었다.

1294년, 프랑스의 필리프 4세와 잉글랜드 왕국의 에드워드 1세가 전쟁을 하면서 성직자들에게 과세하자 교황 보니파시오 8세는 이를 금지시키는 칙령을 발표하였고 두 군주는 모두 교황의 칙령이 부당하다고 반발하게 되었다. 필리프 4세는 1302년 프랑스 최초의 삼부회를 열고 교황의 주장에 반대하여 자국의 성직자에게 세금을 부과하도록 하였다.

5 유대인 성인 남자들은 해마다 한 차례 성전세를 내야 했다. 성전세는 성전 화폐 기준으로 20세 이상 성인 남자들은 반 세겔을 바쳐야 했다.

가이사의 것과 하느님의 것

자료 : cemk.org

신약성서 마태오 복음서 22장에 보면 아주 간략하게 세금 이야기가 나온다. 바리사이인들이 예수의 약점을 잡기 위하여 여러 가지 시도와 노력을 하던 중 어느 날 제자들을 헤로데 당원들과 함께 예수님께 보내어 이렇게 말하였다. "스승님은 어떻게 생각하시는지 말씀해 주십시오. 황제에게 세금을 내는 것이 합당합니까, 합당하지 않습니까?" 아마 세금을 낼 필요가 없다고 대답하면 '탈세주장자'로 로마에 고소하려고 그러한 질문을 했는지도 모른다. 예수는 그들에게 국가에서 발행하는 화폐동전를 보여 달라고 하였다. 그 동전에는 당시 로마 황제가이사, 혹은 시저의 형상이 새겨져 있었다.

그 그림을 보며 이번에는 예수가 그들에게 질문하였다. "이 초상과 글자가 누구의 것이냐?" "황제의 것입니다." 그때 예수의 대답은 아주 명료하였다. "황제의 것은 황제에게 돌려주고, 하느님의 것은 하느님께 돌려 드려라." 예수의 약점을 잡으려고 아주 묘한 질문을 가지고 왔던 바리사이인들은 더는 할 말을 잃고 그 자리를 떠나갔다. 기독교의 창시자인 예수님도 국가의 세금을 내는 것을 인정하였다. 어떤 면에서 종교개혁 이후 기독교의 종주국이라고 할 만큼 기독교가 주류를 이루고 있는 미국에서도 성직자의 세금은 매우 당연한 것으로 인식되고 있으며 성직자의 면세는 존재하지 않는다.[6]

1년에 10억 원 넘게 버는 성직자가 세금을 한 푼도 내지 않는다. 법에는 종교인

예수님의 납세

자료 : post.naver.com

면세 조항이 없다. 성직자들이 사실상 탈세를 하는데도 정부는 여론과 종교집단의 눈치만 보고 있다.

'황제의 것은 황제에게, 하느님의 것은 하느님께' 마태오 복음서 22장에 등장하는 이 글귀는 성직자가 세금을 내야 한다는 근거로 자주 쓰이지만 한국에서는 소용없는 말이다. 목사·신부·승려 같은 성직자들은 각각 교회·성당·사찰로부터 일정 정도의 생활비에 해당하는 돈을 받는다. 이 소득에 대해 천주교 성직자와 극소수 기독교 목사들은 소득세를 납부한다. 하지만 대부분의 종교인들은 소득 신고도 하지 않고 세금도 내지 않고 있다. 정부에서도 세무조사를 한 사례가 없다.

6 김시헌, 성직자의 세금, 대한뉴스 사설/칼럼, 2017년 11월 2일.

마태오 복음서
18장

天聲

하늘 나라에서 가장 큰 사람 마르 9,33-37;루카 9,46-48

1 그때에 제자들이 예수님께 다가와, "하늘 나라에서는 누가 가장 큰 사람입니까?"
하고 물었다.
2 그러자 예수님께서 어린이 하나를 불러 그들 가운데에 세우시고
3 이르셨다. "내가 진실로 너희에게 말한다. 너희가 회개하여 어린이처럼 되지 않으
면, 결코 하늘 나라에 들어가지 못한다.
4 그러므로 누구든지 이 어린이처럼 자신을 낮추는 이가 하늘 나라에서 가장 큰 사
람이다.
5 또 누구든지 이런 어린이 하나를 내 이름으로 받아들이면 나를 받아들이는 것이다."

죄의 유혹을 단호히 물리쳐라 마르 9,42-48;루카 17,1-2

6 "나를 믿는 이 작은 이들 가운데 하나라도 죄짓게 하는 자는, 연자매를 목에 달고
바다 깊은 곳에 빠지는 편이 낫다.
7 불행하여라, 남을 죄짓게 하는 일이 많은 이 세상! 사실 남을 죄짓게 하는 일은 일
어나기 마련이다. 그러나 불행하여라, 남을 죄짓게 하는 일을 하는 사람!
8 네 손이나 발이 너를 죄짓게 하거든 그것을 잘라 던져 버려라. 두 손이나 두 발을
가지고 영원한 불에 던져지는 것보다, 불구자나 절름발이로 생명에 들어가는 편이
낫다.
9 또 네 눈이 너를 죄짓게 하거든 그것을 빼 던져 버려라. 두 눈을 가지고 불타는 지
옥에 던져지는 것보다, 한 눈으로 생명에 들어가는 편이 낫다."

작은 이들을 업신여기지 마라

10 "너희는 이 작은 이들 가운데 하나라도 업신여기지 않도록 주의하여라. 내가 너희
에게 말한다. 하늘에서 그들의 천사들이 하늘에 계신 내 아버지의 얼굴을 늘 보고
있다."

(11) 사람의 아들은 잃어버린 것들을 구하러 왔기 때문이다.

되찾은 양의 비유루카 15,3-7

12 "너희는 어떻게 생각하느냐? 어떤 사람에게 양 백 마리가 있는데 그 가운데 한 마
리가 길을 잃으면, 아흔아홉 마리를 산에 남겨 둔 채 길 잃은 양을 찾아 나서지 않
느냐?

13 그가 양을 찾게 되면, 내가 진실로 너희에게 말하는데, 길을 잃지 않은 아흔아홉
마리보다 그 한 마리를 두고 더 기뻐한다.

14 이와 같이 이 작은 이들 가운데 하나라도 잃어버리는 것은 하늘에 계신 너희 아
버지의 뜻이 아니다."

형제가 죄를 지으면 깨우쳐 주어라루카 17,3

15 "네 형제가 너에게 죄를 짓거든, 가서 단둘이 만나 그를 타일러라. 그가 네 말을 들
으면 네가 그 형제를 얻은 것이다.

16 그러나 그가 네 말을 듣지 않거든 한 사람이나 두 사람을 더 데리고 가거라. '모든
일을 둘이나 세 증인의 말로 확정 지어야 하기' 때문이다.

17 그가 그들의 말을 들으려고 하지 않거든 교회에 알려라. 교회의 말도 들으려고 하
지 않거든 그를 다른 민족 사람이나 세리처럼 여겨라.

18 내가 진실로 너희에게 말한다. 너희가 무엇이든지 땅에서 매면 하늘에서도 매일 것
이고, 너희가 무엇이든지 땅에서 풀면 하늘에서도 풀릴 것이다."

함께 기도하면 아버지께서 들어주신다

19 "내가 또 진실로 너희에게 말한다. 너희 가운데 두 사람이 이 땅에서 마음을 모아

무엇이든 청하면, 하늘에 계신 내 아버지께서 이루어 주실 것이다.
20 두 사람이나 세 사람이라도 내 이름으로 모인 곳에는 나도 함께 있기 때문이다."

형제가 죄를 지으면 몇 번이고 용서하여라 루카 17,4

21 그때에 베드로가 예수님께 다가와, "주님, 제 형제가 저에게 죄를 지으면 몇 번이
나 용서해 주어야 합니까? 일곱 번까지 해야 합니까?" 하고 물었다.
22 예수님께서 그에게 대답하셨다. "내가 너에게 말한다. 일곱 번이 아니라 일흔일곱
번까지라도 용서해야 한다."

매정한 종의 비유

23 "그러므로 하늘 나라는 자기 종들과 셈을 하려는 어떤 임금에게 비길 수 있다.
24 임금이 셈을 하기 시작하자 만 탈렌트를 빚진 사람 하나가 끌려왔다.
25 그런데 그가 빚을 갚을 길이 없으므로, 주인은 그 종에게 자신과 아내와 자식과
그 밖에 가진 것을 다 팔아서 갚으라고 명령하였다.
26 그러자 그 종이 엎드려 절하며, '제발 참아 주십시오. 제가 다 갚겠습니다.' 하고 말
하였다.
27 그 종의 주인은 가엾은 마음이 들어, 그를 놓아주고 부채도 탕감해 주었다.
28 그런데 그 종이 나가서 자기에게 백 데나리온을 빚진 동료 하나를 만났다. 그러자
그를 붙들어 멱살을 잡고 '빚진 것을 갚아라.' 하고 말하였다.
29 그의 동료는 엎드려서, '제발 참아 주게. 내가 갚겠네.' 하고 청하였다.
30 그러나 그는 들어주려고 하지 않았다. 그리고 가서 그 동료가 빚진 것을 다 갚을
때까지 감옥에 가두었다.
31 동료들이 그렇게 벌어진 일을 보고 너무 안타까운 나머지, 주인에게 가서 그 일을
죄다 일렀다.
32 그러자 주인이 그 종을 불러들여 말하였다. '이 악한 종아, 네가 청하기에 나는 너
에게 빚을 다 탕감해 주었다.
33 내가 너에게 자비를 베푼 것처럼 너도 네 동료에게 자비를 베풀었어야 하지 않느냐?'

Vox populi, vox Dei.

34 그러고 나서 화가 난 주인은 그를 고문 형리에게 넘겨 빚진 것을 다 갚게 하였다.
35 너희가 저마다 자기 형제를 마음으로부터 용서하지 않으면, 하늘의 내 아버지께
서도 너희에게 그와 같이 하실 것이다."

1 At that time the disciples came to Jesus and asked, "Who is the greatest
in the kingdom of heaven?"
2 He called a little child and had him stand among them.
3 And he said: "I tell you the truth, unless you change and become like lit-
tle children, you will never enter the kingdom of heaven.
4 Therefore, whoever humbles himself like this child is the greatest in the
kingdom of heaven.
5 "And whoever welcomes a little child like this in my name welcomes me.
6 But if anyone causes one of these little ones who believe in me to sin, it
would be better for him to have a large millstone hung around his neck
and to be drowned in the depths of the sea.
7 "Woe to the world because of the things that cause people to sin! Such
things must come, but woe to the man through whom they come!
8 If your hand or your foot causes you to sin, cut it off and throw it away. It
is better for you to enter life maimed or crippled than to have two hands
or two feet and be thrown into eternal fire.
9 And if your eye causes you to sin, gouge it out and throw it away. It is
better for you to enter life with one eye than to have two eyes and be
thrown into the fire of hell.
10 "See that you do not look down on one of these little ones. For I tell you
that their angels in heaven always see the face of my Father in heaven.
(11) For the Son of man is come to save that which was lost.(KJV)
12 "What do you think? If a man owns a hundred sheep, and one of them
wanders away, will he not leave the ninety-nine on the hills and go to

look for the one that wandered off?

13 And if he finds it, I tell you the truth, he is happier about that one sheep than about the ninety-nine that did not wander off.

14 In the same way your Father in heaven is not willing that any of these little ones should be lost.

15 "If your brother sins against you, go and show him his fault, just between the two of you. If he listens to you, you have won your brother over.

16 But if he will not listen, take one or two others along, so that 'every matter may be established by the testimony of two or three witnesses.'

17 If he refuses to listen to them, tell it to the church; and if he refuses to listen even to the church, treat him as you would a pagan or a tax collector.

18 "I tell you the truth, whatever you bind on earth will bebound in heaven, and whatever you loose on earth will be loosed in heaven.

19 "Again, I tell you that if two of you on earth agree about anything you ask for, it will be done for you by my Father in heaven.

20 For where two or three come together in my name, there am I with them."

21 Then Peter came to Jesus and asked, "Lord, how many times shall I forgive my brother when he sins against me? Up to seven times?"

22 Jesus answered, "I tell you, not seven times, but seventy-seven times.

23 "Therefore, the kingdom of heaven is like a king who wanted to settle accounts with his servants.

24 As he began the settlement, a man who owed him ten thousand talents was brought to him.

25 Since he was not able to pay, the master ordered that he and his wife and his children and all that he had be sold to repay the debt.

26 "The servant fell on his knees before him. 'Be patient with me,' he begged, 'and I will pay back everything.'

Vox populi, vox Dei.

27 The servant's master took pity on him, canceled the debt and let him go.
28 "But when that servant went out, he found one of his fellow servants
who owed him a hundred denarii. He grabbed him and began to choke
him. 'Pay back what you owe me!' he demanded.
29 "His fellow servant fell to his knees and begged him, 'Be patient with
me, and I will pay you back.'
30 "But he refused. Instead, he went off and had the man thrown into pris-
on until he could pay the debt.
31 When the other servants saw what had happened, they were greatly dis-
tressed and went and told their master everything that had happened.
32 "Then the master called the servant in. 'You wicked servant,' he said, 'I
canceled all that debt of yours because you begged me to.
33 Shouldn't you have had mercy on your fellow servant just as I had on
you?'
34 In anger his master turned him over to the jailers to be tortured, until he
should pay back all he owed.
35 "This is how my heavenly Father will treat each of you unless you forgive
your brother from your heart."

너희가 회개하여 어린이처럼 되지 않으면,
결코 하늘 나라에 들어가지 못한다.

자료 : dthumb-phinf.pstatic.net

人語

마태오 복음서 18장 요약[1]

주님은 겸손과 용서에 대한 교훈을 통해서 천국 시민의 자질에 대해 말씀하셨다. 이것은 크게 보아서 산상수훈의 실천적 규례6-7장와 그 맥을 같이한다. 주님은 자신의 임박한 죽음을 앞두고 앞으로 남겨질 제자들의 주의를 환기시키고, 제자도를 재무장시키기 위해서 이 같은 말씀을 주셨다. 제자들은 주님의 말씀처럼 서로의 권위를 인정하고 무조건적인 관용을 베푸는 정신을 실천함으로써 상호 결속을 다지고 나아가 주변을 복음으로 정복하는 일에 솔선수범해야 했다.

천국 시민의 자질인 겸손과 용서에 대한 교훈을 하신다. 어린아이처럼 자기를 낮추고 겸손해야 하며, 만 달란트 빚진 것으로부터 탕감받은 것을 알고 다른 사람을 용서하라고 하신다. 또한 교회 성도 중 범죄한 자가 있을 때 그를 조용히 권면하되, 듣지 않을 때 두세 사람이 함께 권면하고 그러지 않을 때 교회에 말하고 교회의 방침이나 회개의 권면도 듣지 않을 때는 이방인과 세리처럼 여기라고 하신다. 단 죄를 지은 자가 용서를 구할 때 일곱 번씩 일흔 번이라도 인내하며 용서하라고 하신다. 남에게는 관대하되 자신의 죄에 대해서는 손이나 발을 찍어 내버릴 정도의 회개를 통해 영생에 들어가라고 하신다. 내가 지은 크고도 부끄러운 죄를 용서받은 것을 생각하고 예수님이 우리를 불쌍히 여기시어 구원하신 것처럼 다른 사람들도 불쌍히 여겨야 한다.

1 변정미, 마태복음 18장 요약 설명, 강남은혜교회, 2020년 2월 15일 작성.

Vox populi, vox Dei.

하늘 나라는 거룩하고 정결한 곳, 존귀하신 하느님의 영광으로 가득한 곳이다. 이 땅을 떠나면 우리는 하늘 나라에 이르러야 한다. 그곳에 가기까지 우리의 생각이나 삶이 거룩함으로 채워지고 훈련되어야 한다. 우리에게 베푸신 하늘 아버지의 긍휼하심으로 용서와 사랑과 겸손과 불쌍히 여김의 마음으로 가득 채워나가자. 이 땅에 살 때에도 예수님의 사람인 나로 말미암아 고통스러운 세상이 아름답고 행복한 나라가 되기를 소원하며 기도드리자.

각 절 해석[2]

1-3절 "하늘 나라에서는 누가 가장 큰 사람입니까?"라는 질문은 제자들의 마음속에 있는 교만과 명예심을 보인다. 그때 예수께서는 한 어린이를 불러 그들 가운데 세우시고 "내가 진실로 너희에게 말한다. 너희가 회개하여 어린이처럼 되지 않으면, 결코 하늘 나라에 들어가지 못한다."라고 말씀하셨다. '회개하여'라는 말은 개역한글, 새번역 등에서는 '돌이켜서'라는 뜻이다. 그는 그들의 교만한 마음을 지적하시고 책망하시듯이 "너희가 회개해야 한다"고 말씀하신 것이다.

어린아이들은 대체로 아직 교만과 명예심을 갖고 있지 않다. 사람은 교만과 명예심을 버리고 겸손한 마음을 가져야 하늘 나라에 들어갈 수 있다. 이 말씀은 겸손한 인격이 구원의 조건이라는 뜻이 아니다. 구원은 하느님의 은혜로 구주 예수 그리스도를 믿음으로 받는다. 그러나 하느님의 은혜를 구원받은 자는 교만하지 않고 자신을 낮추는 그런 사람만이 예수님을 믿고 구원받을 수 있다. 겸손은 구원의 조건은 아니지만, 구원의 과정이요 구원받는 자의 표가 되는 것이다.

4절 세상 사람들은 자기를 높이려 하지만 교회에서는 자신을 낮추는 자가 큰 자다. 예수께서는 후에 "너희 가운데에서 높은 사람이 되려는 이는 너희

2 김효성 목사, 마태복음 강해, 2019년 11월 27일 수정.

하늘 나라에서 가장 큰 사람

자료 : rose63.tistory.com

를 섬기는 사람이 되어야 한다. 또한 너희 가운데에서 첫째가 되려는 이는 너희의 종이 되어야 한다."라고 말씀하셨다마태 20:26-27. 겸손은 교회에서 우리가 유념해야 할 매우 중요한 덕이다. 예수께서는 "나는 마음이 온유하고 겸손하니 내 멍에를 메고 나에게 배워라."라고 말씀하셨다마태 11:29. 그러므로 우리는 예수 그리스도의 겸손을 본받아야 한다. 교회에서 큰 자는 예수 그리스도의 겸손을 본받아 그의 이름으로 다른 이들을 섬기는 자이다. 교회는 서로 섬기는 자들의 모임이 되어야 한다.

5절 교만한 사람은 높은 자에게는 아첨하고 낮은 자를 무시한다. 그러나 겸손한 자는 어린이 하나라도 사랑하고 귀히 여긴다. 그 아이가 예수님을 믿는 자라면 더욱 그렇다. 그 아이는 예수 그리스도의 몸의 지체이기 때문이다. 그러므로 예수 그리스도의 이름으로 어린이 하나를 영접하는 것이 곧 예수 그리스도를 영접하는 것이다. 예수께서는 후에 양과 염소의 비유에서 그의 형제들, 곧 그의 종들과 성도들 중에 지극히 작은 자 하나를 영접하며, 그가 주릴 때에 먹을 것을 주고 목마를 때에 마시게 하고 나그네 되었을 때에 영접하고 벗었을 때에 옷을 입히고 병들었을 때에 돌아보고 옥에 갇혔을 때에 방문하는 것이 곧 주님을 영접하고 대접하는 것이라 했다. 또 그의 이름을 가진 어린이 하나의 영접 여부가 구원과 멸망을 나누며, 의인과 악인, 영생에 이를 자와 영벌에 던져질 자를 나눌 것이라고 말씀하셨다. 행위는 구원의 조건은 아니나, 구원의 표징이 된다. 우리는 겸손히 서로를 영접하며 서로를 섬겨야 한다.

6절 예수께서는 그를 믿는 어린아이 하나를 실족케 하는 것, 곧 범죄케 하는 것이 큰 죄가 됨을 말씀하신다. 연자매연자맷돌를 그 목에 달고 깊은 바다에 빠지는 것이 낫다는 말씀은 얼마나 무서운 경고인가? 남을 범죄케 하는 것보다 자신이 죽임을 당하는 편이 낫다는 것이다. 우리는 산즉 남을 살리고 남에게 유익을 주는 자가 되어야지 남을 범죄케 하고 남을 멸망시키는 자가 되어서는 안 된다.

7절 이 세상에는 남을 범죄케 하는 일들이 적지 않고, 그로 인해 세상에 화가 있다. 우리는 남을 죄에서 구원하는 일에 바쳐질지언정, 남을 죄짓게 해서는 안 된다. 예를 들어 이단을 가르친다든지, 위선적 말과 행위로 남에게 참 신앙과 교회에 대한 반발심을 가지게 한다든지 술취하고 음란한 풍조를 사회에 조장하는 등의 행위를 해서는 안 된다.

8-9절 주의 말씀은 매우 엄격하고 철저하시다. 그는 우리의 손이나 발, 우리의 눈이 우리를 계속 범죄케 한다면 그것을 찍어버리고 빼어버리는 것이 낫다고 말씀하셨다. 두 손, 두 발, 두 눈을 가지고 계속 범죄하여 지옥에 가는 것보다 한 손, 한 발, 한 눈을 가지고 범죄하지 않아 영생에 들어가는 것이 낫기 때문이다. 그러므로 불구가 된 몸이 때때로 하나님의 더 큰 은혜일 수 있다. 건강한 몸으로 죄만 짓는 것보다 불구의 몸으로 하나님의 뜻을 행한다면, 그것은 확실히 더 복되다.

만일 우리가 불구의 몸을 원치 않는다면, 우리는 우리의 사지백체四肢百體, 몸 전체를 어떻게 하나님의 영광을 위해 거룩하고 선하게 사용해야 할 것인지를 알아야

예수님과 어린이들

자료 : vectorstock.com

한다. 우리의 몸은 우리의 것이 아니다. 이미 찍어버려야 했을 지체, 뽑아버려야 했을 지체를 가진 몸이다. 그러므로 우리는 우리의 손, 우리의 발, 우리의 눈을 하느님의 영광을 위해서만 사용해야 한다. 그렇지 못하다면, 차라리 불구자가 되는 것이 더 낫다.

10절 　'이 작은 이들'은 그를 믿는 어린이들을 가리킨다. 기독교는 인격적 종교이다. 한 사람의 생명은, 어른의 생명이든 아이의 생명이든 혹 태아의 생명이든 동등하게 귀하다. 사람을 무시하고 차별하는 것은 비인격적이다. 물론 가정이나 교회에서 질서와 직분의 차이는 존중되어야 하고 아랫사람은 윗사람을 존중하고 복종해야 한다. 그러나 우리는 다른 사람의 인격을, 그것이 어린이의 인격일지라도, 업신여기는 태도는 버려야 한다. 하느님께서는 그를 귀히 여기시고 그들의 천사들은 하늘에서 하느님의 얼굴을 항상 뵈옵기 때문이다.

11절 　남을 범죄케 하는 것은 그의 영혼을 잃어버리는 것이다. 구주께서 오신 것은 잃어버린 영혼을 구원하시기 위함이다. 그의 제자된 우리는 한 영혼의 구원을 위해 힘쓰고 한 영혼을 실족지 않게 하기 위해 조심해야 한다. 주께서는 한 영혼의 구원을 위해 자기 목숨을 바치셨는데, 우리가 어떻게 다른 사람의 구

Vox populi, vox Dei.

원을 가로막을 수 있겠는가? 또 어떤 이가 심각한 종교적, 도덕적 결함이 있다 할지라도, 우리는 그를 업신여기거나 정죄하지 말고 오히려 그에 대해 관심을 가지고 전도하고 권면하여 그를 구원하고 바른길로 인도해야 할 것이다.

12-13절 이 말씀은 루카 복음서 15:3-7의 '잃은 양의 비유'와 비슷하다. 아흔아홉 마리의 양들보다 길 잃은 한 마리의 양을 찾으려는 것이 목자의 심정이요 그 양을 찾은 목자의 기쁨은 매우 클 것이다. 그렇다면 우리가 어떻게 어린 한 영혼이라도 우리의 실수로 인해 범죄하게 하고 잃어버려지게 할 수 있겠는가?

14절 그러므로 우리는 예수님 믿는 자녀들, 어린이나 청소년 하나라도 잃어버려지지 않도록 조심해야 한다. 그것이 하느님의 뜻이다.

15절 교회 생활에서 중요한 것은 사랑의 교제이다. 그런데 우리의 형제가 우리에게 개인적으로 죄를 범할 때가 있다. 그 죄가 말로 우리를 잘못 비난하는 것일 수도 있고 혹은 우리의 돈을 떼어먹는 일일 수도 있다. 우리가 교회 생활을 할 때 이런 일을 당할 수 있다. 사람의 성화는 다 불완전하여 말의 실수가 있을 수도 있고 또 사람이 지혜롭게 살지 않으면 궁핍해져 남에게 물질적 손실을 입힐 수도 있다.

예수님을 믿는 형제가 우리에게 죄를 범할 때 우리는 어떻게 대처해야 하는가? 주께서는 그 대처 방안을 말씀해 주신다.

첫 번째는 가서 그 사람하고만 상대하여 충고하고 책망하는 것이다. 개인적 충고와 책망이 첫 번째 단계이다. 우리는 그런 문제를 다른 사람에게 먼저 알리지 말아야 한다. 우리는 또 '저런 자와는 만날 것도 없어!' 하고 그를 끊거나 정죄하지도 말아야 한다. 우리는 먼저 그를 찾아가서 그 사람하고만 상대하여 그에게 충고하고 책망해야 한다.

이렇게 하려면 시간이 들고 수고가 든다. 또 잘못하면 마음 상하는 말을 한마디 더 듣게 될지도 모른다. 그러나 주께서는 우리가 가서 그 사람하고만 상대하

너희는 서로 사랑하여라.

자료 : post.naver.com

여 그에게 충고하고 책망하라고 말씀하셨다. 이것이 그 형제를 사랑하고 그를 아끼는 성도의 바른 태도이다. 만일 그가 들으면 우리는 그 형제를 얻은 것이다. 성도의 교제를 유지하는 것은 중요하다. 우리는 "서로 사랑하여라"요한 13:34는 주의 명령을 지켜야 한다. 우리는 교회의 연합과 하나 됨을 보존하려고 노력해야 한다.

16절 두 번째 단계는, 만일 그 형제가 개인적 책망을 듣지 않으면, 한두 사람을 데리고 가서 두세 증인의 입으로 모든 말을 확증케 하는 것이다. 신명기 19:15는, "어떤 사람이 저지르는 모든 잘못과 관련하여, 그의 어떤 죄나 잘못이든지, 증인 한 사람만으로는 그 증언이 성립되지 못하고, 증인 둘이나 셋의 증언이 있어야 유죄가 성립된다."고 말하였다.

17절 세 번째 단계는, 만일 그가 그들의 말도 듣지 않으면, 교회나 성당에 말하는 것이다. 교회에 말한다는 것은 교회의 목사와 장로들에게 말하거나 또 기회가 있다면 회중 앞에서 말하는 것을 의미할 것이다.

네 번째 단계는, 만일 그 범죄한 자가 교회의 판단 즉 당회의 판단이나 회중의 판단도 듣지 않으면, 그를 이방인과 세리같이 여기는 것이다. 우리는 그런 자와의 교제를 끊어야 한다. 그는 교인으로 여겨 사랑의 교제를 나눌 대상이 아니다. 그는 교회 밖에 있는 외인外人으로 간주되어야 하고 성도의 교제에서 제외되어야 한다.

18절 이 말씀은 교회적 권징勸懲의 효력을 말씀하신 것이다. 매는 것은 권징의 시행 즉 교회적 벌을 주는 것이요 푸는 것은 해벌解罰 즉 교회적 벌을 거두는 것을 가리킨다. 교회적 벌은 권계권면과 책망, 성찬식 참여 금지, 제명 출교 등이 있다. 권징은 비록 지상교회에서 시행되는 것이지만, 하느님 앞에서 인정되는 것이며 효력을 가진다. 교회에서 시행된 정당한 권징은 하느님 앞에서 효력이 있다. 물론, 한 교회에서 시행된 정당한 권징은 다른 교회에서도 효력이 있다.

19-20절 이 말씀은 문맥적으로 교회적 권징에 관련하여 주신 말씀이라고 보인다. 그것은 두세 사람이라도 바른 판단과 합심된 소원은 효력이 있다는 말씀이다. 지교회의 당회목사와 장로들의 회가 결정한 권징이나 회중이 결정한 권징, 또 노회나 총회가 결정한 권징은 만일 그것이 성경적으로, 양심적으로, 이성적으로 정당성을 가진다면, 하느님 아버지께서 받으시는 효력 있는 권징이 될 것이다.

그러나 이 말씀은 또한 합심기도의 일반적 교훈이기도 하다고 본다. 성도들이 땅에서 합심하여 무엇을 기도하면 하늘에 계신 하느님께서 그들을 위해 그것을 이루게 하실 것이다. 개인의 기도도 힘이 있지만, 두세 사람이 합심하여 드리는 기도는 더욱 힘이 있을 것이다. 하느님께서는 그런 기도를 잘 들어주실 것이다. 주께서는 특히 두세 사람이 그의 이름으로 모인 곳에 그들 중에 함께 계시겠다고 약속하셨다. 우리가 혼자 있을 때도 주께서 우리와 함께하시지만, 두세 사람이 주의 이름으로 모일 때에 주께서는 더욱 우리와 함께하실 것이다.

21-22절 형제가 우리에게 무슨 잘못을 범한 후 그것을 사과하면 우리는 그를 용서해야 한다. 물론, 용서는 상대방의 사과와 회개를 전제한다. 만일 형제가 내게 잘못을 범하고도 그 잘못을 인정하며 사과하지 않는다면, 용서라는 말도 무의미할 것이다. 주께서는 앞 절들에서 형제가 사과하지 않을 경우 권징의 절

차를 따라 행하고 만일 그가 교회적 권면도 받아들이지 않는다면 그와 교제를 끊으라고 교훈하셨다.

그러나 우리는 사과하는 형제에 대해선 일흔 번씩 일곱 번이라도 용서해야 한다. 실상 일곱 번이나 반복해 잘못을 범하고 용서를 비는 사람에게 용서해 주는 것도 쉽지 않을 것이다. 그러나 주께서는 일곱 번뿐 아니라 일흔 번씩 일곱 번이라도 용서하라고 교훈하셨다. 일흔 번씩 일곱 번이라도 용서하라는 말씀은 단지 490번이라도 용서하라는 뜻이 아니고 사과만 하면 무한히 용서하라는 뜻이다. 상대가 진심으로 사과하기만 한다면, 우리는 그를 언제든지 용서해야 한다.

23절 주께서는 용서를 가르치시기 위해 하늘 나라를 그 종들과 회계하려 하던 어떤 임금과 같다고 비유하셨다. 이 비유에서 하늘 나라는 신약교회를, 임금은 하느님을, 또 종들은 교인들을 가리킨다. 신약교회는 하늘 나라의 현재적 측면이다. 임금이 종들과 회계 즉 재무 결산을 하듯이, 하느님께서는 그의 백성된 신약교회 교인들의 행위에 대해 판단하신다.

렘브란트, 〈돌아온 탕자〉

자료 : pmj3025.tistory.com

Vox populi, vox Dei.

24-27절 한 달란트는 6,000데나리온이었다한 달렌트는 약 30킬로그램이었고, 한 데나리온은 약 5그램이었다. NBD. 한 데나리온은 노동자의 하루 품삯이었는데마태 20:2, 그것을 오늘날 품삯으로 10만 원만 치더라도, 한 달란트는 약 6억 원이며, 1만 달란트는 약 6조 원이 된다.

그 종이 어떻게 그렇게 많은 빚을 졌는지 모르나 그 빚은 한 개인이 갚기에 불가능한 액수이다. 주인은 그 몸과 아내와 자식들과 모든 소유를 다 팔아 갚게 하라 명했다. 그 종은 엎드리어 절하며 "제발 참아 주십시오. 제가 다 갚겠습니다."라고 말했지만, 빚을 갚을 가능성은 없었다.

주님의 비유는 하나님의 백성된 우리 모두의 과거의 영적 처지를 암시한다. 성도들이 구원받기 전의 죄의 빚은 스스로 갚기 불가능한 양이었다. 그 죄 때문에 우리는 지옥 형벌을 받아야 마땅하였다. 우리가 천국에 들어간다는 것은 불가능했다. 죗값은 지옥 형벌이었다.

주인은 그 종을 불쌍히 여겨 놓아 보내며 그 빚을 탕감해 주었다. 이것이 하나님께서 죄인인 우리 모두에게 주신 구원이다. 구원은 우리의 행위로 얻거나 행위로 이루는 것이 아니고 오직 하느님의 긍휼과 은혜로 주신 선물이다. 그가 우리를 불쌍히 여기셨으므로 우리를 구원하셨다. 구원의 원인은 하느님의 긍휼에 있다. 하느님께서 영원한 지옥 형벌을 받아야 마땅한 우리를 불쌍히 여기셔서 용서해 주셨다. 이것이 하느님의 은혜의 복음이며 은혜의 구원이다.

28-30절 그 종은 나가서 그에게 100데나리온 빚진 동료 하나를 만났다. 100데나리온은 노동자의 100일 품삯에 해당한다. 그것은 물론 적은 금액이 아니다. 그러나 그것은 1만 달란트에 비하면 아무것도 아니었다. 그러나 그 종은 그 동료를 붙들어 목을 잡고 "빚진 것을 갚아라."라고 말했다. 그 동료가 "제발 참아 주게. 내가 갚겠네."라고 말하며 엎드려 간청하였으나, 그 종은 그 동료의 청을 허락지 않고 그가 빚을 갚도록 그를 옥에 가두었다. 그는 자기가 주인에게 1만 달란트 빚을 탕감받은 것을 기억하지 않았다. 만일 그가 그 큰 은혜를 기억하였다면, 그는 100데나리온 정도의 빚은 기꺼이 탕감해 주었을 것이다.

종이 임금에게 탕감을 요청하고 있다.

자료 : ecumenian.com

여기에서 주께서 말씀하고자 하시는 바는 우리가 서로의 허물과 잘못을 용서해야 한다는 것이다. 주께서는 특히 우리가 서로를 용서해야 할 근거를 분명하게 말씀하셨다. 1만 달란트의 빚은 우리들이 하느님 앞에서 범한 죄를 비유하며, 100데나리온의 빚은 다른 사람이 우리에게 범한 잘못을 비유한다. 하느님께서 1만 달란트의 빚과 같은 우리의 죄, 곧 지옥 형벌을 받기에 합당했던 죄를 용서해 주셨으므로, 우리는 우리에게 잘못을 범한 형제의 잘못을, 그것이 어떤 큰 잘못이라 할지라도, 용서해야 하는 것이다.

31-34절 그 종의 동료들은 그가 용서치 않음을 보고 심히 민망하여 주인에게 가서 그 일을 다 고하였고, 주인은 노하여 그 빚을 다 갚도록 그를 고문형리들에게 붙였다. 주인은 그 종에게 그가 베푼 것과 같은 긍휼을 그도 그의 동료에게 베풀었어야 했다고 말했다. 그 종은 그 주인에게 긍휼을 입은 것과 같이 그 자신도 그의 동료에게 긍휼을 베풀었어야 했다. 주인의 말은 정당한 말이었다. 하느님께서 우리에게 요구하시는 바도 마찬가지이다. 하느님께서는 우리가 이 땅에서 서로 불쌍히 여기며 서로 용서하며 살기를 원하신다. 하느님의 크신 긍휼을 입은 우리는 마땅히 서로 긍휼히 여기며 서로 용서하며 살아야 한다.

35절 주께서는 우리가 형제를 용서하지 않으면 하늘에 계신 아버지께서도 우리를 용서하지 않으실 것이라고 경고하셨다. 이것은 참 두려운 경고의 말

용서는 우리 모두를 자유롭게 한다.

자료 : maria.catholic.or.kr

씀이다. 용서는 우리가 해도 되고 안 해도 되는 선택사항이 아니고 반드시 해야 하는 필수사항이다. 주께서는 기도에 대해 가르칠 때도 "저희에게 잘못한 이를 저희도 용서하였듯이 저희 잘못을 용서하시고"마태 6:12라고 기도하라고 가르치신 후 "너희가 다른 사람들의 허물을 용서하면, 하늘의 너희 아버지께서도 너희를 용서하실 것이다. 그러나 너희가 다른 사람들을 용서하지 않으면, 아버지께서도 너희의 허물을 용서하지 않으실 것이다."라고 말씀하셨다마태 6:14-15.

Vox populi, vox Dei.

하늘의 소리 사람의 말씀 II

마태오 복음서
19장

天聲

혼인과 이혼 마르 10,1-12;루카 16,18

1 예수님께서는 이 말씀들을 마치시고 갈릴래아를 떠나, 요르단 건너편 유다 지방으
로 가셨다.
2 많은 군중이 그분을 따라오자 그분께서는 그곳에서도 그들을 고쳐 주셨다.
3 그런데 바리사이들이 다가와 예수님을 시험하려고, "무엇이든지 이유만 있으면 남
편이 아내를 버려도 됩니까?" 하고 물었다.
4 그러자 예수님께서 이렇게 대답하셨다. "너희는 읽어 보지 않았느냐? 창조주께서
처음부터 '그들을 남자와 여자로 만드시고' 나서,
5 '그러므로 남자는 아버지와 어머니를 떠나 아내와 결합하여, 둘이 한 몸이 될 것이
다.' 하고 이르셨다.
6 따라서 그들은 이제 둘이 아니라 한 몸이다. 그러므로 하느님께서 맺어 주신 것을
사람이 갈라놓아서는 안 된다."
7 그들이 다시 예수님께, "그렇다면 어찌하여 모세는 '이혼장을 써 주고 아내를 버려
라.' 하고 명령하였습니까?" 하자,
8 예수님께서 그들에게 말씀하셨다. "모세는 너희의 마음이 완고하기 때문에 너희가
아내를 버리는 것을 허락하였다. 그러나 처음부터 그렇게 된 것은 아니다.
9 내가 너희에게 말한다. 불륜을 저지른 경우 외에 아내를 버리고 다른 여자와 혼인
하는 자는 간음하는 것이다."

혼인과 독신

10 그러자 제자들이 예수님께, "아내에 대한 남편의 처지가 그러하다면 혼인하지 않
는 것이 좋겠습니다." 하고 말하였다.

11 예수님께서 그들에게 이르셨다. "모든 사람이 이 말을 받아들일 수 있는 것은 아니다. 허락된 이들만 받아들일 수 있다.

12 사실 모태에서부터 고자로 태어난 이들도 있고, 사람들 손에 고자가 된 이들도 있으며, 하늘 나라 때문에 스스로 고자가 된 이들도 있다. 받아들일 수 있는 사람은 받아들여라."

어린이들을 사랑하시다 마르 10,13-16;루카 18,15-17

13 그때에 사람들이 어린이들을 예수님께 데리고 와서 그들에게 손을 얹고 기도해 달라고 하였다. 그러자 제자들이 사람들을 꾸짖었다.

14 그러나 예수님께서는 이렇게 이르셨다. "어린이들을 그냥 놓아두어라. 나에게 오는 것을 막지 마라. 사실 하늘 나라는 이 어린이들과 같은 사람들의 것이다."

15 그리고 그들에게 손을 얹어 주시고 나서 그곳을 떠나셨다.

하느님의 나라와 부자 마르 10,17-27;루카 18,18-27

16 그런데 어떤 사람이 예수님께 다가와, "스승님, 제가 영원한 생명을 얻으려면 무슨 선한 일을 해야 합니까?" 하고 물었다.

17 그러자 예수님께서 말씀하셨다. "어찌하여 나에게 선한 일을 묻느냐? 선하신 분은 한 분뿐이시다. 네가 생명에 들어가려면 계명들을 지켜라."

18 그가 "어떤 것들입니까?" 하고 또 묻자 예수님께서 이르셨다. "'살인해서는 안 된다. 간음해서는 안 된다. 도둑질해서는 안 된다. 거짓 증언을 해서는 안 된다.

19 아버지와 어머니를 공경하여라.' 그리고 '네 이웃을 너 자신처럼 사랑해야 한다.'는 것이다."

20 그 젊은이가 "그런 것들은 제가 다 지켜 왔습니다. 아직도 무엇이 부족합니까?" 하고 다시 묻자,

21 예수님께서 그에게 이르셨다. "네가 완전한 사람이 되려거든, 가서 너의 재산을 팔아 가난한 이들에게 주어라. 그러면 네가 하늘에서 보물을 차지하게 될 것이다. 그리고 와서 나를 따라라."

22 그러나 그 젊은이는 이 말씀을 듣고 슬퍼하며 떠나갔다. 그가 많은 재물을 가지
고 있었기 때문이다.
23 예수님께서 제자들에게 말씀하셨다. "내가 진실로 너희에게 말한다. 부자는 하늘
나라에 들어가기가 어려울 것이다.
24 내가 다시 너희에게 말한다. 부자가 하느님 나라에 들어가는 것보다 낙타가 바늘
구멍으로 빠져나가는 것이 더 쉽다."
25 제자들이 이 말씀을 듣고 몹시 놀라서, "그렇다면 누가 구원받을 수 있는가?" 하
고 말하였다.
26 예수님께서는 그들을 눈여겨보며 이르셨다. "사람에게는 그것이 불가능하지만 하
느님께는 모든 것이 가능하다."

따름과 보상 마르 10,28-31;루카 18,28-30

27 그때에 베드로가 그 말씀을 받아 예수님께 물었다. "보시다시피 저희는 모든 것을
버리고 스승님을 따랐습니다. 그러니 저희는 무엇을 받겠습니까?"
28 예수님께서 말씀하셨다. "내가 진실로 너희에게 말한다. 사람의 아들이 영광스러
운 자기 옥좌에 앉게 되는 새 세상이 오면, 나를 따른 너희도 열두 옥좌에 앉아 이
스라엘의 열두 지파를 심판할 것이다.
29 그리고 내 이름 때문에 집이나 형제나 자매, 아버지나 어머니, 자녀나 토지를 버
린 사람은 모두 백 배로 받을 것이고 영원한 생명도 받을 것이다.
30 그런데 첫째가 꼴찌 되고 꼴찌가 첫째 되는 이들이 많을 것이다."

1 When Jesus had finished saying these things, he left Galilee and went
into the region of Judea to the other side of the Jordan.
2 Large crowds followed him, and he healed them there.
3 Some Pharisees came to him to test him. They asked, "Is it lawful for a
man to divorce his wife for any and every reason?"

4 "Haven't you read," he replied, "that at the beginning the Creator 'made
them male and female,'
5 and said, 'For this reason a man will leave his father and mother and be
united to his wife, and the two will become one flesh'?
6 So they are no longer two, but one. Therefore what God has joined to-
gether, let man not separate."
7 "Why then," they asked, "did Moses command that a man give his wife a
certificate of divorce and send her away?"
8 Jesus replied, "Moses permitted you to divorce your wives because your
hearts were hard. But it was not this way from the beginning.
9 I tell you that anyone who divorces his wife, except for marital unfaith-
fulness, and marries another woman commits adultery."
10 The disciples said to him, "If this is the situation between a husband and
wife, it is better not to marry."
11 Jesus replied, "Not everyone can accept this word, but only those to
whom it has been given.
12 For some are eunuchs because they were born that way; others were
made that way by men; and others have renounced marriagebecause of
the kingdom of heaven. The one who can accept this should accept it."
13 Then little children were brought to Jesus for him to place his hands on
them and pray for them. But the disciples rebuked those who brought
them.
14 Jesus said, "Let the little children come to me, and do not hinder them,
for the kingdom of heaven belongs to such as these."
15 When he had placed his hands on them, he went on from there.
16 Now a man came up to Jesus and asked, "Teacher, what good thing must
I do to get eternal life?"
17 "Why do you ask me about what is good?" Jesus replied. "There is only

One who is good. If you want to enter life, obey the commandments."

18 "Which ones?" the man inquired. Jesus replied, "'Do not murder, do not
commit adultery, do not steal, do not give false testimony,

19 honor your father and mother,' and 'love your neighbor as yourself.'"

20 "All these I have kept," the young man said. "What do I still lack?"

21 Jesus answered, "If you want to be perfect, go, sell your possessions and
give to the poor, and you will have treasure in heaven. Then come, follow me."

22 When the young man heard this, he went away sad, because he had
great wealth.

23 Then Jesus said to his disciples, "I tell you the truth, it is hard for a rich
man to enter the kingdom of heaven.

24 Again I tell you, it is easier for a camel to go through the eye of a needle
than for a rich man to enter the kingdom of God."

25 When the disciples heard this, they were greatly astonished and asked,
"Who then can be saved?"

26 Jesus looked at them and said, "With man this is impossible, but with
God all things are possible."

27 Peter answered him, "We have left everything to follow you! What then
will there be for us?"

28 Jesus said to them, "I tell you the truth, at the renewal of all things, when
the Son of Man sits on his glorious throne, you who have followed me
will also sit on twelve thrones, judging the twelve tribes of Israel.

29 And everyone who has left houses or brothers or sisters or father or
mother or children or fields for my sake will receive a hundred times as
much and will inherit eternal life.

30 But many who are first will be last, and many who are last will be first.

Vox populi, vox Dei.

人語

마태오 복음서 19장 요약[1]

결혼이혼과 구원관에 대한 두 주제를 다루고 있다. 이 두 문제 모두는 그때나 지금이나 만인이 관심을 기울이는 주제이다. 그러면서도 자칫 잘못 해석하기 쉬운 문제이기도 하다. 이에 대해 주님은 명쾌한 해석과 기준을 제시해 주셨다. 먼저 이혼은 배우자의 부정 이외의 경우에는 합리화될 수 없다고 단언함으로써 결혼 제도의 신성함을 인식시키셨다. 그리고 구원은 결코 물질적 소유의 많고 적음에 따라서 좌우되지 않음을 교훈하심으로 돈으로 하느님 나라를 사고자 했던 당시의 일부 그릇된 종교인들, 나아가 현대의 물질만능주의 풍조에 경종을 울리셨다.

결혼과 이혼에 대해서 결코 음행한 연고 없이 이혼하지 말라고 하신다. 남자와 여자를 지으신 이가 하느님이시며 장성하여 부모를 떠나 둘이 한 몸이 되어 가정을 이루라고 하신 하느님의 뜻을 버리지 말라고 하신다. 재물을 많이 가지고 있고 계명도 신실히 지킨 한 청년이 영생을 얻기 위해서 자신의 재물을 팔아 가난한 자들에게 주라고 하자 재물이 많아 근심하며 갔다. 낙타가 바늘귀를 통과하는 것보다 부자가 구원을 얻어 영생하기가 더 어렵다고 하신다. 그러나 하느님은 모든 것을 하실 수 있다.

하느님께서 허락하신 가정은 결혼이라는 제도를 통해 이뤄진다. 남남이 만나서 평생을 살아가는 것은 얼마나 어려운 일인지 모른다. 그러나 하느님의 형상으로 만들어진 아름다운 성품을 더 고양시키며 서로 인내하며 사랑으로 가정을 지켜 나가야 한다. 자녀들을 아름답게 양육해야 한다. 부지런히 노력하여 필요를 채워 나가야 한다. 가정에 재물이 쌓이는 것은 하느님께서 내게 위탁하신 것이다. 재물

크리스천의 결혼, 이혼, 재혼

자료 : av1611.net

로 가난한 자들을 돌보고 하느님 나라를 확장하기 위해 선히 사용해야 한다.

각 절 해석[2]

1-2절 예수께서는 갈릴리에서 떠나 요단강 건너 유대 지방에 이르셨다. 그가 예루살렘에 올라가 죽으실 일이 가까웠고 그의 갈릴리 사역은 끝나가고 있었다. 그에게 남은 것은 유대 지방, 특히 예루살렘에서의 사역이다. 큰 무리가 그를 좇았고 그는 거기서 그들의 병을 고치셨다.

3-6절 바리사이인들이 예수께 나아와 그를 시험하며 이혼이 옳은 일인지에 대해 질문하였다. 예수께서는 창세기 2장 24절의 말씀을 인용하시며 대

1 변정미, 마태복음 19장 요약 설명, 강남은혜교회, 2020년 2월 15일 작성.
2 김효성 목사, 마태복음 강해, 2019년 11월 27일 수정.

예수님의 발자취

자료 : bible.coame.co.kr

답하셨다. 하느님께서는 한 남자와 한 여자를 만드셔서 결혼시키셨다. 결혼은 일부일처一夫一妻의 제도였다. 주께서는 "그러므로 남자는 아버지와 어머니를 떠나 아내와 결합하여, 둘이 한 몸이 된다."는 성경 말씀을 인용하셨다. 사람이 부모를 떠난다는 말은 결혼이 자녀가 부모로부터 독립된 가정을 이루는 것을 뜻함을 보인다. 주께서는 또 "따라서 그들은 이제 둘이 아니라 한 몸이다. 그러므로 하느님께서 맺어 주신 것을 사람이 갈라놓아서는 안 된다."라고 말씀하셨다. 결혼은 하느님께서 짝지어 주심으로 남녀가 하나가 되는 것이다. 이제는 둘이 아니요 하나이다. 부부라는 관계는 이 세상에서 가장 가까운 관계, 심지어 부모와 자식 간의 관계보다도 더 가까운 관계이다. 그러므로 하느님께서 짝지어 주신 것을 사람들이 누어서는 안 된다.

7-8절 바리사이인들은 모세의 율법에 있는 이혼의 규정을 들어 다시 물었다. "그렇다면 어찌하여 모세는 '이혼장을 써 주고 아내를 버려라.'하고 명령하였습니까?" 신명기 24:1은, "어떤 남자가 여자를 맞아들여 혼인하였는데, 그 여자에게서 추한 것이 드러나 눈에 들지 않을 경우, 이혼 증서를 써서 손에 쥐어 주고 자기 집에서 내보낼 수 있다."라고 규정하였다. 예수님 당시에 유대인들 가운데는 이 법에서 '추한 것'some uncleanness, 에르왓 다바르이라는 말에 대해 두 가지 견해가 있었다. 마이파는 그 말을 부부관계의 불성실, 즉 외도外道와 음행의 뜻으로 바르게 해석했으나, 힐렐파는 그 말이 남편의 마음에 상하거나 맞지 않는 모든 것을 포함하는 것으로 넓게 해석했다. 힐렐파에 의하면, 아주 하찮은 구실로도 이혼이 가능했다.

예수께서는 "모세는 너희의 마음이 완고하기 때문에 너희가 아내를 버리는 것을 허락하였다. 그러나 처음부터 그렇게 된 것은 아니다."라고 말씀하셨다. 하느님께서 모세의 율법에 이혼 규정을 주신 것은 사람들 마음의 완악함 때문이었다. 이혼은 하느님께서 세우신 본래의 결혼 제도의 뜻과 다르다. 결혼은 하느님께서 짝지어 주신 관계이다. 결혼 서약은 영속적 성격을 가진다. 사람이 그 서약을 파한다고 파해지는 것이 아니다. 사실, 부당한 이혼들 때문에 세상은 혼란하고 고통스럽다.

9절 주께서는 배우자가 결혼 서약을 저버리고 불륜을 저지른 경우 이혼이 합당하다고 말씀하셨다. 배우자가 다른 사람과 불륜을 저지른 것은 부부관계에서 참을 수 없는 일이며 그 분노는 정당하고 그 경우 이혼이 허락된다. 그러나 부당한 이혼은 간음죄로 간주된다.

마태오 복음서 5:32에 보면, 예수께서는, "또 버림받은 여자와 혼인하는 자도 간음하는 것이다."라고 말씀하셨다. 이 말씀은 부당한 재혼도 간음죄로 간주됨을 말씀하신 것이다. 부당한 이혼이 하느님 앞에서 인정될 수 없으므로 부당하게 버린 자나 버려진 자와의 재혼은 정당화될 수 없다는 뜻이다. 그러나 정당한 이혼 후에는 재혼이 가능하다고 본다.

Vox populi, vox Dei.

하느님께서 내가 독신의 삶을 살기를 원하시는가?

자료 : christiantoday.co.kr

10-12절 독신獨身은 모든 사람에게 가능한 일이 아니다. "허락된 이들만 받아들일 수 있다."는 것이다. 그들 중에는 날 때부터 고자鼓子된 자들이 있다. 이들은 선천적으로 결혼이 불가능하거나 심리적으로 결혼을 원치 않는 자들이다. 또 궁중의 내시들과 같이 사람들이 만든 고자들도 있고, 또 사도 바오로같이 천국을 위해 스스로 독신이 된 자들도 있다.

그러나 이 말은 받을 만한 자들만 받을 수 있다. 독신주의는 강요되어서는 안 될 것이다. 그것은 사람의 보통 결심을 넘어선다. 또한, 독신생활이 결혼생활보다 더 나은 생활방식이라는 생각도 잘못이다. 결혼은 하느님께서 주신 제도이다. 하느님께서 은혜를 주시면 결혼도, 독신도 복되나 은혜를 주지 않으시면 그 어느 쪽도 복되지 않을 것이다.

13-14절 루카 복음서에 보면, 사람들은 '아이들까지' 데려왔다루카 18:15. 사람들은 예전이나 지금이나 자기 아이들이 하느님의 복을 받기를 원한다. 사람들이 예수께 자기 아이들을 데려온 것은 잘한 일이었다. 오늘날도 믿는 부모들은 자기 아이들을 예배에 참석시킬 뿐 아니라, 그들을 위해 기도하고 또 기도 받게 해야 한다. 그런데 제자들은 그것을 귀찮게 여겨 그들을 꾸짖었다.

마르코 복음서는 예수께서 그들을 보시고 분히 언짢아하셨다고 증거하였다마르 10:14. 어린이들을 무시하는 어른들의 행동은 주님의 분노를 일으키고 책망을 받을 만했다. 주께서는 또 "어린이들을 그냥 놓아두어라. 나에게 오는 것을 막지 마라. 사실 하늘 나라는 이 어린이들과 같은 사람들의 것이다."라고 말씀하셨다. 그가 모든 어린이에게 이런 말씀을 하시는 것은 아닐 것이나, 믿는 가정에 태어난 아이들에게 그렇게 말씀하신 것은 분명하다.

신자들의 아이들은, 아직 신앙고백을 못하기 때문에 예수께 나올 수 없고 하늘 나라와 상관없는 것이 아니다. 그들은 하느님의 나라에 용납되고 환영을 받는다. 그들은 참으로 하늘 나라 백성으로 간주된다. 여기에 구약시대로부터 믿는 가정의 아들들에게 할례를 베풀므로 하느님의 백성으로 인정했던 언약의 원리가 신약시대에도 보인다. 믿는 가정의 아기들은 구원받지 못한 이방인들이나 외인들이 아니고, 언약 안에 있고 하느님 나라의 백성으로 간주된다. 그들은 커서 하느님을 배반하기 전까지 하느님의 백성으로 간주되어야 할 것이다.

예수님과 어린이들

자료 : m.blog.naver.com

15절 마르코 복음서에는 예수께서 "어린이들을 끌어안으시고 그들에게 손을 얹어 축복해 주셨다."라고 증거되어 있다마르 10:16. 그는 이처럼 실제로 어

Vox populi, vox Dei.

린이들을 영접하셨고 안고 그들 위에 안수하시고 축복하셨다. 그렇다면, 그의 제자된 우리 부모들이 어떻게 자녀들을 사랑하고 위하여 기도해야 할지 알 수 있고, 우리 믿는 어른들이 어떻게 교회에 나온 어린 생명들을 귀히 여기고 사랑하며 위하여 기도해야 할지를 알 수 있다. 하늘 나라에서나 교회에서 어른이나 어린이나 생명의 가치는 똑같다. 그러므로 우리가 어린이 하나를 무시하는 것은 우리의 큰 실수요 부족이다. 우리는 어린이 하나를 귀히 영접해야 한다.

16-17절 어떤 사람이 주께 와서 "스승님, 제가 영원한 생명을 얻으려면 무슨 선한 일을 해야 합니까?"라고 말했다. 루카 복음서는 그를 '어떤 권력가'라고 말했다루카 18:18. 영생은 사람에게 가장 관심 있는 문제이다. 사람은 누구나 오래 살기를 원한다.

예수께서는 그에게 말씀하셨다. "어찌하여 나에게 선한 일을 묻느냐? 선하신 분은 한 분뿐이시다." 주께서 이렇게 대답하신 것은 모든 사람이 선하지 않고 하느님만 선하시기 때문이며, 또 그 사람이 예수님을 단순히 한 선한 선생님 정도로 생각하고 있었기 때문일 것이다. 실상 예수께서는 선한 선생님이실 뿐 아니라, 하느님의 아들 곧 하느님이시다.

주께서는 그 사람에게 "네가 생명에 들어가려면 계명들을 지켜라."라고 말씀하셨다. 이 말씀은 구약의 율법의 내용을 반복하신 것뿐이다. 레위기 18:5, "너희는 내 규칙들과 내 법규들을 지켜야 한다. 그것들을 실천하는 이는 그것들로 살 것이다." 그러나 사실상 계명들을 지켜 영생을 얻을 자는 아무도 없다. 계명들은 우리의 죄악됨을 깨닫게 해줄 뿐이다. 그러나 사람은 율법을 통해 자신의 죄악됨을 깨닫게 된 후 구주 예수 그리스도께로 인도됨을 얻는다.

18-22절 예수께서는 십계명 중에 인간관계에 대한 계명들을 주로 말씀하셨다. 사람의 죄성은 사람이 하느님의 계명을 지키려 할 때, 또 지키려 할수록 드러난다. 율법은 우리 자신을 정죄하고 하느님의 은혜와 예수 그리스도의 대속代贖과 의로움이 필요함을 깨닫게 한다.

그 젊은이가 말했다. "그런 것들은 제가 다 지켜 왔습니다. 아직도 무엇이 부족합니까?" 이 젊은이는 상당히 착하게 살아왔던 것 같다. 마르코 복음서에 보면, "예수님께서는 그를 사랑스럽게 바라보시며 이르셨다. "너에게 부족한 것이 하나 있다. 가서 가진 것을 팔아 가난한 이들에게 주어라. 그러면 네가 하늘에서 보물을 차지하게 될 것이다. 그리고 와서 나를 따라라."마르 10:21.

그러나 주께서는, "네가 완전한 사람이 되려거든, 가서 너의 재산을 팔아 가난한 이들에게 주어라. 그러면 네가 하늘에서 보물을 차지하게 될 것이다. 그리고 와서 나를 따라라."라고 말씀하셨다. 주 예수님의 요청은 그 젊은이의 문제점을 드러내었다. 그의 문제점은 물질에 대한 애착이었다. 그는 물질적으로 부유한 자이었다. 그의 문제점은, 그가 그의 물질적 부요를 포기하고 하느님을 섬길 수 있을까, 또 그가 물질적 부요가 있을 때는 비교적 정직하고 선하게 살 수 있었다고

CATHOLIC TEN COMMANDMENTS	십계명
1. I am the Lord thy God. Thou shalt not have strange gods before me.	1. 한 분이신 하느님을 흠숭하라.
2. Thou shalt not take the name of the Lord thy God in vain.	2. 하느님의 이름을 함부로 부르지 마라.
3. Remember thou keep the Sabbath Day.	3. 주일을 거룩히 지내라.
4. Honor thy Father and thy Mother.	4. 부모에게 효도하여라.
5. Thou shalt not kill.	5. 사람을 죽이지 마라.
6. Thou shalt not commit adultery.	6. 간음하지 마라.
7. Thou shalt not steal.	7. 도둑질을 하지 마라.
8. Thou shalt not bear false witness against thy neighbor.	8. 거짓 증언을 하지 마라.
9. Thou shalt not covet thy neighbour's wife.	9. 남의 아내를 탐내지 마라.
10. Thou shalt not covet thy neighbour's goods.	10. 남의 재물을 탐내지 마라.

천주교의 십계명

자료 : mariasarang.net

할지라도, 가난할 때도 그렇게 살 수 있을까 하는 것이었다. 사람은 하느님과 재물을 겸하여 섬길 수 없다마태 6:24. 탐심은 우상숭배이다.

그 젊은이는 재물이 많으므로 이 말씀을 듣고 근심하며 갔다. 그는 겉으로는 착하고 진지하고 유망해 보였지만, 속에는 중대한 결함이 있었다. 그는 물질에 대한 애착 때문에 주의 말씀을 참으로 따를 수 없었다. 그러나 물질적 애착의 극복 없이는 사람에게 온전함이 없을 것이다. 그는 하느님을 참으로 순종하지 못하였다. 그는 영생을 얻는 방법에 대한 해답을 들었지만, 영생을 얻지 못하고 돌아섰다. 물질에 대한 애착 때문에 그는 영생의 주님을 따르지 못하고 돌아섰다.

23-24절 '하늘 나라'와 '하느님 나라'는 동의어同義語이며 그것들은 '영원한 생명'16절과 '구원'25절과도 동의어이다. 주께서 부자가 하늘 나라에 들어가기가 불가능하다고 말씀하지는 않으셨으나, 부자가 하늘 나라에 들어가기가 낙타가 바늘구멍으로 빠져나가기보다 더 어렵다고 하신 것은 그것이 거의 불가능함을 보인다. 돈이 그에게 걸림돌이 되기 때문이다. 그렇다면, 사람이 부자가 되는 것은 결코 복이 아니고 매우 위험한 일이다.

25-26절 제자들은 주의 말씀을 듣고 심히 놀라며 "그렇다면 누가 구원받을 수 있는가?"라고 말했다. 그때 예수께서는 그들을 보시며 "사람에게는 그것이 불가능하지만 하느님께는 모든 것이 가능하다."라고 말씀하셨다. 부자가 하늘 나라에 들어가기는 거의 불가능하지만, 하느님께서 은혜를 주시면 가능하다는 뜻이다. 하느님께는 구원의 능력이 있다. 옛날에 아브라함이나 이삭이나 욥도 부자이었지만 하느님의 은혜를 입은 경건한 자들이었다.

그러나 사람은 자기 스스로 돈에 대한 애착을 극복하고 하느님의 명령에 순종할 수 없다. 오직 하느님의 은혜를 받을 때 물질에 대한 애착을 버리고 하느님의 명령에 순종할 수 있다. 그는 자기의 소유물을 하느님의 것으로 인식하고 그의 영광을 위해 선한 일에 쓸 수 있다. 그러나 많은 경우, 돈은 영적 성장과 성화에 걸림돌이 된다.

27-29절 베드로와 안드레, 야고보와 요한은 그물과 배와 부친을 버려 두고 주님을 따랐었다마태 4:18-22. 오늘날도 전도자들은 모든 것을 버리고 주를 따라야 한다. 주께서는 그렇게 주님을 따른 제자들에게 좋은 것을 약속하셨다. 그는 세상이 새롭게 될 때 이스라엘 열두 지파를 심판하는 권세를 그들에게 주겠다고 말씀하셨다. 또 그는 그들이 집이나 형제, 자매, 부모, 아내, 자식, 전토를 버렸다면, 백 배를 받고 확실히 영생을 얻을 것이라고 말씀하셨다. 백 배를 받는다는 말씀은 현세와 내세에서 받을 것들을 다 포함할 것이다.

'영원한 생명도 받을 것이다'라는 말씀은 이런 헌신의 대가로 영원한 생명을 획득한다는 뜻이 아니고 단지 이런 헌신이 영원한 생명을 얻는 확실한 표징이 된다는 뜻일 뿐이다. 주님께 자신을 드린 자는 확실히 영원한 생명에 이를 것이다.

30절 "첫째가 꼴찌 되고 꼴찌가 첫째 되는 이들이 많을 것이다."라는 주의 말씀은 일차적으로 먼저 된 이스라엘 백성이 나중 되고 나중 된 이방인들의 다수가 먼저 될 것을 의미했다. 그러나 동일한 원리가 신약교회 안에서도 적용될 수 있다. 신자에게는 믿은 연도가 중요하지 않고 지금 어떻게 믿고 있는가가 중요하다. 비록 늦게 시작했을지라도 믿음에 앞설 수 있다. 그러므로 우리는 안일하고 높은 마음을 버려야 한다. 지금이 중요하다. 지금 우리는 말씀과 기도로 살며 계명들을 지키며 물질에 대한 애착을 버려야 한다.

첫째가 꼴찌 되고 꼴찌가 첫째 되는 이들이 많을 것이다.

자료 : twitter.com

Vox populi, vox Dei.

마태오 복음서 20장

天聲

선한 포도밭 주인의 비유

1 "하늘 나라는 자기 포도밭에서 일할 일꾼들을 사려고 이른 아침에 집을 나선 밭 임자와 같다.

2 그는 일꾼들과 하루 한 데나리온으로 합의하고 그들을 자기 포도밭으로 보냈다.

3 그가 또 아홉 시쯤에 나가 보니 다른 이들이 하는 일 없이 장터에 서 있었다.

4 그래서 그들에게, '당신들도 포도밭으로 가시오. 정당한 삯을 주겠소.' 하고 말하 자,

5 그들이 갔다. 그는 다시 열두 시와 오후 세 시쯤에도 나가서 그와 같이 하였다.

6 그리고 오후 다섯 시쯤에도 나가 보니 또 다른 이들이 서 있었다. 그래서 그들에게 '당신들은 왜 온종일 하는 일 없이 여기 서 있소?' 하고 물으니,

7 그들이 '아무도 우리를 사지 않았기 때문입니다.' 하고 대답하였다. 그러자 그는 '당신들도 포도밭으로 가시오.' 하고 말하였다.

8 저녁때가 되자 포도밭 주인은 자기 관리인에게 말하였다. '일꾼들을 불러 맨 나중에 온 이들부터 시작하여 맨 먼저 온 이들에게까지 품삯을 내주시오.'

9 그리하여 오후 다섯 시쯤부터 일한 이들이 와서 한 데나리온씩 받았다.

10 그래서 맨 먼저 온 이들은 차례가 되자 자기들은 더 받으려니 생각하였는데, 그들도 한 데나리온씩만 받았다.

11 그것을 받아 들고 그들은 밭 임자에게 투덜거리면서,

12 '맨 나중에 온 저자들은 한 시간만 일했는데도, 뙤약볕 아래에서 온종일 고생한 우리와 똑같이 대우하시는군요.' 하고 말하였다.

13 그러자 그는 그들 가운데 한 사람에게 말하였다. '친구여, 내가 당신에게 불의를 저지르는 것이 아니오. 당신은 나와 한 데나리온으로 합의하지 않았소?

14 당신 품삯이나 받아서 돌아가시오. 나는 맨 나중에 온 이 사람에게도 당신에게처
럼 품삯을 주고 싶소.
15 내 것을 가지고 내가 하고 싶은 대로 할 수 없다는 말이오? 아니면, 내가 후하다
고 해서 시기하는 것이오?'
16 이처럼 꼴찌가 첫째 되고 첫째가 꼴찌 될 것이다."

수난과 부활을 세 번째로 예고하시다 마르 10,32-34;루카 18,31-34

17 예수님께서 예루살렘으로 올라가실 때, 열두 제자를 따로 데리고 길을 가시면서
그들에게 이르셨다.
18 "보다시피 우리는 예루살렘으로 올라가고 있다. 거기에서 사람의 아들은 수석 사
제들과 율법 학자들에게 넘겨질 것이다. 그러면 그들은 사람의 아들에게 사형을
선고하고,
19 그를 다른 민족 사람들에게 넘겨 조롱하고 채찍질하고 나서 십자가에 못 박게 할
것이다. 그러나 사람의 아들은 사흗날에 되살아날 것이다."

출세와 섬김 마르 10,35-45;루카 22,25-27

20 그때에 제베대오의 두 아들의 어머니가 그 아들들과 함께 예수님께 다가와 엎드
려 절하고 무엇인가 청하였다.
21 예수님께서 그 부인에게 "무엇을 원하느냐?" 하고 물으시자, 그 부인이 "스승님의 나
라에서 저의 이 두 아들이 하나는 스승님의 오른쪽에, 하나는 왼쪽에 앉을 것이라
고 말씀해 주십시오." 하고 말하였다.
22 예수님께서 "너희는 너희가 무엇을 청하는지 알지도 못한다. 내가 마시려는 잔을
너희가 마실 수 있느냐?" 하고 물으셨다. 그들이 "할 수 있습니다." 하고 대답하자,
23 예수님께서 그들에게 말씀하셨다. "너희는 내 잔을 마실 것이다. 그러나 내 오른
쪽과 왼쪽에 앉는 것은 내가 허락할 일이 아니라, 내 아버지께서 정하신 이들에
게 돌아가는 것이다."
24 다른 열 제자가 이 말을 듣고 그 두 형제를 불쾌하게 여겼다.

25 예수님께서는 그들을 가까이 불러 이르셨다. "너희도 알다시피 다른 민족들의 통
치자들은 백성 위에 군림하고, 고관들은 백성에게 세도를 부린다.
26 그러나 너희는 그래서는 안 된다. 너희 가운데에서 높은 사람이 되려는 이는 너
희를 섬기는 사람이 되어야 한다.
27 또한 너희 가운데에서 첫째가 되려는 이는 너희의 종이 되어야 한다.
28 사람의 아들도 섬김을 받으러 온 것이 아니라 섬기러 왔고, 또 많은 이들의 몸값
으로 자기 목숨을 바치러 왔다."

예리코에서 눈먼 두 사람을 고치시다 마르 10,46-52;루카 18,35-43

29 그들이 예리코를 떠날 때에 많은 군중이 예수님을 따랐다.
30 그런데 눈먼 사람 둘이 길가에 앉아 있다가 예수님께서 지나가신다는 말을 듣고,
"다윗의 자손이신 주님, 저희에게 자비를 베풀어 주십시오." 하고 외쳤다.
31 군중이 그들에게 잠자코 있으라고 꾸짖었지만, 그들은 더욱 큰 소리로 "주님, 다윗
의 자손이시여, 저희에게 자비를 베풀어 주십시오." 하고 외쳤다.
32 예수님께서 걸음을 멈추시고 그들을 부르신 다음, "내가 너희에게 무엇을 해 주기
를 바라느냐?" 하고 물으셨다.
33 그들이 "주님, 저희 눈을 뜨게 해 주십시오." 하고 대답하였다.
34 예수님께서 가엾은 마음이 들어 그들의 눈에 손을 대시자, 그들이 곧 다시 보게 되
었다. 그리고 그들은 예수님을 따랐다.

1 "For the kingdom of heaven is like a landowner who went out early in
the morning to hire men to work in his vineyard.
2 He agreed to pay them a denarius for the day and sent them into his
vineyard.
3 "About the third hour he went out and saw others standing in the mar-
ketplace doing nothing.
4 He told them, 'You also go and work in my vineyard, and I will pay you
whatever is right.'

Vox populi, vox Dei.

5 So they went. "He went out again about the sixth hour and the ninth
hour and did the same thing.
6 About the eleventh hour he went out and found still others standing
around. He asked them, 'Why have you been standing here all day long
doing nothing?'
7 "'Because no one has hired us,' they answered. "He said to them, 'You
also go and work in my vineyard.'
8 "When evening came, the owner of the vineyard said to his foreman,
'Call the workers and pay them their wages, beginning with the last ones
hired and going on to the first.'
9 "The workers who were hired about the eleventh hour came and each
received a denarius.
10 So when those came who were hired first, they expected to receive
more. But each one of them also received a denarius.
11 When they received it, they began to grumble against the landowner.
12 'These men who were hired last worked only one hour,' they said, 'and
you have made them equal to us who have borne the burden of the
work and the heat of the day.'
13 "But he answered one of them, 'Friend, I am not being unfair to you.
Didn't you agree to work for a denarius?
14 Take your pay and go. I want to give the man who was hired last the
same as I gave you.
15 Don't I have the right to do what I want with my own money? Or are you
envious because I am generous?'
16 "So the last will be first, and the first will be last."
17 Now as Jesus was going up to Jerusalem, he took the twelve disciples
aside and said to them,
18 "We are going up to Jerusalem, and the Son of Man will be betrayed to

the chief priests and the teachers of the law. They will condemn him to
death

19 and will turn him over to the Gentiles to be mocked and flogged and
crucified. On the third day he will be raised to life!"

20 Then the mother of Zebedee's sons came to Jesus with her sons and,
kneeling down, asked a favor of him.

21 "What is it you want?" he asked. She said, "Grant that one of these two
sons of mine may sit at your right and the other at your left in your king-
dom."

22 "You don't know what you are asking," Jesus said to them. "Can you
drink the cup I am going to drink?" "We can," they answered.

23 Jesus said to them, "You will indeed drink from my cup, but to sit at my
right or left is not for me to grant. These places belong to those for whom
they have been prepared by my Father."

24 When the ten heard about this, they were indignant with the two broth-
ers.

25 Jesus called them together and said, "You know that the rulers of the
Gentiles lord it over them, and their high officials exercise authority over
them.

26 Not so with you. Instead, whoever wants to become great among you
must be your servant,

27 and whoever wants to be first must be your slave--

28 just as the Son of Man did not come to be served, but to serve, and to
give his life as a ransom for many."

29 As Jesus and his disciples were leaving Jericho, a large crowd followed
him.

30 Two blind men were sitting by the roadside, and when they heard that
Jesus was going by, they shouted, "Lord, Son of David, have mercy on
us!"

Vox populi, vox Dei.

31 The crowd rebuked them and told them to be quiet, but they shouted all
the louder, "Lord, Son of David, have mercy on us!"
32 Jesus stopped and called them. "What do you want me to do for you?"
he asked.
33 "Lord," they answered, "we want our sight."
34 Jesus had compassion on them and touched their eyes. Immediately they
received their sight and followed him.

천국의 비유, 포도원의 품군

자료 : yooshinchoi.com

人語

마태오 복음서 20장 요약[1]

내용상 세 부분으로 구성되어 있다. 먼저 포도원 품꾼 비유는 13장에서 나타난 일곱 가지 천국 비유의 연장선 상에서 이해될 수 있다. 그러나 그 의도나 주제는 앞의 비유들과 사뭇 다르다. 즉 여기서 주님은 제자들의 공로 지향적인 태도를 경계하시고, 주의 나라와 상급은 우리가 헌신한 시간의 길이나 양에 의해 결정나는 것이 아니고 하느님의 주권적인 결정에 의해 판가름남을 역설하셨다. 한편 17-28절까지는 제3차 수난 예언과 이에 대한 제자들의 반응을 다루고 있다. 말미에 나오는 두 소경 치유 사건은 수난을 목전에 둔 시점까지 인류의 질고를 담당하시는 주의 긍휼과 헌신을 뚜렷이 보여 준다.

1절부터 16절까지 나오는 포도원 품군비유는 13장에 나온 일곱 가지 천국 비유의 연장선이다. 천국 제자된 자들의 공로지향주의를 경계하시고, 구원은 믿는 순서로 얻어지는 것이 아니라 누구든지 동일하게 성령의 초청으로 예수님을 믿는 자는 구별 없이 구원받음을 보여주신다. 농장의 주인이신 품군들에게 정해진 삯을 주는 것은 전적으로 주인의 마음이듯이 구원이 인간의 노력의 대가가 아님을 알려 주시는 것이다. 세배대의 아들인 야고보와 요한의 어머니가 두 아들을 예수님의 좌우에 앉게 해 달라고 요구한다. 예수님은 크고자 하면 섬겨야 하고 으뜸이 되고자 하면 종이 되어야 한다고 하신다. 그 자리에 누가 앉게 되는 것은 하느

1 변정미, 마태복음 20장 요약 설명, 강남은혜교회, 2020년 2월 15일 작성.

님의 주권임을 말씀하신다. 야고보는 제자 중 최초의 순교자가 되었고 요한은 가장 오래 살면서 요한 묵시록을 기록했다.

전도, 기도, 말씀 사역이, 봉사, 구제 등 우리가 그리스도인으로 할 수 있다는 것이 얼마나 놀라운 복인지 모른다. 그러나 가끔씩 이에 대한 어떤 대가가 주어지면 좋겠다고 생각할 수 있다. 하느님께서 베푸신 구원의 은혜만으로 풍성한 삶을 누려 나가야 함에도 인간의 속성상 이 땅에서 필요한 것들을 주님의 사역과 바꾸어서 계산되기를 희망하기도 하는 것이다. 그러나 그럴수록 더 자신을 쳐서 복종시키고 이름 없이 대가 없이 나가는 순례자의 정신을 가다듬어야 할 것이다. 모든 필요를 아시는 아버지 하느님께서 예수님을 통해 구하는 것마다 채워주시는 데 그것이 욕심으로 연결되지 않아야 한다는 것이다.

각 절 해석[2]

1절 본문에서 주께서 포도원으로 비유하신 천국은 신약교회를 가리킨다. 신약교회는 다니엘서 2:44에 예언된 하느님 나라의 시작이다. 우리는 예수님 믿고 구원받음으로 이미 하느님의 아들의 나라로 들어왔다. 골로새서 1:13, "아버지께서는 우리를 어둠의 권세에서 구해 내시어 당신께서 사랑하시는 아드님의 나라로 옮겨 주셨습니다." 우리는 하느님의 거룩한 나라이다. 베드로의 첫째 서간 2:9, "선택된 겨레고 임금의 사제단이며 거룩한 민족이고 그분의 소유가 된 백성입니다. 그러므로 여러분은" 곧 포도원 주인은 예수 그리스도를 가리킨다. 포도원 주인이 이른 아침에 나간 것은 포도원에 일할 일꾼들을 구하기 위해서였다. 추수 때에는 일꾼이 부족하여 포도원 주인이 사람들이 많은 길거리나 장터에 나가 일꾼들을 구한다. 이른 아침은 시대적으로는 신약시대의 초기를 가리킬 것이나, 개인적으로는 사람들의 젊은 시절을 가리킬 것이다.

2 김효성 목사, 마태복음 강해, 2019년 11월 27일 수정.

하느님의 나라

자료 : ko.wikipedia.org

2절 포도원 주인은 하루 한 데나리온씩 일꾼들과 약속하며 포도원에 들여보냈다. 포도원의 일은 포도 열매를 따는 것이다. 성도들의 일은 교회에 들어와 우선 자신의 영적 성장을 힘쓰는 것이다. 그들은 예배에 잘 참석하고 성경을 읽고 기도하며 하느님을 찬송하며 성경 말씀을 들으며 다른 이들과 함께 기도하고 헌금과 선한 봉사의 일을 힘쓴다. 또 그들은 하느님을 알지 못하는 자들에게 구원의 소식을 전한다.

한 데나리온은 구원과 영생과 영광의 하늘 나라를 가리킨다. 품삯이라는 표현은 마치 구원이 행위의 대가代價처럼 들리나 실상은 그렇지 않다. 구원은 오직 하느님의 은혜이다. 주인은 일방적으로 일꾼들을 불렀고 한 데나리온의 품삯을 정하였다. 주인이 불러주지 않았더라면 그들은 그 포도원에서 일하지 못했을 것이다. 한 데나리온은 온종일의 일에 대한 대가가 아니었다. 단 한 시간만 일하고서도 한 데나리온을 받은 자들이 있었다.

3-7절 주인은 또 제삼시 즉 오전 9시에 나가 보니 장터에 놀고 서 있는 사람들이 또 있었다. 그는 그들에게 포도원에 들어가라고 말했다. 주인은 제6시 즉 정오와, 제9시 즉 오후 3시에 또 나가 그같이 했고 제11시 즉 오후 5시에도 나가 보니 다른 이들이 서 있었다. 그들은 종일토록 놀고 있었다. 그들은 자기들을 일꾼으로 쓰는 이가 없다고 말했다. 주인은 그들도 포도원에 들어가게 했다.

Vox populi, vox Dei.

오후 3시나 5시에 포도원으로 부름을 받은 자들은 하루종일 특별히 하는 일 없이 놀기만 한 자들이었다. 오후 3시나 5시는 시대적으로는 신약교회 시대의 마지막에 해당할 것이며, 개인적으로는 인생의 노년기에 해당할 것이다. 주께서는 포도원에 들어오지 않은 자들을 게으르게 노는 자들이라고 표현하셨다. 그가 우리를 부르시는 시점은 다양하지만, 공통점은 우리가 다 하나님의 부르심을 받아 포도원인 그의 교회에 들어와 일하고 있다는 점이다. 우리의 일은 바로 우리 개개인의 신앙생활과 교회생활과 선한 봉사생활을 가리킨다.

아직도 날이 저물지 않았다. 아직도 포도원에 일할 일거리가 남아 있다. 주께서는 우리에게 일평생 허송세월하다가 생을 마치겠는가고 물으신다. 그는 우리에게 이제라도 자신의 성화聖化와 영적 유익을 위해, 또 다른 이들의 구원과 영적 유익을 위해, 또 하나님의 영광을 위해 일하다가 생을 마치라고 말씀하신다. 그의 재림이 가까운 이 시대에도 말씀하시고 청년들뿐 아니라, 노인들에게도 말씀하신다.

8-9절 오후 6시쯤이 되면 날이 저물고 하루 일과가 마친다. 포도원 주인은 청지기에게 "일꾼들을 불러 나중 온 자로부터 시작하여 먼저 온 자까지 품삯을 주라"라고 말했다. 제11시 즉 오후 5시에 온 자들이 와서 한 데나리온씩을 받았다. 그들은 1시간만 일했지만 하루 품삯인 한 데나리온을 받았다. 그 주인은 참 후한 사람이었다. 앞에서 말한 대로, 한 데나리온은 구원과 영광의 천국과 영생을 가리켰다고 본다.

이 말씀은 구원과 천국과 영생이 사람의 수고의 대가代價로 얻어진다는 것을

포도원 일꾼들의 비유

자료 : wol.jw.org

예수님 당대에 사용된 은화의 한 종류인 아우구스투스 데나리온

자료 : truthnlove.tistory.com

의미하는 것이 아니다. 그런 행위주의, 공로주의 관념은 성경의 구원 진리에 반대된다. 사람은 자기의 행위의 공로로 구원을 얻을 수 없다. 우리의 행위는 하느님의 엄격한 요구에 미달한다. 우리의 구원은 오직 하느님의 은혜와 예수 그리스도의 십자가 대속 사역으로만 또 오직 예수님을 믿음으로만 얻을 수 있다.

10-12절 먼저 온 자들이 품삯을 받을 차례가 되었을 때, 그들은 더 받을 줄 알았다. 그러나 그들도 한 데나리온씩만 받았다. 그들은 받은 후 그 집주인을 원망하며 말하였다. "나중 온 이 사람들은 한 시간만 일하였거늘 그들을 종일 수고와 더위를 견딘 우리와 같게 하였나이다."

앞장에서 베드로는 "우리가 모든 것을 버리고 주를 좇았사오니 그런즉 우리가 무엇을 얻으리이까?"라고 물었었다. 이른 아침부터 일한 일꾼들은 처음부터 사도로 부름 받은 열두 제자들을 의미했을 것이다. 그들의 수고는 나중에 부름 받은 자들에 비해 컸을 것이다.

그러나 결과적으로 그들이 받는 품삯은 약속된 한 데나리온뿐이지, 그 이상의 것은 아니었다. 동일한 한 데나리온이 모든 일꾼들에게 주어지는 것이다. 그것은 공로주의적 사고방식에 역행한다. 주께서는 모든 진실한 성도들에게 구원과 영광의 천국과 영생이라는 동일한 선물을 주실 것이다. 먼저 믿는 자에게나 나중 믿는 자에게나 동일한 구원과 천국과 영생을 주실 것이다. 그러므로 우리는 부름 받은 시대나 나이를 관계치 말고, 오직 하느님과 주 예수께 충성하면 된다.

Vox populi, vox Dei.

13-15절 주인의 처사는 잘못한 것이 없었고 공의로운 것이었다. 왜냐하면 주인은 품꾼들에게 한 데나리온의 품삯을 약속했기 때문이다. 포도원에 늦게 온 자들에게도 똑같은 품삯을 주는 것은 주인의 뜻에 따른 것이었다. 주인의 재산을 주인의 뜻대로 하는 것은 아무런 잘못이 아니며, 또 포도원에 늦게 들어온 일꾼들에게 한 데나리온의 품삯을 주는 것은 선한 일이지 악한 일은 아니었다.

16절 나중에 일꾼된 자들은 이방인들, 먼저 일꾼된 자들은 유대인들을 가리키며, 또 나중에 일꾼된 자들은 신입교인들을, 먼저 일꾼된 자들은 오래된 교인들을 가리킬 수 있을 것이다. 성도들의 신앙생활에는 연수나 햇수보다 진지함과 성실함이 더 중요하다. 신약교회는 많은 사람들이 구원과 천국과 영생의 초청을 받지만, 주 예수 그리스도를 믿고 순종하며 그 구원과 천국과 영생을 얻는 자들은 많지 않다.

17-19절 주께서는 자신의 죽음과 부활에 대해 세 번째로 말씀하셨다.

20-21절 여기에 모든 사람 속에 있는, 특히 어머니들 속에 있는 욕심, 자기 자녀가 남보다 더 나은 자, 더 높은 자가 되기를 원하는 욕심이 보인다. 그것은 세속적인 욕심이요 헛된 명예심이며 허영심이다. 사람이 이런 세속적인 욕심을 제거하기가 얼마나 어려운지! 그러나 성도는 이런 욕심을 품지 않도록 자신의 마음을 단속해야 한다.

22-24절 하느님 나라의 명예는 세속적인 욕심으로 구할 수 있는 것이 아니다. 예수님 자신은 십자가에 고난을 당하시고 죽으심으로 영광을 받으실 것이었다. 그와 같이, 주의 나라에서의 명예는 이 땅의 방식과 다른 방식, 곧 주와 함께 고난을 받는 방식에 의해 얻어질 수 있을 뿐이다.

주께서 마시려는 잔을 자기들도 마시겠다고 말한 것을 보면, 그들의 중심은 그 점에서 순진했던 것 같다. 십자가의 고난을 잘 모르는 채 그들은 그 고난의 잔을

십자가의 고난

자료 : m.christianvision.net

마실 수 있다고 용감하게 대답하였다. 주께서는 그들이 주의 고난에 참여할 것을 암시하셨다. 그러나 주의 좌우편에 앉는 것은 하느님 아버지께서 예비하신 자에게 주어질 것이다. 지금 그것은 감추어진 하느님의 작정이며 하느님의 기쁘신 뜻의 일이다. 그러므로 사람이 하느님의 감추어진 것을 알려고 할 것이 없다. 그런 관심 자체가 올바르거나 선하지 못하다.

열 제자는 그 말을 듣고 그 두 형제에 대해 분히 여겼다. 그것은 그들 속에도 같은 욕심이 있었기 때문이다. 남보다 높아지려는 욕심이 없는 곳에는 그런 유의 분노가 있지 않을 것이다.

25-27절 다른 사람들 위에 군림하여 그들을 지배하는 것은 세상 나라에서 볼 수 있는 일이요 방식이다. 남을 지배하려는 태도는 타락한 사람의 본성적 행위이다. 이것이 세상 나라의 모습이다. 그러나 하느님 나라와 교회는 전혀 다른 원리와 방식으로 운영되어야 한다. 교회에는 남을 지배하는 자들이 없어야 한다. 예수께서는 그런 유의 권위를 부정하신다. 모든 신자는 왕 같은 제사장들이며 한 목표인 주의 영광을 위해 서로 협력하는 자들이어야 한다.

교회 안에 큰 자가 있다면 남을 섬기는 자가 그러하다. 이 얼마나 세상과 다른

사도들의 사역이 하느님의 사역을 대표할 수 있는가.

자료 : light-of-truth.org

원리요 방식인가! 그러므로 누구든지 교회에서 큰 자가 되려고 하거나 으뜸이 되려고 하면, 다른 성도들을 겸손히 섬겨야 한다. 교회에서 훌륭한 자는 다른 사람들을 지배하는 자가 아니고, 자기를 낮추고 겸손히 다른 사람들을 섬기는 자이다.

사실, 이렇게 하면 거기에는 갈등이나 분쟁이나 분노가 결코 없을 것이다. 인간 사회의 갈등과 분쟁과 싸움은 불의와 거짓과 교만에서 생기는 현상이다. 그러나 모두가 하느님의 법을 힘써 지키며 자신을 낮추고 서로 섬기려 한다면, 그런 곳에는 아무 싸움이나 갈등이 일어나지 않을 것이다. 그런 곳이 곧 천국의 모형이다.

28절 주께서는 자신의 모범으로써 그의 교훈의 무게를 더하신다. 그는 섬김을 받으려고 세상에 오지 않으셨고 도리어 많은 사람들을 섬기시며 자기 목숨을 그들의 대속물로 주기 위해 오셨다. 주님의 사역의 핵심은 자신을 대속물로 주신 것이다. 이것은 그가 십자가에 죽으심의 의미이다. 그의 사역은 부수적으로 그의 낮아지심과 섬김을 보인다. 그러므로 우리가 그를 믿고 따른다면, 우리도 남을 섬기며 남을 위해 우리의 목숨도 바칠 각오를 해야 하는 것이다.

29-30절 '다윗의 자손'은 구약성경에 약속된 메시아를 가리킨다. 그 두 사람은 불쌍한 소경이었지만 놀랍게도 예수께서 하느님의 약속된 메시아라는 지식과 믿음을 가지고 있었다. 그들은 아마 들리는 소문을 통해 또 하느님의 은혜로 그런 지식과 믿음을 가지게 되었을 것이다.

31절 무리들은 그 불쌍한 소경들을 동정하기는커녕 그들을 꾸짖으며 잠자코 있으라고 말했다. 예수님을 좇아 예루살렘으로 올라가고 있었던 그들은 그의 동정심을 갖고 있지 못했다. 소경들이 고침을 받는 데는 예수님 측근에 둘러서 있는 사람들이 도움을 주는 자들이 되지 못하여 오히려 방해거리였다. 그러나 그 소경들은 더욱 소리질러 말했다. 주께 나아가는 자는 사람의 방해 때문에 낙심치 말아야 한다.

눈먼 자를 치유하는 예수, 외스타슈 르 쉬외르(Eustache Le Sueur), 1617-1655

자료 : catholicnews.co.kr

32절 소경들의 낙심치 않는 부르짖음은 마침내 주님의 관심을 끌었다. 예수께서는 머물러 서셨고 그들을 부르셨다. 우리가 기도하지 않으면 무엇을 받을 것을 기대하지 말아야 한다. 그러나 기도하면, 그리고 낙심치 않고 계속 또 더욱 부르짖어 기도하면, 그가 그의 시선을 우리에게 돌리시고 우리의 기도의 소리에 귀를 기울이실 것이다.

33-34절 소경들의 소원은 분명하였다. 그들은 눈을 뜨기를 원하였다. 구체적 기도 제목은 확실한 기도 응답을 얻을 것이다. 예수께서는 그들을 긍휼히 여기셔서 그들의 눈을 만지셨다. 그러자 그들은 곧 보게 되었다. 주의 능력의 치료와 구원은 신속하고 완전하였다. 여기에 다시 예수 그리스도의 신성神性과 신적 영광이 나타났다.

Vox populi, vox Dei.

마태오 복음서 21장

天聲

예루살렘에 입성하시다 마르 11,1-11;루카 19,28-38;요한 12,12-19

1 그들이 예루살렘에 가까이 이르러 올리브 산 벳파게에 다다랐을 때, 예수님께서
제자 둘을 보내며

2 말씀하셨다. "너희 맞은쪽 동네로 가거라. 매여 있는 암나귀와 그 곁의 어린 나귀
를 곧바로 보게 될 것이다. 그것들을 풀어 나에게 끌고 오너라.

3 누가 너희에게 무어라고 하거든, '주님께서 필요하시답니다.' 하고 대답하여라. 그러
면 그것들을 곧 보내 줄 것이다."

4 예언자를 통하여 하신 말씀이 이루어지려고 이 일이 일어난 것이다.

5 "딸 시온에게 말하여라. 보라, 너의 임금님이 너에게 오신다. 그분은 겸손하시어 암
나귀를, 짐바리 짐승의 새끼, 어린 나귀를 타고 오신다."

6 제자들은 가서 예수님께서 지시하신 대로 하였다.

7 그들은 그렇게 암나귀와 어린 나귀를 끌고 와서 그 위에 겉옷을 펴 놓았다. 예수
님께서 그 위에 앉으시자,

8 수많은 군중이 자기들의 겉옷을 길에 깔았다. 또 어떤 이들은 나뭇가지를 꺾어다
가 길에 깔았다.

9 그리고 앞서 가는 군중과 뒤따라가는 군중이 외쳤다. "다윗의 자손께 호산나! 주님
의 이름으로 오시는 분은 복되시어라. 지극히 높은 곳에 호산나!"

10 이렇게 하여 예수님께서 예루살렘에 들어가시니 온 도성이 술렁거리며, "저분이 누
구냐?" 하고 물었다.

11 그러자 군중이 "저분은 갈릴래아 나자렛 출신 예언자 예수님이시오." 하고 대답하
였다.

Vox populi, vox Dei.

성전을 정화하시다 마르 11,15-19;루카 19,45-48;요한 2,13-22

12 예수님께서는 성전에 들어가시어, 그곳에서 사고팔고 하는 자들을 모두 쫓아내시
고, 환전상들의 탁자와 비둘기 장수들의 의자를 둘러엎으셨다.
13 그리고 그들에게 말씀하셨다. "'나의 집은 기도의 집이라 불릴 것이다.'라고 기록되
어 있다. 그런데 너희는 이 곳을 '강도들의 소굴'로 만드는구나."
14 그때에 성전에서 눈먼 이들과 절름거리는 이들이 다가오자, 예수님께서는 그들을
고쳐 주셨다.
15 수석 사제들과 율법 학자들이 예수님께서 일으키신 기적들을 보고, 또 성전에서
"다윗의 자손께 호산나!" 하고 외치는 아이들을 보고 불쾌해하며,
16 예수님께 "저 아이들이 무어라고 하는지 듣고 있소?" 하였다. 예수님께서 그들에
게 말씀하셨다. "그렇다. '당신께서는 아기들과 젖먹이들의 입에서 찬양이 나오게
하셨습니다.'라는 말씀을 너희는 읽어 본 적이 없느냐?"
17 예수님께서는 그들을 두고 성을 나와 베타니아로 가시어 그곳에서 밤을 지내
셨다.

무화과나무를 저주하시다 마르 11,12-14;마르 11,20-25

18 예수님께서는 새벽에 성안으로 되돌아가실 때에 시장하셨다.
19 마침 길가에 있는 무화과나무 한 그루를 보시고 가까이 가셨다. 그러나 잎사귀밖
에는 달리 아무것도 보이지 않았으므로 그 나무를 향하여 말씀하셨다. "이제부터
너는 영원히 열매 맺는 일이 없을 것이다." 그러자 나무가 즉시 말라 버렸다.
20 제자들이 그것을 보고 놀라서, "어째서 무화과나무가 즉시 말라 버렸습니까?" 하
고 물었다.
21 예수님께서 그들에게 대답하셨다. "내가 진실로 너희에게 말한다. 너희가 믿음을
가지고 의심하지 않으면, 이 무화과나무에 일어난 일을 할 수 있을 뿐만 아니라,
이 산더러 '들려서 저 바다에 빠져라.' 하여도 그대로 이루어질 것이다.
22 그리고 너희가 기도할 때에 믿고 청하는 것은 무엇이든지 다 받을 것이다."

예수님의 권한을 문제 삼다 마르 11,27-33;루카 20,1-8

23 예수님께서 성전에 가서 가르치고 계실 때, 수석 사제들과 백성의 원로들이 예수
님께 다가와 말하였다. "당신은 무슨 권한으로 이런 일을 하는 것이오? 그리고 누
가 당신에게 이런 권한을 주었소?"
24 그러자 예수님께서 말씀하셨다. "나도 너희에게 한 가지 묻겠다. 너희가 나에게 대
답하면, 나도 무슨 권한으로 이런 일을 하는지 너희에게 말해 주겠다.
25 요한의 세례가 어디에서 온 것이냐? 하늘에서냐, 아니면 사람에게서냐?" 그들은 저
희끼리 의논하였다. "'하늘에서 왔다.' 하면, '어찌하여 그를 믿지 않았느냐?' 하고 우
리에게 말할 것이오.
26 그렇다고 '사람에게서 왔다.' 하자니 군중이 두렵소. 그들이 모두 요한을 예언자로
여기니 말이오."
27 그래서 그들이 예수님께 "모르겠소." 하고 대답하였다. 그러자 예수님께서 그들에
게 말씀하셨다. "나도 무슨 권한으로 이런 일을 하는지 너희에게 말하지 않겠다."

두 아들의 비유

28 "너희는 어떻게 생각하느냐? 어떤 사람에게 아들이 둘 있었는데, 맏아들에게 가
서 '얘야, 너 오늘 포도밭에 가서 일하여라.' 하고 일렀다.
29 그는 '싫습니다.' 하고 대답하였지만, 나중에 생각을 바꾸어 일하러 갔다.
30 아버지는 또 다른 아들에게 가서 같은 말을 하였다. 그는 '가겠습니다, 아버지!' 하
고 대답하였지만 가지는 않았다.
31 이 둘 가운데 누가 아버지의 뜻을 실천하였느냐?" 그들이 "맏아들입니다." 하고 대
답하자, 예수님께서 그들에게 말씀하셨다. "내가 진실로 너희에게 말한다. 세리와
창녀들이 너희보다 먼저 하느님의 나라에 들어간다.
32 사실 요한이 너희에게 와서 의로운 길을 가르칠 때, 너희는 그를 믿지 않았지만 세
리와 창녀들은 그를 믿었다. 너희는 그것을 보고도 생각을 바꾸지 않고 끝내 그를
믿지 않았다."

Vox populi, vox Dei.

포도밭 소작인의 비유 마르 12,1-12;루카 20,9-19

33 "다른 비유를 들어 보아라. 어떤 밭 임자가 '포도밭을 일구어 울타리를 둘러치고 포도 확을 파고 탑을 세웠다.' 그리고 소작인들에게 내주고 멀리 떠났다.

34 포도 철이 가까워지자 그는 자기 몫의 소출을 받아 오라고 소작인들에게 종들을 보냈다.

35 그런데 소작인들은 그들을 붙잡아 하나는 매질하고 하나는 죽이고 하나는 돌을 던져 죽이기까지 하였다.

36 주인이 다시 처음보다 더 많은 종을 보냈지만, 소작인들은 그들에게도 같은 짓을 하였다.

37 주인은 마침내 '내 아들이야 존중해 주겠지.' 하며 그들에게 아들을 보냈다.

38 그러나 소작인들은 아들을 보자, '저자가 상속자다. 자, 저자를 죽여 버리고 우리가 그의 상속 재산을 차지하자.' 하고 저희끼리 말하면서,

39 그를 붙잡아 포도밭 밖으로 던져 죽여 버렸다.

40 그러니 포도밭 주인이 와서 그 소작인들을 어떻게 하겠느냐?"

41 "그렇게 악한 자들은 가차 없이 없애 버리고, 제때에 소출을 바치는 다른 소작인들에게 포도밭을 내줄 것입니다." 하고 그들이 대답하자,

42 예수님께서 그들에게 말씀하셨다. "너희는 성경에서 이 말씀을 읽어 본 적이 없느냐? '집 짓는 이들이 내버린 돌 그 돌이 모퉁이의 머릿돌이 되었네. 이는 주님께서 이루신 일 우리 눈에 놀랍기만 하네.'

43 그러므로 내가 너희에게 말한다. 하느님께서는 너희에게서 하느님의 나라를 빼앗아, 그 소출을 내는 민족에게 주실 것이다.

44 그리고 그 돌 위에 떨어지는 자는 부서지고, 그 돌에 맞는 자는 누구나 으스러질 것이다."

45 수석 사제들과 바리사이들은 이 비유들을 듣고서 자기들을 두고 하신 말씀인 것을 알아차리고,

46 그분을 붙잡으려고 하였으나 군중이 두려웠다. 군중이 예수님을 예언자로 여겼기 때문이다.

1 As they approached Jerusalem and came to Bethphage on the Mount of
Olives, Jesus sent two disciples,
2 saying to them, "Go to the village ahead of you, and at once you will
find a donkey tied there, with her colt by her. Untie them and bring them
to me.
3 If anyone says anything to you, tell him that the Lord needs them, and
he will send them right away."
4 This took place to fulfill what was spoken through the prophet:
5 "Say to the Daughter of Zion, 'See, your king comes to you, gentle and
riding on a donkey, on a colt, the foal of a donkey.'"
6 The disciples went and did as Jesus had instructed them.
7 They brought the donkey and the colt, placed their cloaks on them, and
Jesus sat on them.
8 A very large crowd spread their cloaks on the road, while others cut
branches from the trees and spread them on the road.
9 The crowds that went ahead of him and those that followed shouted,
"Hosanna to the Son of David!" "Blessed is he who comes in the name of
the Lord!" "Hosanna in the highest!"
10 When Jesus entered Jerusalem, the whole city was stirred and asked, "Who
is this?"
11 The crowds answered, "This is Jesus, the prophet from Nazareth in Gali-
lee."
12 Jesus entered the temple area and drove out all who were buying and
selling there. He overturned the tables of the money changers and the
benches of those selling doves.
13 "It is written," he said to them, "'My house will be called a house of
prayer,' but you are making it a 'den of robbers.'"

Vox populi, vox Dei.

14 The blind and the lame came to him at the temple, and he healed them.
15 But when the chief priests and the teachers of the law saw the wonderful
things he did and the children shouting in the temple area, "Hosanna to
the Son of David," they were indignant.
16 "Do you hear what these children are saying?" they asked him. "Yes," re-
plied Jesus, "have you never read," 'From the lips of children and infants
you have ordained praise'?"
17 And he left them and went out of the city to Bethany, where he spent the
night.
18 Early in the morning, as he was on his way back to the city, he was hun-
gry.
19 Seeing a fig tree by the road, he went up to it but found nothing on it
except leaves. Then he said to it, "May you never bear fruit again!" Imme-
diately the tree withered.
20 When the disciples saw this, they were amazed. "How did the fig tree
wither so quickly?" they asked.
21 Jesus replied, "I tell you the truth, if you have faith and do not doubt, not
only can you do what was done to the fig tree, but also you can say to
this mountain, 'Go, throw yourself into the sea,' and it will be done.
22 If you believe, you will receive whatever you ask for in prayer."
23 Jesus entered the temple courts, and, while he was teaching, the chief
priests and the elders of the people came to him. "By what authority are
you doing these things?" they asked. "And who gave you this authority?"
24 Jesus replied, "I will also ask you one question. If you answer me, I will
tell you by what authority I am doing these things.
25 John's baptism--where did it come from? Was it from heaven, or from
men?" They discussed it among themselves and said, "If we say, 'From
heaven,' he will ask, 'Then why didn't you believe him?'
26 But if we say, 'From men'--we are afraid of the people, for they all hold

that John was a prophet."

27 So they answered Jesus, "We don't know." Then he said, "Neither will I
tell you by what authority I am doing these things.

28 "What do you think? There was a man who had two sons. He went to
the first and said, 'Son, go and work today in the vineyard.'

29 "'I will not,' he answered, but later he changed his mind and went.

30 "Then the father went to the other son and said the same thing. He an-
swered, 'I will, sir,' but he did not go.

31 "Which of the two did what his father wanted?" "The first," they an-
swered. Jesus said to them, "I tell you the truth, the tax collectors and the
prostitutes are entering the kingdom of God ahead of you.

32 For John came to you to show you the way of righteousness, and you did
not believe him, but the tax collectors and the prostitutes did. And even
after you saw this, you did not repent and believe him.

33 "Listen to another parable: There was a landowner who planted a vine-
yard. He put a wall around it, dug a winepress in it and built a watch-
tower. Then he rented the vineyard to some farmers and went away on a
journey.

34 When the harvest time approached, he sent his servants to the tenants to
collect his fruit.

35 "The tenants seized his servants; they beat one, killed another, and
stoned a third.

36 Then he sent other servants to them, more than the first time, and the
tenants treated them the same way.

37 Last of all, he sent his son to them. 'They will respect my son,' he said.

38 "But when the tenants saw the son, they said to each other, 'This is the
heir. Come, let's kill him and take his inheritance.'

39 So they took him and threw him out of the vineyard and killed him.

40 "Therefore, when the owner of the vineyard comes, what will he do to
those tenants?"
41 "He will bring those wretches to a wretched end," they replied, "and he
will rent the vineyard to other tenants, who will give him his share of the
crop at harvest time."
42 Jesus said to them, "Have you never read in the Scriptures: " 'The stone
the builders rejected has become the capstone; the Lord has done this,
and it is marvelous in our eyes'?
43 "Therefore I tell you that the kingdom of God will be taken away from
you and given to a people who will produce its fruit.
44 He who falls on this stone will be broken to pieces, but he on whom it
falls will be crushed."
45 When the chief priests and the Pharisees heard Jesus' parables, they
knew he was talking about them.
46 They looked for a way to arrest him, but they were afraid of the crowd
because the people held that he was a prophet.

예수님의 예루살렘 입성

자료 : jjmfc.org

人語

마태오 복음서 21장 요약[1]

예수님은 예루살렘으로 입성하셨다. 물론 이전에도 몇 차례 예루살렘을 방문하신 적이 있지만 이번의 방문은 그 의미와 중요성에 있어서 이전에 비할 바가 못 된다. 즉 본문의 예루살렘 입성은 대적자들의 본거지를 정면 돌파해 들어가시는 것으로서, 만왕의 왕이신 주의 영광을 확실히 드러낸다. 이것은 부활 후 취하실 영화의 전조이기도 하다. 마태오는 이 사건 이후에 바로 예수님의 권위에 대한 종교 지도자들의 논박과 두 아들과 불의한 농부 비유를 배열하여, 영광의 주를 죽이고자 하는 불의의 음모가 한층 더 치열해지고 있음을 암시했다.

예수님의 공생애의 마지막 일주일의 여정

전날 밤 여리고에서 베다니아로 가셔서요한 12:1, 12 기숙하셨다여리고에서 길을 나서면 베다니아와 벳바게를 거쳐야 예루살렘으로 들어감. 그다음 날 일요일 아침 감람산 벳바게로 가셔서 예루살렘으로 입성하시기 위해 어린 나귀새끼를 준비하게 하신다1-6. 전쟁의 말이 아닌 일상에서의 나귀를 타신 예수님은 평화를 위한 하느님 나라의 왕의 참 권위를 가지신 온유와 겸손으로 그 왕국을 완성하실 것을 보여주신다. 이는 스가랴 9장 9절의 "시온 딸에게 이르기를 네 왕이 네게 임하나니 그는 겸손하여 나귀 곧 멍에 메는 짐승의 새끼를 탔도다"의 예언의 성취이다.

1 변정미, 마태복음 21장 요약 설명, 강남은혜교회, 2020년 2월 15일 작성.

Vox populi, vox Dei.

여리고에서 길을 나서서 베다니아와 벳바게를 거쳐 예루살렘으로 들어가는 코스

자료 : gwks.org

어린 나귀를 타시고 예루살렘으로 입성하심

사람들은 겉옷을 나귀 위에 얹고 길에는 겉옷과 나뭇가지를 펴 예수님이 예루살렘으로 왕으로서 들어가심을 환영하며 호산나 찬송을 한다. 호산나는 '지금 구원하소서'의 뜻이다.

성전을 정화하심

하느님께 기도드리는 신성한 성전을 개인의 이익을 바라는 장사꾼의 소굴로 만든 자들에게 분노하신다. 장사꾼들과 환전상들을 내쫓으신다. 그러나 예수님께 나오는 맹인과 다리를 저는 자들은 고쳐주신다. 다시 베다니아로 가셔서 밤을 지내신다. 탐욕으로 인한 불법과 속임과 거짓은 거룩한 성역에서 내쫓겨야 한다. 사람들의 목적에 의한 프로그램이 아니라 성전에서는 하느님을 향한 예배와 기도, 생명을 살리는 사역을 해야 한다.

무화과나무를 저주하심

잎사귀밖에 없는 무화과 나무를 저주하셨다. 신앙인의 외식에 대한 경고이다.

많은 일들을 하는 푸른 잎사귀 같은 외형은 있으나 참열매가 없음을, 입술로는 교인이나 참사랑이 없거나 하느님을 믿으나 사람을 사랑하지 않는 율법적 행위에 대한 저주이다.

이 일은 믿음이 있고 의심하지 않으면 이뤄진다고 하신다. 또한 무엇이든지 믿고 구하는 것은 다 받으신다고 하신다. 우리 마음이 우리를 책망할 것이 없을 때 하느님 앞에서 담대함을 얻고, 그의 계명을 지키고 하느님께서 기뻐하시는 것을 행할 때이다. 주님의 계명대로 서로 사랑 안에 거할 때 성령께서 함께 하셔서 구하는 것이, 하느님의 뜻임을 알고 구할 때이다.

질문에 대한 답변

예수님의 사역에 대한 권위를 묻는 대제사장들과 백성의 장로들에게 두 아들과 악한 농부의 비유를 들어 그들에게 질문하신다. 이들은 자기들을 가리킴을 알고 예수님을 잡고자 하나 모인 무리들을 무서워했다.

하느님께 예배드리기 위해 모인 자들이 자신도 모르게 하느님께서 가증히 여기시는 외식과 탐욕의 습관을 갖지 않은지 되돌아 본다. 모든 불법과 거짓과 외식과 이기적 욕망을 성전인 내 마음으로부터 버리고 거룩하고 겸손하며 온유한 예수님의 가르침으로 성숙되어야 한다. 평안 가운데 하늘 나라 시민권자의 구별되고 초월된 순례의 길을 무사히 걷기 위해서이다. 주어진 세상에서의 기회를 바르게 사용해야 하기 때문이다. 거룩함을 드러내어 영혼을 구원하여 하느님 나라가 확장되도록 해야 하기 때문이다.

각 절 해석[2]

1-3절 마르코 복음서와 루카 복음서에는 "그 어린 나귀를 예수님께 끌고 와 그 위에 자기들의 겉옷을 걸치고, 예수님을 거기에 올라타시게 하였다."라고 되어 있다. 그것은 어미와 떨어질 수 없는 어린 새끼였다. 그는 그의 전지하신 눈으로 그 나귀 새끼를 보셨다. 또 "그것들을 풀어 나에게 끌고 오너라." "누가 너희에게 무어라고 하거든, '주님께서 필요하시답니다.' 하고 대답하여라."라고 말씀하신 것은 무례한 것이 아니고 주께서 온 세상의 주인이심을 증거한다. 그는 온 우주의 큰 주인이시며, 원하시는 대로 무엇을 취하거나 사용하실 수 있는 자이시다.

4-5절 마태오는 주님의 말씀이 메시아 예언의 성취임을 증거한다. 말은 전쟁의 동물이요 나귀는 평화의 동물이라고 한다. 이방의 왕들은 말을 탔고 나귀를 타지 않았다. 나귀는 경멸을 당하는 짐승이었다. 주께서 나귀를 타신 것은 그의 겸손을 나타내신다. 그것도 어미에게 의존하는 나귀 새끼를 타신 것은 더욱 그러하다. 예수 그리스도의 나라는 세상 나라처럼 외적 영광을 따르지 않는다. 여기에 지극히 비천한 자들에게까지 미치는 은혜의 복음이 있다. 어떤 비천한 자도 예수께 나아올 수 있고 그는 그를 물리치지 않으실 것이다.

6-7절 옷을 그 위에 얹은 것은 안장을 대신해서였다. 주께서는 어린 나귀 새끼, 아직 안장도 없는 짐승을 타시고 예루살렘으로 들어가셨다. 주께서는 자기의 소유 혹은 공동 소유의 나귀 한 필도 없으셨다. 그는 가난한 삶을 사셨다. 지극히 부유하신 하느님의 아들, 이 세상의 모든 것의 소유자이셨던 그는 지극히 가난한 자가 되셨다. 그렇다면 그의 제자된 우리의 삶이 어떤 마음가짐이어야 할지 분명하다.

2 김효성 목사, 마태복음 강해, 2019년 11월 27일 수정.

나귀 타신 예수님

자료 : newsjesus.net

8-11절 무리가 겉옷을 길에 펼친 것은 그에 대한 존경심의 표현이다. 무리의 대부분은 예수님을 유대인의 왕으로 여기며 환영하고 기뻐하였다. 그들은 다른 사람들에게 예수님을 갈릴리 나사렛에서 나온 선지자로 소개하고 있었다. 비록 유대의 종교지도자들은 그를 거절했고 죽일 것이지만, 하느님께서는 무리들을 감동하여 그를 증거하며 그를 찬양케 하셨다. 감격스런 일이다. 그러나 며칠이 지나면 그들 중 다수는 변절하여 "저를 십자가에 못박으소서"라고 외칠 것이다. 이것이 변태무쌍한 사람의 마음이다. 그러므로 우리는 사람을 너무 믿어서는 안 된다. 사람들이 우리를 존경한다고 너무 감격할 것도 없고 우리를 멸시한다고 너무 낙심할 것도 없다.

12절 하느님께 예배하기 위한 성전이 불의의 이익을 얻는 매매의 장소로 악용되었다. 이것은 종교의 타락이었다. 거룩하고 경건한 종교의 이름 아래 자기의 이익을 노리는 이 불의한 종교지도자들은 성전 안에서 돈 바꾸고 비둘기 파는 자들과 결탁되어 있었음이 분명했다. 눈에 보이지 않는 하느님의 영광을 목표로 삼고 일하기보다 눈에 보이는 땅에 속한 것, 썩어지고 불타 없어질 것을 구하는 가련한 종교인들! 예수께서는, 회개하는 죄인들을 향해서는 동정하셨으나, 성전을 더럽히는 자들에 대해서는 격노하셨다. 주께서는 온유하며 겸손하시지만, 종교의 타락에 대해서는 분노하셨던 것이다.

Vox populi, vox Dei.

13절 주님의 종교 개혁은 종교가 성경의 본래 가르침대로 되어야 한다는 정신에 근거하였다. 성경은, 성전이 하나님께 기도하는 집이라고 가르쳤다. 그러나 이러한 순수한 종교가 예배자들의 주머니 돈을 교묘히 긁어모으는 행위로 변질되었다. 유대의 종교지도자들은 성전을 강도의 소굴로 만들었다. 종교 개혁은 항상 성경에 근거해야만 된다. 요시야의 개혁, 히스기야의 개혁이 그러하였고, 루터와 칼빈의 종교 개혁도 그러하였다. 오늘날의 종교개혁도 오직 성경의 교훈으로 돌아감으로써만 시작될 수 있고 성취될 수 있다. 하나님의 뜻은 성경대로 믿고 성경대로 사는 것이다.

14절 유대의 종교지도자들의 위선적 행위들에 대해서는 격노하고 동정심을 보이지 않으시던 주님이지만, 성전에서 그에게 나아온 소경과 절뚝발이들에게는 긍휼과 능력을 베푸셨다. 그들은 예수께 나아와 고침을 받았다. 주께서는 뻔뻔스런 악인들에게는 노하셨지만, 도움을 구하는 죄인들에게는 긍휼을 베푸셨던 것이다.

15-17절 주께서는 자신의 신적 영광을 많이 드러내셨지만, 대제사장들과 율법학자들은 오히려 그것들에 대해 분노했다. 이것이야말로 이상한 일이다.

다윗의 자손께 호산나!

자료 : facebook.com

또 성전에서 "다윗의 자손께 호산나!" 하는 아이들이 있었는데 그들은 그 아이들에 대해서도 분노했다. 사실, 메시아를 영접해야 할 저 지도자들이 주님을 거부하고 그를 죽이려 하기 때문에 하느님께서는 어린 아기들을 사용하여 주를 찬송케 하셨던 것이다.

18절 이른 아침이긴 하지만, 예수님 일행에게 아침식사를 제공하는 자가 없었던 것 같다. 그러나 가난한 환경은 그의 사역에 아무런 지장이 되지 않았다. 하느님의 사역은 가난 때문에 좌절되지 않는다.

19절 배가 고프셨던 예수께서는 무화과나무에 열매가 있을까 하여 가까이 가셨다. 여기에 예수님의 인성人性의 증거가 있다. 사람이신 그는 배고픔을 느끼셨고 지식의 제한성을 가지셨다. 그의 인성은 우리의 것과 같은 참된 인성, 즉 육신적 연약성과 지식의 제한성을 가진 인성이셨다고 보인다. 그러나 그는 죄가 없으셨다.

예수님의 무화과나무 저주는 부당한 그의 감정적 행위이셨는가? 무화과는 보통 열매가 먼저 생긴 후 잎사귀가 커진다. 그러므로 일반적으로, 잎사귀가 있다는 것은 열매가 이미 열렸다는 뜻이다. 그러나 이 나무의 경우는 비정상적이었다. 열매가 열리지 않은 채 잎사귀만 무성했다. 이것은 선한 행위의 열매가 없이 종교적 형식들만 가득한 당시의 타락한 종교를 잘 나타내 주는 것 같았다. 예수님의 무화과나무 저주는 제자들에게 교훈을 주시기 위함이었다.

20-22절 주 예수께서는 이 일을 통해 믿음으로 하는 기도의 힘을 가르치셨다. 죽기 위해 올라가셨던 예루살렘에서, 또 이제 며칠 후면 십자가의 형틀을 지실 그가 제자들에게 기도하도록 교훈하며 격려하신 것이다. 물론, 우리는 이 교훈을 오늘날 은사주의자들처럼 기적을 추구하는 근거로 삼아서는 안 된다. 하느님께서는 교회 역사에서 기적들을 주심으로 섭리하지 않으셨다. 그러나 주의 교회의 복음 사역이 얼마나 놀라웁게 전진해 왔는가! 복음 사역에 크고 작은

많은 장애물들이 있었지만, 기도하는 종들을 통해, 그들의 믿음의 기도를 통해 그 장애물들은 극복되었다. 때로는 순교의 피를 흘려야 하였지만, 복음 전파의 대행진은 꺾이지 않고 힘차게 진행되었다. 우리는 기도를 통한 기적을 추구하는 자들이 아니지만, 기도를 통한 회개와 믿음, 구원과 성화는 언제나 기대한다. 우리는 오늘도 하느님께서 자기 백성을 구원하시고 강건케 하시고 자기 교회를 견고하게 하시기를 기대한다.

23-27절 유대의 종교지도자들은 예수님의 권위의 근원에 대해 질문하였다. 이것은 믿어보려는 동기에서 했다기보다 비난하려는 동기에서 했다고 보인다. 예수께서는 지혜롭게 되받아 질문하심으로 그들의 위선의 악을 드러내셨다. "요한의 세례가 어디에서 온 것이냐? 하늘에서냐, 아니면 사람에게서냐?" 그들은 요한도 인정치 않았고 그가 증거한 예수님도 인정치 않았으며 오히려 그를 죽이려 생각하고 있었다. 그들은 서로 말하기를 "'하늘에서 왔다.' 하면, '어찌하여 그를 믿지 않았느냐?' 하고 우리에게 말할 것이오. 그렇다고 '사람에게서 왔다.' 하자니 군중이 두렵소." 하여 "모르겠소." 하고 대답하였다. 예수께서도 "나도 무슨 권한으로 이런 일을 하는지 너희에게 말하지 않겠다."라고 대답하셨다. 예수님의 권위의 근원은 세례 요한과 같이 하느님께로부터였다. 그러나 저 악하고 위선적인 지도자들은 이 사실을 인정하지 않았다.

28-30절 예수께서는 한 사람이 두 아들에게 "오늘 포도밭에 가서 일하여라."라고 말한 비유를 말씀하셨다. 한 아들은 가겠다고 했으나 안 갔고, 다른 아들은 안 가겠다고 했으나 갔다. 전통 본문에는, 맏아들이 처음에 싫다고 대답했으나 후에 뉘우치고 갔고, 둘째 아들이 처음에 가겠다고 대답했으나 가지 않았다고 되어 있다.

31-32절 전통 본문은 여기서도 첫째 아들이라고 되어 있다. 예수께서는 그들에게, "내가 진실로 너희에게 말한다. 세리와 창녀들이 너희보다 먼저 하

아버지는 두 아들에게 포도원에 가서 일하라고 하였다.

자료 : atticofjoseph.org

느님의 나라에 들어간다."라고 말씀하셨다. 포도원은 하느님의 나라 곧 신약교회를 상징하였고, 맏아들은 세리들과 창기들을, 둘째 아들은 대제사장들과 장로들을 상징하였다.

세리들과 창녀들은 처음에는 하느님의 뜻을 저버렸으나 세례 요한이 옳은 길을 외칠 때 회개했다. 그러나 대제사장들과 장로들은 하느님을 섬기는 자로 자부하였지만, 요한이 전하는 말씀을 따라 회개하지 않았다. 누가 하느님의 뜻을 따른 자인가? 신앙생활은 처음보다 끝이 그리고 입술의 고백보다 실제적 행위가 더 중요하다.

33-39절 예수께서는 또 포도원 비유를 하셨다. 포도원은 구약교회를 가리켰고, 포도원 주인은 하느님이시다. 포도원을 관리한 농부들은 이스라엘 지도자들을 가리킨다. 열매는 구원의 열매, 즉 의로움과 거룩의 삶을 가리킨다. 종들은 선지자들을 가리킨다. 하느님께서는 이스라엘 백성이 의롭고 거룩한 나라가 되기를 소원하셨다. 그러나 이스라엘 지도자들은 선지자들을 영접하지도, 그들의 말을 듣지도 않았고, 오히려 그들을 핍박하고 죽였다. 하느님께서 많은 종들을 더 보내셨지만, 그 지도자들은 그들에게도 그러했다. 주인은 마지막으로 아들을 보냈다. 그가 예수 그리스도이시다. 선지자들은 하느님의 종들이지만, 예수께서는 하느님의 아들이시다. 그런데 그 지도자들은 그를 예루살렘 밖에서 죽일 것

Vox populi, vox Dei.

이다. 예수께서는 자기의 죽음을 예언하신 것이다.

40-43절 주인은 그 악한 농부들, 곧 위선적 지도자들을 멸하고 포도원을 제때에 실과를 바칠 다른 농부들에게 주실 것이다. 예수님은 건축자들의 버린 돌과 같으시다. 유대 지도자들은 그를 버렸으나 그는 교회의 머릿돌이 되셨다. 이것은 사람이 한 일이 아니요 하느님께서 하신 일, 곧 기이한 일이다. 이 비유의 요점은, 의롭고 선한 행실이 없는 이스라엘 백성이 하느님 나라를 빼앗기고 의롭고 선한 행실이 있는 신약교회가 그것을 대신할 것이라는 것이다. 하느님의 뜻은 의롭고 선한 행실과 삶이며, 참된 구원은 그런 행위와 삶으로 나타난다.

44-46절 메시아께서는 돌에 비교되셨다. 이 돌은 구원과 심판의 돌이다. 악하고 완고한 자도 이 돌 위에 떨어지면 심령이 부서질 것이다. 유대 지도자들은 이 비유가 자기들을 가리킨 것인 줄 알았다.

집 짓는 이들이 내버린 돌 그 돌이
모퉁이의 머릿돌이 되었네.

자료 : londonhkc.tistory.com

하늘의 소리 사람의 말씀 II

마태오 복음서
22장

天聲

혼인 잔치의 비유 루카 14,15-24

1 예수님께서는 또 여러 가지 비유로 그들에게 말씀하셨다.
2 "하늘 나라는 자기 아들의 혼인 잔치를 베푼 어떤 임금에게 비길 수 있다.
3 그는 종들을 보내어 혼인 잔치에 초대받은 이들을 불러오게 하였다. 그러나 그들
은 오려고 하지 않았다.
4 그래서 다시 다른 종들을 보내며 이렇게 일렀다. '초대받은 이들에게, '내가 잔칫
상을 이미 차렸소. 황소와 살진 짐승을 잡고 모든 준비를 마쳤으니, 어서 혼인 잔
치에 오시오.' 하고 말하여라.'
5 그러나 그들은 아랑곳하지 않고, 어떤 자는 밭으로 가고 어떤 자는 장사하러 갔다.
6 그리고 나머지 사람들은 종들을 붙잡아 때리고 죽였다.
7 임금은 진노하였다. 그래서 군대를 보내어 그 살인자들을 없애고 그들의 고을을
불살라 버렸다.
8 그러고 나서 종들에게 말하였다. '혼인 잔치는 준비되었는데 초대받은 자들은 마
땅하지 않구나.
9 그러니 고을 어귀로 가서 아무나 만나는 대로 잔치에 불러 오너라.'
10 그래서 그 종들은 거리에 나가 악한 사람 선한 사람 할 것 없이 만나는 대로 데려
왔다. 잔칫방은 손님들로 가득 찼다.
11 임금이 손님들을 둘러보려고 들어왔다가, 혼인 예복을 입지 않은 사람 하나를 보고,
12 '친구여, 그대는 혼인 예복도 갖추지 않고 어떻게 여기 들어왔나?' 하고 물으니, 그
는 아무 말도 하지 못하였다.

Vox populi, vox Dei.

13 그러자 임금이 하인들에게 말하였다. '이자의 손과 발을 묶어서 바깥 어둠 속으로
내던져 버려라. 거기에서 울며 이를 갈 것이다.'
14 사실 부르심을 받은 이들은 많지만 선택된 이들은 적다."

황제에게 세금을 내는 문제 마르 12,13-17;루카 20,20-26

15 그때에 바리사이들이 나가서, 어떻게 하면 말로 예수님께 올가미를 씌울까 하고 의
논하였다.
16 그러고는 저희 제자들을 헤로데 당원들과 함께 예수님께 보내어 이렇게 말하였다.
"스승님, 저희는 스승님께서 진실하시고 하느님의 길을 참되게 가르치시며 아무도
꺼리지 않으시는 줄 압니다. 과연 스승님은 사람을 그 신분에 따라 판단하지 않으
십니다.
17 그러니 스승님은 어떻게 생각하시는지 말씀해 주십시오. 황제에게 세금을 내는 것
이 합당합니까, 합당하지 않습니까?"
18 예수님께서는 그들의 악의를 아시고 말씀하셨다. "위선자들아, 너희는 어찌하여 나
를 시험하느냐?
19 세금으로 내는 돈을 나에게 보여라." 그들이 데나리온 한 닢을 가져오자
20 예수님께서, "이 초상과 글자가 누구의 것이냐?" 하고 물으셨다.
21 그들이 "황제의 것입니다." 하고 대답하였다. 그때에 예수님께서 그들에게 이르셨
다. "황제의 것은 황제에게 돌려주고, 하느님의 것은 하느님께 돌려 드려라."
22 그들은 이 말씀을 듣고 경탄하면서 예수님을 두고 물러갔다.
23 그날, 부활이 없다고 주장하는 사두가이들이 예수님께 다가와 물었다.
24 "스승님, 모세는 '어떤 사람이 자식 없이 죽으면, 그의 형제가 죽은 이의 아내와 혼
인하여 그의 후사를 일으켜 주어야 한다.'고 하였습니다.
25 그런데 저희 가운데 일곱 형제가 있었습니다. 맏이가 혼인하여 살다가 죽었는데,
후사가 없어서 아내를 동생에게 남겨 놓았습니다.
26 둘째도 셋째도 그러하였고 일곱째까지 그러하였습니다.
27 맨 나중에는 그 부인도 죽었습니다.

28 그러면 부활 때에 그 여자는 그 일곱 가운데 누구의 아내가 되겠습니까? 그들이 다 그 여자를 아내로 맞아들였으니 말입니다."

29 예수님께서 그들에게 대답하셨다. "너희가 성경도 모르고 하느님의 능력도 모르니까 그렇게 잘못 생각하는 것이다.

30 부활 때에는 장가드는 일도 시집가는 일도 없이 하늘에 있는 천사들과 같아진다.

31 그리고 죽은 이들의 부활에 관해서는 하느님께서 너희에게 하신 말씀을 읽어 보지 않았느냐?

32 '나는 아브라함의 하느님, 이사악의 하느님, 야곱의 하느님이다.' 하고 말씀하셨다. 그분께서는 죽은 이들의 하느님이 아니라 산 이들의 하느님이시다."

33 군중은 이 말씀을 듣고 그분의 가르침에 감탄하였다.

가장 큰 계명 마르 12,28-34;루카 10,25-28

34 예수님께서 사두가이들의 말문을 막아 버리셨다는 소식을 듣고 바리사이들이 한데 모였다.

35 그들 가운데 율법 교사 한 사람이 예수님을 시험하려고 물었다.

36 "스승님, 율법에서 가장 큰 계명은 무엇입니까?"

37 예수님께서 그에게 말씀하셨다. "'네 마음을 다하고 네 목숨을 다하고 네 정신을 다하여 주 너의 하느님을 사랑해야 한다.'

38 이것이 가장 크고 첫째가는 계명이다.

39 둘째도 이와 같다. '네 이웃을 너 자신처럼 사랑해야 한다.'는 것이다.

40 온 율법과 예언서의 정신이 이 두 계명에 달려 있다."

다윗의 자손이시며 주님이신 예수 그리스도 마르 12,35-37;루카 20,41-44

41 바리사이들이 모여들자 예수님께서 그들에게 물으셨다.

42 "너희는 메시아를 어떻게 생각하느냐? 그는 누구의 자손이냐?" 그들이 "다윗의 자손입니다." 하고 대답하자,

43 예수님께서 그들에게 말씀하셨다. "그러면 다윗이 성령의 도움으로 그를 주님이라
고 부른 것은 어찌 된 일이냐?

44 '주님께서 내 주님께 말씀하셨다. '내 오른쪽에 앉아라, 내가 너의 원수들을 네 발
아래 잡아 놓을 때까지.''

45 이렇게 다윗이 메시아를 주님이라고 부르는데, 메시아가 어떻게 다윗의 자손이 되
느냐?"

46 그들은 한마디도 대답하지 못하였다. 그리고 그날부터 예수님께 감히 묻는 사람
도 더 이상 없었다.

1 Jesus spoke to them again in parables, saying:

2 "The kingdom of heaven is like a king who prepared a wedding banquet for his son.

3 He sent his servants to those who had been invited to the banquet to tell them to come, but they refused to come.

4 "Then he sent some more servants and said, 'Tell those who have been invited that I have prepared my dinner: My oxen and fattened cattle have been butchered, and everything is ready. Come to the wedding banquet.'

5 "But they paid no attention and went off—one to his field, another to his business.

6 The rest seized his servants, mistreated them and killed them.

7 The king was enraged. He sent his army and destroyed those murderers and burned their city.

8 "Then he said to his servants, 'The wedding banquet is ready, but those I invited did not deserve to come.

9 Go to the street corners and invite to the banquet anyone you find.'

10 So the servants went out into the streets and gathered all the people they could find, both good and bad, and the wedding hall was filled

with guests.

11 "But when the king came in to see the guests, he noticed a man
there who was not wearing wedding clothes.

12 'Friend,' he asked, 'how did you get in here without wedding
clothes?' The man was speechless.

13 "Then the king told the attendants, 'Tie him hand and foot, and
throw him outside, into the darkness, where there will be weeping
and gnashing of teeth.'

14 "For many are invited, but few are chosen."

15 Then the Pharisees went out and laid plans to trap him in his words.

16 They sent their disciples to him along with the Herodians. "Teacher,"
they said, "we know you are a man of integrity and that you teach
the way of God in accordance with the truth. You aren't swayed by
men, because you pay no attention to who they are.

17 Tell us then, what is your opinion? Is it right to pay taxes to Caesar
or not?"

18 But Jesus, knowing their evil intent, said, "You hypocrites, why are
you trying to trap me?

19 Show me the coin used for paying the tax." They brought him a de-
narius,

20 and he asked them, "Whose portrait is this? And whose inscription?"

21 "Caesar's," they replied. Then he said to them, "Give to Caesar what is
Caesar's, and to God what is God's."

22 When they heard this, they were amazed. So they left him and went
away.

23 That same day the Sadducees, who say there is no resurrection,
came to him with a question.

Vox populi, vox Dei.

24 "Teacher," they said, "Moses told us that if a man dies without having children, his brother must marry the widow and have children for him.

25 Now there were seven brothers among us. The first one married and died, and since he had no children, he left his wife to his brother.

26 The same thing happened to the second and third brother, right on down to the seventh.

27 Finally, the woman died.

28 Now then, at the resurrection, whose wife will she be of the seven, since all of them were married to her?"

29 Jesus replied, "You are in error because you do not know the Scriptures or the power of God.

30 At the resurrection people will neither marry nor be given in marriage; they will be like the angels in heaven.

31 But about the resurrection of the dead–have you not read what God said to you,

32 'I am the God of Abraham, the God of Isaac, and the God of Jacob'? He is not the God of the dead but of the living."

33 When the crowds heard this, they were astonished at his teaching.

34 Hearing that Jesus had silenced the Sadducees, the Pharisees got together.

35 One of them, an expert in the law, tested him with this question:

36 "Teacher, which is the greatest commandment in the Law?"

37 Jesus replied: " 'Love the Lord your God with all your heart and with all your soul and with all your mind.'

38 This is the first and greatest commandment.

39 And the second is like it: 'Love your neighbor as yourself.'

40 All the Law and the Prophets hang on these two commandments."

41 While the Pharisees were gathered together, Jesus asked them,

42 "What do you think about the Christ? Whose son is he?" "The son of
David," they replied.

43 He said to them, "How is it then that David, speaking by the Spirit,
calls him 'Lord'? For he says,

44 "'The Lord said to my Lord: "Sit at my right hand until I put your ene-
mies under your feet."'

45 If then David calls him 'Lord,' how can he be his son?"

46 No one could say a word in reply, and from that day on no one
dared to ask him any more questions.

예수님은 하늘 나라를 혼인 잔치로 비유하셨다.

자료 : churchofgod.wiki

Vox populi, vox Dei.

人語

마태오 복음서 22장 요약[1]

하나의 비유혼인 잔치와 네 가지 논쟁세금 납부 문제, 부활 문제, 율법 논쟁, 메시아 논쟁을 기록하고 있다. 혼인 잔치 비유는 지속해서 하느님의 나라를 거부해 온 유대 민족의 역사와 당시의 유대인에 대한 경고를 담고 있다. 네 가지 논쟁은 당시의 종교지도자들과 예수님 사이에 벌어진 것이며, 예수님은 각각의 질문에 대해 유연하고도 명확하게 대답하심으로 사악한 자들의 의도를 무력화시키셨다. 특히 맨 마지막의 논쟁은 예수님이 먼저 문제를 제기하여 당신의 신성을 확증함으로써 한 인간으로 격하시키려는 시도를 차단하셨다.

하느님께서 우리를 그의 아들 예수 그리스도의 혼인 잔치에 초청하셨다. 복음을 전하는 자들을 통해 우리의 귀에 들리고 마음에 뿌리어져 싹이 나기 시작했다. 피로써 씻어주신 예수 그리스도의 예복을 입고 있으면 화려하고 장엄한 왕궁에서의 식사를 마음껏 즐길수 있다. 임금이신 하느님을 뵈옵고 그의 영광을 누리며 찬양할 수 있다. 그의 잔치의 초대에 가지 않아야 할 어떤 다른 이유도 없다. 또한 초청받은 자로서 초청할 다른 이들을 찾으러 나가는 종의 사명을 함께 감당해야 한다. 하느님을 사랑하고 이웃을 사랑하는 계명을 지킴으로 그의 영광을 이 땅에서도 미리 맛보며 누린다.

1 변정미, 마태복음 22장 요약 설명, 강남은혜교회, 2020년 2월 17일 작성.

하늘 나라 혼인 잔치

자료 : m.blog.naver.com

각 절 해석[2]

1-3절 앞장의 포도원 비유에서는 하느님께서 사람에게 무엇을 요구하시는 분으로 묘사되었으나, 이 비유에서는 하느님께서 사람에게 무엇을 주시는 분으로 묘사되었다. 앞의 비유에서 하느님께서 요구하시는 바는 구원에 합당한 행위이지만, 여기에서 그가 주시는 바는 값없이 주시는 구원의 기쁨과 즐거움이다. 혼인 잔치는 기쁘고 즐거운 시간이다. 이 비유에서 하느님은 왕으로, 예수님은 왕자로, 하늘 나라는 왕자의 혼인 잔치로 묘사되었다. 왕은 종들을 보내어 그 혼인 잔치에 초청된 자들을 오라고 하였다. 종들은 하느님의 말씀을 전하는 전도자들을 가리키며, 먼저 초청된 자들은 이스라엘 백성을 가리킬 것이다. 그러나 왕의 초청을 받은 그들은 그 혼인 잔치에 참여하기를 싫어했다.

4-5절 왕은 한 번 더 다른 종들을 보내어 초청하였다. 이것은 왕의 인내요 친절이었다. 이번에는 잔치의 풍성함을 좀 더 자세히 설명하며 초청하였다. "내가 잔칫상을 이미 차렸소. 황소와 살진 짐승을 잡고 모든 준비를 마쳤으니, 어

2 김효성 목사, 마태복음 강해, 2019년 11월 27일 수정.

서 혼인 잔치에 오시오." 그러나 저들은 세상의 일들에만 관심을 두고 왕의 초청에는 관심이 없었다. 그들은 돌아보지도 않고 하나는 자기 밭으로, 하나는 장사하러 갔다. 이것은 단순히 무관심이 아니고 왕의 초청에 대한 멸시였다. 사람들은 세상일 때문에 하나님의 복음에 관심을 기울이지 않고 그것을 무시하고 멸시한다.

6-7절 초청을 받은 자들이 그 초청을 멸시하며 자기 일들을 보러 가버렸을 뿐 아니라, 그 남은 자들은 그 종들을 잡아 능욕하고 죽였다. 이것은 더 악한 일이었다. 이와 같이, 복음의 초청을 먼저 받은 이스라엘 백성은 그 초청을 싫어하고 경멸하였고 심지어 그것을 전한 하나님의 선지자들과 종들을 핍박하고 죽였다. 이스라엘 백성은 국가적으로, 민족적으로 하나님의 복음을 거절하였다. 마침내 왕은 진노하여 군대를 보내어 그 악한 자들을 죽이고 그 동네를 불사를 것이다. 이것은 기원후 70년경 로마 군대에 의한 예루살렘 멸망의 사건을 가리킬 것이다. 그 이방 나라의 군대는 하나님의 징벌의 몽둥이였다.

8-10절 기쁘고 즐거운 메시아의 혼인 잔치가 준비되었으나 처음 청함을 받은 이스라엘 백성들은 그 잔치에 합당치 않았다. 사거리 길에 있는 사람들은 이방인들을 가리킨다. 이번에는 온 세계에 있는 모든 사람들이 초청을 받았다. 드러난 악인이든지 비교적 선한 자이든지 구별 없이 많은 사람이 초청을 받아 교회로 나아온다. 혼인 잔치에 사람들이 가득하듯이, 하나님의 교회는 다양한 계층의 사람들로 가득하게 될 것이다. 이방인들의 충만한 수가 구원을 얻을 것이다.

11-14절 그런데 예복을 입지 않고 참여한 자가 있었다. 이 예복은 잔치에 참여하는 자가 반드시 입어야 하는 옷이었다. 그렇지 않았다면 왕이 그것을 문제 삼지 않았을 것이다. 이 예복은 예수 그리스도의 보혈로 말미암은 의로움을 상징한다. 신약성경도 예수 그리스도를 믿는 우리가 그리스도로 옷 입었다고 표현하였다. "나의 의로움은 이것뿐, 예수의 피밖에 없네." 찬송가 252장 그것은 예수 그리스도의 속죄를 믿는 믿음으로 얻는 의로움이다. 사람들은 누가 예복을 입었는

결혼식에서 예복을 입지 않은 사람은 왜 쫓겨났을까?

자료 : m.blog.naver.com

지, 누가 입지 않고 교회에 들어와 앉아 있는지 알지 못할지라도, 하느님의 눈에는 그것이 금방 드러난다.

예복을 입지 않은 자는 변명할 여지가 없다. 예복은 자기가 마련하는 것이 아니고 하느님의 은혜로 값없이 주어지는 것이며 그 예복을 입지 않은 자는 단지 교만과 불신앙으로 예수님의 십자가 의로움을 거절하고 자기의 행위의 의로움을 의지하는 것뿐이기 때문이다. 그 잘못은 주님께 있지 않고 전적으로 자기 자신에게 있다. 그러므로 예복을 입지 않은 자는 정죄될 것이다. 예수님의 의로움이 아니고서는 아무도 구원을 얻을 수 없다. 그는 하느님의 기쁨과 영광으로부터 추방되어 지옥에서 슬피 울며 고통받게 될 것이다. 이와 같이, 구원의 복음으로 청함을 받은 자들은 많지만, 참으로 구원받는 자들은 적을 것이다.

15-17절 하느님의 원수들은 잠시라도 쉬지 않고 활동한다. 바리사이인들과 헤로데 당원들은 종교적, 정치적 견해가 서로 다른 자들이었으나, 예수님을 핍박하는 데는 힘을 합했다. 오늘날도 다양한 사상들과 입장들을 가진 사람들이 때때로 하느님의 일을 대적하는 데는 힘을 합한다. 이 사람들은 예수님에 대하여 존경하듯이 그가 참되시며 참으로써 하느님의 도를 가르치신다고 말하였다. 예수님의 의로우시고 진실하심은 저들도 부정할 수 없었을 것이다. 예수께서는 참되

Vox populi, vox Dei.

셨고 진리로 하느님의 도를 가르치셨고 아무라도 꺼리는 일이 없으셨다.

당시 유대인들 가운데는 두 종류의 사람들이 있었을 것이다. 하나는 로마 황제인 가이사에게 세를 바쳐야 한다는 친親로마파요, 또 하나는 가이사에게 세를 바칠 필요가 없다는 반反로마파, 즉 민족주의파이었을 것이다. 그러므로 가이사에게 세를 바치는 것이 옳은가 그른가 하는 변론이 있었을 것이며, 이것은 당시의 중요한 사회 문제이며 예수께 질문해 그를 곤란케 할 만한 문제이었다.

18-22절 예수께서는 그들의 악함을 아시고 "위선자들아, 너희는 어찌하여 나를 시험하느냐?"라고 말씀하셨다. 그들의 질문 뒤에는 예수님을 올무에 넘어지게 하려는 의도가 있었다. 예수님의 대답은 '예' 아니면 '아니오'일 것이요 그러면 그를 친親로마파나 반反로마파로 몰 수 있었을 것이다. 이것은 유대 백성과 이간을 붙일 빌미가 되든지, 아니면 로마 정부에 대한 반역자로 비난할 거리가 될 것이다.

주께서는 그 시험하는 질문에 지혜롭게 대답하셨다. 그는 "세금으로 내는 돈을 나에게 보여라"라고 말씀하셨다. 그들이 데나리온 하나를 가져오자, 그는 "이 초상과 글자가 누구의 것이냐?"라고 물으셨다. 그것은 황제의 형상과 글이었다. 유대인들은 로마의 통치 아래 살고 있었고 유대 땅에서는 로마의 화폐가 사용되고 있었다. 그들이 "황제의 것입니다."라고 대답하자, 그는 "황제의 것은 황제에게 돌려주고, 하느님의 것은 하느님께 돌려 드려라."라고 말씀하셨다. 이 말씀은 황제의 것을 황제에게 바치는 것, 즉 세금 내는 것이 정당한 일이라는 뜻이다.

성도는 이 세상에 사는 동안 두 영역에서 살고 있다. 하나는 하느님의 나라요 다른 하나는 세상 나라이다. 우선, 성도는 하느님의 나라에 속하므로 그 나라의 규범들을 지켜야 한다. 헌금도 그중에 하나이다. 하느님께서 온 세상의 주인이시므로 세상에서 우리의 소유 중 하느님의 것이 아닌 것이 없지만, 성경은 특히 소득의 십일조와 첫열매와 헌물을 하느님의 것이라고 말씀하셨다. 레위기 27:30, "땅의 십분의 일은, 땅의 곡식이든 나무의 열매든 모두 주님의 것이다. 주님에게 바쳐진 거룩한 것이다."

그러나 성도는 또한 세상에 사는 동안 세상 나라의 규범도 지켜야 한다. 베드로의 첫째 서간 2:13, “주님을 생각하여, 모든 인간 제도에 복종하십시오.” 그것은 나라가 정한 납세의 의무를 포함한다. 로마 신자들에게 보낸 서간 13:7, “여러분은 모든 이에게 자기가 해야 할 의무를 다하십시오. 조세를 내야 할 사람에게는 조세를 내고 관세를 내야 할 사람에게는 관세를 내며, 두려워해야 할 사람은 두려워하고 존경해야 할 사람은 존경하십시오.”

23-28절 사두가이인들은 당시 합리주의자, 자유주의자였다. 사도행전 23:8은, “사실 사두가이들은 부활도 천사도 영도 없다고 주장하고, 바리사이들은 그것을 다 인정하였다.”라고 말한다. 합리주의, 자유주의는 곧 불신앙이요 이단이다. 그들이 언급한 형수와의 결혼 규정은 신명기 25:5-6에 기록된 법이었다. 거기에 보면, “형제들이 함께 살다가 그 가운데 하나가 아들 없이 죽었을 경우, 죽은 그 사람의 아내는 다른 집안 남자의 아내가 될 수 없다. 남편의 형제가 가서 그 여자를 아내로 맞아들여, 시숙의 의무를 이행해야 한다. 그리고 그 여자가 낳은 첫아들은 죽은 형제의 이름을 이어받아, 그 이름이 이스라엘에서 지워지지 않게 해야 한다.”라고 했다. 그러나 사두가이인들은 한 독특한 경우를 들어 부활의 불합리성을 증거하려 했다. 이것은 기발한 착안이었다. 그들은 부활의 관념이 이 율법과 조화되기 어렵다고 생각하여 그것을 부활에 대한 반론으로 제시하였던 것이다.

29-30절 예수께서는 격한 책망의 어조로 하지는 않으셨으나 육체의 부활을 부정하는 사두가이인들의 사상이 비성경적 오류임을 분명히 지적하셨다. ‘잘못 생각하다’는 말플라나오은 ‘오해하다’는 뜻이다. 오류에 대한 그의 지적은 조용할지라도 힘이 있으시고 분명하셨다.

부활의 부정은 무엇보다 성경 진리에 반대되었다. 구약성경은 몸의 부활에 대해 분명히 증거하였다. 이사야 26:19는, “당신의 죽은 이들이 살아나리이다. 그들의 주검이 일어서리이다. 먼지 속 주민들아, 깨어나 환호하여라. 당신의 이슬은 빛

Vox populi, vox Dei.

사두가이는 대사제 등 유대교 고위 성직을 독점한 집단이다.
그림은 〈대사제 카야파 앞에 선 예수님〉 (조토 작, 14세기)

자료 : m.blog.naver.com

의 이슬이기에 땅은 그림자들을 다시 살려 출산하리이다."라고 말했다.

또 부활의 부정은 하느님의 능력을 부정하는 것이었다. 하느님께서는 생명이시며 생명을 주시는 분이시다. 그에게는 죽은 자를 살릴 능력이 있으시다. 부활이 사람 보기에 불가능하지 하느님께는 결코 어렵지 않다. 전능하신 하느님께서는 무슨 일이나 하실 수 있다.

또 결혼관계는 이 세상에 국한된다. 하늘 나라에서는 결혼이 없다. 이 점에서 부활한 사람은 천사와 같다. 천사의 세계에는 결혼이 없기 때문이다. 부활 때에는 사람에게 더 이상 자녀의 출산도 필요 없고, 육체의 정욕도 없을 것이다. 그러므로 죽은 자들의 부활을 부정하는 사두가이인들의 사상은 하느님의 진리에 대한 바른 지식이 아니었다.

31-33절 사실상, 죽은 자의 부활은 "나는 아브라함의 하느님, 이사악의 하느님, 야곱의 하느님이다."라는 말씀에서 증명된다. 아브라함과 이삭과 야곱이 죽고 만 존재라면, 아브라함의 하느님, 이삭의 하느님, 야곱의 하느님이시라는 말씀은 옛날을 기억하시는 일에 불과했을 것이다. 그러나 그렇지 않다. 하느님께서는 본래 사람을 불멸적 존재로 만드셨다. 범죄로 인하여 죽음이 왔으나, 구원은 당연히 죽은 자들의 부활과 영생을 내포했다. 사람이 죽고 만다면, 창조와 구원은 무의미할 것이다. 부활은 창조와 구원의 원리에 부합하는 것이다.

하느님께는 아브라함이라는 존재가 결코 죽고 없어지는 존재가 아니었다. 아브라함뿐 아니라, 모든 인생이 하느님 앞에서 불멸적 영혼이다. 아브라함은 하느님 앞에서 현재 살아 있다. 그러나 이런 정도가 아니다. 사람은 영육의 결합체이다. 의인 아브라함은 지금 영적으로 하느님과 함께 있지만, 장차 다시 몸과 결합하여 영광스런 사람이 될 것이다. 이것이 바로 부활이요 성도의 소망인 것이다. 이와 같이 성도들은 죽어도 장차 영광스런 몸으로 부활할 것이다.

34-35절 율법 교사는 율법을 전문적으로 연구하며 가르치는 사람이다. 마르코 복음서에는 '율법학자'라고 표현했다마르 12:28. 모세 오경에 나오는 하느님의 율법들은 그 수가 많다. 그 많은 법들 중에 어느 계명이 큰 계명인가 하는 문제는 매우 중요하고 관심 있는 문제이었을 것이다.

37-38절 예수께서는 신명기 6:5의 말씀을 가장 큰 계명이라고 말씀하셨다. 마르코 복음서는 주께서 신명기 6:4부터 인용하셨다고 증거한다. 신명기 6:4는 "이스라엘아, 들어라! 주 우리 하느님은 한 분이신 주님이시다."라는 말씀이다. '목숨'이라는 말은 신명기 본문에 '영혼'네페쉬이라고 되어 있다. 사람의 첫째 의무는 마음을 다하고 목숨 혹은 영혼을 다하고 뜻을 다하고, 힘을 다하여 유일하신 여호와 하느님을 사랑하는 것이다. 경건은 인생의 삶의 기본적 의무요 가장 중요한 의무이다. 여호와를 경외하는 것이 지혜와 지식의 시작이다. 사람의 모든 도덕적 생활은 참된 경건에서 나온다.

39절 이 법은 레위기 19:18의 말씀이다. 이웃 사랑은 모든 인간관계의 법들의 완성이다. 로마서 13:8-10, "아무에게도 빚을 지지 마십시오. 그러나 서로 사랑하는 것은 예외입니다. 남을 사랑하는 사람은 율법을 완성한 것입니다. "간음해서는 안 된다. 살인해서는 안 된다. 도둑질해서는 안 된다. 탐내서는 안 된다."는 계명과 그 밖의 다른 계명이 있을지라도, 그것들은 모두 이 한마디 곧 "네 이웃을 너 자신처럼 사랑해야 한다."는 말로 요약됩니다. 사랑은 이웃에게 악을 저지르지 않습니다. 그러므로 사랑은 율법의 완성입니다."

Vox populi, vox Dei.

"네 이웃을 너 자신처럼 사랑해야 한다."

자료 : wol.jw.org

40절 '율법과 예언서'라는 말은 구약성경을 가리킨다. 구약성경의 모든 교훈들은 하느님을 사랑하고 이웃을 사랑하라는 명령으로 요약될 수 있다. 물론 성경에는 이런 도덕적 율법의 내용만 있는 것이 아니다. 사람은 도덕법으로 구원을 받지 못한다. 율법은 의로운 표준이며 규범이지만, 사람은 죄성을 가지고 있기 때문에 그것을 다 지키지 못한다. 구원은 오직 하느님의 은혜와 예수 그리스도의 대속代贖으로 그리고 그를 믿음으로만 받는다. 율법은 단지 무엇이 하느님의 뜻이며 요구인가, 우리가 얼마나 죄악되며 무능한가, 예수 그리스도의 대속代贖이 왜 필요한가를 알려준다. 그러나 예수 그리스도의 은혜로 구원받은 자들은 이제 마음을 다하고 영혼을 다하고 힘을 다하여 하느님을 사랑하고 이웃을 자기 몸과 같이 사랑해야 한다.

41-42절 바리사이인들은 다윗의 자손 중에 메시아가 오실 것이라는 예언에 대한 지식이 있었다. 이것은 그리스도의 인성人性에 대한 지식이다. 예수 그리스도께서 사람이시라는 것은 믿기 어렵지 않을 것이다.

43-44절 주께서는 구약성경 중 시편의 영감성을 증거하셨다. 시편은 성도들의 기도의 글들, 즉 찬양, 감사, 고백, 간구의 글들이지만, 주께서 이런 시편까지도 하느님의 영감으로 기록되었음을 증거해 주신 것이다. 이것은 그 당시의 정통 유대교의 성경관이었다. 예수께서는 유대교의 성경관을 그대로 받으셨다. 사실, 그는 마귀의 시험을 받으셨을 때도 기록된 말씀을 인용하심으로써 그 시험

을 물리치셨다. 그의 사도들도 동일한 성경관을 가지고 있었다. 사도행전 1:16, "형제 여러분, 예수님을 붙잡은 자들의 앞잡이가 된 유다에 관해서는, 성령께서 다윗의 입을 통하여 예언하신 성경 말씀이 이루어져야 했습니다."베드로.

오늘날같이 성경에 대한 믿음이 없는 불신앙과 회의주의의 시대에 우리는 예수님 자신과 그의 사도들이 가졌던 바른 성경관을 가져야 한다. 그래서 성경을 열심히 읽고 배우고 믿고 행해야 한다. 성경은 우리 믿음을 견고하게 하고 우리 인격을 온전케 한다.

"주님께서 내 주님께 말씀하셨다. '내 오른쪽에 앉아라, 내가 너의 원수들을 네 발아래 잡아 놓을 때까지.'"는 시편 110:1의 말씀은 메시아의 승천과 그가 하느님 우편에 앉으실 것을 예언하고 있다. 메시아께는 원수가 있다. 그 원수는 사탄이다. 그를 발아래 두는 것은 사탄을 최종적으로 영원한 지옥 불못에 던지는 것을 의미한다. 이것이 사탄에 대한 최종적 형벌이다. 만왕의 왕이신 예수께서는 사탄의 최종 멸망 때까지 하느님 보좌 우편에 앉으실 것이다. 그가 하느님 보좌 우편으로부터 다시 오실 때는 마귀와 그의 사자들을 심판하여 영원한 멸망에 던져 넣으실 때이다.

45-46절 예수님의 질문은 메시아의 인성人性만 아는 유대 지도자들에게는 어려울 것이다. 그들은 메시아의 신성神性도 알아야 했다. 메시아께서는 다윗의 자손이실 뿐 아니라, 또한 다윗의 주이시다. 다윗 왕도 메시아 왕국에서는 한 신민臣民에 불과할 것이다.

예수 그리스도께서는 하느님이시다. 그는 빌립에게 "필립보야, 내가 이토록 오랫동안 너희와 함께 지냈는데도, 너는 나를 모른다는 말이냐? 나를 본 사람은 곧 아버지를 뵌 것이다. 그런데 너는 어찌 '저희가 아버지를 뵙게 해 주십시오.' 하느냐? "고 말씀하셨다요한 14:9. 성경은 예수 그리스도에 대해 그의 신적 명칭, 그의 신적 속성, 그의 신적 사역, 그의 신적 영예를 통해 그가 신적 인격이심을 밝히 증거하였다. 구약의 예언도 그렇고, 신약성경은 더욱 그렇다. 믿는 자들은 복되다. 메시아께서는 참 사람이실 뿐 아니라, 참 하느님이시다. 우리를 위해 십자가에

Vox populi, vox Dei.

예수 그리스도께서는 하느님이시다.

자료 : blog.naver.com

죽으시고 다시 사신 사람이신 예수 그리스도께서는 하느님의 영원한 아들이시요 참된 신성神性을 가지신 하느님이시다. 우리는 놀라운 구주 예수께 감사와 영광을 돌려야 한다.

Vox populi, vox Dei.

마태오 복음서
23장

天聲

율법 학자들과 바리사이들을 꾸짖으시다 마르 12,38-40;루카 11,39-52;루카 20,45-47

1 그때에 예수님께서 군중과 제자들에게 말씀하셨다.
2 "율법 학자들과 바리사이들은 모세의 자리에 앉아 있다.
3 그러니 그들이 너희에게 말하는 것은 다 실행하고 지켜라. 그러나 그들의 행실은
따라 하지 마라. 그들은 말만 하고 실행하지는 않는다.
4 또 그들은 무겁고 힘겨운 짐을 묶어 다른 사람들 어깨에 올려놓고, 자기들은 그것
을 나르는 일에 손가락 하나 까딱하려고 하지 않는다.
5 그들이 하는 일이란 모두 다른 사람들에게 보이기 위한 것이다. 그래서 성구갑을
넓게 만들고 옷자락 술을 길게 늘인다.
6 잔칫집에서는 윗자리를, 회당에서는 높은 자리를 좋아하고,
7 장터에서 인사받기를, 사람들에게 스승이라고 불리기를 좋아한다.
8 그러나 너희는 스승이라고 불리지 않도록 하여라. 너희의 스승님은 한 분뿐이시고
너희는 모두 형제다.
9 또 이 세상 누구도 아버지라고 부르지 마라. 너희의 아버지는 오직 한 분, 하늘에
계신 그분뿐이시다.
10 그리고 너희는 선생이라고 불리지 않도록 하여라. 너희의 선생님은 그리스도 한
분뿐이시다.
11 너희 가운데에서 가장 높은 사람은 너희를 섬기는 사람이 되어야 한다.
12 누구든지 자신을 높이는 이는 낮아지고 자신을 낮추는 이는 높아질 것이다.
13 불행하여라, 너희 위선자 율법 학자들과 바리사이들아! 너희가 사람들 앞에서 하
늘 나라의 문을 잠가 버리기 때문이다. 그러고는 자기들도 들어가지 않을 뿐만 아

니라, 들어가려는 이들마저 들어가게 놓아두지 않는다.

(14) 불행하여라, 너희 위선자 율법 학자들과 바리사이들아! 너희가 과부들의 가산을 등쳐 먹으면서 남에게 보이려고 기도는 길게 하기 때문이다. 그러므로 너희는 엄한 단죄를 받을 것이다.

15 불행하여라, 너희 위선자 율법 학자들과 바리사이들아! 너희가 개종자 한 사람을 얻으려고 바다와 뭍을 돌아다니다가 한 사람이 생기면, 너희보다 갑절이나 못된 지옥의 자식으로 만들어 버리기 때문이다.

16 불행하여라, 너희 눈먼 인도자들아! '성전을 두고 한 맹세는 아무것도 아니지만, 성전의 금을 두고 한 맹세는 지켜야 한다.'고 너희는 말한다.

17 어리석고 눈먼 자들아! 무엇이 더 중요하냐? 금이냐, 아니면 금을 거룩하게 하는 성전이냐?

18 너희는 또 '제단을 두고 한 맹세는 아무것도 아니지만, 제단 위에 놓인 예물을 두고 한 맹세는 지켜야 한다.'고 말한다.

19 눈먼 자들아! 무엇이 더 중요하냐? 예물이냐, 아니면 예물을 거룩하게 하는 제단이냐?

20 사실 제단을 두고 맹세하는 이는 제단과 그 위에 있는 모든 것을 두고 맹세하는 것이고,

21 성전을 두고 맹세하는 이는 성전과 그 안에 사시는 분을 두고 맹세하는 것이며,

22 하늘을 두고 맹세하는 이는 하느님의 옥좌와 그 위에 앉아 계신 분을 두고 맹세하는 것이다.

23 불행하여라, 너희 위선자 율법 학자들과 바리사이들아! 너희가 박하와 시라와 소회향은 십일조를 내면서, 의로움과 자비와 신의처럼 율법에서 더 중요한 것들은 무시하기 때문이다. 그러한 십일조도 무시해서는 안 되지만, 바로 이러한 것들을 실행해야만 했다.

24 눈먼 인도자들아! 너희는 작은 벌레들은 걸러 내면서 낙타는 그냥 삼키는 자들이다.

25 불행하여라, 너희 위선자 율법 학자들과 바리사이들아! 너희가 잔과 접시의 겉은 깨끗이 하지만, 그 안은 탐욕과 방종으로 가득 차 있기 때문이다.

26 눈먼 바리사이야! 먼저 잔 속을 깨끗이 하여라. 그러면 겉도 깨끗해질 것이다.
27 불행하여라, 너희 위선자 율법 학자들과 바리사이들아! 너희가 겉은 아름답게 보이지만 속은 죽은 이들의 뼈와 온갖 더러운 것으로 가득 차 있는 회칠한 무덤 같기 때문이다.
28 이처럼 너희도 겉은 다른 사람들에게 의인으로 보이지만, 속은 위선과 불법으로 가득하다.
29 불행하여라, 너희 위선자 율법 학자들과 바리사이들아! 너희가 예언자들의 무덤을 만들고 의인들의 묘를 꾸미면서,
30 '우리가 조상들 시대에 살았더라면 예언자들을 죽이는 일에 가담하지 않았을 것이다.' 하고 말하기 때문이다.
31 그렇게 하여 너희는 예언자들을 살해한 자들의 자손임을 스스로 증언한다.
32 그러니 너희 조상들이 시작한 짓을 마저 하여라.
33 너희 뱀들아, 독사의 자식들아! 너희가 지옥형 판결을 어떻게 피하려느냐?
34 그러므로 이제 내가 예언자들과 현인들과 율법 학자들을 너희에게 보낸다. 그러면 너희는 그들을 더러는 죽이거나 십자가에 못 박고, 더러는 너희 회당에서 채찍질하고 또 이 고을 저 고을 쫓아다니며 박해할 것이다.
35 그리하여 의인 아벨의 피부터, 너희가 성소와 제단 사이에서 살해한 베레크야의 아들 즈카르야의 피에 이르기까지, 땅에 쏟아진 무죄한 피의 값이 모두 너희에게 돌아갈 것이다.
36 내가 진실로 너희에게 말한다. 이 모든 것이 이 세대에 닥칠 것이다."

예루살렘을 두고 한탄하시다 루카 13,34-35

37 "예루살렘아, 예루살렘아! 예언자들을 죽이고 자기에게 파견된 이들에게 돌을 던져 죽이기까지 하는 너! 암탉이 제 병아리들을 날개 밑으로 모으듯, 내가 몇 번이나 너의 자녀들을 모으려고 하였던가? 그러나 너희는 마다하였다.
38 보라, 너희 집은 버려져 황폐해질 것이다.
39 내가 너희에게 말한다. 너희가 '주님의 이름으로 오시는 분은 복되시어라.' 하고 말할 때까지, 정녕 나를 다시는 보지 못할 것이다."

Vox populi, vox Dei.

1 Then Jesus said to the crowds and to his disciples:
2 "The teachers of the law and the Pharisees sit in Moses' seat.
3 So you must obey them and do everything they tell you. But do not do
what they do, for they do not practice what they preach.
4 They tie up heavy loads and put them on men's shoulders, but they
themselves are not willing to lift a finger to move them.
5 "Everything they do is done for men to see: They make their phylacteries
wide and the tassels on their garments long;
6 they love the place of honor at banquets and the most important seats in
the synagogues;
7 they love to be greeted in the marketplaces and to have men call them
'Rabbi.'
8 "But you are not to be called 'Rabbi,' for you have only one Master and
you are all brothers.
9 And do not call anyone on earth 'father,' for you have one Father, and he
is in heaven.
10 Nor are you to be called 'teacher,' for you have one Teacher, the Christ.
11 The greatest among you will be your servant.
12 For whoever exalts himself will be humbled, and whoever humbles him-
self will be exalted.
13 "Woe to you, teachers of the law and Pharisees, you hypocrites! You shut
the kingdom of heaven in men's faces. You yourselves do not enter, nor
will you let those enter who are trying to.
(14) Woe unto you, scribes and Pharisees, hypocrites! for ye devour widows'
houses, and for a pretence make long prayer: therefore ye shall receive
the greater damnation.(KJV)
15 "Woe to you, teachers of the law and Pharisees, you hypocrites! You trav-

el over land and sea to win a single convert, and when he becomes one, you make him twice as much a son of hell as you are.

16 "Woe to you, blind guides! You say, 'If anyone swears by the temple, it means nothing; but if anyone swears by the gold of the temple, he is bound by his oath.'

17 You blind fools! Which is greater: the gold, or the temple that makes the gold sacred?

18 You also say, 'If anyone swears by the altar, it means nothing; but if anyone swears by the gift on it, he is bound by his oath.'

19 You blind men! Which is greater: the gift, or the altar that makes the gift sacred?

20 Therefore, he who swears by the altar swears by it and by everything on it.

21 And he who swears by the temple swears by it and by the one who dwells in it.

22 And he who swears by heaven swears by God's throne and by the one who sits on it.

23 "Woe to you, teachers of the law and Pharisees, you hypocrites! You give a tenth of your spices--mint, dill and cummin. But you have neglected the more important matters of the law—justice, mercy and faithfulness. You should have practiced the latter, without neglecting the former.

24 You blind guides! You strain out a gnat but swallow a camel.

25 "Woe to you, teachers of the law and Pharisees, you hypocrites! You clean the outside of the cup and dish, but inside they are full of greed and self-indulgence.

26 Blind Pharisee! First clean the inside of the cup and dish, and then the outside also will be clean.

27 "Woe to you, teachers of the law and Pharisees, you hypocrites! You are like whitewashed tombs, which look beautiful on the outside but on the inside are full of dead men's bones and everything unclean.

28 In the same way, on the outside you appear to people as righteous but
on the inside you are full of hypocrisy and wickedness.
29 "Woe to you, teachers of the law and Pharisees, you hypocrites! You
build tombs for the prophets and decorate the graves of the righteous.
30 And you say, 'If we had lived in the days of our forefathers, we would
not have taken part with them in shedding the blood of the prophets.'
31 So you testify against yourselves that you are the descendants of those
who murdered the prophets.
32 Fill up, then, the measure of the sin of your forefathers!
33 "You snakes! You brood of vipers! How will you escape being condemned to hell?
34 Therefore I am sending you prophets and wise men and teachers. Some
of them you will kill and crucify; others you will flog in your synagogues
and pursue from town to town.
35 And so upon you will come all the righteous blood that has been shed
on earth, from the blood of righteous Abel to the blood of Zechariah son
of Berekiah, whom you murdered between the temple and the altar.
36 I tell you the truth, all this will come upon this generation.
37 "O Jerusalem, Jerusalem, you who kill the prophets and stone those sent
to you, how often I have longed to gather your children together, as a
hen gathers her chicks under her wings, but you were not willing.
38 Look, your house is left to you desolate.
39 For I tell you, you will not see me again until you say, 'Blessed is he who
comes in the name of the Lord.'"

人語

마태오 복음서 23장 요약[1]

주님은 때로 사랑과 연민으로 부드럽게 권면하셨다. 그러나 종종 불같은 노여움으로 책망하고 견책하셨다. 본장에서는 악과 타협하지 않는 주님의 모습이 잘 그려져 있다. 지금까지 우회적으로 적대자를 책망하시던 주님이 여기서는 직설적으로 그들의 죄를 질타하신다. 율법학자와 바리사이인들의 잘못된 신앙 행태와 그들의 죄를 조목조목 지적하시고, 위선자의 정체를 백일하에 드러내시고 그에 상응할 하느님의 심판을 선포하셨다. 모름지기 악은 그 형태까지도 버려야 한다는 것이 만고의 진리이다.

율법을 가장 정확하게 지키고 있다고 생각하고 있는 바리사이인들의 의로움은 실상 엄청난 모순에 처해 있으며 저주를 받았다. 열심으로 전도한 사람이 나의 위선이나 언행불일치 등으로 실족하고 하늘 나라에 들어가지 못하는 일이 없는지 되돌아 보아야 하겠다. 예수님 사랑의 말씀이 온전히 성전인 나에게 거하여 할 것이다.

다지기

- **질문 1** 율법학자들과 바리새인들이 모세의 자리에 앉았다는 것은 무슨 뜻입니까? 2 절
- **질문 2** 하느님께 받은 것의 십일조를 드리되 율법의 더 중한 바 무엇을 행해야 합니까? 23절
- **질문 3** 어떤 일을 맡은 지도자인 큰 자는 어떻게 해야 합니까? 11절
- **질문4** 유일한 지도자는 누구이십니까? 10절

1 변정미, 마태복음 23장 요약 설명, 강남은혜교회, 2020년 2월 17일 작성.

각 절 해석[2]

1-3절 율법학자들과 바리사이인들은 모세의 자리에 앉아 있다. '모세의 자리'는 선지자의 자리이다. 모세는 선지자 중의 선지자였다. 선지자는 하느님의 말씀을 대언代言하고 선포하고 전달하는 자이다. 오늘날 목사·신부도 그러하다. 비록 성경에 전적으로 의거해야 하지만, 목사·신부는 하느님 말씀의 대언자, 선포자, 전달자의 자리에 있다.

그 당시의 율법학자들과 바리사이인들은 말만 하고 행함이 없는 위선자들이었다. 위선자의 경건은 죽은 경건이다. 디도서 1:16은 입으로는 하느님을 시인하나 행위로는 부인하는 자를 가증한 자요 복종치 않는 자라고 말했다. 야고보서 2:26은, "영이 없는 몸이 죽은 것이듯 실천이 없는 믿음도 죽은 것입니다."라고 말하였다. 우리는 그런 위선자의 바른 말은 들을지라도 그들의 행위는 본받지 말아야 한다.

모세의 자리(the Seat of Moses)

자료 : kr.christianitydaily.com

[2] 김효성 목사, 마태복음 강해, 2019년 11월 27일 수정.

4절 위선적 지도자들은 무거운 짐만 사람들의 어깨에 지운다. '무거운 짐'은 하느님의 법들에 근거했다고 주장되는 규칙들을 가리켰을 것이다. 율법의 역할이 사람들로 죄를 깨닫게 하고 정죄하여 그들로 절망과 좌절을 느끼게 하여 구주 예수께서 나오게 하는 것이지만, 종교가 외식外飾에 떨어질 때 규칙들과 규례들만 많아질 것이다.

위선적 지도자들은 교인들에게는 무거운 종교적 의무들을 부과해 놓고는 자신들은 한 손가락으로도 그것들을 행하려고 하지 않는다. 이것이 위선이요 죽은 경건이다. 그러나 참 종교는 모범을 보이는 것이다. 사도 바오로는 티모테오에게, "아무도 그대를 젊다고 업신여기지 못하게 하십시오. 그러니 말에서나 행실에서나 사랑에서나 믿음에서나 순결에서나, 믿는 이들의 본보기가 되십시오."라고 말했다1테모 4:12. 참된 경건은 모범된 행위로 나타난다.

5절 신명기 6:8에 율법의 말씀을 손목에 매어 기호를 삼고 미간에 붙여 표징을 삼으라고 하였는데, 이 말씀에 근거하여 유대인들은 기도할 때 경문을 찼다. 경문經文은 이마와 팔과 허리에 차는, 성경구절들이 쓰인 가는 양피지 띠를 가리킨다. 율법학자들과 바리사이인들은 그 차는 경문을 넓게 하며 옷술을 크게 하였다. 그것은 자신을 더 경건하게 보이기 위함이었다. 그것은 칭찬과 높임을 받으려는 마음에서 나왔다. 그러나 참 종교는 형식이 아니고 실질이며, 외모로 함이 아니고 진심으로 함이다.

통곡의 벽에서의 성인식, 팔과 이마에 경문이 보인다.

자료 : m.blog.naver.com

6-7절 그들이 잔치의 상석과 회당의 상좌에 앉기를 좋아하는 것은 교만이며 명예심이다. 겸손한 인격은 그렇지 않다. 우리는 우리를 영원한 지옥 불못에서 구원하신 주 예수 그리스도만 높이며 자랑해야 한다.

8-10절 8절에 "너희는 스승이라고 불리지 않도록 하여라. 너희의 스승님은 한 분뿐이시고 너희는 모두 형제다."라고 되어 있다. 랍비, 아비, 및 지도자라는 명칭은 다 종교적 지도자를 가리켰다고 보인다. 우리들의 선생님과 영적 아버지와 지도자는 오직 하나님과 예수 그리스도뿐이시다.

사도 바오로[3]는 "여러분을 그리스도 안에서 이끌어 주는 인도자가 수없이 많다 하여도 아버지는 많지 않습니다. 그리스도 예수님 안에서 내가 복음을 통하여 여러분의 아버지가 되었습니다."라고 말했다1코린 4:15. 영적으로 이렇게 표현할 수 있는 것은 사실이었다. 그러나 항상 이런 칭호로 불리는 것은 합당치 않고 또 우리가 이런 칭호를 사랑하는 것도 합당치 않다. 우리는 겸손히 다 서로 형제자매로 인식하고 부르는 것이 가장 좋다고 본다.

교회의 직분자들은 다 봉사자들이다. 우리는 어떤 칭호를 좋아하지 말아야 한다. 우리는 자기의 명예나 유익을 위해 일하지 말고, 주의 영광과 성도들의 유익만을 위해 일해야 한다. 물론, 서로 존경하고 피차 복종하는 것은 성도의 의무이며, 주께서 세우신 교회의 직분자들을 존경하고 복종하는 것도 그러하다.

11-12절 세상에서는 큰 자가 섬김을 받는다. 그러나 하늘 나라와 교회 안에서는 그렇지 않다. 하늘 나라에서 가장 큰 자이신 우리의 주님과 구주이신 예수 그리스도께서 친히 자신을 낮추어 죄인들을 위하여 자기 몸을 희생하셨다. 그러므로 우리는 주님을 본받는 자들로서 직분이 중해지면 중해질수록 더욱 자

[3] 사도 바오로가 말하듯 인간이 본성은 핑계할 수 없는 증거가 있음에도 창조주 하느님을 마음에 두기 싫어한다. 바오로는 사람이 하느님을 알면서도 그분을 하느님으로 영광스럽게 하지 않고 감사하지도 않으며 생각은 쓸모없고 마음은 어리석어 어두워졌다고 했다. 사도 바오로는 로마의 그리스도인들에게 사람은 스스로 지혜로운 체 하지만 사실은 어리석으며 영원히 살아 계시는 하느님을 섬기지 않고 오히려 썩어 없어질 사람이나 새나 짐승이나 기어 다니는 동물 형상의 우상을 섬기는 존재라고 했다.

서신서를 쓰는 사도 바오로

자료 : christiandaily.co.kr

신을 낮추어 주님처럼 남을 섬기는 자가 되어야 한다. 겸손과 섬김은 영적 성숙의 표가 된다.

13절 예수 그리스도께서는 일반 백성들에게가 아니고 부패한 지도자들에게 노하셨다. 마태오 복음서 5장의 8복福과 대조적으로, 그는 위선적 지도자들에게 8화禍를 증거하였다.

위선자들의 한 특징은 하늘 나라의 문을 가로막는 것이다. 하늘 나라는 사람들의 가장 큰 목표와 소망이다. 하느님께서는 예로부터 영생과 하늘 나라를 약속하셨다. 예수 그리스도께서는 이 하늘 나라의 문이시다. 그는 좁은 문이시며

외식하는 바리사이인들을 꾸짖는 예수

자료 : ecumenian.com

Vox populi, vox Dei.

'양의 문', '구원의 문'이시고요한 10:8-9 죄인들이 하늘 나라 가는 유일한 길이시다 요한 14:6. 그는 베드로에게 하늘 나라의 열쇠를 허락하셨는데, 이것은 복음사역, 말씀사역을 가리킨다. 그것은 모든 복음 사역자들에게 주신 열쇠이다. 그러나 참된 회개와 예수님 믿음을 전파하는 것은 하늘 나라의 문을 여는 것이지만, 참된 회개와 예수 그리스도를 전하지 않는 것은 하늘 나라의 문을 닫는 것이다. 그러므로 위선자들은 하늘 나라의 안내자가 아니고 하늘 나라의 방해자 곧 하늘 나라의 문을 가로막는 자가 되는 것이다. 그들에게는 화가 있을 것이다.

14절 위선자들은 과부들의 재산을 교묘히 취했다. 그들은 실상 하느님을 경외하거나 하늘 나라와 내세에 소망을 둔 자가 아니고 땅의 것만 구하는 자들이었다. 그들은 위선으로 길게 기도함으로 경건한 겉모양을 가졌지만, 속에는 물질에 대한 욕심이 가득하였다.

이런 위선자들은 장차 더 큰 심판을 받을 것이다. 마태오 복음서 11장에 보면, 주께서는 권능을 많이 베푸신 코라진, 벳사이다, 카파르나움가버나움[4] 등의 마을이 회개치 않음으로 티로와 시돈 같은 이방 도시나 심지어 옛날 유황불 심판을 받았던 소돔성보다 더 큰 심판을 받을 것이라고 말씀하셨다마태 11:20-24. 죄에 경중輕重이 있듯이, 심판에도 경중이 있다. 하느님께서는 사람의 행위대로, 즉 그의 행위에 대한 죄의 경중대로 합당한 벌을 주신다. 위선의 악은 큰 악이다.

15절 위선자들은 교인 수 늘이는 데 열성을 가졌다. 그러나 교인의 수보다 더 중요한 것은 교인의 사람됨이다. 참된 회개와 구원이 없다면, 구름 떼같이 사람들을 모았다 할지라도, 그것은 하느님의 뜻과 상관없는 일일 것이다. 참된 신자들의 수효 증가가 아니라면 무의미하다. 위선자들은 알곡 운동이 아니고 쭉정이 운동을 했고 얻은 교인들을 자기들보다 배나 더 부패하고 외식하는 지옥 자식이 되게 했다.

[4] '위로의 마을'이라는 뜻을 가진다.

16-22절 '성전의 금'이란 성전에 바쳐지는 헌금을 가리키는 것 같다. 위선자들은 영적 소경이었다. 무엇이 더 가치 있고 무엇이 덜 가치가 있는지에 대한 바른 판단이 없었다. 그들은 성전과 제단보다 제단에 바쳐진 헌금과 예물을 더 중시하였다. 그것은 그들이 하느님을 사랑하기보다 돈을 사랑하기 때문이었다고 보인다. 그러나 그들은 자신들의 물질적 탐심을 헌금이라는 종교적 형식에 감추었다.

성전과 제단은 하느님의 거룩한 도구들이다. 그것으로 맹세함은 곧 그것의 주인이신 하느님으로 맹세함이 된다. 비록 어떤 가난한 자가 돈이 없어 헌금 없이 맹세를 한다고 할지라도 그것은 참된 맹세가 될 수 있다. 물론, 헌금과 예물은 경건의 한 표현이다. 십일조나 감사헌금도 그러하다. 그러나 헌금보다 더 중요한 것은 하느님 자신이며 성전과 제단이다. 그러므로 우리는 물질을 하느님보다 더 중시해서는 안 되며, 더 가치 있는 것을 더 가치 있게 여겨야 한다.

23-24절 외식外飾하는 율법학자들과 바리사이인들은 박하와 회향과 근채cummin의 십일조를 드렸다. 그것들은 향료들이었다. 이것은 땅의 소산물의 십일조를 드리라는 율법에 근거한 것이다레위 27:30. 그러나 십일조보다 훨씬 더 중요한 것은 의義와 인仁과 신信이다. 의義는 하느님의 뜻인 율법을 행하는 것이며, 인仁은 자비와 사랑을 가리킨다. 사랑은 율법의 완성이다. 신信은 하느님께 대한 믿음을 가리킨다. 물론 인간관계의 신실성도 포함된다.

십일조의 허와 실

자료 : dangdangnews.com

저 소경된 지도자들은 하루살이는 걸러내고 약대는 삼키고 있었다. 주께서는 십일조 생활을 하루살이에 비교하셨고, 의義와 인仁과 신信을 약대에 비교하셨다. 우리는 이것도 행하고 저것도 버리지 말아야 하지만, 종교생활의 형식보다 실질을 중시해야 하고, 실질이 없는 종교적 형식이 무의미하고 무가치함을 알아야 한다.

25-26절 위선자들은 외적 성결을 중시했으나 그들 안에는 탐욕과 불의로 가득했다. 그러나 사실 중요한 것은 마음의 성결이다. 마음은 사람의 인격을 형성한다. 마음에 가득한 것은 말과 행위로 나타난다. 그러므로 사람은 먼저 마음을 깨끗이 해야 한다. 내면적 성결이 없는 외적 성결은 가치가 작고 위선僞善에 그칠 수 있다.

사도 바오로는 에베소서 5:3-7에서 말한다. "성도들에게 걸맞게, 여러분 사이에서는 불륜이나 온갖 더러움이나 탐욕은 입에 올리는 일조차 없어야 합니다. 추잡한 말이나 어리석은 말이나 상스러운 농담처럼 온당치 못한 것들도 마찬가지입니다. 여러분은 감사의 말만 해야 합니다. 이것을 꼭 알아 두십시오. 불륜을 저지르는 자나 더러운 자나 탐욕을 부리는 자 곧 우상 숭배자는 그리스도와 하느님의 나라에서 받을 몫이 없습니다. 여러분은 어느 누구의 허황한 말에도 속아 넘어가지 마십시오. 그러한 것 때문에 하느님의 진노가 순종하지 않는 자들에게 내립니다. 그러므로 그런 자들과 상종하지 마십시오."

우상숭배

자료 : news.yonsei.or.kr

종교적 위선자들

자료 : m.post.naver.com

27-28절 위선자들은 내면적 성결이 없이 외적 단장만 힘썼다. 그들은 마치 회칠한 무덤과 같았다. 회칠한 무덤은 겉으로는 아름답게 보일지라도 그 속에는 온갖 더러운 것과 불쾌한 냄새로 가득하다. 이와 같이 위선자들은 의롭고 선한 자처럼 보여도 실상 마음에는 외식과 불법이 가득했다. 우리는 먼저 내면적 성결과 단장, 즉 진실한 의로움과 선을 행하기를 힘써야 한다. 우리는 모든 위선과 외식을 버려야 한다.

29-33절 위선자들은 선지자들을 위하는 자들처럼 말하지만, 실상은 그렇지 않았다. 그들은 그들의 조상과 다를 바가 없는 마음을 갖고 있었다. 그러므로 주께서는 그들의 말이 오히려 그들의 정체를 드러낸다고 말씀하시며 그들 조상의 분량을 채우라고 하신다. 위선자들은 본질상 하느님의 자녀들이 아니고 마귀의 자식들이다. 뱀들과 독사의 새끼들이 사람에게 큰 해를 끼치듯이, 위선자들은 사람들에게 치명적 해를 주고 있다. 그러므로 그들은 지옥의 판결을 피할 수 없다.

34-36절 주께서 그의 종들과 성경 교사들과 해석자들을 그들에게 보내실 때 그들은 그들을 죽이고 때리고 핍박할 것이다. 주의 종들은 유대인들에게 죽임과 매맞음과 핍박을 받을 것이다. 교회는 이것을 기억하고 항상 담대한 마음을 가져야 한다. 유대인들은 마침내 예수 그리스도를 죽일 것이다. 그러나 그

구원받은 하늘 나라 백성

자료 : a4qt.com

사건은 단지 의인 아벨로부터 역사상 흘려진 의로운 자들의 피흘림의 절정이 될 뿐이다. 이것은 그들이 그들 조상과 다를 바 없다는 것을 증명할 것이다. 그러나 이 세대는 그 피흘린 죗값으로 하나님의 엄중한 심판을 받게 될 것이다.

37-39절 예수께서 여러 번 예루살렘을 감싸려 하셨으나 예루살렘 거민 들은 하나님을 대항하고 회개하기를 원치 않았다. 그 성은 최종적 회복의 때까지 황폐하게 될 것이다. 주의 재림의 때에 세상은 공의의 심판을 받을 것이지만, 세상은 심판으로 끝나지 않고, 영광스러운 회복이 있을 것이다. 그것이 하늘나라 곧 새 하늘과 새 땅의 소망이다.

하늘의 소리 사람의 말씀 II

Vox populi, vox Dei.

마태오 복음서
24장

天聲

성전의 파괴를 예고하시다 마르 13,1-2;루카 21,5-6

1 예수님께서 성전에서 나와 걸어가시는데 제자들이 다가와 성전 건물들을 가리켰다.

2 그러자 예수님께서 그들에게 말씀하셨다. “너희는 저 모든 것을 보고 있지 않느냐? 내가 진실로 너희에게 말한다. 여기 돌 하나도 다른 돌 위에 남아 있지 않고 다 허물어지고 말 것이다.”

재난의 시작 마르 13,3-13;루카 21,7-19

3 예수님께서 올리브 산에 앉아 계실 때, 제자들이 따로 예수님께 다가와 여쭈었다. “저희에게 일러 주십시오. 그런 일이 언제 일어나겠습니까? 또 스승님의 재림과 세상 종말의 표징은 어떤 것입니까?”

4 예수님께서 그들에게 대답하셨다. “너희는 누구에게도 속는 일이 없도록 조심하여라.

5 많은 사람이 내 이름으로 와서, ‘내가 그리스도다.’ 하면서 많은 이를 속일 것이다.

6 그리고 너희는 여기저기에서 전쟁이 났다는 소식과 전쟁이 일어난다는 소문을 듣더라도 불안해하지 않도록 주의하여라. 그러한 일이 반드시 벌어지겠지만 그것이 아직 끝은 아니다.

7 민족과 민족이 맞서 일어나고 나라와 나라가 맞서 일어나며, 곳곳에 기근과 지진이 발생할 것이다.

8 그러나 이 모든 것은 진통의 시작일 따름이다.

9 그때에 사람들이 너희를 환난 속에 몰아넣고 죽일 것이다. 너희는 내 이름 때문에 모든 민족들에게 미움을 받을 것이다.

10 그러면 많은 사람이 떨어져 나가 서로 팔아넘기고 서로 미워하며,
11 거짓 예언자들이 많이 나타나 많은 이를 속일 것이다.
12 또 불법이 성하여 많은 이의 사랑이 식어 갈 것이다.
13 그러나 끝까지 견디어 내는 이는 구원을 받을 것이다.
14 이 하늘 나라의 복음이 온 세상에 선포되어 모든 민족들이 그것을 듣게 될 터인
데, 그때에야 끝이 올 것이다."

가장 큰 재난 마르 13,14-23;루카 21,20-24

15 "그러므로 다니엘 예언자를 통하여 말씀하신 대로, 황폐를 부르는 혐오스러운 것
이 거룩한 곳에 서 있는 것을 보거든 — 읽는 이는 알아들으라. —
16 그때에 유다에 있는 이들은 산으로 달아나라.
17 옥상에 있는 이는 물건을 꺼내러 집 안으로 내려가지 말고,
18 들에 있는 이는 겉옷을 가지러 가려고 뒤로 돌아서지 마라.
19 불행하여라, 그 무렵에 임신한 여자들과 젖먹이가 딸린 여자들!
20 너희가 달아나는 일이 겨울이나 안식일에 일어나지 않도록 기도하여라.
21 그때에 큰 환난이 닥칠 터인데, 그러한 환난은 세상 시초부터 지금까지 없었고 앞
으로도 결코 없을 것이다.
22 그 날수를 줄여 주지 않으시면 어떠한 사람도 살아남지 못할 것이다. 그러나 선택
된 이들을 위하여 그 날수를 줄여 주실 것이다.
23 그때에 누가 너희에게 '보라, 그리스도께서 여기 계시다!', 또는 '아니, 여기 계시다!'
하더라도 믿지 마라.
24 거짓 그리스도들과 거짓 예언자들이 나타나, 할 수만 있으면 선택된 이들까지 속
이려고 큰 표징과 이적들을 일으킬 것이다.
25 보라, 내가 너희에게 미리 말해 둔다.
26 그러므로 사람들이 너희에게 '보라, 광야에 계시다.' 하더라도 나가지 마라. '보라,
골방에 계시다.' 하더라도 믿지 마라.
27 동쪽에서 친 번개가 서쪽까지 비추듯 사람의 아들의 재림도 그러할 것이다.
28 주검이 있는 곳에 독수리들이 모여든다."

사람의 아들이 오시는 날 마르 13,24-27;루카 21,25-28

29 "그 무렵 환난이 지난 뒤 곧바로 해는 어두워지고 달은 빛을 내지 않으며 별들은
하늘에서 떨어지고 하늘의 세력들은 흔들릴 것이다.
30 그때 하늘에 사람의 아들의 표징이 나타날 것이다. 그러면 세상 모든 민족들이 가
슴을 치면서, '사람의 아들이' 큰 권능과 영광을 떨치며 '하늘의 구름을 타고 오는
것을' 볼 것이다.
31 그리고 그는 큰 나팔 소리와 함께 자기 천사들을 보낼 터인데, 그들은 그가 선택
한 이들을 하늘 이 끝에서 저 끝까지 사방에서 모을 것이다."

무화과나무의 교훈 마르 13,28-31;루카 21,29-33

32 "너희는 무화과나무를 보고 그 비유를 깨달아라. 어느덧 가지가 부드러워지고 잎
이 돋으면 여름이 가까이 온 줄 알게 된다.
33 이와 같이 너희도 이 모든 일을 보거든, 사람의 아들이 문 가까이 온 줄 알아라.
34 내가 진실로 너희에게 말한다. 이 세대가 지나기 전에 이 모든 일이 일어날 것이다.
35 하늘과 땅은 사라질지라도 내 말은 결코 사라지지 않는다."

깨어 있어라 마르 13,32-37;루카 17,26-30;루카 17,34-36

36 "그러나 그 날과 그 시간은 아무도 모른다. 하늘의 천사들도 아들도 모르고 오로
지 아버지만 아신다.
37 노아 때처럼 사람의 아들의 재림도 그러할 것이다.
38 홍수 이전 시대에 사람들은 노아가 방주에 들어가는 날까지 먹고 마시고 장가들
고 시집가고 하면서,
39 홍수가 닥쳐 모두 휩쓸어 갈 때까지 아무것도 모르고 있었다. 사람의 아들의 재
림도 그러할 것이다.
40 그때에 두 사람이 들에 있으면, 하나는 데려가고 하나는 버려둘 것이다.
41 두 여자가 맷돌질을 하고 있으면, 하나는 데려가고 하나는 버려둘 것이다.

Vox populi, vox Dei.

42 그러니 깨어 있어라. 너희의 주인이 어느 날에 올지 너희가 모르기 때문이다.
43 이것을 명심하여라. 도둑이 밤 몇 시에 올지 집주인이 알면, 깨어 있으면서 도둑이 자기 집을 뚫고 들어오도록 내버려 두지 않을 것이다.
44 그러니 너희도 준비하고 있어라. 너희가 생각하지도 않은 때에 사람의 아들이 올 것이기 때문이다."

충실한 종과 불충실한 종 루카 12,41-48

45 "주인이 종에게 자기 집안 식솔들을 맡겨 그들에게 제때에 양식을 내주게 하였으면, 어떻게 하는 종이 충실하고 슬기로운 종이겠느냐?
46 행복하여라, 주인이 돌아와서 볼 때에 그렇게 일하고 있는 종!
47 내가 진실로 너희에게 말한다. 주인은 자기의 모든 재산을 그에게 맡길 것이다.
48 그러나 만일 그가 못된 종이어서 마음속으로 '주인이 늦어지는구나.' 하고 생각하며,
49 동료들을 때리기 시작하고 또 술꾼들과 어울려 먹고 마시면,
50 예상하지 못한 날, 짐작하지 못한 시간에 그 종의 주인이 와서,
51 그를 처단하여 위선자들과 같은 운명을 겪게 할 것이다. 거기에서 그는 울며 이를 갈 것이다."

1 Jesus left the temple and was walking away when his disciples came up to him to call his attention to its buildings.
2 "Do you see all these things?" he asked. "I tell you the truth, not one stone here will be left on another; every one will be thrown down."
3 As Jesus was sitting on the Mount of Olives, the disciples came to him privately. "Tell us," they said, "when will this happen, and what will be the sign of your coming and of the end of the age?"
4 Jesus answered: "Watch out that no one deceives you.
5 For many will come in my name, claiming, 'I am the Christ,' and will deceive many.

6 You will hear of wars and rumors of wars, but see to it that you are not
alarmed. Such things must happen, but the end is still to come.
7 Nation will rise against nation, and kingdom against kingdom. There will
be famines and earthquakes in various places.
8 All these are the beginning of birth pains.
9 "Then you will be handed over to be persecuted and put to death, and
you will be hated by all nations because of me.
10 At that time many will turn away from the faith and will betray and hate
each other,
11 and many false prophets will appear and deceive many people.
12 Because of the increase of wickedness, the love of most will grow cold,
13 but he who stands firm to the end will be saved.
14 And this gospel of the kingdom will be preached in the whole world as
a testimony to all nations, and then the end will come.
15 "So when you see standing in the holy place 'the abomination that caus-
es desolation,' spoken of through the prophet Daniel--let the reader un-
derstand--
16 then let those who are in Judea flee to the mountains.
17 Let no one on the roof of his house go down to take anything out of the
house.
18 Let no one in the field go back to get his cloak.
19 How dreadful it will be in those days for pregnant women and nursing
mothers!
20 Pray that your flight will not take place in winter or on the Sabbath.
21 For then there will be great distress, unequaled from the beginning of
the world until now--and never to be equaled again.
22 If those days had not been cut short, no one would survive, but for the
sake of the elect those days will be shortened.

23 At that time if anyone says to you, 'Look, here is the Christ!' or, 'There he is!' do not believe it.

24 For false Christs and false prophets will appear and perform great signs and miracles to deceive even the elect--if that were possible.

25 See, I have told you ahead of time.

26 "So if anyone tells you, 'There he is, out in the desert,' do not go out; or, 'Here he is, in the inner rooms,' do not believe it.

27 For as lightning that comes from the east is visible even in the west, so will be the coming of the Son of Man.

28 Wherever there is a carcass, there the vultures will gather.

29 "Immediately after the distress of those days 'the sun will be darkened, and the moon will not give its light; the stars will fall from the sky, and the heavenly bodies will be shaken.'

30 "At that time the sign of the Son of Man will appear in the sky, and all the nations of the earth will mourn. They will see the Son of Man coming on the clouds of the sky, with power and great glory.

31 And he will send his angels with a loud trumpet call, and they will gather his elect from the four winds, from one end of the heavens to the other.

32 "Now learn this lesson from the fig tree: As soon as its twigs get tender and its leaves come out, you know that summer is near.

33 Even so, when you see all these things, you know that itis near, right at the door.

34 I tell you the truth, this generation will certainly not pass away until all these things have happened.

35 Heaven and earth will pass away, but my words will never pass away.

36 "No one knows about that day or hour, not even the angels in heaven, nor the Son, but only the Father.

37 As it was in the days of Noah, so it will be at the coming of the Son of Man.

38 For in the days before the flood, people were eating and drinking, marrying and giving in marriage, up to the day Noah entered the ark;

39 and they knew nothing about what would happen until the flood came and took them all away. That is how it will be at the coming of the Son of Man.

40 Two men will be in the field; one will be taken and the other left.

41 Two women will be grinding with a hand mill; one will be taken and the other left.

42 "Therefore keep watch, because you do not know on what day your Lord will come.

43 But understand this: If the owner of the house had known at what time of night the thief was coming, he would have kept watch and would not have let his house be broken into.

44 So you also must be ready, because the Son of Man will come at an hour when you do not expect him.

45 "Who then is the faithful and wise servant, whom the master has put in charge of the servants in his household to give them their food at the proper time?

46 It will be good for that servant whose master finds him doing so when he returns.

47 I tell you the truth, he will put him in charge of all his possessions.

48 But suppose that servant is wicked and says to himself, 'My master is staying away a long time,'

49 and he then begins to beat his fellow servants and to eat and drink with drunkards.

50 The master of that servant will come on a day when he does not expect him and at an hour he is not aware of.

51 He will cut him to pieces and assign him a place with the hypocrites, where there will be weeping and gnashing of teeth.

Vox populi, vox Dei.

人語

마태오 복음서 24장 요약[1]

주님은 23장의 끝에서 예루살렘의 멸망을 잠깐 언급하셨는데37-39절 여기서는 그 내용이 확대 해석되고 있다. 본 장을 읽는 데 있어서 우리는 두 가지 사항에 유의해야 한다. 첫째, 본 장의 내용을 어느 특정한 역사적 단계시대와 연결하고자 해서는 안 된다. 왜냐하면, 이 예언이 일차적으로는 예루살렘의 멸망을, 그리고 궁극적으로는 인류 종말의 상황을 그리고 있기 때문이다예언의 복합 성취. 이 같은 원리는 자연스럽게 우리가 종말 그 자체의 징조나 시기에 주목하기보다는 하루하루 실존적 종말을 살아감으로써 궁극적으로 주의 재림을 예비하는 삶을 살 것을 촉구한다.

예루살렘 성전의 멸망에 대해 구체적으로 말씀하신다. 1차적으로는 예루살렘의 멸망을, 궁극적으로는 인류 종말의 최후의 심판에 대한 말씀이다. 매일 종말의 경고 가운데 있음을 생각하고 주의 깊게 삶을 돌아보며 준비하며 살아야 한다.

과연 예수님께서 말씀하신 여러 가지 말세의 징조들이 현 세대에 가득하다. 자칭 그리스도라 하는 자들의 이단 사이비들이 가득하고, 온 세계 곳곳에 자연재해 재앙이 가득하며, 사랑이 식고 불법이 성하여 죽이고 죽는 일이 허다하며, 거짓 선지자 노릇하는 자들로 혼탁해져 있다. 정신을 차리고 잘 살아야 할 시대이다. 언제 우리를 부르실지 모른다. 언제 예수님께서 큰 능력과 영광 가운데 구름을 타고 재림하실지 모른다. 세대의 시간은 참으로 빨리 흐른다. 세대를 잘 정비하고 흑암에 갇혀 있는 불쌍한 사람들을 성령의 빛으로 예수님께로 인도해야 한다. 복음이 온 세상에 전해지도록 애써야 한다.

각 절 해석[2]

1-2절 루카 복음서 21:20에 보면, 예수께서는 "예루살렘이 적군에게 포위된 것을 보거든, 그곳이 황폐해질 때가 가까이 왔음을 알아라."라고 말씀하셨다. 이 예언은 기원후 70년, 즉 약 40년 후에 로마 장군 티투스디도가 이끄는 군대가 예루살렘을 점령하고 그 성을 불 태웠을 때 성취되었다.

3절 마태오 복음서 24, 25장의 내용은 감람산 위에서 가르치신 내용이었다. 제자들은 예루살렘 멸망의 시기와, 주의 재림과 세상 종말의 징조에 대해 물었다. 두 사건은 별개의 것이지만, 비슷한 점이 있었다. 예루살렘 멸망은 세상의 마지막 심판의 그림자였다. 매튜 풀은 주께서 말씀하신 종말 징조들이 요세푸스의 유대인 전쟁들에서 증거되는 대로 예루살렘 멸망 직전에도 어느 정도 나타났다고 말하였다.

예루살렘의 포위와 함락, David Roberts

자료 : thedreamtogether.com

4-5절 주의 재림과 세상 종말의 첫 번째 징조는 거짓 그리스도들의 출현이다. 거짓 그리스도들이 많이 나타나 많은 사람을 미혹케 할 것이다. 마태오

[1] 변정미, 마태복음 24장 요약 설명, 강남은혜교회, 2020년 2월 17일 작성.
[2] 김효성 목사, 마태복음 강해, 2019년 11월 27일 수정.

Vox populi, vox Dei.

복음서 24:11, 24, “거짓 예언자들이 많이 나타나 많은 이를 속일 것이다.”, “거짓 그리스도들과 거짓 예언자들이 나타나, 할 수만 있으면 선택된 이들까지 속이려고 큰 표징과 이적들을 일으킬 것이다.” 사도 요한도 요한 묵시록 13:11-15에서 거짓 선지자의 출현에 대하여 예언하였다. “나는 또 땅에서 다른 짐승 하나가 올라오는 것을 보았습니다. 그 짐승은 어린양처럼 뿔이 둘이었는데 용처럼 말을 하였습니다.”, “큰 표징들을 일으켰는데, 사람들이 보는 앞에서 불이 하늘에서 땅으로 내려오게도 하였습니다.”, “첫째 짐승이 보는 앞에서 일으키도록 허락된 표징들을 가지고 땅의 주민들을 속였습니다. 그러면서 땅의 주민들에게, 칼을 맞고도 살아난 그 짐승의 상을 세우라고 말하였습니다. 둘째 짐승에게는 첫째 짐승의 상에 숨을 불어넣는 것이 허락되었습니다. 그리하여 그 짐승의 상이 말을 하기도 하고, 자기에게 경배하지 않는 사람은 누구나 죽임을 당하게 수도 있었습니다.”

사실, 사도 시대의 말기에 벌써 많은 적그리스도들과 거짓 선지자들이 나타났다. 또 기원후 70년의 예루살렘 멸망 때뿐 아니라, 교회 역사상 이런 징조들이 나타난 때가 종종 있었고 16세기 종교개혁 때에도 그러했다. 또한 주의 재림 직전에 최종적으로 치명적 미혹과 교회들의 큰 혼란이 있을 것이다.

이단은 기독교의 근본 교리들로부터 탈선된 견해나, 그런 견해를 취하는 인물과 집단을 가리킨다. 오늘날 기독교계에서 가장 큰 미혹은 자유주의 신학이다. 역사적 대교단들의 대다수가 자유주의 신학에 물들어 있다. 자유주의 신학은 기독교의 근본적 교리들을 부정하는 사상으로 교회 역사상 가장 파괴적인 이단이다. 그것은 기독교 신학의 이름으로 전통적 교회들 안에 들어와 교회들을 부패시키고 배교와 불신앙에 떨어지게 하였다.

6-7절 주의 재림과 세상 종말의 두 번째의 징조는 전쟁이다. 요한 묵시록 6장의 일곱 봉인의 환상들 중 두 번째 봉인은 붉은 말의 환상인데, 그것은 큰 칼 곧 전쟁을 상징하였다. 요한 묵시록 8, 9장의 일곱 나팔의 환상들 중 여섯째 나팔은 유프라테스 강 주위에서의 큰 전쟁, 곧 2억 명의 군사가 동원될 전쟁에 대한 환상이다. 또 요한 묵시록 16장의 일곱 대접의 환상들 중 여섯째 대접은 유프라테스 강이 말라 동방의 왕들이 들어옴으로 세계적 연합군이 형성되고 하르

마게돈아마겟돈에서 마지막 큰 전쟁이 일어나는 환상이다.

역사상 수많은 크고 작은 전쟁들이 있었지만, 20세기에 일어난 두 차례의 세계적 전쟁은 가장 처참한 전쟁이었다. 제1차 세계대전은 약 천만 명의 군인들과 수많은 민간인들을, 그리고 제2차 세계대전은 약 1,700만 명의 군인들과 셀 수 없이 많은 민간인들을 희생시켰다.

제2차 세계대전 후 세계는 미국을 중심으로 하는 민주진영과 소련을 중심으로 하는 공산진영으로 서로 대립되었고 아직도 그 갈등이 완전히 해소되지 않았다. 또, 중동 지역에서는 이스라엘 나라와 이슬람 국가들 간의 갈등이 여전하다. 만일 제3차 세계대전이 일어난다면, 그것은 중동에서부터일 것이라고 흔히 말하며, 그 전쟁은 아마 화생방 무기들화학-생물학무기들, 핵무기들을 동원한 인류역사에서 가장 처참한 전쟁이 될 것이다.

7-8절 주의 재림과 세상 종말의 세 번째 징조는 기근이다. 요한 묵시록 6장의 일곱 봉인의 환상들 중 세 번째 봉인은 검은 말의 환상인데, 그것은 흉년을 상징했다. 근대에 들어와 기근은 세계적으로 더욱더 심해진 것 같다. 월드북 백과사전The World Book Encyclopedia에 의하면, 1870년대에 남부 인도에서 약 5백만 명이 기근으로 죽었고, 중국에서는 9백만 명 이상이 죽었다. 1929년과 30년에는 중국의 황하강의 홍수로 인한 기근으로 약 2백만 명이 죽었다. 1943년 인도 동부 벵갈에 대기근이 있었다. 제2차 세계대전 후 150만 명 이상이 기근으로 죽었다. 1960년대 후 아프리카의 소위 사하라 사막 남부 사헬 지역과 남부 아프리카, 특히 이디오피아 등에서 수백만 명이 죽었다. 지구상에서는 매일 약 7억 5천만 명이 굶주리고 있다고 세계은행은 보도했다.

주의 재림과 세상 종말의 네 번째 징조는 무서운 전염병이다. 요한 묵시록 16장의 일곱 대접의 환상들 중 첫째 대접은 악하고 독한 종기가 짐승의 표를 받은 사람들과 그 우상에게 경배하는 자들에게 나는 환상이며, 다섯째 대접은 짐승의 나라가 어두워지며 사람들이 아파서 자기 혀를 깨물고 아픈 것과 종기로 인해 하늘의 하느님을 훼방하는 환상이다.

Vox populi, vox Dei.

예수님 재림에 일어날 징조(마태 24:3-14)

자료 : rhb-bible.tistory.com

주의 재림과 세상 종말의 다섯 번째 징조는 지진이다. 요한 묵시록 6장의 여섯째 봉인은 큰 지진에 대한 예언을 포함한다. 또 요한 묵시록 11:13에는 두 증인이 승천한 후 큰 지진이 나서 성 10분의 1이 무너지고 7천 명이 죽을 것을 예언하였다. 요한 묵시록 16장의 일곱째 대접의 환상은 큰 지진이 있어 큰 성 바벨론이 세 갈래로 갈라지고 큰 우박이 있을 것을 예언하였다. 큰 지진의 위력은 약 1억 8천만 톤의 강력한 폭약TNT과 같으며, 그것은 세계 최초로 일본 히로시마에 투하된 원자폭탄의 약 만 배의 위력이라고 한다.

9-10절 주의 재림과 세상 종말의 여섯 번째 징조는 핍박이다. 적그리스도는 이미 사도 시대에 나타나기 시작했으나, 신약성경은 마지막 때에 그리스도를 대적하고 성도들을 핍박하는 한 정치적 인물 혹은 세력인 적그리스도가 나타날 것을 예언한다.

초대교회 시대의 로마 황제, 중세교회 시대의 로마 교황은 예비적 징조였다. 그때 진실한 성도들은 고난과 핍박을 당했었다.

또 이런 핍박을 받을 때 많은 사람들은 시험에 빠져 서로 잡아 죽이거나 서로 미워할 것이다. 그들은 자신의 육신적 평안을 위해 하느님을 배신하고 믿음을 버리고 오히려 참 성도들을 핍박하는 일에 앞장설 것이다. 이들은 가룟 유다의 후예들이며 진실한 성도가 아닐 것이다. 우리는 그런 배신자, 변절자가 되지 않겠다고 결심해야 하고 평소에 하느님 앞에서 신앙 양심을 따라 바르게 살고 고난을 각오해야 한다.

11-13절 주의 재림과 세상 종말의 일곱 번째 징조는 배교背敎이다. 거짓 목사들이 많이 일어나 많은 사람들을 미혹하게 할 것이다. 많은 형식적 교인들이 참 신앙을 배반하고 변절할 것이다. 오늘날에는 자유주의 신학들이 많은 사람들을 바른 신앙에서 떠나게 만들고 있다. 많은 배교자들과 변절자들이 기독교회 속에 들어와 있고 교회를 어지럽히고 있다.

자유주의 신학은 역사적 개신교회인 장로교, 루터교, 감리교, 침례교 등 거의 모든 교파들의 신학교들, 목사 후보생들, 목사들의 사상을 부패시키고 있다. 세계의 대교단들은 자유주의를 고의로 포용하거나 자유주의화되어 있다. 16세기 종교개혁 시대와 같이, 21세기의 기독교회들은 또다시 배교를 경험하고 있다. 그러나 이것은 성경에 예언된 주의 재림과 세상 종말의 징조의 성취이다.

주의 재림과 세상 종말의 여덟 번째 징조는 불법이 성하는 것이다. 말세 교회의 문제는 교리적인 것일 뿐만 아니라, 또한 윤리적인 것이다. 교회들 안에 불법과 부도덕한 일들이 많을 것이다. 오늘날 많은 교회들은 신약성경에 밝히 교훈한 바를 저버리고 여자 목사와 여자 장로를 세우고 낙태를 허용하고 동성애를 용납하고 있다.

그러나 성경은 이런 문제에 대해서도 분명히 교훈한다. 코린토 신자들에게 보낸 첫째 서간 14:34-37은, 모든 성도의 교회에서 함과 같이 여자는 교회에서 잠

배교자와 비그리스도인

자료 : post.naver.com

Vox populi, vox Dei.

잠해야 하며 율법에 이른 것같이 복종해야 하며 이것은 주의 명령이라고 말했다. 코린토 신자들에게 보낸 첫째 서간 6:9-10은 동성애의 죄를 짓는 자들은 하늘나라에 들어가지 못한다고 증거하였다. 교회는 윤리적으로도 거룩해야 한다.

주의 재림과 세상 종말의 아홉 번째 징조는 사랑이 식어지는 것이다. 교회들이 교리적으로, 윤리적으로 부패할 때 성도들은 서로 사랑하라는 주의 명령을 행하기 어려워진다. 그러나 우리는 끝까지 믿음을 지키고 서로 사랑해야 한다. 요한복음서 13:34, "내가 너희에게 새 계명을 준다. 서로 사랑하여라. 내가 너희를 사랑한 것처럼 너희도 서로 사랑하여라.

14절 주의 재림과 세상 종말의 열 번째 징조는 세계의 복음화이다. 세계의 복음화는 복음이 온 세계에 전파되는 것을 말한다. 기독교 2천년 역사는 세계복음화의 역사였다. 백년 전에 복음이 아시아의 동쪽 끝부분인 한국에까지 도착하였다. 교회의 남은 사명은 여전히 세계복음화이다. 우리는 복음이 들어가지 않은 곳에 복음을 전해야 한다. 우리는 현대 교회들의 배교 때문에 낙심치 말고 세계복음화를 위해 계속 힘써야 한다. 성령께서는 신약교회 안에 오셨고 영원히 거하신다. 그의 능력은 지금도 우리와 함께 계신다. 우리는 예수 그리스도의 십자가 복음과 성령의 능력으로 세계복음화의 사명을 감당해야 한다. 세계복음화는 이스라엘의 민족적 회심을 포함할 것이다.

15-18절 다니엘서 11:31은, "그가 보낸 병력이 자리를 잡고서는, 성소와 성채를 더럽히고 일일 번제를 폐지하며, 황폐를 부르는 혐오스러운 것을 세울 것이다."라고 예언했다. 이 예언은 기원전 167년 수리아 왕 안티오커스 4세일명 '에피파네스'의 군대가 예루살렘 성전을 훼파하고 제사를 폐지하고 성전에 제우스 신상을 세울 것을 가리켰다고 본다.

이것은 역사상 성취되었다고 보이나, 예루살렘 멸망과 주의 재림의 징조로 제시되었다. 로마 군대는 기원후 66년 예루살렘을 공격하여 기원후 70년 '매일 드리는 제사'를 폐하였다. 주의 재림 직전에도 비슷한 일이 있을 것이다.

주께서는 예루살렘 성이 멸망할 때 산으로 도망하라고 말씀하셨다. 초대교회 역사가 유세비우스는, 예루살렘 멸망의 때 유대의 그리스도인들은 요단 건너편, 페레아 지방 북쪽 펠라로 도피했다고 증거했다. 또 주께서는 집안의 물건이나 겉옷을 가지러 가지 말라고 말씀하셨다. 그것은 그 재난이 급속하므로 세상 것에 대한 모든 애착을 버리고 급히 피해야 할 것을 가리켰다. 우리는 세상 것들에 대한 애착을 버리고 하느님만 바라보고 그의 명령대로만 살아야 한다.

19-20절 아이 밴 자들과 젖먹이는 자들에게 화가 있다는 것은 피난하기 어렵기 때문이다. 결혼은 정당한 일이지만 심신의 고통도 뒤따르며 환난의 때에는 더욱 그러하다. 또 주께서는, 겨울에나 안식일에도 피난하기 어려우니까 그런 때를 피하도록 기도하라고 말씀하셨다.

21-22절 예루살렘 성의 멸망은 큰 환난이었다. 세상 종말과 주의 재림 직전에도 큰 환난이 있을 것이다. 요한 묵시록의 일곱 봉인, 일곱 나팔, 일곱 대접 환상은 예수 그리스도의 재림 직전에 있을 대환난을 가리키며 그 환난의 정도는 점점 더 심해지고 특히 일곱 대접은 극심한 재앙을 예언한다고 본다. 그러나 하느님께서는 환난의 날들을 감하실 것이다. 환난의 기간을 요한 묵시록에서는 3년 반으로 자주 표현했다. 이것은 문자적 기간일지 모르나 그 기간은 제한되고 짧을 것이다. 그것은 택자들 곧 구원받을 자들을 위해 그럴 것이다. 그들은 진노의 대상이 아니므로 피할 길을 얻게 될 것이다.

23-25절 예수께서는 거짓 그리스도들과 거짓 선지자들을 조심하라고 다시 강조하신다. 그런데 이번에는 그들이 큰 표적과 기사를 보이어 미혹하게 할 것을 말씀하셨다. 신앙의 초보적 단계에서는 진리의 기초적 지식들이 필요하지만, 신앙의 성장 과정에서는 많은 영적 싸움들을 해야 하고 많은 시험과 미혹을 분별하며 이겨야 한다. 사탄은 가능한 한 택하신 자들도 미혹하게 하려 한다. 택함 받

거짓 선지자들의 세상 도래

자료 : kcjlogos.org

은 성도들은 비록 최종적으로 실패하지 않겠지만 깨어 조심하고 싸워야 한다.

사도 바오로도 테살로니카 신자들에게 보낸 둘째 서간 2:9-10에서, "그 무법자가 오는 것은 사탄의 작용으로, 그는 온갖 힘을 가지고 거짓 표징과 이적을 일으키며, 멸망할 자들을 상대로 온갖 불의한 속임수를 쓸 것입니다. 그들이 진리를 사랑하여 구원받는 것을 거부하였기 때문입니다."라고 말했다. 이 말씀은, 거짓된 기적주의가 재림 직전의 징조로 유행할 것이며 그 근원은 사탄이다. 그 대상과 진짜 피해자는 진리를 거부한 멸망할 자들이라는 것을 증거한다. 참된 성도들은 이 사실을 알고 조심해야 한다. 거짓된 기적주의 혹은 은사주의는 모세가 이미 신명기 13:1-5에서 경계한 바이었다. 그는 기적을 행하는 자들이 우리가 알지 못하는 다른 신들을 섬기자고 하며 그 기적이 이룰지라도 그를 따르지 말고 죽여야 한다고 말했다.

우리는 주의 예언의 말씀을 명심해야 한다. 주께서는 미리 말씀하셨다. 이제 남은 것은 우리의 성실한 순종이다. 그러므로 우리는 열심히 성경을 읽고 묵상하며 기도하며 믿고 순종해야 한다.

26-28절 주의 재림은 번개같이 온 세상에 동시에 알려지는 방식으로 이루어질 것이다. 어느 특정한 산이나 집에 가야만 주의 재림을 대비하거나 만날

수 있는 것이 아니다. 구원의 방주는 오직 예수 그리스도뿐이다. 그가 우리의 구원이며 그를 진실히 믿는 자는 이미 구원받은 자이다. 참 교회는 하나님의 심판을 피할 것이다. 그러나 오늘날 교회들의 혼란이 심하고 참된 교회들이 많지 않은 것 같다. 우리는 순결한 교회를 세우고 거기에 속해야 할 권리가 있고 또 의무도 있다.

29-30절 대환난 후에 해가 어두워지며 달이 빛을 내지 않으며 별들이 하늘에서 떨어지며 하늘의 권능들이 흔들릴 것이다. 이 예언은 문자적인 의미로 볼 수 있다. 이것은 요한 묵시록 6, 8장에 나오는 여섯째 봉인과 넷째 나팔 환상에서 예언된 해와 달과 별들의 이상 현상들과 같다.

그때에 주 예수 그리스도의 재림 자체의 징조가 하늘에서 보일 것이며 땅의 모든 족속들이 통곡하며 그들이 주께서 구름을 타고 능력과 큰 영광으로 오시는 것을 볼 것이다. 주 예수님의 재림은 하늘로부터 내려오시는 사건이다. 그때에 땅의 모든 족속들이 통곡할 것이다. 하느님의 심판의 시간이 다가왔고, 예수 그리스도를 영접하지 않았던 죄인들은 두려움과 후회가 가득한 마음으로 애곡할 것이다.

주께서는 재림하는 자신을 인자人子 즉 사람의 아들이라고 부르셨다. 그는 하느님의 아들로서는 언제 어디서나 우리와 함께 계시지만 사람의 아들로서는 시간과 공간의 제한을 받으신다. 재림하시는 주 예수께서는 하늘에서 땅으로 내려오실 것이다.

예수께서는 구름을 타고 오실 것이다. 재림하시는 주님은 능력과 큰 영광을 가지실 것이다. 그것은 그의 초림初臨과 다를 것이다. 그의 초림은 연약한 어린 아기의 출생이었다. 그것은 십자가에 죽기 위해 오신 고난의 종의 출생이었다. 그러나 그의 재림再臨은 다를 것이다. 주 예수 그리스도께서는 큰 영광과 능력을 가지고 온 세상의 심판주로 다시 오실 것이다.

31절 온 세상에서 하느님의 택함을 받은 자들은 지구 동쪽 끝에서부터 서쪽 끝까지 사방에서 하늘로 들릴 것이다. 이것이 테살로니카 신자들에게 보낸

Vox populi, vox Dei.

환난(tribulation)

자료 : bonhd.net

첫째 서간에 증거된 '휴거'rapture라는 사건이다4:16-17. 성도들은 그때 하늘로 들리어 기쁨으로 주를 영접할 것이며, 불신앙과 죄악 가운데 살던 세상의 나머지 사람들은 두려움과 후회의 슬픔 속에 있을 것이다.

32-33절 무화과나무가 이스라엘을 가리키고 그 잎사귀가 나는 것은 이스라엘의 독립을 가리킨다고 비유적으로 해석하는 것은 잘못이라고 본다. 본문은 무화과나무가 부드러워지고 잎이 돋으면 여름이 가까움을 알듯이 이 모든 일이 일어나면 주의 재림이 가까움을 알라는 뜻일 뿐이다. 무화과나무와 여름은 이 모든 일과 재림에 비교될 뿐이다.

34-35절 이 말씀은 그의 예언이 확실히 성취될 것을 강조하신다. 예루살렘 멸망의 예언은 기원후 70년에 역사적으로 성취되었다. 이와 같이, 주의 재림 약속도 반드시 성취될 것이다. 주께서는 신약성경 끝부분에서도 "내가 곧 간다."라고 약속하셨다묵시 22:20. 세상의 일들은 다 변하지만, 하느님의 말씀은 영원하며 확실하다. 우리는 영원한 그 진리의 말씀을 사랑하고 굳게 붙들어야 한다.

36절 하느님의 뜻은 우리에게 재림의 날과 시간을 알려주지 않으시는 것이며 따라서 우리는 그것을 알려고 해서는 안 된다. 2천년 전에 재림의 시간을

2천년 후라고 알려주셨다면, 많은 이들이 해이해지거나 낙망했을 것이다. 하느님의 이 비밀은 성도들에게 유익하였고 지금도 그러하다.

37-39절 먹고 마시고 장가들고 시집가는 것 자체가 죄는 아니지만, 그것이 삶의 전부이면 그는 멸망의 길을 걷는 자일 것이다. 주의 재림의 날 곧 심판의 날이 다가오고 있다. 노아가 방주를 준비하고 그 안으로 들어갔듯이, 우리 모두는 구원의 방주이신 예수 그리스도를 믿음으로 그 안에 거해야 한다. 예수님 안에만 심판을 피하는 곳이 있다.

40-41절 예수 그리스도의 재림 때에 큰 분리가 일어날 것이다. 어떤 이는 데려감을 당하고 어떤 이는 버려둠을 당할 것이다. 자신의 죄를 회개하고 예수 그리스도를 믿고 순종한 자들은 하늘로 들리어 재림의 주를 영접하게 될 것이지만, 하느님과 예수 그리스도를 알지 못하고 죄의 낙을 누리던 사람들은 버림을 받을 것이다.

42-44절 주의 재림 사건 앞에서 우리에게 가장 중요한 것은 깨어 있는 생활이다. 깨어 있는 생활이란 믿음과 순종의 삶, 곧 정상적 신앙생활을 가리킨다고 본다. 깨어 있는 성도는 말씀과 기도 가운데 믿음을 가지고 살고 하느님의 계명을 순종하여 거룩하고 선한 삶을 산다.

주께서는 자신의 재림을 도둑의 침입으로 표현하셨다. 그러나 이 말씀은 어떤 이들의 추측처럼 주의 재림이 어느 순간이든지 일어날 수 있다는 뜻이 아니고 그 사건이 갑작스럽게 이루어질 것이라는 뜻일 뿐이다. 왜냐하면 주의 재림은 여러 징조들 후에 이루어질 것이기 때문이다. 그러나 도둑이 갑자기 침입하듯이 주의 재림이 갑작스럽게 이루어질 것이므로, 우리는 주의 재림을 예비해야 하는 것이다.

45-47절 주인은 예수 그리스도, 종들은 말씀의 봉사자들, 집안 식솔들은 성도들, 양식은 성경 말씀을 가리킨다. 주께서는 충성되고 지혜 있는 종들에

대해 말씀하셨다. 그들은 자기 위치를 지키고 자기 직무를 완수하는 자들이다. 하느님 안에서는 충성하는 자가 지혜자이다. 그들은 주의 백성들을 맡아 때를 따라 영의 양식인 신구약성경의 말씀을 가르칠 것이다. 그들은 주 예수 그리스도의 마음을 시원케 하는 복된 자들이다. 주께서는 그들에게 천국을 맡기실 것이다.

48-51절 주께서는 악한 종들에 대해서도 말씀하셨다. 그들은 주의 재림에 대해 긴박한 마음을 갖지 않고 주의 재림을 진지하게 기다리지 않는다. 그 결과, 그들의 마음은 해이하고 거칠어지고 방탕함에 떨어진다. 내세를 소망하지 않는 자는 현실의 즐거움만을 추구할 것이다. 그러나 주 예수 그리스도의 재림의 날이 올 것이다. 재림은 악한 종들에게 무서운 징벌로 임할 것이다. 그들은 내어 쫓기며 위선자들로 간주되며 엄한 벌을 받을 것이다. 이것은 가상적 경고이다. 그러나 우리가 참된 신자라면, 우리는 깨어 있는 삶으로 참 믿음을 증명해야 한다.

예수 그리스도의 재림

자료 : light-on.tistory.com

Vox populi, vox Dei.

하늘의 소리 사람의 말씀 II

마태오 복음서
25장

天聲

열 처녀의 비유

1 “그때에 하늘 나라는 저마다 등을 들고 신랑을 맞으러 나간 열 처녀에 비길 수 있을 것이다.

2 그 가운데 다섯은 어리석고 다섯은 슬기로웠다.

3 어리석은 처녀들은 등은 가지고 있었지만 기름은 가지고 있지 않았다.

4 그러나 슬기로운 처녀들은 등과 함께 기름도 그릇에 담아 가지고 있었다.

5 신랑이 늦어지자 처녀들은 모두 졸다가 잠이 들었다.

6 그런데 한밤중에 외치는 소리가 났다. ‘신랑이 온다. 신랑을 맞으러 나가라.’

7 그러자 처녀들이 모두 일어나 저마다 등을 챙기는데,

8 어리석은 처녀들이 슬기로운 처녀들에게 ‘우리 등이 꺼져 가니 너희 기름을 나누어 다오.’ 하고 청하였다.

9 그러나 슬기로운 처녀들은 ‘안 된다. 우리도 너희도 모자랄 터이니 차라리 상인들에게 가서 사라.’ 하고 대답하였다.

10 그들이 기름을 사러 간 사이에 신랑이 왔다. 준비하고 있던 처녀들은 신랑과 함께 혼인 잔치에 들어가고, 문은 닫혔다.

11 나중에 나머지 처녀들이 와서 ‘주인님, 주인님, 문을 열어 주십시오.’ 하고 청하였지만,

12 그는 ‘내가 진실로 너희에게 말한다. 나는 너희를 알지 못한다.’ 하고 대답하였다.

13 그러니 깨어 있어라. 너희가 그 날과 그 시간을 모르기 때문이다.”

탈렌트의 비유 루카 19,11-27

14 "하늘 나라는 어떤 사람이 여행을 떠나면서 종들을 불러 재산을 맡기는 것과 같다.

15 그는 각자의 능력에 따라 한 사람에게는 다섯 탈렌트, 다른 사람에게는 두 탈렌트, 또 다른 사람에게는 한 탈렌트를 주고 여행을 떠났다.

16 다섯 탈렌트를 받은 이는 곧 가서 그 돈을 활용하여 다섯 탈렌트를 더 벌었다.

17 두 탈렌트를 받은 이도 그렇게 하여 두 탈렌트를 더 벌었다.

18 그러나 한 탈렌트를 받은 이는 물러가서 땅을 파고 주인의 그 돈을 숨겼다.

19 오랜 뒤에 종들의 주인이 와서 그들과 셈을 하게 되었다.

20 다섯 탈렌트를 받은 이가 나아가서 다섯 탈렌트를 더 바치며, '주인님, 저에게 다섯 탈렌트를 맡기셨는데, 보십시오, 다섯 탈렌트를 더 벌었습니다.' 하고 말하였다.

21 그러자 주인이 그에게 일렀다. '잘하였다, 착하고 성실한 종아! 네가 작은 일에 성실하였으니 이제 내가 너에게 많은 일을 맡기겠다. 와서 네 주인과 함께 기쁨을 나누어라.'

22 두 탈렌트를 받은 이도 나아가서, '주인님, 저에게 두 탈렌트를 맡기셨는데, 보십시오, 두 탈렌트를 더 벌었습니다.' 하고 말하였다.

23 그러자 주인이 그에게 일렀다. '잘하였다, 착하고 성실한 종아! 네가 작은 일에 성실하였으니 이제 내가 너에게 많은 일을 맡기겠다. 와서 네 주인과 함께 기쁨을 나누어라.'

24 그런데 한 탈렌트를 받은 이는 나아가서 이렇게 말하였다. '주인님, 저는 주인님께서 모진 분이시어서, 심지 않은 데에서 거두시고 뿌리지 않은 데에서 모으신다는 것을 알고 있었습니다.

25 그래서 두려운 나머지 물러가서 주인님의 탈렌트를 땅에 숨겨 두었습니다. 보십시오, 주인님의 것을 도로 받으십시오.'

26 그러자 주인이 그에게 대답하였다. '이 악하고 게으른 종아! 내가 심지 않은 데에서 거두고 뿌리지 않은 데에서 모으는 줄로 알고 있었다는 말이냐?

27 그렇다면 내 돈을 대금업자들에게 맡겼어야지. 그리하였으면 내가 돌아왔을 때에

내 돈에 이자를 붙여 돌려받았을 것이다.
28 저자에게서 그 한 탈렌트를 빼앗아 열 탈렌트를 가진 이에게 주어라.
29 누구든지 가진 자는 더 받아 넉넉해지고, 가진 것이 없는 자는 가진 것마저 빼앗길 것이다.
30 그리고 저 쓸모없는 종은 바깥 어둠 속으로 내던져 버려라. 거기에서 그는 울며 이를 갈 것이다.'"

최후의 심판

31 "사람의 아들이 영광에 싸여 모든 천사와 함께 오면, 자기의 영광스러운 옥좌에 앉을 것이다.
32 그리고 모든 민족들이 사람의 아들 앞으로 모일 터인데, 그는 목자가 양과 염소를 가르듯이 그들을 가를 것이다.
33 그렇게 하여 양들은 자기 오른쪽에, 염소들은 왼쪽에 세울 것이다.
34 그때에 임금이 자기 오른쪽에 있는 이들에게 이렇게 말할 것이다. '내 아버지께 복을 받은 이들아, 와서, 세상 창조 때부터 너희를 위하여 준비된 나라를 차지하여라.
35 너희는 내가 굶주렸을 때에 먹을 것을 주었고, 내가 목말랐을 때에 마실 것을 주었으며, 내가 나그네였을 때에 따뜻이 맞아들였다.
36 또 내가 헐벗었을 때에 입을 것을 주었고, 내가 병들었을 때에 돌보아 주었으며, 내가 감옥에 있을 때에 찾아 주었다.'
37 그러면 그 의인들이 이렇게 말할 것이다. '주님, 저희가 언제 주님께서 굶주리신 것을 보고 먹을 것을 드렸고, 목마르신 것을 보고 마실 것을 드렸습니까?
38 언제 주님께서 나그네 되신 것을 보고 따뜻이 맞아들였고, 헐벗으신 것을 보고 입을 것을 드렸습니까?
39 언제 주님께서 병드시거나 감옥에 계신 것을 보고 찾아가 뵈었습니까?'
40 그러면 임금이 대답할 것이다. '내가 진실로 너희에게 말한다. 너희가 내 형제들인 이 가장 작은 이들 가운데 한 사람에게 해 준 것이 바로 나에게 해 준 것이다.'
41 그때에 임금은 왼쪽에 있는 자들에게도 이렇게 말할 것이다. '저주받은 자들아, 나에게서 떠나 악마와 그 부하들을 위하여 준비된 영원한 불 속으로 들어가라.

42 너희는 내가 굶주렸을 때에 먹을 것을 주지 않았고, 내가 목말랐을 때에 마실 것
을 주지 않았으며,
43 내가 나그네였을 때에 따뜻이 맞아들이지 않았다. 또 내가 헐벗었을 때에 입을 것
을 주지 않았고, 내가 병들었을 때와 감옥에 있을 때에 돌보아 주지 않았다.'
44 그러면 그들도 이렇게 말할 것이다. '주님, 저희가 언제 주님께서 굶주리시거나 목
마르시거나 나그네 되신 것을 보고, 또 헐벗으시거나 병드시거나 감옥에 계신 것
을 보고 시중들지 않았다는 말씀입니까?'
45 그때에 임금이 대답할 것이다. '내가 진실로 너희에게 말한다. 너희가 이 가장 작
은 이들 가운데 한 사람에게 해 주지 않은 것이 바로 나에게 해 주지 않은 것이다.'
46 이렇게 하여 그들은 영원한 벌을 받는 곳으로 가고 의인들은 영원한 생명을 누리
는 곳으로 갈 것이다."

1 "At that time the kingdom of heaven will be like ten virgins who took
their lamps and went out to meet the bridegroom.
2 Five of them were foolish and five were wise.
3 The foolish ones took their lamps but did not take any oil with them.
4 The wise, however, took oil in jars along with their lamps.
5 The bridegroom was a long time in coming, and they all became drowsy
and fell asleep.
6 "At midnight the cry rang out: 'Here's the bridegroom! Come out to meet
him!'
7 "Then all the virgins woke up and trimmed their lamps.
8 The foolish ones said to the wise, 'Give us some of your oil; our lamps
are going out.'
9 "'No,' they replied, 'there may not be enough for both us and you. In-
stead, go to those who sell oil and buy some for yourselves.'
10 "But while they were on their way to buy the oil, the bridegroom arrived.
The virgins who were ready went in with him to the wedding banquet.
And the door was shut.

11 “Later the others also came. ‘Sir! Sir!’ they said. ‘Open the door for us!’

12 “But he replied, ‘I tell you the truth, I don’t know you.’

13 “herefore keep watch, because you do not know the day or the hour.

14 “Again, it will be like a man going on a journey, who called his servants and entrusted his property to them.

15 To one he gave five talents of money, to another two talents, and to another one talent, each according to his ability. Then he went on his journey.

16 The man who had received the five talents went at once and put his money to work and gained five more.

17 So also, the one with the two talents gained two more.

18 But the man who had received the one talent went off, dug a hole in the ground and hid his master’s money.

19 “After a long time the master of those servants returned and settled accounts with them.

20 The man who had received the five talents brought the other five. ‘Master,’ he said, ‘you entrusted me with five talents. See, I have gained five more.’

21 “His master replied, ‘Well done, good and faithful servant! You have been faithful with a few things; I will put you in charge of many things. Come and share your master’s happiness!’

22 “The man with the two talents also came. ‘Master,’ he said, ‘you entrusted me with two talents; see, I have gained two more.’

23 “His master replied, ‘Well done, good and faithful servant! You have been faithful with a few things; I will put you in charge of many things. Come and share your master’s happiness!’

24 “Then the man who had received the one talent came. ‘Master,’ he said, ‘I knew that you are a hard man, harvesting where you have not sown and gathering where you have not scattered seed.

Vox populi, vox Dei.

25 So I was afraid and went out and hid your talent in the ground. See, here
is what belongs to you.'
26 "His master replied, 'You wicked, lazy servant! So you knew that I har-
vest where I have not sown and gather where I have not scattered seed?
27 Well then, you should have put my money on deposit with the bankers,
so that when I returned I would have received it back with interest.
28 "'Take the talent from him and give it to the one who has the ten talents.
29 For everyone who has will be given more, and he will have an abun-
dance. Whoever does not have, even what he has will be taken from
him.
30 And throw that worthless servant outside, into the darkness, where there
will be weeping and gnashing of teeth.'
31 "When the Son of Man comes in his glory, and all the angels with him,
he will sit on his throne in heavenly glory.
32 All the nations will be gathered before him, and he will separate the
people one from another as a shepherd separates the sheep from the
goats.
33 He will put the sheep on his right and the goats on his left.
34 "Then the King will say to those on his right, 'Come, you who are bless-
ed by my Father; take your inheritance, the kingdom prepared for you
since the creation of the world.
35 For I was hungry and you gave me something to eat, I was thirsty and
you gave me something to drink, I was a stranger and you invited me in,
36 I needed clothes and you clothed me, I was sick and you looked after
me, I was in prison and you came to visit me.'
37 "Then the righteous will answer him, 'Lord, when did we see you hun-
gry and feed you, or thirsty and give you something to drink?
38 When did we see you a stranger and invite you in, or needing clothes

and clothe you?

39 When did we see you sick or in prison and go to visit you?'

40 "The King will reply, 'I tell you the truth, whatever you did for one of the
least of these brothers of mine, you did for me.'

41 "Then he will say to those on his left, 'Depart from me, you who are
cursed, into the eternal fire prepared for the devil and his angels.

42 For I was hungry and you gave me nothing to eat, I was thirsty and you
gave me nothing to drink,

43 I was a stranger and you did not invite me in, I needed clothes and you
did not clothe me, I was sick and in prison and you did not look after
me.'

44 "They also will answer, 'Lord, when did we see you hungry or thirsty or
a stranger or needing clothes or sick or in prison, and did not help you?'

45 "He will reply, 'I tell you the truth, whatever you did not do for one of
the least of these, you did not do for me.'

46 "Then they will go away to eternal punishment, but the righteous to eter-
nal life."

Vox populi, vox Dei.

"열 처녀의 비유"를 비롯해 진행된 토론

자료 : godalmightypraiseyou.home.blog

人語

마태오 복음서 25장 요약[1]

24장이 종말에 관해 직설법으로 말한 데 반해 여기서는 비유를 통해 종말을 간접적으로 예언한다. 세 가지 비유는 종말 그 자체보다는 그것을 대비하는 자의 자세에 초점을 맞추고 있다. 그러나 그 강조점은 약간씩 다르다는 사실에 유의해야 한다. 즉 열 처녀 비유는 항상 대비하는 자세를, 달란트 비유는 맡은 일에 충성해야 함을, 그리고 양과 염소의 비유는 종말론적 심판을 기억하면서 이웃에게 선을 베풀기에 힘써야 함을 역설하고 있다. 한편, 본 장에 이르러 23장부터 시작된 종말과 심판에 관한 말씀이 마감된다.

말세의 현상이 곳곳에서 일어나고 있다. 각양의 모습과 형태로 이단 사이비들이 가득하고, 화산과 산불과 기근 등의 자연재해나, 전염병 국가 간의 갈등, 전쟁, 내란 등이 가득한 것이 그것이다. 긴급한 때이다. 염소의 행위를 하던 자들은 속히 변화되어 양의 무리에 속하도록 선행과 구제를 내 비용에서 지출해야 할 것이다.

다지기

- **질문 1** 마태오 복음서 25장에 나온 세 가지 비유는 무엇무엇입니까? 1절, 15절, 33 절
- **질문 2** 예수님이 심판 전에 사람들에게 어떤 모습으로 나타났다고 하십니까? 35, 36절
- **질문 3** 다섯 달라트 받은 종에게 무엇이라고 말씀하셨습니까? 21절

각 절 해석[2]

1절 본문의 하늘 나라는 신약교회와 교인들을 가리킨다. 하늘 나라는 신약교회에서 이미 시작되었고 주의 재림으로 영광스럽게 완성될 것이다. 신약교회와 교인들은 등을 들고 신랑을 맞으러 나간 열 처녀들과 같다.

유대 나라의 결혼 풍습은 밤에 신랑이 그의 친구들과 함께 신부를 맞으러 오면 신부의 친구들이 나가서 그들을 맞아 함께 잔치에 참여한다고 한다. 이때 어두운 길을 밝힐 등불이 필요했다. 이 비유에서 신랑은 예수 그리스도를 상징하고, 열 처녀들은 신약교회와 교인들을 가리켰다. 결혼 잔치는 영광스런 하늘 나라를 가리켰다.

구약성경은 하느님과 이스라엘 백성을 남편과 아내의 관계로 묘사한다. 신약성경도 성도들이 예수 그리스도를 남편으로 맞는 정결한 처녀라고 비유했다.

2-4절 열 처녀들 중 다섯 명의 미련한 자들은 등을 가졌으나 기름을 가지지 않았고 나머지 다섯 명의 지혜로운 자들은 그릇에 기름을 넉넉히 넣어 등과

보통 유대 나라의 결혼 풍습은 밤에 신랑이 그의 친구들과 함께 신부를 맞으러 오면 신부의 친구들이 나가서 그들을 맞아 함께 잔치에 참여한다고 한다.

자료 : brunch.co.kr

1 변정미, 마태복음 25장 요약 설명, 강남은혜교회, 2020년 2월 17일 작성.

2 김효성 목사, 마태복음 강해, 2019년 11월 27일 수정.

함께 가져갔다. 등은 교인들의 신앙고백을 가리키고, 기름은 그들이 가진 내면적 은혜를 가리켰다. 성경에서 기름은 흔히 성령을 상징한다. 성도들의 내면적 은혜는 성령의 활동이시다. 성령께서는 구원받은 성도들 속에 늘 거하시며 일하신다.

신약교회의 교인들 가운데는 두 부류가 있다. 한 부류는 성령께서 주시는 구원과 중생의 은혜를 받은 자들이다. 그들은 하느님과 예수 그리스도를 진실히 믿고 주의 계명에 순종하여 거룩과 사랑의 열매를 맺는 자들이다. 그러나 다른 한 부류는 예수님 믿는 모양은 갖고 있으나 성령의 내면적 은혜를 받지 못한 자들이다. 그들은 중생하지 못한 사람들, 즉 구원받지 못한 사람들이다. 그들은 새 생명과 성령의 내주內住하심이 없기 때문에 거룩과 사랑의 행실도 없다. 그들은 예수님 믿는 모양만 가진 형식적인 교인들이다. 비록 그들이 하늘 나라와 영생에 대한 소망을 가지고 있다 하더라도 그 소망은 헛된 것이다.

5-6절 열 처녀들은 신랑이 더디 오므로 다 졸며 잤다. 인간편에서 볼 때 주 예수 그리스도의 재림은 매우 더딘 것 같다. 벌써 2천년의 세월이 흘렀다. 지혜로운 다섯 처녀를 포함하여 열 처녀 모두가 졸며 잤다는 것은 주의 재림 직전에 기독교계 전체가 해이해질 것을 암시하는 것 같다. 구원받은 성도들 속에도 연약이 있다. 또 우리의 믿음이라는 것은 심히 보잘것없다. 그러나 우리의 본성이 약하지만, 진실한 교인들과 종들이 있을 것이다.

밤중에 "신랑이 온다. 신랑을 맞으러 나가라."는 소리가 났다. 밤중은 환난과 핍박의 때를 암시할지도 모른다. 이 소리는 천사들의 소리일 것이다. 주 예수 그리스도의 재림이 매우 더딘 것같이 보여도, 그는 반드시 다시 오실 것이다. 우리는 "신랑이 온다. 신랑을 맞으러 나가라."는 천사들의 음성을 듣는 날이 올 것이다. 그때 곧 일어나 재림의 주님을 맞이할 준비가 되어 있는 지혜로운 자들은 복되다. 신앙생활은 평소생활이다. 구원받은 새 생명을 가진 자는 평소에 믿음으로 살고 죄를 멀리하고 사랑을 실천한다.

7-9절 미련한 처녀들은 그들의 꺼져가는 등불을 위해 지혜로운 처녀들에게 기름을 나눠주기를 요청하였다. 그러나 지혜로운 처녀들이 가진 기름은

미련한 자들과 나눠 쓰기에 충분치 않았다. 이것은 신자 개인이 받은 구원의 은혜가 다른 이의 구원을 위해 나눠 쓰기에 충분치 않음을 보인다. 구원은 각 개인의 문제 즉 각자가 준비해야 할 문제이다. 개인의 구원은 다른 이의 은혜에 의존할 수 없다.

10-12절 신약교회 교인들 중에는 등과 기름을 예비하여 결혼 잔치에 들어갈 자들이고, 등만 있고 기름이 없어 결혼 잔치에 들어가지 못할 자들이 있을 것이다. 어리석은 다섯 처녀들은 뒤늦게 와서 "주인님, 주인님, 문을 열어 주십시오." 하고 요청하였으나, 주께서는 그들을 거절하셨다. 그 두 부류의 분리는 분명하였다. 미련한 자들은 주께서 처음부터 알지 못하신 자들이었다. 그들은 처음부터 주님이 택한 양들이 아니었고 믿는 모양만 갖춘 형식적 교인들이며 참된 회개와 믿음으로 그들의 구원을 증명한 적이 없는 자들이었다.

13절 주 예수 그리스도께서 승천하신 대로 다시 하늘로부터 내려오실 것을 믿고 소망하는 모든 성도들, 곧 모든 그리스도인들이 명심해야 할 교훈이 여기 있다. 우리는 깨어 있어야 한다. 우리가 깨어 있어야 할 이유는 예수 그리스도의 재림의 날과 시간을 알지 못하기 때문이다. 깨어 있는 삶은 기름을 준비하는 것으로 표현되었고 기름은 우리 속에 주신 성령의 은혜를 가리켰고, 그 은혜의 증거는 참된 신앙고백과 거룩과 사랑의 실천이다. 그것은 한두 번의 행위를

우리가 때를 분별하여 예수님의 재림을 준비하기를 원하시는 하느님

자료 : sdakorea.tistory.com

가리키는 것이 아니고 평소의 생활을 가리킨다. 날마다 성경 읽고 기도함으로 하느님과 동행하며 거룩과 사랑을 행하는 자가 깨어 있는 자이다. 그러나 무지와 죄악 속에서 육신적 즐거움을 누리는 자들은 영적으로 잠든 자들 혹은 죽은 자들이다. 만일 우리가 참으로 예수님 믿고 구원받은 자들이라면, 우리는 믿음과 사랑의 삶으로 우리의 구원을 증명해야 한다. 경건하고 거룩하고 선한 삶은 참된 믿음의 증거이다.

14-15절 타국에 가는 주인은 승천하실 주님 자신을 가리켰고, 종들은 교회의 모든 직분자들과 성도들을 가리켰다. 주인은 그 종들에게 각각 그 재능대로 그 소유를 맡기셨다. 사람이 가지고 태어나는 모든 조건들, 즉 부모, 가정 환경, 유산遺産, 지능지수IQ, 재능, 건강, 학력, 조국, 시대 등은 다 하나님의 소유이며 다 하느님께서 주신 것들이다. 또 우리가 구원받은 후 하느님께 받은 각양의 은사들과 직분들도 그러하다. 그는 우리 모두에게 동일한 구원의 은혜를 주셨지만, 이 세상에서 각 사람의 재능과 은사를 따라 서로 다른 직업들과 교회의 직분들을 주셨다.

16-18절 하느님께서 맡기신 모든 일은 열매를 맺는 일이다. 우리 각 사람은 개인의 성화의 일을 받았고 또 여러 가지 선한 봉사의 일들을 받았다. 우리 모두는 믿음과 순종으로 거룩하고 선한 삶을 살아야 한다. 선한 일들 중에 매우 선하고 귀한 일은 하나님의 복음을 전하여 영혼을 구원하는 일과 교회를 세우고 구원받은 영혼들을 가르치고 돌보는 일이다. 이것은 하나님의 일이며 교회의 사명이다. 우리는 이 선한 일을 위해 일하며 협력하며 충성해야 한다.

주께서는 그가 각자에게 주신 재능과 은사만큼 열매를 기대하신다. 다섯 달란트[3] 주신 자에게는 다섯 달란트를, 두 달란트 주신 자에게는 두 달란트를, 한 달

3 신약성서에서 탤런트는 '달란트'라고 하여 하느님이 인간에게 준 재능을 말하거나 유대의 무게 단위 혹은 화폐 단위를 말한다.

란트 주신 자에게는 한 달란트를 기대하신다. 우리는 다른 사람과 너무 비교하지 말고 우리가 받은 만큼, 우리가 할 수 있는 만큼 부지런히, 충성스럽게 일하며 열매를 맺으면 된다.

다섯 달란트 받은 종과 두 달란트 받은 종은 부지런히, 충성스럽게 수고하고 일하여 이익을 남겼다. 그러나 한 달란트 받은 사람은 그렇지 않았다. 그는 그 한 달란트를 낭비하지도 않았지만, 그것으로 부지런히 수고하고 일하여 이익을 남기지도 않았다. 그는 자신의 재능과 은사와 직분을 그저 묵혀 두었다. 그는 확실히 게으른 자였고 주님으로부터 받은 직분에 충성하지 않았고 선한 열매를 맺지 못했다.

19절 '오랜 뒤에'라는 말씀은 주의 재림이 상당히 지체될 것을 암시한다. 회계하는 것은 주의 종들과 성도들에게 맡기신 일에 대해 결산하는 것이다. 그것은 그들의 순종에 대한 심판이다. 코린토 신자들에게 보낸 둘째 서간 5:9-10은 "그러므로 함께 살든지 떠나 살든지 우리는 주님 마음에 들고자 애를 씁니다. 우리 모두 그리스도의 심판대 앞에 나서야 합니다. 그래서 저마다 좋은 것이든 나쁜 것이든, 이 몸으로 한 일에 따라 갚음을 받게 됩니다."라고 말하였다.

20-23절 다섯 달란트 받은 자와 두 달란트 받은 자는 주인을 믿고 존중하였고 그 명령에 순종하며 충성했다. 그들은 게으름을 피우거나 주인의 뜻을 거역하지 않았다. 그들은 상당한 이익을 남겼다. 교만한 자는 그렇게 하지 못하고 오직 겸손한 자만 그렇게 할 수 있다. 주인은 그들을 칭찬했고 그들에게, "네가 작은 일에 성실하였으니 이제 내가 너에게 많은 일을 맡기겠다. 와서 네 주인과 함께 기쁨을 나누어라."라고 말했다. 주께서는 우리의 순종과 선행과 충성에 대해 보상하실 것을 말씀하셨다. 하늘 나라는 희락이 있는 행복한 곳이며, 충성된 종들은 거기에서 하느님의 즐거움에 참여할 것이다.

24-25절 한 달란트 받은 자는 주인이 엄하고 까다로운 자라고 생각했

Vox populi, vox Dei.

달란트 비유(마태 25:14-30)의 다양한 해석

자료 : pmj3025.tistory.com

다. 그는 주인에 대해 불평하고 불만했다. 그러나 주인은 엄하고 까다로운 사람이 아니었다. 주인이 자기 종들에게 자기 소유를 주면서 장사하라고 부탁하는 것은 정당한 일이었다. 종들은 주인의 뜻에 순종해야 했다. 그러나 한 달란트 받은 자는 그 주인의 뜻에 순종치 않고 그를 두려워하며 그 한 달란트를 땅에 감추어 두었다. 그는 일하는 수고와 어려움을 피하였다. 그러나 우리는 주께서 주신 재능과 은사를 땅 속에 묻어 두어서는 안 된다. 우리는 그것을 가지고 그의 명하신 일을 해야 하고 수고와 어려움을 무릅쓰고 선한 열매를 맺어야 한다.

26-30절 한 달란트 받은 자는 주인에 대해 잘못 생각했고 그의 명령을 거역했고 게을렀다. 사상은 행동과 밀접히 연관되어 있다. 하나님께 대한 잘못된 생각은 순종과 선행과 충성이 없는 삶으로 나타난다. 그러나 있는 자, 곧 바른 지식과 믿음, 순종과 충성, 거룩과 선행의 열매가 있는 자와 없는 자, 곧 바른 지식과 믿음, 순종과 충성, 거룩과 선행의 열매가 없는 자는 분명하게 구별된다. 있는 자는 더욱 풍족해질 것이지만, 없는 자는 그 있는 것도 빼앗길 것이다.

한 달란트 받은 자는 하나님께서 주신 모든 것들을 자신의 성화와 다른 사람들의 구원과 유익을 위해 잘 사용하지 못했다. 그는 무익한 종이었다. 주인은, "저 쓸모없는 종은 바깥 어둠 속으로 내던져 버려라. 거기에서 그는 울며 이를 갈 것이다."라고 말했다. '바깥 어둠 속'은 지옥을 가리킨다. 악한 자들은 새 예루살렘 성 곧 하늘 나라의 바깥에 거하게 될 것이며 그곳은 영원한 지옥 불못이다.

31-33절 주께서는 재림주인 자신을 '인자人子' 즉 '사람의 아들'로 표현하셨다. 그는 신성神性으로는 항상 우리와 함께 계시지만, 인성人性으로는 지금 하느님의 오른편에 계시며 거기로부터 세상으로 다시 내려오실 것이다. 그는 모든 천사들과 함께 오실 것이며 자기 영광의 보좌에 앉으실 것이다. 그는 보좌에 앉으셔서 모든 민족을 그 앞에 모으시고 각각 분별하기를 목자가 양들과 염소들을 분별하는 것같이 하셔서, 양은 그 오른편에, 염소는 왼편에 두실 것이다. 양은 의인들, 염소는 악인들을 상징했다. 열국 심판은 구약성경에도 예언된 바이다.

34-36절 구원받은 자들은 이미 하느님께 복 받은 자들이다. 그들이 받은 복은 죄사함과 의롭다 하심, 하느님의 자녀 됨, 하늘 나라를 상속받음 등이다. 특히 하늘 나라는 창세로부터 준비된 나라이다. 그것은 세상에서 가장 복된 유산이며, 성도 개인과 신약교회 전체의 소망이다.

주께서는 하늘 나라에 들어갈 의인들의 선한 삶이 주님을 섬긴 삶이라고 증거하셨다. 그들은 주께서 주리실 때 먹을 것을 드렸고, 목마르실 때 마시게 했고, 나그네 되셨을 때 영접했고, 벗으셨을 때 옷을 입혀드렸고, 병드셨을 때 돌아보았고, 옥에 갇히셨을 때 방문하였다. 주께서는 자신의 고난을 전제하시며 의인들이 그를 사랑하고 섬겼다고 말씀하셨다. 선행은 구원의 근거는 아니지만 구원받은 증거가 된다.

37-40절 의인들은 주님을 직접 섬긴 일이 없었다. 그러나 주께서는, "내가 진실로 너희에게 말한다. 너희가 내 형제들인 이 가장 작은 이들 가운데 한 사람에게 해 준 것이 바로 나에게 해 준 것이다."라고 말씀하셨다. '내 형제들'은 그의 부활, 승천 후에 이 세상에 파송될 그의 사도들과 제자들을 가리켰다. 주께서는 마태오 복음서 10:40에서도 "너희를 받아들이는 이는 나를 받아들이는 사람이고, 나를 받아들이는 이는 나를 보내신 분을 받아들이는 사람이다."라고 말씀하셨었다. 주를 믿는 모든 성도들도 '내 형제들'에 포함될 것이다.

Vox populi, vox Dei.

41-46절 주께서는 왼편에 있는 자들, 곧 염소와 같은 자들에게는, "저주받은 자들아, 나에게서 떠나 악마와 그 부하들을 위하여 준비된 영원한 불 속으로 들어가라."라고 말씀하셨다. 사람이 하느님의 저주를 받는 이유는 하나뿐인데, 곧 죄 때문이다. 죄를 회개치 않고 죄씻음을 받지 못한 모든 죄인들은 하느님의 저주 아래 있다. 그들에게는 하느님의 공의로운 형벌이 내려질 것이다. 저주받은 악인들이 들어갈 마지막 장소는 지옥이다. 그곳은 마귀와 악령들을 위해 예비된 곳이지만, 범죄하고 회개치 않는 모든 사람들도 거기에 들어갈 것이다.

그들은 대답하기를, "주님, 저희가 언제 주님께서 굶주리시거나 목마르시거나 나그네 되신 것을 보고, 또 헐벗으시거나 병드시거나 감옥에 계신 것을 보고 시중들지 않았다는 말씀입니까?"라고 했다. 그때 임금이 대답하였다. "내가 진실로 너희에게 말한다. 너희가 이 가장 작은 이들 가운데 한 사람에게 해 주지 않은 것이 바로 나에게 해 주지 않은 것이다."

부활 승천하여 영광 가운데 계신 주님 자신은 지금 고난을 당하고 계시지 않는다. 그러나 주의 제자들과 전도자들은 이 세상에서 여러 가지 고난을 당할 것이다. 주의 관심은 그들에게 있다. 주의 제자들은 얼마 후면 온 세계로 보내질 것이다. 이제 주께서는 일반 신자들이 주의 제자들과 전도자들을 주님을 영접하듯이

양은 그 오른편에, 염소는 왼편에 두실 것이다. 양은 의인들, 염소는 악인들을 상징했다. 열국 심판은 구약성경에도 예언된 바이다.

자료 : m.blog.naver.com

영접하기를 원하신다.

주께서는 "이 가장 작은 이들 가운데 한 사람에게 해 주지 않은 것이 바로 나에게 해 주지 않은 것이다."라고 말씀하셨다. 주께서는 전도자들을 영접지 않는 것은 천국을 상실하고 지옥에 던져질 큰 죄악이라고 말씀하신다. 사람의 행위는 그의 믿음을 증거한다. 주께서 보내신 종들에 대한 태도는 주께 대한 태도를 나타낸다. 그들이 참된 신자들이라면, 주의 종들을 사랑하고 귀히 여겼을 것이다. 그들에 대해 무관심하고 무정한 자들은 주를 믿는 자가 아닐 것이다. 주께서는 결론적으로 "그들은 영원한 벌을 받는 곳으로 가고 의인들은 영원한 생명을 누리는 곳으로 갈 것이다."라고 말씀하셨다.

전도자들에 대한 태도가 이렇게 중요한가? 주께서 그렇다고 말씀하셨다. 이것은 사실 "내가 너희를 사랑한 것처럼 너희도 서로 사랑하여라."요한 13:34는 새 계명의 실천에도 적용될 수 있는 문제이다. 새 계명이 큰 계명이 아닌가? 그렇다면 그것을 실천하지 않는 죄는 작은 것이 아니다. 그러므로 사도 요한은 요한의 첫째 서간에서 "빛 속에 있다고 말하면서 자기 형제를 미워하는 사람은 아직도 어둠 속에 있는 자입니다. 자기 형제를 사랑하는 사람은 빛 속에 머무르고, 그에게는 걸림돌이 없습니다. 그러나 자기 형제를 미워하는 자는 어둠 속에 있습니다. 그는 어둠 속에서 살아가면서 자기가 어디로 가는지 모릅니다. 어둠이 그의 눈을 멀게 하였기 때문입니다."라고 했다2:9-11.

내가 너희를 사랑한 것처럼 너희도 서로 사랑하여라.

자료 : pds.catholic.or.kr

Vox populi, vox Dei.

예수님의 직업관과 경제관

예수님은 25장 29절에서 "누구든지 가진 자는 더 받아 넉넉해지고, 가진 것이 없는 자는 가진 것마저 빼앗길 것이다."라고 하는 마태오 효과를 말씀하셨다.

우리가 사람들에게 "자녀에게 왜 직업을 갖게 하려 하십니까?", "넌 왜 직업을 가지려고 하느냐?"라고 묻는다면 한국에서는 '돈벌기 위해', '노후에 편하게 살기 위해', '다른 사람에게 기죽지 않기 위해'라고 대답하는 게 대부분이다.

그런데 유대인 학생들의 대답은 조금 다르다. "하느님이 창조하신 자연과 인류에 공헌하기 위해서입니다." 우리에게 직업은 필요하다. 다시 말하면 인간은 일을 하는 존재이다. 예수님도 아버지께서 일하니 나도 일한다고 하셨고, 창세기에서도 "주 하느님께서는 사람을 데려다 에덴 동산에 두시어, 그곳을 일구고 돌보게 하셨다."창세 2:15라고 하며 인간을 창조하신 목적을 노동으로 이야기한다.

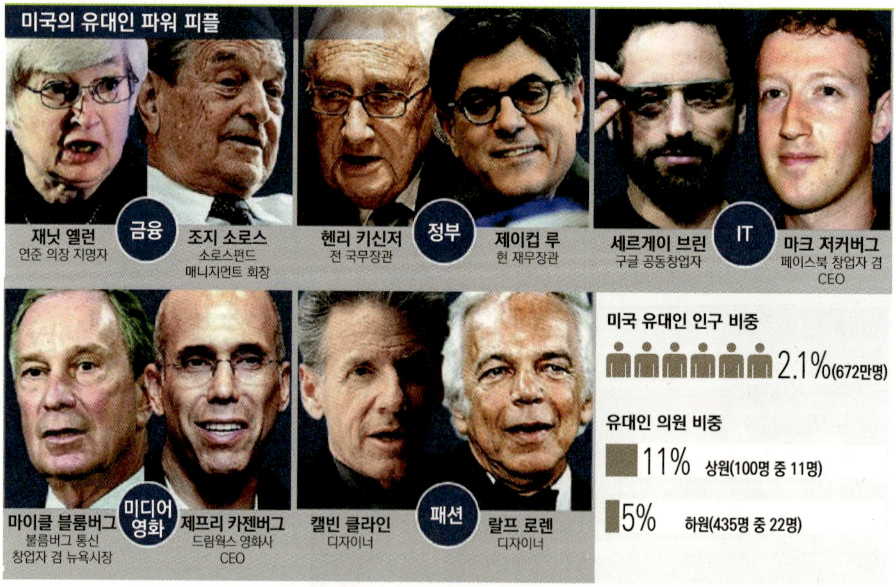

미국 정부, 기업, 금융 등 전 영역을 지배하고 있는 유대인

자료 : m.blog.naver.com

일을 해야 하는 이유를 말하자면 기본적으로 노동을 해서 먹고 살아야 하기 때문이다. 유대인들은 자녀에게 직업기술을 가르치지 않으면 자녀를 강도로 키우는 것과 같다고 말한다. 몇 가지 이유를 더 서술해보면, 부모나 타인에게 의존하지 않고 독립해서 살아갈 수 있어야 하기 때문이며 또 다른 하나는 유대인 학생들이 이야기한 것처럼 하느님이 창조하신 자연과 인류에 공헌하기 위해서이다.

유대인이 어떤 민족인가. 미국의 부자 상위 400명 중에 100명이 유대인이다. 미국 인구 중 유대인은 2.05퍼센트인데 그들이 벌어들이는 돈은 미국 전체소득의 15퍼센트이다. 미국 최고 30개 기업 중 12개가 유대인이 설립하고 경영하는 기업이다. 노벨상 수상자 중 30퍼센트가 유대인이다.[4]

유대인이 이렇게 될 수 있었던 이유는 똑똑해서가 아니라 성경에서 가르친 경제관, 직업관을 가장 잘 따르고 실천한 민족이기 때문에 나온 결과라고 생각한다.

앞에서 유대인 학생에게 왜 일을 하려고 하느냐고 물었을 때, "하느님이 창조하신 자연과 인류에 공헌하기 위해서입니다."라고 대답했다고 언급했다. 결국 직업이라는 것은 인간이 사는 이 세상에 유익을 가져다주기 위해 존재한다는 것이다. 유대인 학생의 말대로 '자연과 인류에 공헌하기 위함'이라는 것이다. 옛날에는 직업이 오늘날에 비해서 많지 않았지만 시간이 지나고 현대사회가 될수록 직업이 다양해졌다. 모든 직업이 생겨난 이유는 이 세상이 필요로 하고 요구하고 세상에 유익을 가져다줄 수 있기 때문이다.

이것이 바로 성경의 직업관이요 유대인의 직업관이다. 유대인이 경제적으로 세상의 꼭대기에 선 이유가 다 있다. 이런 성경적인 직업관을 철저히, 그리고 즐겁게 지키며 살았기 때문이다. 이런 정신으로 일하기 때문에 유대인의 회사가 잘되는 것이다. 사람들에게 유익과 편의를 줄 수 있는 상품을 판매하기 때문에 잘 될 수밖에 없고 부자가 될 수밖에 없다.

이런 정신으로 일하기 때문에 유대인이 노벨상을 많이 받는 것이다. 상이라고

4 2011년 9월 기준

Vox populi, vox Dei.

하는 것은 다른 사람들에게 많은 유익을 줬을 때 그 공로에 감사하면서 경의를 표하는 것이다. 노벨상을 많이 받았다는 이야기는 그만큼 세상과 인류에 유익한 공헌을 많이 했다는 의미일 것이다.

자녀들에게 이런 직업관이 심어져 있으면 당연히 성공한다. 자녀들이 어떠한 직업을 가지든 그 직업이 인류에게 어떤 유익을 가져다주는지를 생각하고 행동하고 자부심을 갖는다면 그것이 어떤 직업이라도 성공한다. 이것이 하느님의 섭리이다. 자녀가 어떤 직업을 가져도 상관없다. 하지만 마음속에 이런 직업관이 담겨져 있어야 한다. 부디 자녀들이 유대인 학생들처럼 "하느님이 창조하신 자연과 인류에 공헌하기 위해서입니다."라고 고백하는 자녀들로 키워내시기 바란다.

이러한 자부심들이 있기에 유대인은 3D 직업들도 자랑스럽게 여기며 직업의 귀천이 없다. 유대인들은 인류에게 조금이라도 유익을 줄 수 있는 것이라면 어떤 직업이라도 자랑스러워한다. 왜냐하면 성경의 직업관, 경제관이 생활화되어 있기 때문이다.

그래서 유대인들은 어떤 직업이든 돈을 많이 벌면 벌수록 훌륭한 인물이라고 말한다. 물론 유대인들도 정당하지 못한 방법으로 돈을 벌면 실패한다고 입을 모은다. 왜냐하면 사업이든 장사든 간에 돈을 번다는 의미는 다르게 말하면 남에게 유익을 가져다 준만큼의 대가를 받는 것이다. 따라서 돈을 많이 벌었다는 의미는 다시 말하면 세상에 많은 유익을 가져다주었다는 의미를 내포하기도 한다.

하느님도 가난을 경멸하신다. 하느님께서 가난을 좋게 생각하셨다면 가난 자체가 좋기 때문에 가난한 자를 가난하게 내버려 두었을 것이다. 하지만 우리도 잘 알다시피 가난이 좋지 않기 때문에 가난한 자를 도우라고 하신 것 아니겠는가? 무작정 가난하게 하게 사는 것은 하느님의 본래 뜻에 어긋나는 길이다.

가진 돈으로 이윤을 창출하지 못했다는 것은 남에게 유익을 가져다주지 못한다는 의미이다. 따라서 직업이 남에게 유익이 되지 않으면 도태되고 없어지게 된다. 이것이 하느님께서 정하신 규칙이고 세상의 규칙이다. 이 세상의 모든 직업은 사람, 이웃에게 좋은 유익을 주기 위함이다. 하지만 유익을 주지 못하는 직업은 끝내 사라지게 된다.

성인식 선물 받고 '활짝' - 유대인 청소년은 성인식 때 주로 성경책, 손목시계, 축의금 등을 선물로 받는다. 신 앞에 부끄럽지 않은 삶을 살고, 약속을 잘 지키고 시간을 소중히 아껴 쓰라는 의미 등을 담고 있다.

자료 : chosun.com

자녀에게 직업교육을 하지 않는 부모는 자녀를 강도로 키우는 것과 같다. 하느님께서도 인간창조의 의미를 일하기 위함이라고 창세기에서 말씀하신다. 일하는 행위인 직업이란 이 세상에 유익을 가져다주는 것이다. 돈을 번다는 것은 직업을 통해 남에게 유익을 주고 그것에 대한 정당한 대가를 받는 행위이다. 따라서 올바르게 돈을 많이 벌고 부자가 돼야 한다. 부자는 남에게 유익을 많이 안겨주었고 그에 따른 대가를 받았기 때문에 돈을 많이 번 것이다.

남에게 유익을 가져다주지 못하는 직업은 도태된다. 이것이 성경의 직업관이요 예수님의 직업관이며 하느님의 직업관이요 유대인의 직업관이다. 자녀들에게 이런 직업관을 심어주시기 바란다. 그러면 그 자녀는 모든 노벨상의 30퍼센트를 쓸어담는 유대인의 수준을 가지게 되는 것이다. 꼭 유대인의 수준으로 자녀를 키운다는 생각보다 자녀가 큰 비전을 그릴 수 있게 키우시기 바란다. 어떠한 직업을 가지든 그 직업을 열심히 해서 그것을 통해 많은 사람에게 유익을 주는 자녀로 키우시기 바란다. 하느님의 직업관대로, 성경의 직업관대로 자녀를 키우시면 그 자녀는 반드시 성공한다.

유대인 아이들은 남자는 13세, 여자는 12세가 되면 '바르 미츠바Bar Mitzvah'라는

이스라엘 소년의 성인식 모습

자료 : edpl.co.kr

성인식을 치른다. 이 성인식을 위해 유대인 부모들은 미리 자금을 저축해 둘 정도로 유대인들에게는 매우 중요한 의식인데, 이 성인식에는 많은 친지들이 하객으로 참석해 축하해 준다. 성인식에 참석한 친지들은 선물로 성경책과 손목시계, 축의금을 선물하는데, 성경은 종교적으로 신실한 인간이 되라는 의미이고, 시계는 시간의 소중함을 가슴에 새기라는 뜻이다. 그리고 축하객들은 보통 축의금으로 200달러를 내는데 200여 명의 하객이 오면 모두 4만 달러가 되는 셈이다. 웬만한 중산층이면 축의금으로 받는 돈이 5,000만 원은 가볍게 넘길 정도이다.

그러면 부모는 이 돈을 모두 아이의 이름으로 예금이나 펀드에 가입하는데, 약 10년 후에 자녀가 사회에 진출할 때쯤이면 이 돈은 약 2배 이상 가까이 불어나게 된다. 따라서 유대인 자녀들이 부모 품을 떠나 독립할 때가 되면 경제적으로도 완벽한 홀로서기가 가능한 종잣돈이 만들어지는 것이다. 학자금 대출을 갚기 시작하면서 사회생활을 시작하는 우리나라의 대학생들과는 그 출발점부터가 다른 셈이다.

이처럼 유대인들은 어렸을 적부터 철저한 경제교육을 통해 돈을 어떻게 모아야 하는지 가르치지만 또 한편으로 베푸는 방법도 가르친다. 그들은 '버는 만큼 인생을 즐기라'는 말 대신 '주머니를 비우지 않으면서 공허함을 채우라'고 가르친다. '무조건 아껴야 부자로 살 수 있다'는 세간의 조언 대신 그들은 '인색하지 않은 검소함을 추구하라'고 말하며, '10퍼센트는 자선으로 베풀라'고 강조한다. 우리가 버는 돈도 엄밀히 따져보면 알게 모르게 남들의 도움이 있었기에 가능한 일인 만큼, 10퍼센트는 남을 위해 베풀라는 것이다. 10퍼센트의 자선은 돈의 부정적인 에너지도 씻어준다는 게 유대인들의 돈의 마인드이다

마태오 복음서
26장

天聲

예수님을 죽일 음모를 꾸미다 마르 14,1-2;루카 22,1-2;요한 11,45-53

1 예수님께서 이 말씀들을 모두 마치시고 제자들에게 이르셨다.
2 "너희도 알다시피 이틀이 지나면 파스카인데, 그러면 사람의 아들은 사람들에게
넘겨져 십자가에 못 박힐 것이다."
3 그때에 수석 사제들과 백성의 원로들이 카야파라는 대사제의 저택에 모여,
4 속임수를 써서 예수님을 붙잡아 죽이려고 공모하였다.
5 그러면서도 "백성 가운데에서 소동이 일어날지 모르니 축제 기간에는 안 된다." 하
고 말하였다.

어떤 여자가 예수님의 머리에 향유를 붓다 마르 14,3-9;요한 12,1-8

6 예수님께서 베타니아에 있는 나병 환자 시몬의 집에 계실 때의 일이다.
7 어떤 여자가 매우 값진 향유가 든 옥합을 가지고 다가와, 식탁에 앉아 계시는 그
분 머리에 향유를 부었다.
8 제자들이 그것을 보고 불쾌해하며 말하였다. "왜 저렇게 허투루 쓰는가?
9 저것을 비싸게 팔아 가난한 이들에게 나누어 줄 수도 있을 터인데."
10 예수님께서 그것을 아시고 그들에게 이르셨다. "왜 이 여자를 괴롭히느냐? 이 여
자는 나에게 좋은 일을 하였다.
11 사실 가난한 이들은 늘 너희 곁에 있지만, 나는 늘 너희 곁에 있지는 않을 것이다.
12 이 여자가 내 몸에 이 향유를 부은 것은 내 장례를 준비하려고 한 것이다.
13 내가 진실로 너희에게 말한다. 온 세상 어디든지 이 복음이 선포되는 곳마다, 이
여자가 한 일도 전해져서 이 여자를 기억하게 될 것이다."

Vox populi, vox Dei.

유다가 예수님을 배신하다 마르 14,10-11;루카 22,3-6

14 그때에 열두 제자 가운데 하나로 유다 이스카리옷이라는 자가 수석 사제들에게
가서,
15 “내가 그분을 여러분에게 넘겨주면 나에게 무엇을 주실 작정입니까?” 하고 물었
다. 그들은 은돈 서른 닢을 내주었다.
16 그때부터 유다는 예수님을 넘길 적당한 기회를 노렸다.

최후의 만찬을 준비하다 마르 14,12-16;루카 22,7-13

17 무교절 첫날에 제자들이 예수님께 다가와, “스승님께서 잡수실 파스카 음식을 어
디에 차리면 좋겠습니까?” 하고 물었다.
18 그러자 예수님께서 이르셨다. “도성 안으로 아무개를 찾아가, ‘선생님께서 ‘나의 때
가 가까웠으니 내가 너의 집에서 제자들과 함께 파스카 축제를 지내겠다.’ 하십니
다.’ 하여라.”
19 제자들은 예수님께서 분부하신 대로 파스카 음식을 차렸다.

제자가 배신할 것을 예고하시다 마르 14,17-21;루카 22,21-23;요한 13,21-30

20 저녁때가 되자 예수님께서 열두 제자와 함께 식탁에 앉으셨다.
21 그들이 음식을 먹고 있을 때에 예수님께서 말씀하셨다. “내가 진실로 너희에게 말
한다. 너희 가운데 한 사람이 나를 팔아넘길 것이다.”
22 그러자 그들은 몹시 근심하며 저마다 “주님, 저는 아니겠지요?” 하고 묻기 시작하였다.
23 예수님께서 그들에게 대답하셨다. “나와 함께 대접에 손을 넣어 빵을 적시는 자,
그자가 나를 팔아넘길 것이다.
24 사람의 아들은 자기에 관하여 성경에 기록된 대로 떠나간다. 그러나 불행하여라,
사람의 아들을 팔아넘기는 그 사람! 그 사람은 차라리 태어나지 않았더라면 자신
에게 더 좋았을 것이다.”
25 예수님을 팔아넘길 유다가 “스승님, 저는 아니겠지요?” 하고 묻자, 예수님께서 그에

게 "네가 그렇게 말하였다." 하고 대답하셨다.

성찬례를 제정하시다마르 14,22-26;루카 22,14-20;1코린 11,23-25

26 그들이 음식을 먹고 있을 때에 예수님께서 빵을 들고 찬미를 드리신 다음, 그것
을 떼어 제자들에게 주시며 말씀하셨다. "받아 먹어라. 이는 내 몸이다."
27 또 잔을 들어 감사를 드리신 다음 제자들에게 주시며 말씀하셨다. "모두 이 잔을
마셔라.
28 이는 죄를 용서해 주려고 많은 사람을 위하여 흘리는 내 계약의 피다.
29 내가 너희에게 말한다. 내 아버지의 나라에서 너희와 함께 새 포도주를 마실 그
날까지, 이제부터 포도나무 열매로 빚은 것을 다시는 마시지 않겠다."
30 그들은 찬미가를 부르고 나서 올리브 산으로 갔다.

베드로가 당신을 모른다고 할 것을 예고하시다마르 14,27-31 ; 루카 22,31-34 ; 요한 13,36-38

31 그때에 예수님께서 제자들에게 말씀하셨다. "오늘 밤에 너희는 모두 나에게서 떨
어져 나갈 것이다. 성경에 '내가 목자를 치리니 양 떼가 흩어지리라.'고 기록되어 있
기 때문이다.
32 그러나 나는 되살아나서 너희보다 먼저 갈릴래아로 갈 것이다."
33 그러자 베드로가 예수님께 말하였다. "모두 스승님에게서 떨어져 나갈지라도, 저는
결코 떨어져 나가지 않을 것입니다."
34 예수님께서 그에게 말씀하셨다. "내가 진실로 너에게 말한다. 오늘 밤 닭이 울기
전에 너는 세 번이나 나를 모른다고 할 것이다."
35 베드로가 다시 예수님께 말하였다. "스승님과 함께 죽는 한이 있더라도, 저는 스승
님을 모른다고 하지 않겠습니다." 다른 제자들도 모두 그렇게 말하였다.

겟세마니에서 기도하시다마르 14,32-42;루카 22,39-46

36 그때에 예수님께서 제자들과 함께 겟세마니라는 곳으로 가셨다. 그리고 제자들에
게, "내가 저기 가서 기도하는 동안 여기에 앉아 있어라." 하고 말씀하신 다음,

37 베드로와 제베대오의 두 아들을 데리고 가셨다. 그분께서는 근심과 번민에 휩싸
이기 시작하셨다.
38 그때에 그들에게 "내 마음이 너무 괴로워 죽을 지경이다. 너희는 여기에 남아서 나
와 함께 깨어 있어라." 하고 말씀하셨다.
39 그런 다음 앞으로 조금 나아가 얼굴을 땅에 대고 기도하시며 이렇게 말씀하셨다.
"아버지, 하실 수만 있으시면 이 잔이 저를 비켜 가게 해 주십시오. 그러나 제가 원
하는 대로 하지 마시고 아버지께서 원하시는 대로 하십시오."
40 그러고 나서 제자들에게 돌아와 보시니 그들은 자고 있었다. 그래서 베드로에게
"이렇게 너희는 나와 함께 한 시간도 깨어 있을 수 없더란 말이냐?
41 유혹에 빠지지 않도록 깨어 기도하여라. 마음은 간절하나 몸이 따르지 못한다." 하
시고,
42 다시 두 번째로 가서 기도하셨다. "아버지, 이 잔이 비켜 갈 수 없는 것이라서 제
가 마셔야 한다면, 아버지의 뜻이 이루어지게 하십시오."
43 그리고 다시 와 보시니 그들은 여전히 눈이 무겁게 감겨 자고 있었다.
44 예수님께서는 그들을 그대로 두시고 다시 가시어 세 번째 같은 말씀으로 기도하
셨다.
45 그리고 제자들에게 돌아와 말씀하셨다. "아직도 자고 있느냐? 아직도 쉬고 있느
냐? 이제 때가 가까웠다. 사람의 아들은 죄인들의 손에 넘어간다.
46 일어나 가자. 보라, 나를 팔아넘길 자가 가까이 왔다."

잡히시다 마르 14,43-50;루카 22,47-53;요한 18,1-11

47 예수님께서 아직 말씀하고 계실 때에 바로 열두 제자 가운데 하나인 유다가 왔
다. 그와 함께 수석 사제들과 백성의 원로들이 보낸 큰 무리도 칼과 몽둥이를 들
고 왔다.
48 그분을 팔아넘길 자는, "내가 입 맞추는 이가 바로 그 사람이니 그를 붙잡으시오."
하고 그들에게 미리 신호를 일러두었다.
49 그는 곧바로 예수님께 다가가, "스승님, 안녕하십니까?" 하고 나서 그분께 입을 맞추
었다.

50 예수님께서 "친구야, 네가 하러 온 일을 하여라." 하고 말씀하셨다. 그때에 그들이
다가와 예수님께 손을 대어 그분을 붙잡았다.
51 그러자 예수님과 함께 있던 이들 가운데 한 사람이 칼을 빼어 들고, 대사제의 종
을 쳐서 그의 귀를 잘라 버렸다.
52 그때에 예수님께서 그에게 이르셨다. "칼을 칼집에 도로 꽂아라. 칼을 잡는 자는
모두 칼로 망한다.
53 너는 내가 내 아버지께 청할 수 없다고 생각하느냐? 청하기만 하면 당장에 열두 군
단이 넘는 천사들을 내 곁에 세워 주실 것이다.
54 그러면 일이 이렇게 되어야 한다는 성경 말씀이 어떻게 이루어지겠느냐?"
55 그때에 예수님께서는 그 무리에게도 이렇게 이르셨다. "너희는 강도라도 잡을 듯
이 칼과 몽둥이를 들고 나를 잡으러 나왔단 말이냐? 내가 날마다 성전에 앉아 가
르쳤지만 너희는 나를 붙잡지 않았다.
56 예언자들이 기록한 성경 말씀이 이루어지려고 이 모든 일이 일어난 것이다." 그때
에 제자들은 모두 예수님을 버리고 달아났다.

최고 의회에서 신문을 받으시다 마르 14,53-64 ; 루카 22,54 ; 루카 22,66-71 ; 요한 18,12-14 ; 요한 18,19-24

57 그들은 예수님을 붙잡아 카야파 대사제에게 끌고 갔다. 그곳에는 율법 학자들과
원로들이 모여 있었다.
58 베드로는 멀찍이 떨어져 예수님을 뒤따라 대사제의 저택까지 가서, 결말을 보려
고 안뜰로 들어가 시종들과 함께 앉았다.
59 수석 사제들과 온 최고 의회는 예수님을 사형에 처하려고 그분에 대한 거짓 증언
을 찾았다.
60 거짓 증인들이 많이 나섰지만 하나도 찾아내지 못하였다. 마침내 두 사람이 나서서,
61 "이자가 '나는 하느님의 성전을 허물고 사흘 안에 다시 세울 수 있다.'고 말하였습니
다." 하였다.
62 그러자 대사제가 일어나 예수님께, "당신은 아무런 대답도 하지 않소? 이자들이 당
신에게 불리한 증언을 하는데 어찌 된 일이오?" 하고 물었다.
63 그러나 예수님께서는 입을 다물고 계셨다. 대사제가 말하였다. "내가 명령하오. '살

Vox populi, vox Dei.

아 계신 하느님 앞에서 맹세를 하고 당신이 하느님의 아들 메시아인지 밝히시오.'"
64 예수님께서 그에게 말씀하셨다. "네가 그렇게 말하였다. 나는 너희에게 말한다. 이
제부터 '너희는 사람의 아들이 전능하신 분의 오른쪽에 앉아 있는 것과 하늘의 구
름을 타고 오는 것을 볼 것이다.'"
65 그때에 대사제가 자기 겉옷을 찢고 이렇게 말하였다. "이자가 하느님을 모독하였
습니다. 이제 우리에게 무슨 증인이 더 필요합니까? 방금 여러분은 하느님을 모독
하는 말을 들었습니다.
66 여러분의 의견은 어떻습니까?" 그들이 대답하였다. "그자는 죽을죄를 지었습니다."

예수님을 조롱하다 마르 14,65;루카 22,63-65

67 그때에 그들은 예수님의 얼굴에 침을 뱉고 그분을 주먹으로 쳤다. 더러는 손찌검
을 하면서,
68 "메시아야, 알아맞혀 보아라. 너를 친 사람이 누구냐?" 하였다.

베드로가 예수님을 모른다고 하다 마르 14,66-72 ; 루카 22,55-62 ; 요한 18,15-18 ; 요한 18,25-27

69 베드로는 안뜰 바깥쪽에 앉아 있었는데 하녀 하나가 그에게 다가와 말하였다. "당
신도 저 갈릴래아 사람 예수와 함께 있었지요?"
70 그러자 베드로는 모든 사람 앞에서, "나는 당신이 무슨 말을 하는지 모르겠소." 하
고 부인하였다.
71 그가 대문께로 나가자 다른 하녀가 그를 보고 거기에 있는 이들에게, "이이는 나
자렛 사람 예수와 함께 있었어요." 하고 말하였다.
72 그러자 베드로는 맹세까지 하면서 "나는 그 사람을 알지 못하오." 하고 다시 부인
하였다.
73 그런데 조금 뒤에 거기 서 있던 이들이 베드로에게 다가와, "당신도 그들과 한패
임이 틀림없소. 당신의 말씨를 들으니 분명하오." 하고 말하였다.
74 그때에 베드로는 거짓이면 천벌을 받겠다고 맹세하기 시작하며, "나는 그 사람을
알지 못하오." 하였다. 그러자 곧 닭이 울었다.

75 베드로는 "닭이 울기 전에 너는 세 번이나 나를 모른다고 할 것이다." 하신 예수님
의 말씀이 생각나서, 밖으로 나가 슬피 울었다.

1 When Jesus had finished saying all these things, he said to his disciples,
2 "As you know, the Passover is two days away--and the Son of Man will be handed over to be crucified."
3 Then the chief priests and the elders of the people assembled in the palace of the high priest, whose name was Caiaphas,
4 and they plotted to arrest Jesus in some sly way and kill him.
5 "But not during the Feast," they said, "or there may be a riot among the people."
6 While Jesus was in Bethany in the home of a man known as Simon the Leper,
7 a woman came to him with an alabaster jar of very expensive perfume, which she poured on his head as he was reclining at the table.
8 When the disciples saw this, they were indignant. "Why this waste?" they asked.
9 "This perfume could have been sold at a high price and the money given to the poor."
10 Aware of this, Jesus said to them, "Why are you bothering this woman? She has done a beautiful thing to me.
11 The poor you will always have with you, but you will not always have me.
12 When she poured this perfume on my body, she did it to prepare me for burial.
13 I tell you the truth, wherever this gospel is preached throughout the world, what she has done will also be told, in memory of her."
14 Then one of the Twelve--the one called Judas Iscariot--went to the chief

priests
15 and asked, "What are you willing to give me if I hand him over to you?"
So they counted out for him thirty silver coins.
16 From then on Judas watched for an opportunity to hand him over.
17 On the first day of the Feast of Unleavened Bread, the disciples came to
Jesus and asked, "Where do you want us to make preparations for you to
eat the Passover?"
18 He replied, "Go into the city to a certain man and tell him, 'The Teach-
er says: My appointed time is near. I am going to celebrate the Passover
with my disciples at your house.'"
19 So the disciples did as Jesus had directed them and prepared the Pass-
over.
20 When evening came, Jesus was reclining at the table with the Twelve.
21 And while they were eating, he said, "I tell you the truth, one of you will
betray me."
22 They were very sad and began to say to him one after the other, "Surely
not I, Lord?"
23 Jesus replied, "The one who has dipped his hand into the bowl with me
will betray me.
24 The Son of Man will go just as it is written about him. But woe to that
man who betrays the Son of Man! It would be better for him if he had
not been born."
25 Then Judas, the one who would betray him, said, "Surely not I, Rabbi?"
Jesus answered, "Yes, it is you."
26 While they were eating, Jesus took bread, gave thanks and broke it, and
gave it to his disciples, saying, "Take and eat; this is my body."
27 Then he took the cup, gave thanks and offered it to them, saying, "Drink
from it, all of you.
28 This is my blood of the covenant, which is poured out for many for the

forgiveness of sins.

29 I tell you, I will not drink of this fruit of the vine from now on until that
day when I drink it anew with you in my Father's kingdom."

30 When they had sung a hymn, they went out to the Mount of Olives.

31 Then Jesus told them, "This very night you will all fall away on account
of me, for it is written: " 'I will strike the shepherd, and the sheep of the
flock will be scattered.'

32 But after I have risen, I will go ahead of you into Galilee."

33 Peter replied, "Even if all fall away on account of you, I never will."

34 "I tell you the truth," Jesus answered, "this very night, before the rooster
crows, you will disown me three times."

35 But Peter declared, "Even if I have to die with you, I will never disown
you." And all the other disciples said the same.

36 Then Jesus went with his disciples to a place called Gethsemane, and he
said to them, "Sit here while I go over there and pray."

37 He took Peter and the two sons of Zebedee along with him, and he be-
gan to be sorrowful and troubled.

38 Then he said to them, "My soul is overwhelmed with sorrow to the point
of death. Stay here and keep watch with me."

39 Going a little farther, he fell with his face to the ground and prayed, "My
Father, if it is possible, may this cup be taken from me. Yet not as I will,
but as you will."

40 Then he returned to his disciples and found them sleeping. "Could you
men not keep watch with me for one hour?" he asked Peter.

41 "Watch and pray so that you will not fall into temptation. The spirit is
willing, but the body is weak."

42 He went away a second time and prayed, "My Father, if it is not possible
for this cup to be taken away unless I drink it, may your will be done."

43 When he came back, he again found them sleeping, because their eyes were heavy.

44 So he left them and went away once more and prayed the third time, saying the same thing.

45 Then he returned to the disciples and said to them, “Are you still sleeping and resting? Look, the hour is near, and the Son of Man is betrayed into the hands of sinners.

46 Rise, let us go! Here comes my betrayer!”

47 While he was still speaking, Judas, one of the Twelve, arrived. With him was a large crowd armed with swords and clubs, sent from the chief priests and the elders of the people.

48 Now the betrayer had arranged a signal with them: “The one I kiss is the man; arrest him.”

49 Going at once to Jesus, Judas said, “Greetings, Rabbi!” and kissed him.

50 Jesus replied, “Friend, do what you came for.” Then the men stepped forward, seized Jesus and arrested him.

51 With that, one of Jesus’ companions reached for his sword, drew it out and struck the servant of the high priest, cutting off his ear.

52 “Put your sword back in its place,” Jesus said to him, “for all who draw the sword will die by the sword.

53 Do you think I cannot call on my Father, and he will at once put at my disposal more than twelve legions of angels?

54 But how then would the Scriptures be fulfilled that say it must happen in this way?”

55 At that time Jesus said to the crowd, “Am I leading a rebellion, that you have come out with swords and clubs to capture me? Every day I sat in the temple courts teaching, and you did not arrest me.

56 But this has all taken place that the writings of the prophets might be fulfilled.” Then all the disciples deserted him and fled.

57 Those who had arrested Jesus took him to Caiaphas, the high priest,
where the teachers of the law and the elders had assembled.
58 But Peter followed him at a distance, right up to the courtyard of the high
priest. He entered and sat down with the guards to see the outcome.
59 The chief priests and the whole Sanhedrin were looking for false evi-
dence against Jesus so that they could put him to death.
60 But they did not find any, though many false witnesses came forward.
Finally two came forward
61 and declared, "This fellow said, 'I am able to destroy the temple of God
and rebuild it in three days.'"
62 Then the high priest stood up and said to Jesus, "Are you not going to
answer? What is this testimony that these men are bringing against you?"
63 But Jesus remained silent. The high priest said to him, "I charge you un-
der oath by the living God: Tell us if you are the Christ, the Son of God."
64 "Yes, it is as you say," Jesus replied. "But I say to all of you: In the future
you will see the Son of Man sitting at the right hand of the Mighty One
and coming on the clouds of heaven."
65 Then the high priest tore his clothes and said, "He has spoken blasphe-
my! Why do we need any more witnesses? Look, now you have heard
the blasphemy.
66 What do you think?" "He is worthy of death," they answered.
67 Then they spit in his face and struck him with their fists. Others slapped
him
68 and said, "Prophesy to us, Christ. Who hit you?"
69 Now Peter was sitting out in the courtyard, and a servant girl came to
him. "You also were with Jesus of Galilee," she said.
70 But he denied it before them all. "I don't know what you're talking
about," he said.

71 Then he went out to the gateway, where another girl saw him and said
to the people there, "This fellow was with Jesus of Nazareth."
72 He denied it again, with an oath: "I don't know the man!"
73 After a little while, those standing there went up to Peter and said, "Surely
you are one of them, for your accent gives you away."
74 Then he began to call down curses on himself and he swore to them, "I
don't know the man!" Immediately a rooster crowed.
75 Then Peter remembered the word Jesus had spoken: "Before the rooster
crows, you will disown me three times." And he went outside and wept
bitterly.

예수님을 죽일 음모

자료 : www.iglesiaenaragon.com

人語

마태오 복음서 26장 요약[1]

여러 차례에 걸친 예수님의 예언대로 주님은 마침내 수난을 당하신다. 수난 기사는 다음 장까지 계속되는데 여기서는 체포 직전에 일어난 사건에서부터 베드로의 부인까지 언급하고 있다. 이 기사를 읽음에 있어서 유의할 사항은 본 장의 사건이 시간적 순서에 따라 기록되지 않았다는 점이다. 향유 사건6-13절은 예루살렘 입성 전에, 유다의 배반은 3-5절 뒤에, 그리고 베드로의 부인은 29절의 사건 뒤에 각각 일어났다. 마태오는 자신의 독특한 관점에 의해 사건을 재구성함으로써 주의 수난이 구속사적救贖史的 사건임을 부각하고 있다.

예수님은 인간들의 죄를 사하기 위해 죽으시고 피 흘리셔야 했다. 죽음을 앞두고 기도하실 때 인간의 몸으로 오셨기에 고민이 되어 죽기까지 마음이 힘들었다. 간절히 기도하시면서 만일 하느님이 하실 수 있으시면 이 잔이 비켜 가게 해 달라고 하셨다. 그러나 아버지의 뜻대로 하시기를 기도드렸다. 하느님이신 예수님이 이렇게 죽으셔야 할 이유가 무엇인가. 그것은 바로 나의 죄 때문에 이렇게 고민하시고 수치를 당하시고 맞으셨다는 것이다. 얼굴에 침뱉음을 당하시고 주먹과 손바닥으로 맞으셨다.

예수님께서 고민되어 죽기까지 마음이 괴로우셨다면 우리가 지금 지고 있는 십자가의 고난은 더 힘들 것이다. 그러나 피하거나 벗어 버릴 수 있는 것이 아닌 것

1 변정미, 마태복음 26장 요약 설명, 강남은혜교회, 2020년 2월 18일 작성.

예수님의 수난

자료 : koreancoc.com

이다. 그리고 우리의 십자가란 실제적이며 물리적 죽음을 죽어야 하는 것을 말하지 않는다. 그것은 이미 예수님이 지셨고, 우리는 사랑으로 그 십자가의 고난의 분량을 채워나가는 것일 뿐이다. 예수님을 모른다고 부인한 베드로는 십자가형의 죽음의 순교를 치뤘다. 이 땅에서의 삶이 순교를 그렇게 쉽게 허락하지 않는다. 그러나 살아있는 순교자의 삶을 요구할 때가 많다. 순교자의 피가 차기까지 심판을 유보하고 계시는 말씀을 기억하자.

다지기

- **질문 1** 예수님을 죽이기로 흉계를 꾸미고 있는 인간들은 누구입니까?26:3-4
- **질문 2** 이 인간들은 왜 명절에는 예수님을 잡아 죽이지 말자고 합니까?26:5
- **질문 3** 옥합을 가지고 와서 식사하시는 예수님의 머리에 귀한 향유를 부은 여자는 누구입니까?26:7,요12:3
- **질문 4** 향유 옥합을 깨뜨린 마리아를 향해 예수님은 어떤 축복의 말씀을 하십니까?26:13
- **질문 5** 마지막 유월절은 어디에서 준비하라고 하셨습니까?26:18 마르코 복음서 14:12-16과 루카 복음서 22:7-13을 먼저 읽고 답해보세요.

- **질문 6** 예수님을 잡으러 온 무리들 중, 대제사장의 종 말고의 귀를 잘라버린 베드로에게 예수님은 무엇이라고 말씀하셨습니까?마태 26:52-54, 요한 18:10-11
- **질문 7** 칼과 몽둥이를 가지고 온 병사들에게 잡히시는 것은 무엇을 이루기 위함이라고 하십니까?26:56

각 절 해석[2]

복음서 기자들은 예수 그리스도의 3년여의 사역 기간 중 마지막 주간의 교훈들과 사건들을 가장 자세하게 기록하였다마태오는 일곱 장, 마르코는 넉 장, 루카는 다섯 장, 요한은 여덟 장. 그것은 예수 그리스도의 죽음이 그의 생애에서 매우 중요한 사건이었기 때문일 것이다.

1-2절 주께서 제자들과 함께 유월절 식사를 목요일 밤에 가지셨다면, 이 말씀을 하신 날은 그 이틀 전, 즉 화요일이었을 것이다. 예수께서는 유월절에 넘겨지실 것이다. '넘긴다'는 원어파라디도미는 '판다'로도 번역되었다. 유월절은 이스라엘 백성이 애굽의 노예생활에서 해방된 것을 기념하는 주요 절기이다. 유월절에 집 문의 좌우 설주[기둥]와 인방에 어린양의 피를 바른 의식은 죄인들이 그리스도의 피로 구원받음을 예표하였다.

예수께서는 자신의 죽음을 미리 아셨고 제자들에게 이미 세 차례나 자신의 죽음에 대하여 예언하셨다. 자신의 죽음에 대한 예언은 그의 신적인 지식을 증거한다. 또 그가 이것을 미리 말씀하신 것은 제자들에게 마음의 준비를 통하여 그들로 하여금 그가 십자가에 죽으실 때에 당황치 않게 하시고 또 그들 자신도 장차 고난과 죽음을 당할 것을 각오하게 하심이었을 것이다.

2 김효성 목사, 마태복음 강해, 2019년 11월 27일 수정.

Vox populi, vox Dei.

카야파 앞에 끌려가신 예수님

자료 : qpmm.org

3-5절 카야파가야바는 당시의 대제사장이었다. 그는 겉으로는 존귀하게 보였겠지만, 실상 메시아를 죽이는 일에 앞장선 악한 자였다. 유대의 종교지도자들은 예수님 죽이기를 공모하였다. 실상 그들은 처음부터 그런 일을 계획했다. 예수께서 안식일에 병자들을 고쳐주신 것 때문에 그들은 이미 예수를 죽일 것을 의논했었다. 또 요한 복음서 5:18에 보면, 유대인들은 예수께서 하느님을 자기의 친아버지라고 말함으로 인해 그를 죽이려 했다.

하느님을 섬기며 백성에게 하느님의 법을 가르친다는 종교지도자들이 의로우신 하느님의 아들을 까닭 없이 죽이려고 이렇게 악한 일을 도모하였던 것이다. 그의 교훈에 문제가 있었다면 그들은 그것을 지적하고 성경과 이성에 입각한 공정한 비평을 하여야 했었다. 까닭 없이 미워하고 죽이려 하는 것은 하느님 앞에 큰 죄악이었다. 우리는 하느님을 경외하고 서로 사랑하고 이웃에게 선을 베풀어야 한다.

6-7절 그 나병 환자 시몬은 아마 이전에 나병을 앓았다가 고침을 받은 자이었을 것이다. 이 일은, 요한 복음서에 기록된 대로 예수께서 유월절 엿새 전 베다니에 오셨을 때에 아마 그날에 있었던 일이고, 예수께 향유를 부었던 그 여인은 나사로의 여자 형제 마리아였던 것 같다. 마리아는 지극히 비싼 향유 곧 순

예수님의 머리와 발에 향유를 부은 마리아

자료 : christiantoday.co.kr

전한 나르드 한 근을 가져다가 예수의 머리에 붓고 또 그의 발에도 붓고 자기의 머리털로 그의 발을 씻었다. 향유 냄새는 온 집에 가득하였다. 세상에서 귀한 분들은 값비싼 옷이나 신발, 고급화장품이나 장신구로 자기 몸을 단장한다. 그러나 세상에 참으로 값비싼 향유를 발라야 할 분이 계시다면, 그는 바로 우리 주 예수 그리스도이시다.

8-9절 마르코 복음서와 요한 복음서는 그 향유가 3백 데나리온 이상의 가치가 있다고 증거한다마르 14:3-5; 요한 12:3-6. 그것은 노동자의 3백일 이상의 품삯에 해당한다. 노동자의 품삯을 하루 10만 원으로만 잡아도 그것은 약 3,000만 원 이상의 가치가 되는 값비싼 향유였다.

그렇게 분노한 제자들 중에 가룟 유다가 대표적 인물이었다. 요한 복음서 12:3-6은 이렇게 기록한다. "제자들 가운데 하나로서 나중에 예수님을 팔아 넘길 유다 이스가리옷이 말하였다. '어찌하여 저 향유를 삼백 데나리온에 팔아 가난한 이들에게 나누어 주지 않는가?' 그가 이렇게 말한 것은, 가난한 이들에게 관심이 있어서가 아니라 도둑이었기 때문이다. 그는 돈주머니를 맡고 있으면서 거기에 든 돈을 가로채곤 하였다." 그는 선한 일에 대해 말하였지만 실상 다른 마음을 품고 있었다고 보인다. 그는 돈궤에서 돈을 훔치는 도적이었다.

10-12절 주님의 판단은 그들과 달랐다. 그는 그가 좋은 일을 하였으므로 그를 괴롭게 하지 말라고 말씀하셨다. 또 그는 가난한 자들을 돕는 것은 우리가 항상 할 수 있지만, 자기를 위해 향유를 붓는 일은 항상 할 수 있는 일이 아니라고 말씀하셨다. 그의 지상 생애는 이제 며칠 남지 않았다. 마리아는 그가 죽으시기 전에 아마 자기가 가장 아끼던 귀한 향유를 그에게 부어드리고 싶어했다. 유대의 종교지도자들이 그를 잡아죽이려 한 그때에, 마리아는 예수 그리스도의 죽음을 예견하며 그에게 자기의 귀한 향유를 부어 그의 죽음을 준비하기를 원하였다. 그러나, 실상 주 예수께서는 우리를 위해 자신의 몸을 깨뜨려 그 어떤 향유보다 더 귀한 그의 보배로운 피寶血를 다 쏟아주셨다.

13절 예수께서는 그 여인의 행위가 후시대에도 기억될 만한 일이라고 칭찬하셨다. 가난한 자를 구제하는 일도 귀하지만, 하느님을 위해 쓴 돈, 주 예수 그리스도와 그의 복음을 위해 쓴 돈은 참으로 귀한 돈이다. 오늘날도 하느님을 위해, 주 예수 그리스도와 그의 복음을 위해 쓰는 시간과 돈과 수고는 참으로 귀하다. 주께서는 먼저 우리를 위해 자신의 성체聖體를 깨뜨리시고 보혈을 다 쏟아주셨다. 이제 우리는 하느님과 주님을 위해 우리의 시간과 돈과 수고를 드려야 한다.

14-16절 은돈 서른 닢은 아마 30스타테르, 즉 120데나리온을 가리킬 것이다. 그것은 마리아가 드린 향유 값인 300데나리온보다는 못했으나 꽤 큰 금액이었다. 한 사람은 300데나리온 짜리 향유를 주님께 부어드렸으나, 다른 한 사람은 120데나리온을 얻으려고 주님을 배신하였다. 이것은 너무 대조적이다. 지식과 무지, 믿음과 불신앙, 충성과 배신은 너무나 큰 대조를 이루었다.

가룟 유다는 열두 제자 중의 한 사람이었다. 그러나 그는 주님을 배신하였다. 사람은 심히 무지하고 악한 존재이다. 하느님께서 은혜를 주지 않으시면, 3년 동안 예수님을 따라다니며 그의 곁에서 그의 은혜로운 말씀을 듣고 그의 놀라운 기적들을 보고 체험한 것이 아무 소용이 없었다. 가룟 유다는 처음부터 믿지 않

예수님을 배신한 가룟 유다

자료 : infobae.co

은 자였다. 예수께서는 그를 따르는 자들 중에 믿지 않는 자들이 있었고 자기를 팔 자가 누구인지 처음부터 아셨다. 그의 불신앙은 없어지지 않았다. 또 그는 도적이었다. 그의 돈 사랑은 없어지지 않았다. 그의 물질에 대한 탐심은 마침내 그를 멸망케 하였다.

또 사탄의 활동이 강하였다. 물론, 하느님의 능력은 사탄의 능력보다 크시다. 그러나 하느님께서 버려두시면 사람은 누구나 사탄의 유혹에 넘어갈 수밖에 없다. 그러므로 사람이 믿음으로 바로 살려면 오직 하느님의 은혜가 필요하다.

17-19절 예수님의 3년의 공적 사역 기간 중 가장 중요한 사건인 그의 죽음의 사건, 곧 인류 구속救贖의 사건이 다가오고 있었다. 모든 일은 때가 있다. 하느님께서는 모든 일을 작정하신 때에 이루신다.

유월절은 1월 14일 저녁이며 유월절 식사를 하면 무교절 첫날이 된다. 본문의 유월절은 예수께서 공적 사역을 시작하신 후 아마 네 번째로 맞는 유월절일 것이다요한 2:13; 4:35; 6:4. 제자들은 주께서 시키신 대로 하여 유월절 식사를 준비하였다.

20-23절 그 유월절 저녁식사는 결코 즐거운 식탁이 아니었다. 주께서는 그와 함께 그릇에 손을 넣는 자, 즉 그의 측근의 제자들 중 하나가 그를 배신할 것이라고 말씀하셨기 때문이다. 그와 아주 친하고 믿었던 열두 제자들 중 하

Vox populi, vox Dei.

나가 그를 배반하고 그를 대적할 것이다. 가룟 유다는 마지막 유월절 식탁에 참여했다. 그는 그 식사 자리에서 예수님 가까이에 앉았던 것이 분명하다. 요한 복음서는, 그가 예수님으로부터 빵 조각을 받은 후 곧 사탄이 그 속에 들어갔으며, 또 유다가 그 조각을 받고 곧 나가니 밤이었다고 증거하였다요한 13:27, 30.

24-25절 그리스도의 죽음은 성경에 기록된 바요 하느님의 작정된 바이며, 그 일은 그대로 이루어질 것이다. 요한 복음서 6:64에 보면, 주 예수께서는 가룟 유다가 믿음이 없었고 장차 그를 팔 것을 처음부터 아셨다.

하느님의 작정과 사람의 도덕적 책임의 관계는 심오하다. 하느님께서는 모든 일을 주권적으로 작정하시고 섭리하시지만, 악을 행하는 사람은 그 악행에 대해 책임을 져야 한다. 이 둘은 다 하느님의 계시된 진리이다. 단지, 우리는 하느님의 은혜가 아니라면 회개, 믿음, 순종, 끝까지 주를 따름도 불가능하다는 것을 안다.

가룟 유다가 다른 제자들과 다르게 예수님을 '랍비'개역개정 곧 스승님이라고 부른 것은 그가 예수님을 신적 구주, 즉 그의 신성神性을 믿지 않았음을 보이며 또 "저는 아니겠지요?"라는 그의 질문은 주께서 그의 은밀한 계획을 모르시리라는 생각을 나타내는 것 같다. 가룟 유다는 예수 그리스도의 신적 인격과 신적 지식을 믿지 않았던 것 같다.

가룟 유다는 최종적으로도 구원에서 제외된 불쌍한 영혼이지만, 세상에서도

〈최후의 만찬〉, 사진 왼쪽부터 바로톨로메오, 세베대의 큰 아들 야고보, 안드레아, 베드로, 가룟 유다, 요한, 예수, 알패오의 아들 야고보, 도마, 빌립보, 마태오, 다대오의 유다, 시몬

자료 : penews.co.kr

그의 마지막은 불행하였다. 성경은, 그가 예수께서 정죄되심을 보고 뉘우쳐 은 삼십을 대제사장들과 장로들에게 도로 갖다 주며 스스로 목매어 죽었으며마태 27:3-5, 또 그가 몸이 곤두박질하여 배가 터져 창자가 다 흘러나왔다고 증거하였다. 우리는 가룟 유다처럼 믿음 없고 가련한 배신자가 되지 않기를 원한다. 그러려면 우리는 지금 자신을 부정하고 믿음과 순종을 실천해야 한다.

26-27절 그날 밤에 사용된 빵은 큰 한 덩어리의 빵이었던 것 같다. 가룟 유다는 마지막 유월절 식탁, 곧 최초의 성찬식에 참여했다. 비록 그가 그 성찬식에 참여하였지만, 그는 구원받지 못한 자였다. 성찬의 떡과 포도주는 그 자체에 효력이 있는 것이 아니며, 따라서 성찬에 참여하는 모든 사람이 구원받는 것이 아니다.

주께서 떡을 '내 몸'이라고 말씀하시고 포도주를 '내 피'라고 말씀하신 것은 상징적 표현이라고 본다. 떡과 포도주는 예수 그리스도의 몸과 피를 상징한다. 그러나 거기에는 상징적 일치가 있다. 즉 그 떡은 예수님의 몸과 같고 그 포도주는 예수님의 피와 같다. 주께서는 이 엄숙한 의식에서 그의 신성神性의 영으로 우리와 함께하신다.

28절 새 언약은 하나님께서 예수 그리스도를 믿는 자들과 맺으신 구원의 약속이다. 예수 그리스도께서 십자가 위에서 피 흘리신 죽음은 많은 사람의 죄사함을 위한 것이다. '많은 사람'은 택자들을 가리킨다. 하느님께 택함 받은 자들의 수는 매우 많다. 또 성경은 피가 생명이며 속죄의 피가 죄를 씻음을 증거한다. 그러므로 그리스도의 속죄의 피가 중요하며 우리에게 있어서 속죄 신앙이 가장 중요하다. 구주 예수 그리스도의 속죄가 없었다면, 이 세상에서 죄인들에게 죄사함과 구원과 영생이 없었을 것이다. 그러므로 그리스도인들에게 있어서 속죄 신앙은 기본적인 구원 신앙이다. 그것은 구원의 생명이다.

29-30절 우리는 장차 하늘 나라에서 즐거운 식탁교제를 나눌 것이다.

예수께서는 이 최후의 만찬의 마지막 잔을 들이키심으로써 구약 율법에 의한

Vox populi, vox Dei.

유월절 식사가 최종 마감되었음을 선언하신 것이다. 이제 예수 자신의 관점에서는 이 지상에서 오직 '고난의 잔'만을 남겨놓고 계신 것이다. 이제 예수께서는 이 마지막 잔을 드시며, 더 이상의 잔을 물리치심으로써 제자들의 관심을 하느님 나라의 백성 된 자로서의 시각에 의한 '아버지의 나라'와 그곳에서의 '기쁨의 잔치'에로 돌리게 하신다. 끝으로 주께서는 제자들과 더불어 승직의 찬미를 부르면서 이 형극의 장소로 나아갔던 것이다. 율법의 원형에 따르면 유월절 예식이 진행되는 동안 아침까지는 집 밖으로 나갈 수 없다.

31-35절 주께서 인용하신 것은 스가랴의 예언이었다. 그는 그 예언의 말씀을 인용하시면서 제자들이 그를 버릴 것을 말씀하셨고 그가 부활하신 후 갈릴리로 먼저 가실 것을 말씀하셨다. 주께는 신적 지식이 있으셨다. 베드로는 "스승님과 함께 죽는 한이 있더라도, 저는 스승님을 모른다고 하지 않겠습니다."라고 말했고 모든 제자도 이와 같이 말했다. 그들의 말은 진심의 고백이었을 것이다. 그러나 사람의 선한 소원과 참된 고백도 하느님의 은혜의 도우심이 없으면 실패하고 말 것이다. 사람은 심히 연약한 존재이며 사람의 굳은 결심도 그러하다. 승리의 삶은 우리의 힘으로가 아니고 하느님의 영의 능력과 도우심으로 가능하다.

36절 겟세마니Gethsemani, 기름 짜는 기계를 의미함는 예루살렘의 동쪽, 기드론 계곡을 눈앞에 둔, 올리브산감람산의 서쪽 기슭에 있는 동산으로서 예수는 가끔 제자들과 이 동산에 올라 기도를 드렸다고 전해진다. 특히 겟세마니는 예수님이 죽기 전날 밤, 최후의 만찬을 끝내고 제자들과 함께 올라 슬픔과 고뇌에 찬 최후의 기도를 드린 동산으로, 그리고 유다의 배반으로 예수의 체포가 이루어진 장소이다. 감람산 서쪽 기슭에 겟세마니 동산이 있다. 예수께서 기도하신다는 것은 그의 인성人性의 증거였다. 물론 그의 신성神性으로도 아버지와 대화하는 것이 가능하시겠지만, 그가 아버지께 기도하신 것은 그의 인성을 나타내셨다고 본다. 그는 잡히시기 전날 기도하셨다. 그것은 우리에게 본과 교훈이 된다. 우리가 큰일을 앞두고 해야 할 가장 첫 번째 일, 가장 중요한 일은 하느님께 기도하는 일이다.

37-39절 그는 베드로와 제베대오세베대의 두 아들 곧 요한과 야고보를 데리고 좀 더 나아가셨다. 이 세 제자는 예수님의 열두 제자들 중에서도 최측근의 인물들이었다. 그는 그때 심히 고민하며 슬퍼하셨다. 그는 우리와 같이 연약한 감정을 가진 사람이셨다. 그는 조금 나아가 얼굴을 땅에 대고 엎드려 기도하셨다. 루카 복음서는 그가 무릎을 꿇고 기도하셨으며 땀이 땅에 떨어지는 핏방울같이 되도록 힘쓰고 애써 간절히 기도하셨다고 증거하였다루카 22:41, 44. 그는, "아버지, 하실 수만 있으시면 이 잔이 저를 비켜 가게 해 주십시오."라고 기도하셨다. 그가 자신에게서 지나가기를 원하신 '이 잔'은 십자가의 못박히심과 죽으심을 가리켰다. 십자가에 못박혀 죽으심은 육신적 고통뿐 아니라, 택자들의 죄책을 담당하는 영적 고통이 있는 죽음이었다.

그의 기도는 참 하느님이시며 참 사람이신 그의 신비하고 독특한 인격을 증거한다. 그는 하느님과 사람들 사이의 중보자로서 참 사람이 되셨다. 그는 사람으로서 십자가에 달려 죽으심을 피하기를 원하셨고 마음의 큰 슬픔과 고통 중에 땀을 흘리며 간절히 기도하셨다. 그의 기도는 사람이신 예수 그리스도의 모습을 잘 보이신다.

십자가의 죽음은 사람으로서 피하고 싶은 일이셨을 것이다. 그러나 그는 자신의 뜻을 꺾고 아버지의 뜻대로 이루어지기를 기도하셨다. 하느님의 뜻은 세상에서 거룩하시고 선하시고 완전하시며, 오직 그의 뜻이 땅 위에서 다 이루어지셔야 한다. 하느님의 아들 예수 그리스도께서는 아버지께 순종하셨다. 그는 아버지께 복종하심으로 그의 온전함을 증거하셨다.

십자가의 죽음은 사람으로서 감당하기 어려운 일이었으나, 하느님께서는 우리 죄의 속죄를 위해 자기 아들을 십자가에 내어주셨다. 하느님의 아들 예수 그리스도께서는 우리의 죄 때문에 벌을 받으심으로 하느님의 의로움을 만족시키셨다. 여기에 예수님의 십자가의 깊은 의미 곧 속죄적 의미가 있다. 우리의 죄 문제는 구주 예수 그리스도의 십자가의 죽음을 통하지 않고는 해결될 수 없었다. 그러나 그의 피 흘리신 죽음으로 우리는 죄씻음의 길을 얻었다.

Vox populi, vox Dei.

십자가에 달리신 예수

자료 : kor.theasian.asia

40-41절 주 예수께서는 한 시간 동안 기도하셨고 제자들에게 시험에 들지 않게 깨어 있어 기도하라고 말씀하셨다. 그러나 그 한 시간 동안도, 제자들은 주님과 함께 마음을 같이하여 깨어 기도하지 못했고 피곤하여 잠을 잤다. 기도는 시험을 이기는 길이며 사람이 깨어 기도할 때 시험에 들지 않을 수 있으나, 기도하지 않으면 시험에 빠지게 된다. 그러나 우리의 영혼은 바른 것을 원하지만 육신이 연약하다.

42-46절 예수님의 기도는 세 번 반복되었다. 그것은 한 시간씩 세 번, 약 세 시간의 기도였을 것이다. 그의 기도의 내용은 비슷하였던 것 같다. 아버지의 뜻은 그 아들이 속죄제물로 십자가에 죽는 것이었다. 예수 그리스도께서는 기도를 통해 그것을 다시 확인하고 확신하셨을 것이다. 십자가에 못박히는 것은 사람으로서는 정말 어려운 일이지만, 그는 아버지의 뜻에 순종하여 그렇게 하기로 굳게 결심하셨을 것이다.

두 가지 교훈을 기억하자. 첫째로, 우리는 예수 그리스도의 겟세마니 동산에서의 기도를 본받아야 한다. 예수 그리스도께서는 십자가에 못박혀 죽으시기 전날 밤 겟세마니 동산에서 오랫동안 기도하셨다. 그는 세 번이나 반복하여 아마 세 시간 가량 무릎을 꿇고 엎드려 간절히 아버지께 기도하셨다. 루카 복음서는 그가 얼굴의 땀이 땅에 떨어지는 핏방울같이 되도록 기도하셨다고 증거한다. 그는 인간적으로 십자가에 못박혀 죽으시는 것을 피하고 싶으셨으나, 자기의 뜻을 꺾고 아버지의 뜻에 순종하기를 결심하셨다. 우리는 주님의 그 기도를 본받아야 한다. 기도는 우리의 뜻을 이루는 것이 아니고 하느님의 뜻을 이루는 것이다.

둘째로, 시험을 이기는 길은 깨어 기도하는 것뿐이다. 세상에는 죄와 마귀의 시험이 많이 있다. 이런 일을 이기려면 우리는 성경을 읽고 기도하며 하느님의 은혜를 구해야 한다. 죄와 세상과 마귀의 시험을 이기는 길은 말씀과 기도밖에 없다.

47-49절 유다는 위선적 입맞춤으로 주님을 잡히시게 했다. 이 세상에는 돈 욕심, 배신, 폭력이 있으나, 하늘 나라에는 의로움과 사랑과 진실이 있다.

50-52절 요한 복음서 18:10은 칼을 쓴 그 제자가 베드로이며 그 종의 이름이 말코스말고라고 증거했고 루카 복음서 22:51은 주께서 말코스의 귀를 만져 낫게 하셨다고 증거했다. 기독교는 칼을 사용하지 않고 폭력이나 물리적 힘으로 사람들을 정복하거나 다스리지 않는다. 또 기독교는 돈이나 사람의 지혜나 조직을 의지하여 일하지도 않는다. 그것은 모두 인간적이고 세상적이다. 기독교는 하느님의 진리를 말로 전하고 사랑의 실천으로 전한다. 순교도 두려워하지 않는다. 사람들이 볼 때 무력無力하게 보일지 몰라도, 말과 사랑은 칼보다 강하다.

53-56절 군단이라는 원어레게온는 6천 명 정도의 군인들로 편성된 로마제국의 군대 단위이다. 열두 군단은 7만 2천 명 가량의 군인들을 의미한다. 그것은 많은 수의 천사들을 뜻한다. 예수께서는 힘이 없어서 잡히시는 것이 아니다. 하느님께서는 앗수르 군대 진영에서 하룻밤에 18만 5천 명을 죽게 하신 일이 있으셨다. 그는 천사들을 동원하여, 예수님 잡는 그들을 당장 다 멸하실 수 있다.

그러나 예수께서는 성경의 예언대로 잡혀 죽으셔야 했다. 성경의 성취는 곧 하느님의 뜻의 성취였다. 구약성경에는 메시아의 강림과 죽음에 대한 예언들과 예표들이 많이 있다. 성경의 예언들과 예표들은 성취되어야 했고 또 성취될 것이다.

제자들이 다 예수를 버리고 도망하였다.

자료 : wpalss.tistory.com

그는 그 예언들과 예표들대로 죽어야 했고 자기 백성의 죄를 대속代贖하는 제물이 되어야 했다. 그것은 다 하나님의 뜻을 성취하시는 일이었다.

주께서 잡히시던 그 밤, 그의 제자들은 다 그를 버리고 도망하였다. 그들은 주님을 언제든지 버리지 않겠다 고백했던 자들이었다33, 35절. 그러나 그 결심과 고백은 지켜지지 않았다. 그들은 자기 신변의 위협을 느꼈을 때 두려워하여 다 도망치고 말았다. 그들은 비겁하고 연약하였다. 그러나 이것은 단지 그들만의 연약이 아니고 바로 모든 사람의 연약, 곧 오늘 우리의 연약이기도 하다. 우리도 깨어 기도하지 않으면 어려운 일이 있을 때 실패하고 말 것이다.

57-58절 유대의 종교 지도자들은 예수님을 잡아죽이려고 이미 공모共謀하였고 그 새벽에 소집되어 있었다. 그들은 그를 죽이는 일에 열성이 있었다. 바른 지식이 없는 잘못된 열성이 얼마나 위험한지!

베드로는 그의 고백대로 주님을 따르지 못했지만, 다른 제자들처럼 멀리 도망치지는 않았다. 그는 멀찌감치라도 예수님을 따라 대제사장의 관저의 뜰에까지 들어갔다. 그러나 그가 가까이 주님을 따랐더라면 더 좋았을 것이다. 지난 밤 그가 주와 함께 깨어 기도했더라면 아마 그는 그렇게 할 수 있었을지도 모른다.

59-61절 공회는 대제사장들과 장로들과 서기관들로 구성된 유대 나라

의 최고의결기관이었다. 그들은 예수를 죽일 명분을 만들기 위해 거짓 증거들을 찾고 있었다. 사람을 죽이려고 거짓 증거를 찾는다는 것은 악하고 마귀적이다. 의로운 판단은 합당한 증거들과 논리에 근거한다. 그러나 이 경우같이, 이미 결론을 내려놓고 그것을 위해 그럴듯한 증거들을 찾는 일은 매우 악하다. 거짓말하는 자는 지옥에 던져질 것이다.

그러나 그들은 많은 거짓 증인들을 통해서도 예수를 사형시킬 만한 적절한 구실을 찾지 못했다.

62-64절 예수께서는 유대인의 공회, 즉 재판정에서 자신의 신분 즉 자신이 하나님의 아들 그리스도이심에 대하여 예언을 사용하시면서 하나님 앞에서 맹세하시며 엄숙히 증거하셨다. 이것은 주께서 자신에 대해 하신 공적인 답변이시며 진술이셨다. 그는 처음부터 자신의 신분을 말씀하셨다. 그는 시카르 여인에게 자신이 그리스도라고 말씀하셨다요한 4:25-26. 그는 "스승님은 살아 계신 하느님의 아드님 그리스도이십니다."라는 베드로의 고백을 인정하셨다마태 16:16. 예수께서 하나님의 아들 그리스도이시라는 것은 그의 행하신 모든 기적들과 부활을 통해 확증된다요한 20:30-31. 그가 그리스도가 아니시라면 그는 사기꾼이나 미치광이였을 것이다. 그러나 우리는 그가 하느님의 아들 그리스도이심을 믿는다.

65-66절 하느님의 아들께서 자신을 하느님의 아들 그리스도라고 주장하시는 것은 결코 참람僭濫한 말이 아니다. 또 하느님의 아들이 아니라는 증거도 제시함 없이 그를 정죄하는 것은 옳지 않다. 유대 지도자들은 예수를 죽이기로 이미 작정하였다. 공회의 재판은 형식에 불과하였다. 공정한 심사가 없는 법정! 이것이 부패된 세상과 교회의 모습이었다.

67-68절 하느님의 아들이신 그는 악한 자들에게 얼굴에 침 뱉음, 주먹으로 침, 손바닥으로 때림을 받으셨고 학대와 조롱을 받으셨다.

Vox populi, vox Dei.

베드로의 배신과 회복

자료 : brunch.co.kr

69-75절 베드로는 대제사장의 관저 안뜰 바깥쪽에서 한 여종과 모든 사람 앞에서 예수님을 모른다고 공개적으로 부인하였다. 조금 후에 그는 다른 여종과 사람들 앞에서 맹세하며 예수님을 부인했다. 또 그는 세 번째로 사람들 앞에서 저주하고 맹세하며 예수님을 부인했다. 그는 거짓이면 천벌을 받겠다고 맹세하기 시작하며, "나는 그 사람을 알지 못하오." 하였다. 그때 닭이 곧 울었다. 베드로는 예수님의 말씀에 닭 울기 전에 네가 세 번 나를 부인하리라는 말씀이 생각나서 밖에 나가서 심히 통곡했다.

하늘의 소리 사람의 말씀 II

마태오 복음서 27장

天聲

빌라도 앞으로 끌려가시다 마르 15,1;루카 23,1;요한 18,28

1 아침이 되자 모든 수석 사제들과 백성의 원로들은 예수님을 사형에 처하기로 결의
한 끝에,
2 그를 결박하여 끌고 가서 빌라도 총독에게 넘겼다.

유다가 자살하다 사도 1,18-19

3 그때에 예수님을 팔아넘긴 유다는 그분께서 사형 선고를 받으신 것을 보고 뉘우치
고서는, 그 은돈 서른 닢을 수석 사제들과 원로들에게 돌려주면서
4 말하였다. "죄 없는 분을 팔아넘겨 죽게 만들었으니 나는 죄를 지었소." 그러나 그
들은 "우리와 무슨 상관이냐? 그것은 네 일이다." 하였다.
5 유다는 그 은돈을 성전 안에다 내던지고 물러가서 목을 매달아 죽었다.
6 수석 사제들은 그 은돈을 거두면서, "이것은 피 값이니 성전 금고에 넣어서는 안
되겠소." 하고 말하였다.
7 그들은 의논한 끝에 그 돈으로 옹기장이 밭을 사서 이방인들의 묘지로 쓰기로 하
였다.
8 그래서 그 밭은 오늘날까지 '피밭'이라고 불린다.
9 그리하여 예레미야 예언자를 통하여 하신 말씀이 이루어졌다. "그들은 은돈 서른
닢, 값어치가 매겨진 이의 몸값, 이스라엘 자손들이 값어치를 매긴 사람의 몸값을
받아
10 주님께서 나에게 분부하신 대로 옹기장이 밭 값으로 내놓았다."

빌라도에게 신문을 받으시다 마르 15,2-5;루카 23,2-5;요한 18,28-38

11 예수님께서 총독 앞에 서셨다. "당신이 유다인들의 임금이오?" 하고 총독이 묻자, 예수님께서 "네가 그렇게 말하고 있다." 하고 대답하셨다.

12 그러나 수석 사제들과 원로들이 당신을 고소하는 말에는 아무 대답도 하지 않으셨다.

13 그때에 빌라도가 예수님께, "저들이 갖가지로 당신에게 불리한 증언을 하는데 들리지 않소?" 하고 물었으나,

14 예수님께서는 어떠한 고소의 말에도 대답을 하지 않으셨다. 그래서 총독은 매우 이상하게 여겼다.

사형 선고를 받으시다 마르 15,6-15;루카 23,13-25;요한 18,38-19,16

15 축제 때마다 군중이 원하는 죄수 하나를 총독이 풀어 주는 관례가 있었다.

16 마침 그때에 예수 바라빠라는 이름난 죄수가 있었다.

17 사람들이 모여들자 빌라도가 그들에게, "내가 누구를 풀어 주기를 원하오? 예수 바라빠요 아니면 메시아라고 하는 예수요?" 하고 물었다.

18 그는 그들이 예수님을 시기하여 자기에게 넘겼음을 알고 있었던 것이다.

19 빌라도가 재판석에 앉아 있는데 그의 아내가 사람을 보내어, "당신은 그 의인의 일에 관여하지 마세요. 지난밤 꿈에 내가 그 사람 때문에 큰 괴로움을 당했어요." 하고 말하였다.

20 그동안 수석 사제들과 원로들은 군중을 구슬려 바라빠를 풀어 주도록 요청하고 예수님은 없애 버리자고 하였다.

21 총독이 그들에게 "두 사람 가운데에서 누구를 풀어 주기를 바라는 것이오?" 하고 물었다. 그들은 "바라빠요." 하고 대답하였다.

22 빌라도가 그들에게 "그러면 메시아라고 하는 이 예수는 어떻게 하라는 말이오?" 하니, 그들은 모두 "십자가에 못 박으시오!" 하였다.

23 빌라도가 다시 "도대체 그가 무슨 나쁜 짓을 하였다는 말이오?" 하자, 그들은 더욱 큰 소리로 "십자가에 못 박으시오!" 하고 외쳤다.

24 빌라도는 더 이상 어찌할 수가 없을 뿐만 아니라 오히려 폭동이 일어나려는 것을
보고, 물을 받아 군중 앞에서 손을 씻으며 말하였다. "나는 이 사람의 피에 책임
이 없소. 이것은 여러분의 일이오."
25 그러자 온 백성이 "그 사람의 피에 대한 책임은 우리와 우리 자손들이 질 것이오."
하고 대답하였다.
26 그래서 빌라도는 바라빠를 풀어 주고 예수님을 채찍질하게 한 다음 십자가에 못
박으라고 넘겨주었다.

군사들이 예수님을 조롱하다 마르 15,16-20;요한 19,2-3

27 그때에 총독의 군사들이 예수님을 총독 관저로 데리고 가서 그분 둘레에 온 부대
를 집합시킨 다음,
28 그분의 옷을 벗기고 진홍색 외투를 입혔다.
29 그리고 가시나무로 관을 엮어 그분 머리에 씌우고 오른손에 갈대를 들리고서는,
그분 앞에 무릎을 꿇고 "유다인들의 임금님, 만세!" 하며 조롱하였다.
30 또 그분께 침을 뱉고 갈대를 빼앗아 그분의 머리를 때렸다.
31 그렇게 예수님을 조롱하고 나서 외투를 벗기고 그분의 겉옷을 입혔다. 그리고 예
수님을 십자가에 못 박으러 끌고 나갔다.

십자가에 못 박히시다 마르 15,21-32;루카 23,26-43;요한 19,16-27

32 그들은 나가다가 시몬이라는 키레네 사람을 보고 강제로 예수님의 십자가를 지게
하였다.
33 이윽고 골고타 곧 '해골 터'라는 곳에 이르렀다.
34 그들이 쓸개즙을 섞은 포도주를 예수님께 마시라고 건넸지만, 그분께서는 맛을 보
시고서는 마시려고 하지 않으셨다.
35 그들은 예수님을 십자가에 못 박고 나서 제비를 뽑아 그분의 겉옷을 나누어 가진
다음,
36 거기에 앉아 예수님을 지켰다.

Vox populi, vox Dei.

37 그들은 또 그분의 머리 위에 죄명을 붙여 놓았다. 거기에는 '이자는 유다인들의 임
금 예수다.'라고 쓰여 있었다.
38 그때에 강도 두 사람도 예수님과 함께 십자가에 못 박혔는데, 하나는 오른쪽에 하
나는 왼쪽에 못 박혔다.
39 지나가던 자들이 머리를 흔들어 대며 예수님을 모독하면서
40 이렇게 말하였다. "성전을 허물고 사흘 안에 다시 짓겠다는 자야, 너 자신이나 구
해 보아라. 네가 하느님의 아들이라면 십자가에서 내려와 보아라."
41 수석 사제들도 이런 식으로 율법 학자들과 원로들과 함께 조롱하며 말하였다.
42 "다른 이들은 구원하였으면서 자신은 구원하지 못하는군. 이스라엘의 임금님이시
면 지금 십자가에서 내려와 보시지. 그러면 우리가 믿을 터인데.
43 하느님을 신뢰한다고 하니, 하느님께서 저자가 마음에 드시면 지금 구해 내 보시
라지. '나는 하느님의 아들이다.' 하였으니 말이야."
44 예수님과 함께 십자가에 못 박힌 강도들도 마찬가지로 그분께 비아냥거렸다.

숨을 거두시다 마르 15,33-41;루카 23,44-49;요한 19,28-30

45 낮 열두 시부터 어둠이 온 땅에 덮여 오후 세 시까지 계속되었다.
46 오후 세 시쯤에 예수님께서 큰 소리로, "엘리 엘리 레마 사박타니?" 하고 부르짖으
셨다. 이는 "저의 하느님, 저의 하느님, 어찌하여 저를 버리셨습니까?"라는 뜻이다.
47 그곳에 서 있던 자들 가운데 몇이 이 말씀을 듣고, "이자가 엘리야를 부르네." 하
고 말하였다.
48 그러자 그들 가운데 한 사람이 곧 달려가서 해면을 가져와 신 포도주에 듬뿍 적
신 다음, 갈대에 꽂아 그분께 마시게 하였다.
49 그러나 다른 사람들은 "가만, 엘리야가 와서 그를 구해 주나 봅시다." 하고 말하
였다.
50 예수님께서는 다시 큰 소리로 외치시고 나서 숨을 거두셨다.
51 그러자 성전 휘장이 위에서 아래까지 두 갈래로 찢어졌다. 땅이 흔들리고 바위들
이 갈라졌다.
52 무덤이 열리고 잠자던 많은 성도들의 몸이 되살아났다.

53 예수님께서 다시 살아나신 다음, 그들은 무덤에서 나와 거룩한 도성에 들어가 많
은 이들에게 나타났다.
54 백인대장과 또 그와 함께 예수님을 지키던 이들이 지진과 다른 여러 가지 일들을
보고 몹시 두려워하며, "참으로 이분은 하느님의 아드님이셨다." 하고 말하였다.
55 거기에는 많은 여자들이 멀리서 지켜보고 있었는데, 그들은 갈릴래아에서부터 예
수님을 따르며 시중들던 이들이다.
56 그들 가운데에는 마리아 막달레나, 야고보와 요셉의 어머니 마리아, 제베대오 아
들들의 어머니도 있었다.

묻히시다 마르 15,42-47;루카 23,50-56;요한 19,38-42

57 저녁때가 되자 아리마태아 출신의 부유한 사람으로서 요셉이라는 이가 왔는데,
그도 예수님의 제자였다.
58 이 사람이 빌라도에게 가서 예수님의 시신을 내 달라고 청하자, 빌라도가 내주라
고 명령하였다.
59 요셉은 시신을 받아 깨끗한 아마포로 감싼 다음,
60 바위를 깎아 만든 자기의 새 무덤에 모시고 나서, 무덤 입구에 큰 돌을 굴려 막아
놓고 갔다.
61 거기 무덤 맞은쪽에는 마리아 막달레나와 다른 마리아가 앉아 있었다.

경비병들이 무덤을 지키다

62 이튿날 곧 준비일 다음 날에 수석 사제들과 바리사이들이 함께 빌라도에게 가서
63 말하였다. "나리, 저 사기꾼이 살아 있을 때, '나는 사흘 만에 되살아날 것이다.' 하
고 말한 것을 저희는 기억합니다.
64 그러니 셋째 날까지 무덤을 지키도록 명령하십시오. 그의 제자들이 와서 시체를
훔쳐 내고서는, '그분은 죽은 이들 가운데에서 되살아나셨다.' 하고 말할지도 모릅
니다. 그러면 이 마지막 기만이 처음 것보다 더 해로울 것입니다."

Vox populi, vox Dei.

65 그러자 빌라도가 그들에게, "당신들에게 경비병들이 있지 않소. 가서 재주껏 지키
시오." 하고 대답하였다.

66 그들은 가서 그 돌을 봉인하고 경비병들을 세워 무덤을 지키게 하였다.

1 Early in the morning, all the chief priests and the elders of the people came to the decision to put Jesus to death.

2 They bound him, led him away and handed him over to Pilate, the governor.

3 When Judas, who had betrayed him, saw that Jesus was condemned, he was seized with remorse and returned the thirty silver coins to the chief priests and the elders.

4 "I have sinned," he said, "for I have betrayed innocent blood." "What is that to us?" they replied. "That's your responsibility."

5 So Judas threw the money into the temple and left. Then he went away and hanged himself.

6 The chief priests picked up the coins and said, "It is against the law to put this into the treasury, since it is blood money."

7 So they decided to use the money to buy the potter's field as a burial place for foreigners.

8 That is why it has been called the Field of Blood to this day.

9 Then what was spoken by Jeremiah the prophet was fulfilled: "They took the thirty silver coins, the price set on him by the people of Israel,

10 and they used them to buy the potter's field, as the Lord commanded me."

11 Meanwhile Jesus stood before the governor, and the governor asked him, "Are you the king of the Jews?" "Yes, it is as you say," Jesus replied.

12 When he was accused by the chief priests and the elders, he gave no answer.

13 Then Pilate asked him, "Don't you hear the testimony they are bringing against you?"

14 But Jesus made no reply, not even to a single charge--to the great amazement of the governor.

15 Now it was the governor's custom at the Feast to release a prisoner chosen by the crowd.

16 At that time they had a notorious prisoner, called Barabbas.

17 So when the crowd had gathered, Pilate asked them, "Which one do you want me to release to you: Barabbas, or Jesus who is called Christ?"

18 For he knew it was out of envy that they had handed Jesus over to him.

19 While Pilate was sitting on the judge's seat, his wife sent him this message: "Don't have anything to do with that innocent man, for I have suffered a great deal today in a dream because of him."

20 But the chief priests and the elders persuaded the crowd to ask for Barabbas and to have Jesus executed.

21 "Which of the two do you want me to release to you?" asked the governor. "Barabbas," they answered.

22 "What shall I do, then, with Jesus who is called Christ?" Pilate asked. They all answered, "Crucify him!"

23 "Why? What crime has he committed?" asked Pilate. But they shouted all the louder, "Crucify him!"

24 When Pilate saw that he was getting nowhere, but that instead an uproar was starting, he took water and washed his hands in front of the crowd. "I am innocent of this man's blood," he said. "It is your responsibility!"

25 All the people answered, "Let his blood be on us and on our children!"

26 Then he released Barabbas to them. But he had Jesus flogged, and handed him over to be crucified.

27 Then the governor's soldiers took Jesus into the Praetorium and gathered the whole company of soldiers around him.

Vox populi, vox Dei.

28 They stripped him and put a scarlet robe on him,

29 and then twisted together a crown of thorns and set it on his head. They put a staff in his right hand and knelt in front of him and mocked him. "Hail, king of the Jews!" they said.

30 They spit on him, and took the staff and struck him on the head again and again.

31 After they had mocked him, they took off the robe and put his own clothes on him. Then they led him away to crucify him.

32 As they were going out, they met a man from Cyrene, named Simon, and they forced him to carry the cross.

33 They came to a place called Golgotha(which means The Place of the Skull).

34 There they offered Jesus wine to drink, mixed with gall; but after tasting it, he refused to drink it.

35 When they had crucified him, they divided up his clothes by casting lots.

36 And sitting down, they kept watch over him there.

37 Above his head they placed the written charge against him: THIS IS JESUS, THE KING OF THE JEWS.

38 Two robbers were crucified with him, one on his right and one on his left.

39 Those who passed by hurled insults at him, shaking their heads

40 and saying, "You who are going to destroy the temple and build it in three days, save yourself! Come down from the cross, if you are the Son of God!"

41 In the same way the chief priests, the teachers of the law and the elders mocked him.

42 "He saved others," they said, "but he can't save himself! He's the King of Israel! Let him come down now from the cross, and we will believe in

him.

43 He trusts in God. Let God rescue him now if he wants him, for he said, 'I am the Son of God.'"

44 In the same way the robbers who were crucified with him also heaped insults on him.

45 From the sixth hour until the ninth hour darkness came over all the land.

46 About the ninth hour Jesus cried out in a loud voice, "Eloi, Eloi, lama sabachthani?"--which means, "My God, my God, why have you forsaken me?"

47 When some of those standing there heard this, they said, "He's calling Elijah."

48 Immediately one of them ran and got a sponge. He filled it with wine vinegar, put it on a stick, and offered it to Jesus to drink.

49 The rest said, "Now leave him alone. Let's see if Elijah comes to save him."

50 And when Jesus had cried out again in a loud voice, he gave up his spirit.

51 At that moment the curtain of the temple was torn in two from top to bottom. The earth shook and the rocks split.

52 The tombs broke open and the bodies of many holy people who had died were raised to life.

53 They came out of the tombs, and after Jesus' resurrection they went into the holy city and appeared to many people.

54 When the centurion and those with him who were guarding Jesus saw the earthquake and all that had happened, they were terrified, and exclaimed, "Surely he was the Son of God!"

55 Many women were there, watching from a distance. They had followed Jesus from Galilee to care for his needs.

56 Among them were Mary Magdalene, Mary the mother of James and Jo-
ses, and the mother of Zebedee's sons.

57 As evening approached, there came a rich man from Arimathea, named
Joseph, who had himself become a disciple of Jesus.

58 Going to Pilate, he asked for Jesus' body, and Pilate ordered that it be
given to him.

59 Joseph took the body, wrapped it in a clean linen cloth,

60 and placed it in his own new tomb that he had cut out of the rock. He
rolled a big stone in front of the entrance to the tomb and went away.

61 Mary Magdalene and the other Mary were sitting there opposite the
tomb.

62 The next day, the one after Preparation Day, the chief priests and the
Pharisees went to Pilate.

63 "Sir," they said, "we remember that while he was still alive that deceiver
said, 'After three days I will rise again.'

64 So give the order for the tomb to be made secure until the third day.
Otherwise, his disciples may come and steal the body and tell the people
that he has been raised from the dead. This last deception will be worse
than the first."

65 "Take a guard," Pilate answered. "Go, make the tomb as secure as you
know how."

66 So they went and made the tomb secure by putting a seal on the stone
and posting the guard.

人語

마태오 복음서 27장 요약[1]

26장이 수난 기사의 예고편이라면 본 장은 그 본편이라 할 수 있다. 빌라도에게 심문을 받으면서도 예수님은 침묵으로 일관하사 구약의 예언을 성취하셨을 뿐 아니라 궤변을 일삼으며 사형 선고를 내리는 불의한 세상 권력에 대해 일침을 가하셨다. 마침내 십자가에 못박히고 무덤에까지 내려가신 예수님. 구세주를 죽음에 내어주며 욕보이면서까지도 회개할 줄 모르는 민중. 이 양자는 인간 양심의 부패함과 그러한 인류까지도 끌어안고 구원하시려는 주님의 크신 사랑을 잘 드러내 준다.

대제사장 카야파의 관정에서 공회로 모인 자들에 의해 심문받으시고 맞으신 예수님은마태 26장, 로마 총독 빌라도에게 넘겨지게 되었다. 이를 보고 가룟 유다는 스스로 죄를 뉘우쳐 예수님을 팔고 받은 은돈 서른 닢을 성소에 던져 넣고 물러가서 스스로 목매어 죽는다. 이것으로 토기장이의 밭을 사서 나그네의 묘지를 삼았다. 예수님이 무죄하심을 빌라도는 알았지만 무리들의 요구에 예수님 대신 바라빠를 내어주고 예수님은 군병들에게 마지막으로 희롱을 받으신 후 십자가에 못박히셔서 6시간 동안 고통을 당하시다가 운명하시고 무덤에 묻히셨다.

슬프고 힘든 사건이다. 예수님이 우리를 위해 십자가에서 피흘리셔야 한 것은 참 감사하지만, 그 모든 과정이 너무나도 비참하고 고통스럽다. 그러나 이 모든 것

1 변정미, 마태복음 27장 요약 설명, 강남은혜교회, 2020년 2월 18일 작성.

이 인류구원을 위한 하나님의 계획이신 섭리 가운데서 이뤄지고 있는 것이다. 인간들의 죄의 모양과 포악성이 예수님을 십자가에 달려 죽으시게 하는 도구로 쓰였다. 이것조차 하나님의 인간 사랑의 구원을 이루시기 위한 섭리의 과정임을 알면 지금 우리가 부당하게 대우받고 불의 가운데서 애통해하며 울부짖는 모든 일들이 결국 영광 가운데 우리를 이끄는 도구로 쓰이고 있다는 것을 생각하고 감사할 수 있다.

각 절 해석[2]

1-2절 유대 나라는 로마 제국의 속국이었고 빌라도는 로마 황제가 세운 유대의 총독이었다. 유대의 종교지도자들의 목표는 예수를 죽이는 것이었다. 그들은 예수님을 결박하여 끌고 가서 로마 총독에게 넘겼다. 죄인들이 의로우신 하나님의 아들을 결박하였다. 그들은 새벽에 그 일을 했다. 그 악한 자들은 악을 계획하고 실행하기 위해 밤늦게도 이른 새벽에도 분주하였다.

그들이 예수님을 빌라도에게 넘긴 까닭은, 그들에게 죄수를 사형시킬 권한이 없었기 때문이었다. 또 그들은 예수를 죽임에 있어서 백성들의 비난을 피하려 하였다. 즉 그들은 이 일을 위해 로마 총독을 이용했다. 저 타락한 종교인들은 로마 총독을 이용하여 예수 그리스도를 죽이는 악을 행했던 것이다.

그들은 예수님을 결박하여 끌고 가서 로마 총독에게 넘겼다.

자료 : m.blog.naver.com

3-5절 유다에게도 양심은 있었다. 돈에 대한 탐욕 때문에 양심이 마비되었을 때는 3년간 따르던 주님을 배반하였지만, 그 양심이 깨어났을 때 그는 자기 행동을 후회하였다. 은돈 서른 닢으로 인한 잠시 동안의 기쁨보다 양심의 고통은 더 컸다. 그것이 범죄를 저지른 자의 후회와 고통이다. 유다는 그 돈을 쓸 수 없었을 뿐 아니라, 가지고 있을 수도 없었다. 그래서 그는 그것을 대제사장들과 장로들에게 도로 갖다주었다. 그는 쓰지도 못할 돈 때문에 주님을 팔아넘긴 헛된 수고를 하였던 것이다. 죄를 짓는 모든 사람은 이처럼 무지하고 어리석다.

유다는 예수님의 정죄 당하심을 '죄 없는 분'이라고 증거하였다. 그는 이 말을 통해 예수님의 무죄함을 증거하였다. 이 배신한 제자까지도 주님의 무죄함을 증거했다. 그러나 유대 지도자들은 '화인火印 맞은 양심'[3], 즉 완전히 무감각한 양심을 가졌고 조금도 미안한 마음이나 후회하는 마음을 가지고 있지 않았던 것 같다. 그들의 죄는 매우 컸다.

유다는 은을 성소에 던져 넣고 스스로 목매어 자살했다. 유다가 자살한 것을 보면, 그의 후회는 회개는 아니었던 것 같다. 참된 회개는 자신의 죄악된 행위를 슬퍼하는 것만이 아니고, 돌이켜 하느님께로 나아가는 것이다. 하느님께서는 회개하는 자를 사랑하시고 용서하신다. 또 참으로 회개한 자는 이제 자신의 남은 삶을 하느님의 영광을 위해 산다. 그러나 자살은 하느님의 사랑과 용서를 믿지 않고 하느님께 소망을 두지 않고 단지 자기의 행위에 대해 후회하고 절망하는 행위일 뿐이다.

6-10절 유대 지도자들의 행위는 마치 불쌍한 나그네들을 위하는 것 같은 위선적 행위였다. 위선자들은 언제나 사람들의 칭찬을 얻기 위해 선을 행하지만, 그들의 중심에는 의로움과 선과 진실이 없다.

2 김효성 목사, 마태복음 강해, 2019년 11월 27일 수정.

3 진리에 대한 무감각과 사탄의 소유물이란 의미를 갖는다. 사도 바오로는 사악한 시대나 말세에 거짓 교사 및 그 추종자들을 가리켜 이렇게 표현했다.

Vox populi, vox Dei.

그리하여 예레미야 예언자를 통하여 하신 말씀이 이루어졌다. "그들은 은돈 서른 닢, 값어치가 매겨진 이의 몸값, 이스라엘 자손들이 값어치를 매긴 사람의 몸값을 받아 주님께서 나에게 분부하신 대로 옹기장이 밭 값으로 내놓았다." 하느님의 이 섭리적 사건은 이미 구약 스가랴 선지자의 글에 예언된 바였다. 마태오가 스가랴의 예언을 예레미야의 예언이라고 증거한 이유는 분명치 않다.

11절 유대 종교지도자들은 예수님께 '유다인들의 임금'이라는 정치적 죄목을 씌웠다. 그들은 공회에서 예수께 "네가 하느님의 아들 그리스도이냐?"라고 물었었으나, 이제 그를 "유다인들의 임금"으로 고소했다. 그들은 간교한 자들이었다. 그러나 예수께서는 총독에게 "네가 그렇게 말하고 있다."라고 대답하셨다.

예수께서는 총독 앞에서 자신이 유대인의 왕이심을 증거하셨다. 구약성경은 왕이신 메시아를 예언하였다.

12-14절 예수께서는 대제사장들과 장로들에게 고소를 당하지만 아무 대답도 안 하셨다. 그것은 그들이 이미 자기를 죽이려고 작정하고 빌라도에게 끌고 왔고 그가 자신을 변명한다고 바뀔 일이 아니었음을 아셨기 때문이었을 것이

'유다인들의 임금'이라는 정치적 죄목

자료 : atticofjoseph.org

다. 그러므로 그는 그저 모든 것을 아버지께 의탁하셨을 것이다. 빌라도는 그것을 매우 기이히 여겼다.

15-19절 명절이 되면 총독이 무리의 소원대로 죄수 하나를 놓아주는 전례前例가 있었다. 그때 바라빠바라바라 하는 유명한 죄수가 있었다. 마르코 복음서는 그가 민란을 꾸미고 민란에 살인한 자였다고 증거한다마르 15:7. 그들이 모였을 때, 빌라도는 그들에게 예수와 죄수 바라빠를 나란히 석방후보자로 제시하였다. 그는 그들이 시기로 예수를 넘겨준 줄을 알았고 예수가 사형당할 만한 죄가 없었음을 알았다. 시기는 욕심에서 나오고 미움과 살인을 만드는 무서운 악이다. 총독의 아내도 예수님을 '그 의인'이라고 부르며 그를 상관치 말라고 말했다.

20-23절 대제사장들과 장로들은 무리를 선동하고 설득하여 바라빠를 달라 하게 하고 예수를 멸하자 하게 하였다. 그들은 예수께 대해 공의로 판단하려 하지 않았고 어떻게든지 그를 죽여 버리려고 했다. 그들은 예수님의 무죄함에 대한 백성의 판단력을 흐려놓았고 그를 죽이자고 설득하고 선동하였다. 이것은 참으로 악한 행동이었다.

"메시아라고 하는 이 예수는 어떻게 하라는 말이오?"라는 빌라도의 질문은 재판관으로서 매우 무책임한 말이었다. 객관적 사실들과 증거들을 종합하여 법률적으로, 이성적으로, 양심적으로 바르게 판단하고 시시비비를 가려야 할 재판관이 사람들의 의견이나 여론에 이끌려 재판하려 했으니, 참으로 부끄럽고 잘못된 일이었다.

무리들이 예수가 십자가에 못박혀야 하겠다고 말하자, 빌라도는 "도대체 그가 무슨 나쁜 짓을 하였다는 말이오?"라고 물었다. 예수께서 살인이나 간음이나 도적질이나 거짓 증거를 하셨는가? 그는 하느님을 경외하셨고 사랑과 거룩과 진실을 가르치지 않으셨는가? 무리들은 예수님을 십자가에 못박을 죄목을 제시하지 못하고 더욱 소리만 질렀다.

Vox populi, vox Dei.

24-25절 빌라도의 심문은 아무 효험이 없었고 도리어 민란이 일어날 것 같았다. 무리의 외침만 정의인 것 같았으나, 그것은 정의가 아니고 유대 지도자들의 계산된 작전이었다. 과격한 데모도 비슷하다. 그런 곳에는 이성적으로 옳고 그름을 판단할 여지가 없고 오직 선동과 폭력만 있다. 그런 것은 사회를 개선시키기보다 혼란시키고 더 악화시킨다. 그러므로 혁명이나 과격한 폭력적 데모는 거부되어야 한다.

"나는 이 사람의 피에 책임이 없소. 이것은 여러분의 일이오."라는 총독 빌라도의 말은 책임회피의 악을 더했다. 그는 예수를 놓을 권세도, 십자가에 죽게 할 권세도 가지고 있었다. 판결은 그에게 맡겨진 일이었다. 손을 씻는다고 책임을 면할 수는 없다.

백성은 "그 사람의 피에 대한 책임은 우리와 우리 자손들이 질 것이오."라고 말했다. 그들은 그 핏값이 얼마나 큰 것인지를 알지 못했다. 하느님의 아들을 십자가에 못박는 죄의 형벌을 과연 그들이 받을 수 있겠는가? 그들의 무지한 대답대로, 하느님께서는 후에 그 죄에 대해 보응하셨다. 그는 기원후 70년 로마 군대로 예루살렘 성을 처참히 짓밟게 하셨다.

26절 죽어야 할 죄인 바라빠는 놓여났고 의로우신 하느님의 아들 예수께서는 죽음에 내어준 바 되셨다. 빌라도의 판결은 불의했다. 그 자신도, 그의 아

예수님 대신 풀려난 죄수 바라빠 (Barabbâs)

자료 : 392766.tistory.com

내도 예수에게 사형에 해당하는 죄가 없었음을 알고 있었다. 그는 예수님을 놓아 주려고 노력도 하였다. 그러나 그는 무리들의 여론을 두려워하여 법과 이성과 양심의 판단에 반대되는 불의하고 무책임하고 비겁한 판결을 내렸다. 로마 황제를 대신하여 공의로운 판결을 내려야 할 그가 그 지위와 권세를 오용하였다. 그는 의로우시고 선하신 예수님께 십자가형이라는 극형인 사형을 선고했다. 예수께서는 로마 총독 본디오 빌라도의 불의한 판결로 정죄되셨다.

27-31절 예수께서는 로마 군병들, 죄 많은 이방인들에게 조롱을 받으셨다. 그들은 조롱을 다한 후 그를 십자가에 못박으려고 끌고 나갔다. 예수께서는 우리를 위해 조롱과 침 뱉음과 갈대로 침을 당하셨다.

32-34절 군병들은 사형집행을 위해 예수님을 데리고 나가다가 키레네 구레네 사람 시몬이라는 자를 만나 그를 억지로 같이 가게 하여 예수님의 십자가를 지웠다. 요한 복음서에 보면, 예수께서는 친히 자기의 십자가를 지고 사형장에 나오셨다요한 19:17. 그렇다면 십자가 형틀이 무거워 예수께서 혼자 지기에 힘드셨고 함께 져 줄 제자들도 없었으므로 지나가는 키레네 사람 시몬을 붙들어 그의 십자가를 함께 지웠던 것 같다.

군병들은 골고타라틴어, calvaria 즉 '해골의 터'라는 곳에 이르러 쓸개즙을 탄 포도주를 예수께 주어 마시게 하려 했으나 마시지 않으셨다. 그것은 사형수로 고통을 덜 느끼게 하는 진통제 역할을 한다고 한다. 그러나 그는 이미 십자가의 고난을 각오하셨다.

35-38절 그들은 예수님을 십자가에 못박았다. 루카 복음서 24:39-40에 기록된 대로 부활하신 주께서 제자들에게 그의 상하신 손과 발을 보이신 것을 보면, 그는 십자가 위에서 양손과 양발에 못이 박히신 것이 분명하였다. 그렇다면 그는 피흘림은 물론, 살이 찢어지고 뼈가 으스러지는 고통을 경험하셨고 그 고통은 여러 시간 지속되었을 것이다.

그들은 예수님을 십자가에 못박은 후 그의 옷들을 제비뽑아 나누었다. 요한 복음서 19:23-24는 군병들이 예수를 십자가에 못박고 그의 옷을 취하여 네 깃에 나눠 각각 한 깃씩 얻었고 속옷은 통으로 짠 것이어서 제비뽑아 취했다고 자세히 증거한다. 주께서는 부끄럽게도 겉옷과 속옷까지 벗기운 채 십자가에 달리셨다.

군병들은 그런 후 십자가 옆에 앉아 지켰다. 그의 머리 위에는 "이자는 유다인들의 임금 예수다."라고 쓴 죄패가 있었다.

그때에 그와 함께 강도 둘이 하나는 우편에, 하나는 좌편에 십자가에 못박혔다. 예수께서는 강도들과 같은 죄인으로 취급되셨다. 이것은 그리스도께서 범죄자 중 하나로 간주될 것이라고 예언한 이사야서 53:12의 예언대로 된 것이었다. 그는 우리를 대신해 죄인이 되셨다.

39-44절 대제사장들과 율법학자들과 장로들의 희롱의 말은, "저는 인간이 아닌 구더기 사람들의 우셋거리, 백성의 조롱거리. 저를 보는 자마다 저를 비웃고 입술을 비쭉거리며 머리를 흔들어 댑니다."라고 한 시편 22:7-8의 예언대로 된 것이다. 본문은 또 함께 십자가에 못박힌 강도들도 욕하였다고 말한다. 그러나 한 강도는 루카 복음서에 증거된 대로 곧 회개하였다. 그는 죽기 직전에 구원을 받았다.

밤새 기도와 심문으로 잠을 자지 못하신 예수께서는 무거운 십자가 형틀을 지고 사형장으로 나가셨다. 겉옷과 속옷을 벗기는 수치를 당하셨고 십자가에 못박히셨으며 피흘림과 큰 고통을 당하셨고, 지나가는 자들과 유대의 종교지도자들의 조롱과 멸시를 당하셨다.

45-46절 낮 열두 시로부터 온 땅에 어두움이 임하여 오후 세 시까지 계속하였다. 그것은 인류 역사상 이 세상에서 사람들이 하느님의 아들을 십자가에 못박아 죽이는 가장 악한 죄를 범하는 시간이다. 이 시간 하느님께서 심히 노하심을 잘 나타낸다.

제9시 즉 오후 세 시 즈음에 예수께서는 "엘리 엘리 레마 사박타니?" 하시며

엘리 엘리 레마 사박타니?

자료 : m.blog.naver.com

크게 소리지르셨다. 그것은 "저의 하느님, 저의 하느님, 어찌하여 저를 버리셨습니까?"라는 뜻이다. 그것은 육신적인 고통의 부르짖음이며 또 택자들의 죄를 짊어지고 하느님의 저주를 받으신 영의 고통이었다.

사랑의 하느님께서 우리를 죄와 지옥 형벌에서 건져내시려고 자기 아들에게 우리의 모든 죄를 짊어 지우셨다. 사람들의 죄의 용서는 이처럼 큰 대가를 지불하였다. 택자들을 향한 하느님의 사랑은 이렇게 나타났다. 우리가 이 사실을 깊이 깨닫는다면, 우리는 하느님의 사랑을 찬송하며 하느님을 사랑하며 모든 죄를 멀리해야 한다.

47-50절 예수께서는 다시 크게 소리 지르시고 영혼이 떠나셨다. 요한 복음서 19:30은 예수께서 신 포도주를 받으신 후 "다 이루어졌다."라고 말씀하신 후 머리를 숙이고 영혼이 돌아가셨다고 증거했다. 그는 친히 십자가에 죽으심으로 아버지께서 명하신 택자들을 위한 구속救贖 사역을 다 이루시고 자기의 영혼을 아버지께 부탁하셨다.

51-54절 예수 그리스도께서 십자가 위에서 죽으셨을 때 몇 가지 놀라운 일들이 일어났다. 하나는, 성전의 성소 휘장이 위로부터 아래까지 찢어져 둘이

Vox populi, vox Dei.

되었다. 그것은 우리 구주 예수 그리스도께서 우리를 하느님 앞으로 인도하셨음을 보인다. 우리는 예수 그리스도로 말미암아 하느님 앞에, 하느님의 은혜의 보좌 앞에 나아갈 담력을 얻었다.

다른 하나는, 땅이 진동하며 바위가 터지고 무덤들이 열리며 자던 성도들의 몸이 많이 일어났다. 이것은 예수 그리스도의 대속 사역으로 성도들이 장차 부활할 것을 예시하였다. 그들은 예수께서 부활하신 후에 무덤에서 나와 거룩한 성에 들어가 많은 사람들에게 보였다.

또 하나는, 사형을 집행했던 백부장 및 함께 예수를 지키던 군병들이 지진과 그 되는 일들을 보고 심히 두려워하며 "참으로 이분은 하느님의 아드님이셨다." 라고 증거하였다. 그들은 비록 하느님을 잘 모르던 이방인들이었지만, 그때의 일들을 보면서 예수께서 죄가 없는 의인이시며 하느님의 아들이심을 깨달았다.

55-56절 예수님을 섬기며 갈릴리에서부터 좇아온 많은 여자들은 십자가 근처에서 멀리서 바라보고 있었다. 남자 제자들은 다 도망하였던 것 같다. 그들은 잡힐까봐 두려워서 그러했을 것이다. 그러나 갈릴리에서 온 여자들은 비록 멀리서지만 십자가에 달리신 주님을 바라보고 있었다. 그 중에 마리아 막달레나와 또 야고보와 요셉의 어머니 마리아와 또 제베대오 아들들의 어머니도 있었다. 주를 믿고 따르며 주의 멍에를 짊어지는 데에는 여자와 남자의 구별이 없다. 여자들은 일차적으로 가정적 책임을 가지고 있지만, 얼마든지 하느님과 그의 복음을 위해 수고하고 협력하며 주를 따르는 제자가 될 수 있다.

57-61절 날이 저물었을 때에 아리마태아 부자 요셉이라 하는 사람이 왔다. 마르코 복음서 15:43은 그가 존귀한 의회 의원이라고 말한다. 그도 예수님의 제자였다. 그는 빌라도에게 가서 예수님의 시체를 달라고 요청했고, 빌라도는 내어주라 명하였다. 아무도 예수님을 동정하거나 도우려 하지 않는 것 같은 때, 하느님께서는 예수님의 장례를 위해 아리마태아 요셉을 예비하셨고 그의 마음을 감동하셨다.

요셉은 예수님의 시체를 가져다가 깨끗한 아마포로 싸서 바위 속에 판 자기의 새 무덤에 넣어두고 큰 돌을 굴려 무덤 문에 놓고 갔다. 거기에 마리아 막달레나와 다른 마리아가 무덤을 향하여 앉았다. 무덤은 죄인들이 그 죗값으로 들어가는 감옥과 같다. 그러나 죄가 없으신 예수께서 우리를 대신하여 죄인이 되셔서 무덤에 내려가신 것이다.

62-64절 유대 지도자들은 충성된 증인 예수 그리스도를 '저 사기꾼'이라고 악평했다. 유대 지도자들은 빌라도에게 예수가 사흘 후에 다시 살아나리라고 말했다고 증거하였다. 물론 그들은 예수의 말을 믿지 않았지만, 그가 그 말을 했다는 것은 믿었다. 그들은 적어도 오늘날 자유주의자들보다는 더 나았다. 오늘날 자유주의자들은 예수께서 그런 말을 한 적이 없고 제자들이 후에 그것을 삽입했다고 말하기 때문이다.

유대 지도자들은 예수의 부활을 상상치 못하였다. 그들이 상상한 것은 예수의 제자들이 선생의 시체를 도적질한 후 그가 부활했다고 거짓말을 퍼뜨리는 것이었다. 그들은 예수의 시체가 도둑질 당하면 문제가 더 복잡해질 것이라고 생각했다. 그래서 적어도 사흘은 그의 무덤을 굳게 지켜야 한다고 판단했고 그것을 빌라도에게 요청한 것이다. 그들의 계획은 완전해 보였다. 그러나 하나님께서는 악한 자들의 완벽해 보이는 계획을 헛되게 만드실 것이다.

예수님 무덤의 돌

자료 : m.blog.naver.com

Vox populi, vox Dei.

65-66절 빌라도는, "당신들에게 경비병들이 있지 않소. 가서 재주껏 지키시오."라고 말했다. 그들은 파수꾼과 함께 가서 돌을 봉인하고 무덤을 굳게 했다. 실상 이런 상황에서 예수님의 제자들이 선생님의 시체를 도적질하는 것은 불가능했다. 이것은 오히려 그의 부활을 더욱 힘있게 증거한다. 예수께서 실제로 부활하지 않으셨다면, 제자들이 그의 부활을 증거하는 것은 불가능했기 때문이다. 악의 세력이 크고 모든 선을 압도하는 것같이 보였을 때 하나님께서는 그의 권능의 기적을 행하셨다.

Vox populi, vox Dei.

마태오 복음서 28장

天聲

Vox populi, vox Dei.

부활하시다 마르 16,1-8;루카 24,1-12;요한 20,1-10

1 안식일이 지나고 주간 첫날이 밝아 올 무렵, 마리아 막달레나와 다른 마리아가 무
덤을 보러 갔다.
2 그런데 갑자기 큰 지진이 일어났다. 그리고 주님의 천사가 하늘에서 내려오더니 무
덤으로 다가가 돌을 옆으로 굴리고서는 그 위에 앉는 것이었다.
3 그의 모습은 번개 같고 옷은 눈처럼 희었다.
4 무덤을 경비하던 자들은 천사를 보고 두려워 떨다가 까무러쳤다.
5 그때에 천사가 여자들에게 말하였다. "두려워하지 마라. 너희가 십자가에 못 박히
신 예수님을 찾는 줄을 나는 안다.
6 그분께서는 여기에 계시지 않는다. 말씀하신 대로 그분께서는 되살아나셨다. 와서
그분께서 누워 계셨던 곳을 보아라.
7 그러니 서둘러 그분의 제자들에게 가서 이렇게 일러라. '그분께서는 죽은 이들 가
운데에서 되살아나셨습니다. 이제 여러분보다 먼저 갈릴래아로 가실 터이니, 여러
분은 그분을 거기에서 뵙게 될 것입니다.' 이것이 내가 너희에게 알리는 말이다."
8 그 여자들은 두려워하면서도 크게 기뻐하며 서둘러 무덤을 떠나, 제자들에게 소
식을 전하러 달려갔다.

여자들에게 나타나시다 마르 16,9-11;요한 20,11-18

9 그런데 갑자기 예수님께서 마주 오시면서 그 여자들에게 "평안하냐?" 하고 말씀하
셨다. 그들은 다가가 엎드려 그분의 발을 붙잡고 절하였다.

10 그때에 예수님께서 그들에게 말씀하셨다. "두려워하지 마라. 가서 내 형제들에게
갈릴래아로 가라고 전하여라. 그들은 거기에서 나를 보게 될 것이다."

경비병들이 매수되다

11 여자들이 돌아가는 동안에 경비병 몇 사람이 도성 안으로 가서, 일어난 일을 모
두 수석 사제들에게 알렸다.
12 수석 사제들은 원로들과 함께 모여 의논한 끝에 군사들에게 많은 돈을 주면서
13 말하였다. "'예수의 제자들이 밤중에 와서 우리가 잠든 사이에 시체를 훔쳐갔다.'
하여라.
14 이 소식이 총독의 귀에 들어가더라도, 우리가 그를 설득하여 너희가 걱정할 필요
가 없게 해 주겠다."
15 경비병들은 돈을 받고 시킨 대로 하였다. 그리하여 이 말이 오늘날까지도 유다인
들 사이에 퍼져 있다.

제자들에게 나타나시어 사명을 부여하시다

마르 16,14-18;루카 24,36-49;요한 20,19-23;사도 1,6-8

16 열한 제자는 갈릴래아로 떠나 예수님께서 분부하신 산으로 갔다.
17 그들은 예수님을 뵙고 엎드려 경배하였다. 그러나 더러는 의심하였다.
18 예수님께서는 그들에게 다가가 이르셨다. "나는 하늘과 땅의 모든 권한을 받았다.
19 그러므로 너희는 가서 모든 민족들을 제자로 삼아, 아버지와 아들과 성령의 이름
으로 세례를 주고,
20 내가 너희에게 명령한 모든 것을 가르쳐 지키게 하여라. 보라, 내가 세상 끝날까
지 언제나 너희와 함께 있겠다."

1 After the Sabbath, at dawn on the first day of the week, Mary Magdalene
and the other Mary went to look at the tomb.
2 There was a violent earthquake, for an angel of the Lord came down
from heaven and, going to the tomb, rolled back the stone and sat on it.

3 His appearance was like lightning, and his clothes were white as snow.

4 The guards were so afraid of him that they shook and became like dead men.

5 The angel said to the women, “Do not be afraid, for I know that you are looking for Jesus, who was crucified.

6 He is not here; he has risen, just as he said. Come and see the place where he lay.

7 Then go quickly and tell his disciples: ‘He has risen from the dead and is going ahead of you into Galilee. There you will see him.’ Now I have told you.”

8 So the women hurried away from the tomb, afraid yet filled with joy, and ran to tell his disciples.

9 Suddenly Jesus met them. “Greetings,” he said. They came to him, clasped his feet and worshiped him.

10 Then Jesus said to them, “Do not be afraid. Go and tell my brothers to go to Galilee; there they will see me.”

11 While the women were on their way, some of the guards went into the city and reported to the chief priests everything that had happened.

12 When the chief priests had met with the elders and devised a plan, they gave the soldiers a large sum of money,

13 telling them, “You are to say, ‘His disciples came during the night and stole him away while we were asleep.’

14 If this report gets to the governor, we will satisfy him and keep you out of trouble.”

15 So the soldiers took the money and did as they were instructed. And this story has been widely circulated among the Jews to this very day.

16 Then the eleven disciples went to Galilee, to the mountain where Jesus had told them to go.

17 When they saw him, they worshiped him; but some doubted.
18 Then Jesus came to them and said, "All authority in heaven and on earth
has been given to me.
19 Therefore go and make disciples of all nations, baptizing them in the
name of the Father and of the Son and of the Holy Spirit,
20 and teaching them to obey everything I have commanded you. And
surely I am with you always, to the very end of the age."

예수님은 죽기 위하여 오신 분이 아니다.

자료 : m.cafe.daum.net

人語

마태오 복음서 28장 요약[1]

주의 수난이 어둠과 죽음의 이야기라면, 부활은 생명과 광명의 이야기다. 주님은 생전에 누누이 말씀하신 대로 사흘 만에 살아나셨다. 이로써 약속의 신실성이 확증되고, 인자의 메시아되심이 온 천하에 증명되었다. 부활은 예수님의 구원 사역을 하느님께서 온전히 인정하셨다는 의미도 담고 있다. 신앙인에게 현세의 고난 속에서도 내세의 소망 가운데 역동적인 신앙생활을 하게 해주는 원동력이라는 점에서 부활의 의미는 더욱 각별하다.

십자가에서 죽으시고 무덤에 장사된 예수님은 삼 일 만에 다시 살아나셨다. 금요일 낮에 운명하시고 무덤에 묻히시고 주일 새벽에 부활하셨다. 안식일금요일 저녁부터 토요일 저녁까지 다음 날 새벽에 마리아 막달레나와 야고보와 요셉의 어머니 마리아 그리고 살로메가 예수님의 시체에 향품을 바르기 위해 찾았다가 무덤이 빈 것을 보게 된다. 천사들이 나타나서 예수님이 부활하신 것을 알려 준다. 그리고 제자들에게 소식을 알리기 위해 가던 중 부활하신 예수님을 만나게 된다. 경비병들도 이 일을 대제사장들에게 알린다. 교활한 거짓말쟁이 대제사장들과 장로들이 군인들에게 돈을 많이 주고 제자들이 와서 시체를 훔쳐갔다고 하게 시킨다. 예수님은 갈릴리에서 열한 제자들과 함께 만나서 제자들에게 전도를 명하신다.

고난과 수치와 부끄러움, 억울함의 지독한 통증을 겪으신 예수님은 하느님과의

1 변정미, 마태복음 28장 요약 설명, 강남은혜교회, 2020년 2월 18일 작성.

예수님의 부활

자료 : good-faith.net

단절인 죽음을 맛보았다. 그것은 엄청난 고통이었다. 그러나 하나님의 사랑의 계획이신 인간을 구원하시기 위해 자신을 버리시고 순종으로 하느님의 구원의 계획을 이뤄내셨다. 예수님은 삼 일 만에 다시 살아나셨다. 두려워하던 제자들에게 새로운 용기와 사명을 불어넣어 주셨다. 십자가에서 죽음을 부활로 이루신 승리의 예수님께서 그 죽음을 절망과 함께 빛으로 변화시켜 놓으셨다. 어둠은 빛이 들어오기 위한 가장 적절한 환경을 조성하는 것이다. 죽으신 예수님은 살아나셨고, 두려움에 떨었던 제자들은 기쁨과 놀라움 속에서 새로운 사명을 부여받고 땅끝까지 복음의 세계를 만들기 위해 고난받고 순교하기 시작했다. 어둠에 갇혀야 할 십자가가 어마어마한 영광의 승리를 가지고 온 것이다.

다지기

- **질문 1** 마리아 막달레나와 다른 마리아가 무덤에 갔을 때 누구를 만났습니까?마태 28:1-3
- **질문 2** 천사들의 모양은 어떠했으며, 무엇이라고 말했습니까?마태 28:5-7
- **질문 3** 부활하신 예수님은 여자들에게 무엇이라고 말씀하셨습니까?마태 28:10
- **질문 4** 대제사장들과 장로들은 부활하신 예수님에 대해 어떻게 말하라고 경비병들에게 시켰습니까?마태 28:12-14
- **질문 5** 갈릴리에서 제자들을 만나신 예수님은 무엇을 명령하셨습니까?마태 28:18-20

각 절 해석[2]

1절 이제 안식일이 지나고 주간의 첫날 새벽, 동이 터오는 시간이 되었다. 마르코 복음서 16:2는, "매우 이른 아침, 해가 떠오를 무렵"이라고 말한다. 그 시간을 새벽 6시로 본다면, 이때는 예수께서 무덤에 묻히신 금요일 밤아마 오후 6시경부터 토요일 하루를 지나 일요일 새벽까지, 날짜로는 제3일이지만, 정확히는 만 하루 반이었다.

무덤을 보려고 왔던 여자들은 마리아 막달레나와 다른 마리아였다. 마르코 복음서 16:1은 마리아 막달레나, 야고보의 어머니 마리아, 살로메 등 세 명을 언급한다. 천사들의 증거와 빈 무덤의 확인은 두 명 이상의 여자들이 증거한 확실한 사건이었다.

무덤을 찾은 세 여인들

자료 : ofmkorea.org

[2] 김효성 목사, 마태복음 강해, 2019년 11월 27일 수정.

마르코 복음서와 루카 복음서에 보면, 이 여자들은 예수님의 시체에 향품을 바르기 위해 왔다. 이것은 예수님을 향한 여자들의 거룩한 사랑이었다. 그들은 두려움을 이기고 그의 시체에 향품을 발라 상처와 피흘린 흔적을 닦고 썩는 냄새를 막으려 했을 것이다. 그들에게 그의 부활을 기대하는 믿음은 없어 보이지만, 어떤 상황에서나 성도에게는 최선의 믿음과 사랑이 필요하다.

2-4절 루카 복음서와 요한 복음서는 그날 두 명의 천사들이 그 무덤에 있었다고 증거한다. 천사들은 하느님의 일을 수행하는 자들이다. 천사의 모습이 번개 같고 그 옷이 눈같이 흰 것은 그들의 민첩함과 성결함을 보인다.

5-7절 천사는 여자들에게 무서워 말라고 안심시키면서 세 가지의 내용을 말했다. 첫째로, 십자가에 못박히신 예수께서 무덤에 계시지 않고 그가 말씀하신 대로 살아나셨다는 부활의 사실을 전했다. 둘째로, 와서 주께서 누우셨던 곳을 보라, 즉 빈 무덤을 확인하라고 말했다. 여자들은 예수님의 무덤이 비었음을 확인했다. 빈 무덤은 마태오, 마르코, 루카, 요한이 다 증거하는 예수님의 부활의 첫 번

예수님의 무덤을 돌로 봉인하고 굳게 지키는 경비병

자료 : m.blog.daum.net

째 증거이다. 셋째로, 빨리 가서 제자들에게 예수님의 부활의 소식을 전하라고 말했다. 부활의 소식은 그들에게 예수께 대한 확신과 위로와 힘을 줄 것이다.

8-9절 여자들은 나아가 그 발을 붙잡고 경배하였다. 이것은 그들이 예수님을 신적인 존재로 섬겼음을 보인다. 인간 선생에게는 머리를 숙여 인사는 하지만 엎드려 절하지는 않는다. 요한 묵시록 22:8-9에 보면, 사도 요한이 천사의 발 앞에 경배하려고 엎드렸을 때, 그 천사는, "이러지 마라. 나도 너와 너의 형제 예언자들과 이 책에 기록된 말씀을 지키는 사람들과 같은 종일 따름이다."라고 말하였다.

10절 부활하신 주께서는 제자들을 '내 형제들'이라고 부르셨다. 여기에 그의 인성人性이 나타나 있다. 인성에 있어서 그는 우리의 형제가 되신다. 또 그의 말씀은 그의 겸손을 나타낸다. 그는 즐거이 우리의 형제로 자신을 낮추셨다. 그는 제자들이 갈릴래아갈릴리로 가서 거기서 자신을 보게 될 것이라고 말씀하셨다. 그는 거기서 제자들과 얼마 동안 교제의 시간 가지기를 원하셨다. 부활하신 주님께서 그 40일 동안의 나타나심과 가르치심은 주로 갈릴래아에서 행해졌던 것 같다. 거기에서 제자들은 낙심과 슬픔을 떨쳐버리고 부활의 주님을 확신하게 되고, 부활의 증인으로서 재무장하게 될 것이다. 또 거기서 그들은 주님으로부터 전도의 대사명을 받게 될 것이다.

갈릴래아 호수

자료 : ko.wikipedia.org

Vox populi, vox Dei.

부활한 후 제자들과 만나는 예수님

자료 : kr.kingdomsalvation.org

11-15절 그 새벽에 이루어진 일들, 즉 지진, 돌이 굴려진 것, 천사들의 나타남, 무덤이 비었음을 본 파수꾼들은 그 사실들을 대제사장들에게 보고했다. 그러나 수석 사제대제사장들은 그 사실들을 확인하려는 마음이 없었다. 그들은 그 새벽에 일어난 일들을 숨기려 했다. 악한 자들에게서 양심의 일깨움은 하나님의 은혜가 아니고서는 기대할 수 없는 일이다.

이 긴급한 사태를 수습하기 위해 수석 사제들은 군병들에게 많은 돈을 주어 그 입을 막고 거짓 소문을 퍼뜨리게 했다. 그러나 이 거짓말은 이성적으로 타당성이 없는 말이다. 파수꾼들은 무장된 군인들이고 제자들은 보통 사람들이었다. 또 그들이 잠잘 때 도둑질하여 갔다는 사실은 어떻게 알았는가? 또 만일 제자들이 시체를 도둑질하여 갔다면, 저 유대 지도자들은 그것을 능히 찾아내었을 것이다. 또 예수님의 제자들은 선생님의 시체나 감추어 놓고 부활을 외치며 기뻐하고 핍박을 받고 순교까지 하는 거짓된 광신자들이 아니었다.

인류 역사는 거짓말들로 가득한 역사이다. 회개하지 않는 악인들은 거짓으로 남을 속이며 자신도 속는다. 거짓말을 진리로 믿고 진리를 거짓말로 배척한다. 참된 지식과 믿음을 얻는 것은 하나님의 은혜로만 가능하다. 우리는 모든 거짓을 추방하고 진리만 믿는 자들이 되어야 한다. 우리는 하나님의 은혜로 진리 자체이신 하나님과 예수 그리스도를 믿고 진리 안에서 살게 되었다. 우리는 하나님의 은혜를 감사하며 늘 진리 안에서 행하기를 힘써야 한다.

16-17절 열한 제자들은 갈릴래아에 가서 예수께서 명하신 산에 이르러 부활하신 예수님을 뵈옵고 그에게 경배하였으나 아직 의심하는 자들도 있었다. 그것은 우리 모두에게 있는 육신의 연약성이다. 그러나 우리는 성령의 도우심으로 예수 그리스도의 부활을 믿고 확신케 되었다.

18절 예수께서는 하나님의 아들로서 본래 신적 권세를 가지고 계셨지만, 사람이 되신 후에도 그 신적 권세를 가지시고 신적 존귀와 영광을 받으시고 또 우리의 기도와 찬양과 경배의 대상이 되신다. 그는 마귀와 악령들을 제압하는 권세와 죄인들을 구원하는 권세를 가지고 계신다. 이제 그는 제자들에게 세계 복음화의 대사명을 주신다. 그러므로 이 명령은 가장 큰 두려움을 가지고 순종되어야 한다.

19절 이 전도의 명령은 일차적으로 열한 제자들, 즉 사도들에게 주신 것이다. 전도의 임무는 먼저는 사도들에게 그리고 그들을 이어 목사들과 선교사들에게 있고, 또 넓게는 모든 성도들에게 있다. 이 전도의 일은 주 예수 그리스도

프랑스 마르세유 노트르담 성당에서 미사 후에 휴식을 취하는 저자(2019년 7월)

께서 신약교회에 주신 최대의 사명이다.

주 예수께서는 제자들에게 온 세계로 가라고 명하셨다. 전도자들은 어느 곳이든지 가야 한다. 전도는 영혼들에게로 찾아가는 것이다. 오는 사람들도 가르치지만, 오지 않는 사람들에게도 가야 한다.

전도의 대상은 모든 족속들이다. 자기 나라 사람뿐 아니라, 온 세계의 모든 사람들이다. 주 예수 그리스도의 명령은 세계복음화, 즉 온 세계에 복음을 전하여 택한 백성들을 구원하는 것이다. 아직도 세상에는 복음을 받지 못한 민족들이 있다. 세계복음화는 아직 끝나지 않았다. 국내 전도자들뿐 아니라, 해외 전도자들이 필요하고 선교연구소와 선교사 훈련원들이 필요하다.

'제자로 삼는다'는 말은 옛날 영어번역에는 '가르치다'로 번역하였다. 제자란 누구의 가르침을 받고 그의 행동을 본받는 자를 가리킨다. 제자로 삼으라는 주의 명령은 예수 그리스도의 제자로 삼으라는 뜻이다. 우리의 선생님과 지도자는 예수 그리스도뿐이시다마태 23:8-10. 전도자나 목회자는 아무것도 아니다. 오직 하느님께서 구원하시고 그 구원의 새 생명이 자라게 하신다. 코린토 신자에게 보낸 첫째 서간 3:5-7, "도대체 아폴로가 무엇입니까? 바오로[3]가 무엇입니까? 아폴로와 나는 주님께서 우리 각자에게 정해 주신 대로, 여러분을 믿음으로 이끈 일꾼일 따름입니다. 나는 심고 아폴로는 물을 주었습니다. 그러나 자라게 하신 분은 하느님이십니다. 그러니 심는 이나 물을 주는 이는 아무것도 아닙니다. 오로지 자라게 하시는 하느님만이 중요합니다."

주 예수 그리스도께서는 "아버지와 아들과 성령의 이름으로 세례를 주고"라고 말씀하셨다. 세례는 죄씻음과 하느님과의 연합의 표시이다. '이름으로에이스'라는 말은 '이름 안으로'라는 뜻인데, 이것은 영적 연합을 가리킨다. 영적 연합이란 실체적 연합을 의미하지 않고 정신적 그러나 생명적 연합을 의미한다. 하느님과의

3 베냐민 지파에 속한 유대인이자 로마 시민권을 가졌던 사도 성 바오로(Paulus)는 당대의 유명한 유대인 랍비인 가믈리엘의 문하생으로 예루살렘에서 공부하였다. 그가 회심하기 전까지는 사울(Saul)이란 이름으로 불렸다. 천막 만드는 일을 생업으로 삼던 그는 엄격한 바리사이로 그리스도교에 대한 열렬한 박해자였다. 그는 첫 순교자 스테파누스(Stephanus) 부제의 순교 현장에도 있었다. 바울로, 바울, 빠울루스, 파울로, 파울루스, 폴 등으로 불린다.

예수께서는 부활하신 후 갈릴래아에서 사도들과 다른 제자들을 만났을 때 "가서 모든 민족들을 제자로 삼아, 아버지와 아들과 성령의 이름으로 세례를 주고, 내가 너희에게 명령한 모든 것을 가르쳐 지키게 하여라."라고 지시하셨다.

자료 : wol.jw.org

교제 단절은 영적 죽음을 가져왔다. 그러나 예수님을 믿는 자들은 하느님과 연합됨으로 새 생명을 얻는다. 그것은 예수 그리스도의 구속 사역의 혜택을 받고 성령께서 내주內住하심을 뜻한다. 이 복은 죄씻음을 통해서만 이루어진다. 믿음으로 받는 세례는 죄씻음을 표시하며 확증한다. 우리가 받은 구원의 복이 바로 이것이다.

20절 전도는 복음 전파와 세례로만 그치지 않고 주의 명하신 모든 말씀을 가르쳐 지키게 하는 것이어야 한다. 주께서 명하신 모든 말씀은 사도들을 통해 전달되었고 해설되었고 신약성경에 다 기록되었다. 성경은 하느님의 말씀이다. 오늘날 목사·신부들은 오직 성경 권위에 의존한다. 목사·신부들은 성경을 연구하고 가르치는 일에 충실해야 한다.

가르침의 범위는 주께서 명하신 '모든 것'이다. 편식이 몸에 좋지 않듯이, 우리는 성경의 모든 말씀을 골고루 읽고 묵상해야 한다. 우리는 교리도 잘 알아야 하고 윤리적 교훈도 잘 배워야 한다.

또 가르침의 목적은 실천이다. 주께서는 "가르쳐 지키게 하여라."라고 말씀하셨다. 우리는 하느님의 모든 말씀을 지켜 행해야 한다.

주께서는 이런 명령을 주시면서 후원과 위로의 말씀을 첨가하셨다. "보라, 내가 세상 끝날까지 언제나 너희와 함께 있겠다." 주의 종들에게는 하느님의 지도와 도움이 필요하다. 이것은 우리의 낙심과 좌절을 제거해주며 날마다 새 힘을 보장한다. 주님의 이 위로의 말씀은 보혜사위로자, 격려자 성령을 통해 이루어질 것이다. 주께서는 사명만 부여하신 것이 아니고 그 사명을 수행할 수 있는 힘도 보장하셨다. 그러므로 교회들은 전도의 사명 수행에 충실해야 한다.

본문의 교훈은 무엇인가? 첫째로, 우리는 예수님의 부활을 확신하고 그가 하나님의 아들 그리스도이심을 확신해야 한다. 예수님의 부활은 그가 하느님의 아들 그리스도이심을 확증한다. 사람은 예수 그리스도를 믿음으로 죄사함과 의롭다 하심과 영생의 구원을 얻는다.

둘째로, 우리는 부활하신 주께서 주신 전도의 사명을 기억해야 한다. "너희는 가서 모든 민족들을 제자로 삼아라." 이것은 주께서 신약교회에 주신 특별한 명령이며 신약교회가 주께로부터 받은 사명이다. 전도는 예수님 믿는 우리가 세상에서 할 수 있는 가장 가치 있는 일이다.

셋째로, 우리는 세상 끝날까지 우리와 함께하시겠다는 주님의 약속도 기억해야 한다. 성도의 세상 생활은 영적 전쟁[4]과 같다. 전도자의 길은 더욱 그렇다. 그러나 우리는 낙심치 말고 오직 말씀과 기도로 행해야 한다.

4 영적 전쟁(靈的戰爭, Spiritual Warfare)은 종교, 정확히는 기독교에서 신앙 생활을 방해하는 제반 요인으로부터 대항하는 행위의 총칭이다. 가장 기본적인 것은 유혹을 뿌리치고자 기도하는 것이다. 다르게 말하면 어둠의 세력 또는 마귀, 자기 자신과의 전쟁이라는 것이다. 좀 더 구체적으로는 나쁜 짓을 안 저지르거나, 자신의 신앙을 지키기 위한 행동을 의미한다. 이들의 행위에서 교리적 근거가 되는 것은 예리코의 전투라 불리는 일화로, 기도로서 이교도의 성을 무너트렸다는 이야기이다. 요컨대 예리코 성이 기도 앞에 박살나듯 "현세의 악마들도 나의 기도와 헌신 앞에 박살날 것"이라고 믿어 의심치 않는 것이다.

"나는 하늘과 땅의 모든 권한을 받았다. 그러므로 너희는 가서 모든 민족들을 제자로 삼아, 아버지와 아들과 성령의 이름으로 세례를 주고, 내가 너희에게 명령한 모든 것을 가르쳐 지키게 하여라. 보라, 내가 세상 끝날까지 언제나 너희와 함께 있겠다."

자료 : osboliv.kr

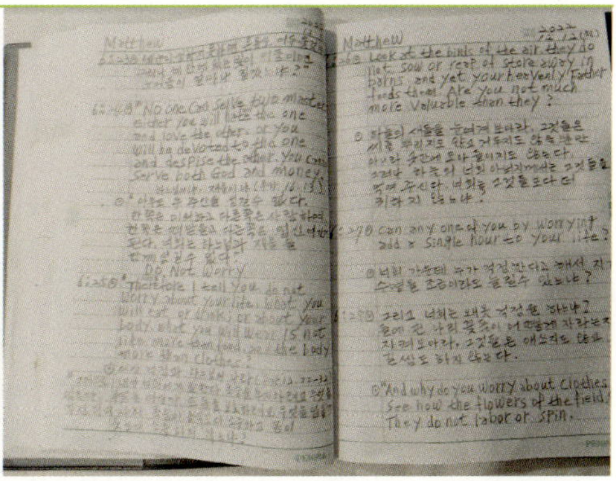

기도하고 성경에 열공하겠다는 주님과의 약속을 다짐하는 저자

Vox populi, vox Dei.

지은이 **김청자**

1945년 1월 3일 전남 여수에서 태어나서 여수여자중학교, 광주여자고등학교를 졸업하고, 1963년에 광주체신청 공무원으로 사회생활을 시작했다. 1967년에 서울체신부로 전근되어 서울생활이 시작되었다. 1970년 공무원 퇴직 후 결혼하여 슬하에 남매를 두고, 1987년 거주 목적으로 일본으로 출국하여 1992년 재류자격을 취득한 후 영주권자로 살아 왔다. 생활의 불편함을 극복하고자 1997년 요코하마 우라시마 야간중학교를 졸업하고, 2년간 요코하마 우라시마 야간고등학교에서 수학했다. 2015년 남편과 사별 후 한국에 자주 내왕하면서 가족들과 어울려 지내고 있다. 오래전부터 정철영어 TV를 통하여 영어 공부를 시작했는데, 소위 '요한 복음 영어로 듣고 말하기' 프로에서 학습한 노트가 10여 권이 넘는다. 그것도 성경을 한국어, 영어, 일본어 등 3개국어로 필사하면서 하는 공부로 고생을 낙으로 알고 계속하고 있다. 한국에 살고 있는 딸 가족과 교회를 다니기 시작하다가 최근에는 천주교로 개종하여 성당에 다니고 있다. 성당의 신부님들과 수녀님들, 주변의 많은 일가친척과 교우들 틈에서 넘치는 은혜와 은총으로 하루하루를 행복하게 보내고 있다. 얼마 전부터는 새벽기도에 참여하여 믿음을 더욱 신실하게 하고 있고 레지오 활동도 열심히 하고 있다. 저서로는 《하늘의 소리 사람의 말씀》(한울출판사)이 있다.

하늘의 소리 사람의 말씀 Ⅱ

초판 1쇄 인쇄 2023년 4월 5일
초판 1쇄 발행 2023년 4월 10일

저 자 김 청 자
펴 낸 이 임 순 재
펴 낸 곳 (주)한올출판사
등 록 제11-403호
주 소 서울시 마포구 모래내로 83(성산동 한올빌딩 3층)
전 화 (02) 376-4298(대표)
팩 스 (02) 302-8073
홈페이지 www.hanol.co.kr
e-메일 hanol@hanol.co.kr
ISBN 979-11-6647-339-5

하늘의 소리 사람의 말씀 Ⅱ